国内外经典教材辅导系列·外贸类

希尔《国际商务》(第11版)

笔记和课后习题(含考研真题)详解

主编：圣才考研网

www.100xuexi.com

中国石化出版社

内 容 提 要

本书是希尔《国际商务》的学习辅导书。本书遵循第11版教材的章目编排，共分为20章，每章由三部分组成：第一部分为复习笔记，总结本章的重难点内容；第二部分是课后习题详解，对该教材的所有思考与讨论题都进行了详解的分析和解答；第三部分为考研真题详解，精选重点院校考研真题，并提供了详细的解答。在笔记部分，对于在《国际商务》第11版中提到但并未深入阐明，而在考研专业课中出现频率较高、极其重要的知识点，本书会加以补充，并用“▼”标明。

圣才考研网(www.100xuexi.com)提供希尔《国际商务》电子书、题库。购书即可享受大礼包增值服务【本书电子书(手机版、电脑版)】。手机扫码(本书封底)领取本书大礼包。

图书在版编目(CIP)数据

希尔《国际商务》(第11版)笔记和课后习题(含考研真题)详解/圣才考研网主编. —北京:中国石化出版社,2018.9(2021.7重印)
国内外经典教材辅导系列
ISBN 978-7-5114-4951-1

Ⅰ.①希… Ⅱ.①圣… Ⅲ.①国际商务-研究生-入学考试-自学参考资料 Ⅳ.①F740

中国版本图书馆CIP数据核字(2018)第203508号

中国石化出版社出版发行

地址:北京市东城区安定门外大街58号
邮编:100011 电话:(010)57512500
发行部电话:(010)57512575
http://www.sinopec-press.com
E-mail:press@sinopec.com
武汉市盛宏源印务有限公司印刷
全国各地新华书店经销

*

787×1092毫米 16开本 19印张 477千字
2019年9月第1版 2021年7月第2次印刷
定价:68.00元

序　　言

我国各大院校一般都把国内外通用的权威教科书作为本科生和研究生学习专业课程的参考教材，这些教材甚至被很多考试（特别是硕士和博士入学考试）和培训项目作为指定参考书。为了帮助读者更好地学习专业课，我们有针对性地编著了一套与国内外教材配套的复习资料，并提供配套的电子书和题库。

希尔所著的《国际商务》（第11版）是我国众多高校采用的国际商务优秀教材，也被众多院校指定为国际商务硕士考研科目《国际商务专业基础》参考书目。作为该教材的学习辅导书，本书具有以下几个方面的特点：

1. 整理名校笔记，浓缩内容精华。每章的复习笔记以希尔所著的《国际商务》为主，并结合国内外其他经典的国际商务教材对各章的重难点进行了整理，因此，本书的内容几乎浓缩了经典教材的知识精华。对于在《国际商务》第11版中提到但并未深入阐明，而在考研专业课中出现频率较高、极其重要的知识点，本书会加以补充，并用"▼"标明。

2. 解析课后习题，提供详尽答案。本书参考国外教材的英文答案和相关资料对每章的课后习题进行了详细的分析和解答。

3. 精选重点院校近年考研真题。为了强化对重要知识点的理解，本书精选了重点院校近年国际商务硕士考研真题，并提供了详细的解答。所选考研真题基本体现了各章的考点和难点，特别注重联系实际突现当前热点。

与本书相配套，圣才考研网提供希尔《国际商务》电子书、题库。

要深深牢记：考研不同一般考试，概念题（名词解释）要当作简答题来回答，简答题要当作论述题来解答，而论述题的答案要像是论文，多答不扣分。有的论述题的答案简直就是一份优秀的论文（其实很多考研真题就是选自一篇专题论文），完全需要当作论文来回答！

购买本书即可享受大礼包增值服务！手机扫码（本书封底）领取本书大礼包。具体包括：本书电子书（手机版、电脑版）。

圣才考研网（www.100xuexi.com）是圣才学习网旗下的考研考博专业网站，提供全国各高校外贸类专业考研考博辅导班【一对一辅导（面授/网授）、网授精讲班等】、电子书、题库、全套资料（历年真题及答案、笔记讲义等）、外贸类国内外经典教材名师讲堂、考研教辅图书等。

考研辅导：kaoyan.100xuexi.com（圣才考研网）
资格考试：www.100xuexi.com（圣才学习网）

圣才考研网编辑部

目　录

第Ⅰ篇　引言和概论

第Ⅱ篇　国家差异

第Ⅲ篇　全球贸易与投资环境

第Ⅵ篇　国际商务运营

第1章　全球化

1.1　复习笔记

考点一：全球化

1. 初识全球化

全球化是指转向一个更为一体化与相互依存的世界经济。全球化主要包括市场全球化和生产全球化。

2. 市场全球化

(1)含义

市场全球化是指把历史上独特的和分离的国家市场合并为一个巨大的全球市场。它使不同国家消费者的嗜好和偏爱正在趋同于某些全球标准，反之，这种趋同也进一步促进了市场全球化。

(2)主要的全球化市场

①由于全世界对工业品和原材料的普遍需要，因此工业品和原材料市场是主要的全球化市场。

②各国消费者嗜好与偏爱的差异阻碍了消费品市场全球化的发展。因此，消费品市场并不是当前主要的全球化的市场。

(3)主要原因

①技术创新降低了通信成本；

②运输业的发展降低了运输成本，扩大了市场范围；

③跨国人员的大量流动，带来了消费者口味和偏好一定程度上的趋同；

④全球通信网络和全球媒体正在创立一种世界性的文化。

(4)现状

跨国公司的同业竞争，相互抢占国际市场，使全球市场的多样性被更大的一致性替代。

3. 生产全球化

(1)含义

生产全球化是指企业从全球各地区筹供商品和服务，利用各国在生产要素(如劳动力、能源、土地和资本)上的成本和质量差异，降低总成本，改善产品质量和性能，提升企业竞争力。

(2)主要原因

①运输成本下降，使得生产在地理上按区域分布变得更为经济；

②受惠于技术革新的成果，信息处理和通信的实际成本大大下降；

③因特网已成为促进国际服务贸易的主要力量；

④商用喷气式客机的发展也有助于许多国际企业将其世界范围内的各营运点结合在

一起。

交通运输及信息技术的发展，促进了分散在全球的生产系统之间的联系和管理，有利于实现生产全球化。

考点二：全球机构的出现

1. 世界贸易组织（见表1－1）

表1－1　世界贸易组织

要点	具体内容
职责	①监管世界贸易秩序和确保各成员国遵守世界贸易组织各成员国签署的贸易协定中规定的规则； ②促使各成员国之间签订附加的多国协定
意义	①促进了跨国贸易，降低了投资壁垒； ②有利于增强成员国间的开放性，提供更为自由的全球商务系统

2. 国际货币基金组织和世界银行

（1）创建背景

国际货币基金组织和世界银行是在1944年布雷顿森林会议上所创建的。

（2）国际货币基金组织

①职责

国际货币基金组织的职责是维持国际货币系统的秩序。

②作用

国际货币基金组织能够为发生国际收支困难的成员国在必要时提供紧急资金融通，向其提供资金贷款，避免其他国家受其影响。但这种情况下的贷款常附有贷款国需要采取特定经济政策的条件，以促使本国经济早日脱离混乱局面，迅速回稳并增长。

（3）世界银行

世界银行是为了促进成员国经济发展而创立，重点在于向一些资金短缺的穷国政府发放低息贷款，以资助它们开展重大基础设施投资项目。

3. 联合国（见表1－2）

表1－2　联合国

要点	具体内容
职责	联合国成员承诺通过国际合作和集体的安全防卫措施来维护和平
宗旨	①维护国际和平与安全； ②发展各国友好关系； ③共同解决国际问题和促进尊重人权； ④成为协调各国行动的中心
中心任务	促进提高生活水平、充分就业和经济与社会进步发展——归根结底是为了创造一个充满活力的全球经济

4. G20（20国集团）

（1）创建背景

1999年，G20成立。成员包括来自19个世界上最大经济体的财务部部长及央行行长，以及来自欧盟和欧洲央行的代表。

（2）创建目的

促进国际社会齐心协力应对经济危机，推动全球治理机制改革。

考点三：全球化的推动力

1. 贸易与投资壁垒的减少

(1)《关贸总协定》

①产生背景：二战后，西方发达工业国家为消除各国间的商品、服务和资本自由流动障碍，签署《关贸总协定》。

②宗旨：旨在减少商品和服务自由流动的障碍。

(2)乌拉圭回合

乌拉圭回合的作用在于：

①进一步减少了贸易壁垒，使《关贸总协定》不仅适用于制造业，还扩大至服务业；

②为专利、商标和版权提供了保护；

③成立了世界贸易组织来监管国际贸易制度。

(3)世界贸易组织新一轮谈判

①宗旨：2001 年年末，世界贸易组织发起了新一轮谈判，旨在进一步放宽全球贸易和投资框架的限制。

②意义：全球贸易和投资框架限制的放宽既助长了生产全球化也促进了市场全球化。国际贸易和投资壁垒的减少使企业把它们的市场扩展到世界范围，也使企业能把生产置于从事该项活动的最佳区位。

2. 技术变革的作用

技术变革有利于降低贸易壁垒，促进生产全球化。二战结束后，各国的通信技术、信息处理技术以及交通运输技术都取得较大进步。

(1)微处理器与电信技术

①微处理器的开发促进了计算技术的发展，使其更高效、成本更低，从而同样时间内，个人和企业较之过去能够处理更多的信息；

②微处理器也构成许多电信技术新发展的基础。

(2)互联网

①互联网的诞生打破了阻碍买卖双方交易的地域、范围及时区的限制；

②互联网使得企业能够以较低的成本将其业务扩张至全球；

③互联网便利了企业协调和控制全球分散的生产系统。

(3)运输技术

①商用喷气式客机的出现使得运输时间大大减少；

②集装箱运输大幅降低了远距离的货运成本。

考点四：全球化带来的变化

1. 世界产出和世界贸易图景的变化

(1)发达国家出口地位的相对下降

美国、日本、德国等传统出口市场大国在世界出口份额中的比例呈减少趋势。

(2)新兴经济体出口地位的相对上升

一些新兴经济体诸如中国、印度和巴西，在世界产出中的份额迅速扩大。

2. 对外直接投资图景的变化

(1)非美国公司开始从事跨国投资；

①原因

a. 阻碍商品、服务和资本自由流动的壁垒部分消除；

b. 其他国家的世界产出份额增加。

②目的

非美国公司开始跨国投资的目的是在全球范围内寻求最佳的区位因素，并在主要外国市场建立立足点。

(2)对外直接投资的跨国流量持续增长；

(3)以发展中国家为目的地的对外直接投资日益重要。

3. 多国企业性质的变化

(1)多国企业的含义

多国企业是指在两个或更多国家从事生产性活动的企业。

(2)多国企业的发展趋势

①非美国的多国公司增多了；

②小型多国公司的增长。

4. 世界秩序的变化

(1)国外环境的变化

①1989～1991年，苏联和东欧国家发生了剧变。

②拉丁美洲的民主和自由市场改革也在生根发芽。

(2)国内环境的变化

中国正在向更大的自由市场改革方向迈进。

(3)中国崛起的国际影响

对国际企业而言，中国崛起潜在的影响是举足轻重的，原因在于：

①中国代表了一个巨大的、基本尚未开发的市场；

②中国的新企业被证明是很有竞争力的对手，这对现存的国际企业既是机会，也是挑战。

5. 21世纪的全球经济的变化

(1)全球经济的变化

①商品、服务和资本自由流动的壁垒已减少；

②跨国贸易和投资量比全球产出量增长更为迅速。

这表明国家经济正在更紧密地结合为单一的、互相依存的全球经济系统。世界可能会走向一个更为全球化的经济系统。

▼(2)全球化的积极影响

①有利于资源和生产要素在全球范围内的优化配置，促进经济的快速增长；

②加速技术转让和产业结构调整的进程；

③极大地丰富和方便了人们的物质文化生活；

④促进国际关系以协调为主；

⑤为解决人类社会发展面临的一些共同问题提供了有利条件。

▼(3)经济全球化的消极影响

①加剧了世界经济发展的不平衡，贫富差距拉大；

②使各国经济相互依赖性增大，经济危机的"传染性"急剧增强；

③进一步引发全球性的生态危机；

④各国经济主权的独立性正面临日益严峻的考验；

⑤加剧了世界经济发展的矛盾性和世界的不安定性因素；

⑥全球文化多样性面临挑战。

考点五：全球化的争议（见表1－3）

表1－3　全球化的争议

	具体内容
关于就业	①批评者的观点 全球化破坏了富裕发达经济体的制造工业，降低贸易壁垒使发达国家企业把制造活动转移到海外工资率低得多的国家，许多服务活动被外包到劳动成本较低的国家。 ②支持者的观点 自由贸易的本质是收益大于成本，自由贸易导致了这些国家针对这些商品和服务的专业化分工，某个公司的工人失去工作换来的是整个经济状况的改善
关于收入	①批评者的观点 随着国际贸易的发展，发达国家的工资水平因劳动力在全球范围内扩展而降低。 ②支持者的观点 收入增长不公平并不是由于全球化造成的，而是提高高技能工人与降低非熟练工人的工资导致的
关于劳工政策和环境	①批评者的观点 欠发达国家对劳工和环境保护缺少适当的管制，从而使在该地区的企业成本降低，在全球市场上处于竞争优势地位。 ②支持者的观点 自由贸易不仅能够促进发展中国家经济增长率的提高，也会促使更严格的环境和劳工法出现
关于国家主权	①批评者的观点 在经济全球化的进程中，经济权力正在从各国政府转入超国家的组织。 ②支持者的观点 超国家组织的权力是受限制的，它们的存在是为成员国利益服务的
关于贫富差距	①批评者的观点 自由贸易和投资使世界上的富国和穷国之间的差距拉大了。 ②支持者的观点 经济停滞的原因主要是专制政府、贪污腐败、对产权保护的缺失及战争之害等，自由贸易或全球化并非起主导作用

考点六：全球市场管理

1. 国际企业的含义

国际企业是指任何从事国际贸易和国际投资的企业。国际企业不一定是多国企业。

2. 国际企业与国内企业管理的不同

（1）国际企业需要考虑各国文化、政治、经济、法律的差异；

（2）国际企业管理人员面临的问题范围更广泛，问题本身也更复杂；

（3）国际企业管理人员的工作会面临政府干预国际贸易和投资的限制；

（4）国际交易涉及货币兑换，有汇率风险。

1.2 课后习题详解

1. 描述在过去30年中世界经济所发生的转变。这些转变对总部设在英国、北美、中国香港的国际企业各意味着什么?

答:(1)过去30年中世界经济所发生的转变

在过去30年中,全球经济发生了巨大变化。20世纪60年代,世界经济的格局可用四个事实来描述:第一是美国在世界经济和世界贸易中起主导作用;第二是美国支配了当时的世界对外直接投资;第三是在国际商务舞台上,美国的大型多国企业占统治地位;第四是地球上大约一半的计划经济国家对西方国际企业的排斥。在过去30年中,这四个事实都已发生了变化或正在迅速地发生变化:

①美国虽仍是世界上最强大的工业国,但在相对规模上较20世纪60年代下降了许多。日本、泰国、马来西亚、中国台湾和韩国,它们的世界产出份额显著增加。

②各国在对外直接投资总存量中所占的份额的趋势是:发展中国家的份额在稳步增长,而发达国家的份额在逐渐下降。

③多国企业的性质也在变化。多国企业的统计构成中出现了两个值得注意的趋势:一是非美国的多国公司的增加,尤其是日本的多国企业;二是小型多国公司的增长。

④许多东欧国家和拉美国家进行民主政治改革,实行自由市场经济,为国际企业提供了巨大的出口与投资机会。

(2)这些转变对总部设在英国、北美、中国香港的国际企业的影响

①对英国和北美国际企业的影响

美国和英国曾经主导世界,很少遭受到发展中国家的威胁,但现在却受到一定的威胁。如今,美国和英国的制造商必须与全世界的竞争者竞争订单,但发展中国家对其高新产品和技术的需要也能促进它们的出口份额。此外,出于成本的考虑,英国和北美的公司可能会在成本相对低的地方设立分公司。

②对中国香港国际企业的影响

中国大陆由之前的计划经济体制向市场经济体制转轨,为中国香港的国际企业提供了巨大的机遇。香港地理位置优越,接近日本、韩国、马来西亚和其他亚洲市场,这为出口提供了便利的条件。此外,香港有充满活力的劳动力,劳动力成本也相对较低,可以与英国和北美企业竞争。但是,英国和北美国家先进的技术也可能对香港的新兴产业带来冲击。

2. “如果你准备到大型多国企业中工作,那么研究国际商务很有必要,但对准备进入小企业工作的人而言则没有意义。”试评论这一说法。

答:这一说法不正确。国际商务中一个重要的趋势就是中型和小型多国公司(微型多国公司)的发展。虽然多数国际贸易和投资仍是大公司所为,但经济全球化是大势所趋,许多中型和小型的企业也正在主动或被动地介入国际贸易与国际投资。因此,对准备进入小企业工作的个人来说,研究国际商务也很重要。在全球化的今天,国际市场给企业带来了更大的机遇与挑战,它为产品提供了更广阔的销售市场,为生产提供更具成本优势的进货渠道。从业人员只有观察国际市场环境,研究国际商务知识,才能够在企业进行国际贸易和投资时抓住机遇,规避风险,为企业带来更大的利润。总之,研究国际商务对大型企业或是中小企业都是具有意义的。

3. 技术变革是如何影响市场全球化和生产全球化的？如果没有这些技术变革，生产全球化和市场的全球化可能实现吗？

答：(1)技术变革对市场和生产全球化的影响如下：

①技术变革对市场全球化的影响

技术变革中通信技术以及运输技术的发展，缩短了市场间的距离，降低了运输成本，有利于促进市场全球化。此外，低成本的飞机差旅导致跨国人员的大量流动，缩短了各国间的文化距离并带来了消费者口味和偏好一定程度上的趋同。同时，全球通信网络和全球媒体正在创立一种世界性的文化。

②技术变革对生产全球化的影响

与全球化生产密切相关的运输成本下降，使得生产在地理上按区域分布变得更为经济；受惠于技术革新的成果，信息处理和通信的实际成本也已大大下降；互联网已成为促进国际服务贸易的主要力量；商用喷气式客机的发展也有助于许多国际企业将其世界范围内的各营运点结合在一起。交通运输及信息技术的发展，促进了分散在全球的生产系统之间的联系和管理，有利于实现生产全球化。

(2)减少贸易壁垒使市场和生产全球化在理论上成为可能，而技术变革已使它变为现实。因此，如果没有这些技术变革，生产和市场全球化将困难得多。

4. “说到底，研究国际企业和研究国内企业没有什么区别。因此，没必要把国际商务作为一门独立的课程来学习。”试评论这一说法。

答：这一评论反映出对国际商务缺乏理解。管理一家国际企业与管理一家纯粹的国内企业是不同的，其理由至少有以下四点：

(1)国际企业需要考虑各国文化、政治、经济、法律的差异；

(2)国际企业管理人员面临的问题范围更广泛，问题本身也更复杂；

(3)国际企业管理人员的工作会面临政府干预国际贸易和国际投资体系的限制；

(4)国际交易涉及到各国货币的兑换，面临汇率风险。

因此，把国际商务作为一门独立的课程来学习是必要的。

5. 互联网如何影响国际商务活动和世界经济全球化？

答：互联网已发展成为全球经济的信息支柱。纵观全球，互联网的出现打破了地域、范围及时区的一些限制。互联网使得买卖双方能够跨越地理距离，更容易地发现对方。企业不论多大规模都能以前所未有的低成本向全球扩张其业务活动。对生产全球化来说，互联网已成为促进国际服务贸易的主要力量。也许这方面的发展仍然处于初级阶段，不过随着摩尔定律的持续推进以及电信宽带的不断增强，几乎所有流程能加以数字化的工作，都可以转移到世界上最有效并且成本低的地方去做。对市场全球化来说，万维网对创立世界性的文化具有积极作用，这将带来消费者口味和偏好一定程度上的趋同。

6. 如果当前的趋势继续发展，那么到2030年中国可能成为世界上最大的经济体。试讨论这一发展对下述几方面可能产生的影响：(1)世界贸易制度；(2)世界货币制度；(3)当今欧洲和美国的国际企业的业务战略；(4)全球商品的价格。

答：(1)世界贸易制度

目前，中国作为发展中国家在世界贸易组织中享有特权。当中国成为世界上最大的经济体时，它将成为一名正式而平等的会员，同时拥有权利和责任。中国对贸易条款的制定也将有更大的影响力，将在使贸易制度朝着更公平的方向发展中作出积极的贡献。

(2)世界货币制度

目前，人民币还不是完全可兑换的货币，当中国成为世界最大经济体时，人民币将成为自由可兑换的交易货币，对世界货币市场和汇率市场产生重要影响。

(3)当今欧洲和美国的国际企业的业务战略

目前，欧洲和美国的国际企业将中国看作是低成本的生产地和具有巨大销售潜力的市场。当中国成为世界最大经济体时，西方国际企业可能调整业务战略，将中国作为强有力的竞争者来对待，和中国企业一起争夺其他国家的市场份额。这样，降低成本的压力就越大，原来采取国际战略的公司可能要转向全球标准化战略和跨国战略，原来采取本土化战略的公司要转向跨国战略。

(4)全球商品的价格

目前，很多高新技术产品都源于欧美等世界上大的经济体，制造这些产品的企业在世界上具有垄断地位，因此，定价方面更有自主权，不必担心有竞争者的产品出现并将价格压低。例如，iPhone 的市场份额只有 8.7%，同期利润却有 75%，其中很大一部分是垄断利润。当中国成为世界上最大的经济体时，中国有足够强的实力与这些国家抗衡，竞争将使垄断商品的价格趋于下降。同时，随着中国的发展，对能源等初级产品的需求也日益扩大，这可能会导致该类商品价格的上涨。

7. 重读“管理聚焦”专栏中有关 Vizio 公司一文，回答下列问题：

(1)为什么平板电视的制造被转移到世界不同的区位？

(2)在平板电视行业中，谁是全球化的受益者？谁是受害者？

(3)如果美国政府要求在美国出售的平板电视必须在美国生产，会出现什么样的情况？总的来看，这是好事还是坏事？

(4)Vizio 的例子对于企业在日益一体化的全球经济中进行生产有什么启发？企业要在高度竞争的全球市场中生存必须采取什么样的战略？

答：(1)平板电视的制造被转移到世界不同的区位是为了追求区位效应中的最低成本效应和最高效率效应，将不同的部件分散到全球最高效率的地方去生产，然后协调整个生产流程，不仅能最大限度的利用当地的成本优势和技术优势，还能在全世界范围内扩大其影响力。

(2)从平板电视的低价格获益的不仅有美国消费者，还有 Vizio 的战略合作伙伴如韩国、中国和墨西哥。当然，全球化的过程中也有受损者，在这个案例中的受损者就是那些高成本地区的工人，由于平板电视的制造被转移到其他地区，这些工人就会失业，但从长远看，其所得要远远大于所失。

(3)短期来看，平板电视在美国生产不会引起因制造转移带来的失业率上升，美国政府还能多增加一些财政税收，但是，高额的劳动力成本会抬高电视机的出售价格，不利于消费者的利益，造成国民总福利下降。另外，这些部件只在美国生产，无法利用其他地方的技术优势，可能造成电视机的更新换代速度变慢，没有较强的活力参与市场竞争，导致市场份额的下降，而且，Vizio 公司也不能参与到全球化的浪潮中去，严重影响了公司占领其他地区的市场份额。

总的来看，这种做法极大地降低生产效率，阻碍科技的进步，是一件不好的事情。

(4)在全球经济中进行生产，一定要寻找最佳区位，结合当地的实际情况最大限度地利用优势来降低成本和提高效率，在全球价值创造过程中协调生产。无论是采取在本国生产再统一出口到国外的战略，还是在不同地区生产进行全球贸易，都要企业提高产品和服务质量，提高科技创新，在本土化战略、国际战略、跨国战略和全球标准化战略中进行协调，根据情况因地制宜，才能在高度竞争的全球市场中取胜。

1.3 考研真题详解

1. 经济全球化［上海财经大学 2017、2012 研；浙江大学 2015 研；宁波大学 2011 研］

答：经济全球化是指以当代科技革命、市场经济和跨国公司的大发展为驱动力，国际贸易、国际金融、国际投资、国际交通和通信的大发展，以及国际间人口的迁移，使生产要素在世界范围内大规模流动，使企业生产的内部分工扩展为全球性的分工，使生产要素在全球范围内优化组合和优化配置，从而使各国相互依存和相互融合空前加速和深化的状态和过程。

经济全球化对每个国家来说，都是一柄双刃剑，既是机遇，也是挑战。特别是对经济实力薄弱和科学技术比较落后的发展中国家，面对全球性的激烈竞争，所遇到的风险、挑战将更加严峻。

2. 技术进步对生产全球化和市场全球化的作用。［南开大学 2014 研］

答：(1)生产全球化和市场全球化的含义

生产全球化是指将生产环节分布在全球中，利用各国在生产要素(如劳动力、能源、土地和资本)上的成本和质量差异筹供商品和服务，降低总成本，改善产品质量和性能，提升企业竞争力。跨国公司希望通过生产全球化来降低其总成本构成以及提高质量或改善它们所提供产品的功能，从而使它们更为有效地竞争。

市场全球化是指把历史上独特的和分离的国家市场合并为一个巨大的全球市场。

(2)技术进步对生产全球化和市场全球化的作用

技术变革使生产全球化和市场全球化变为可见的现实。第二次世界大战结束后，世界在通信、信息处理和运输技术上取得了长足的发展，互联网和万维网的出现与迅猛推广、电信业和运输业的发展使世界各国的生产方式和生活方式发生了深刻的变化。

①技术进步对生产全球化的作用

a. 降低了与全球化生产紧密联系的运输成本，提高了按区域分布的生产配置的经济效率；

b. 大幅降低信息处理和通信的实际成本，便于企业创建和管理分散于全球各地的生产系统，进而推进生产全球化；

c. 互联网已成为国际服务贸易的主要推动力量，电信业的发展打破了地域、范围及时区的一些限制，网络提高了买卖交易的搜寻效率；

d. 企业不论规模大小都能以前所未有的低成本向全球扩张其业务活动，互联网和电信业的发展使得几乎所有流程能加以数字化的工作，都可以转移到世界上最有效的地方去做。

②技术进步对市场全球化的作用

技术创新同样也促进了市场全球化。

a. 低成本的通信网络，如万维网正在帮助创建电子全球市场；

b. 低成本的运输降低了产品在全球间运输的成本，提高经济效率，促进市场全球化；

c. 低成本的飞机差旅缩短了国家间的地理距离，促进了国家间的人员流动，也会导致消费者偏好更为相似。

d. 全球通信网络和全球媒体正在创立一种世界性的文化，最终可能会出现一个消费品的全球市场。

3. 试回答有关全球化的如下问题：

(1)什么是全球化？其包含哪两个基本方面？

(2)全球化的推动力是什么？

(3)有人认为“全球化意味着，富国更富，穷国更穷”，对此有何评价？［南开大学2013研］

答：(1)全球化是指由于投资壁垒的崩溃、运输和通信技术的进步，全世界的物质文化正在趋同，转向一个更为一体化，更加紧密联系的世界。在国际商务中，全球化通常是指经济全球化。经济全球化是世界上各国和地区之间通过商品，服务，以及劳动力、资本、信息、技术、管理等生产要素的跨国界流动，寻求资源最优配置的一个互相联系、互相依赖并不断深化的过程。它主要包括贸易、生产、科技、金融、资本和劳动力流动的国际化与自由化。

全球化包含市场全球化和生产全球化两个基本方面。其中，市场全球化是指把历史上独特的和分离的国家市场合并为一个巨大的全球市场。跨国贸易壁垒的降低，使得全球市场的国际销售更为容易。生产全球化是指将生产环节分布在全球中，利用各国在生产要素(如劳动力、能源、土地和资本)上的成本和质量差异筹供商品和服务，降低总成本，改善产品质量和性能，提升企业竞争力。

(2)全球化的推动力主要有：

①科学技术的发展是经济全球化的前提条件。技术的创新、积累和扩散是推动各国经济增长和经济全球化的最主要原因之一。

②生产力发展的内在要求。科学技术的进步和经济发展水平的提高，客观上要求分工的深化和市场规模的扩张，推动着生产从国内区域间分工向国际分工发展，销售从国内市场向国际市场扩张。

③全球性市场经济体制的实现为经济全球化奠定了一个制度基础。越来越多的国家认识到，只有选择市场经济体制，才能加快本国经济发展的速度、提高本国经济的运转效率和国际竞争力。

④微观经济主体的趋利动机是推动经济全球化发展的基本动因。在微观主体世界范围内的趋利活动中，跨国公司逐渐扮演了主角。这是因为跨国公司本身具有“所有权优势”和“内部化优势”。

⑤国际局势相对缓和。在相当长的时期内，避免新的世界大战是可能的，各国越来越关注经济利益、经济安全、经济竞争，把发展经济作为国家战略的重点，积极参与国际竞争与合作。和平与发展成为时代的主题，国家之间正形成一种新的互动机制，在竞争中合作，在合作中竞争。

⑥国际经济组织日益发展和完善，在协调各国经济、地区经济和全球经济发展，稳定国际金融秩序和国际金融市场等方面发挥着越来越重要的作用。特别是1995年世界贸易组织(WTO)的成立，更加推动了经济全球化进程。

⑦各国政府在经济全球化进程中发挥越来越大的作用。各国政府为了使本国在国际竞争与合作中占据有利地位，主动转变政府职能，更好地适应和利用经济全球化的发展进程。

(3)这种说法具有片面性。

这种说法看到了全球化带来的世界贫富差异的两极分化。一方面，由于发达国家掌握了经济贸易发展的资本和技术优势，使得其成为全球化规则的制定者，享受全球化带来的丰厚利润。另一方面，发展中国家在经济全球化中主要扮演了制造加工的角色，所获得的附加值小，付出的人力成本、环境成本大，成为全球化的牺牲品。

但是，这种说法并没有看到全球化给穷国带来的先进技术和管理经验，促进了其产业结构优化升级、提高了国民收入水平等好处，因此比较片面。

4．世界贸易组织的基本原则有哪些？各自的含义是什么？［东北财经大学 2011 研；深圳大学 2011 研］

答：世界贸易组织的基本原则包括非歧视原则、贸易自由化原则、透明度原则、公平竞争原则、促进发展和经济改革原则，其各自的含义如下：

（1）非歧视原则

非歧视原则包括最惠国待遇原则和国民待遇原则。其中，最惠国待遇原则是指一成员现在和将来在货物贸易、服务贸易和知识产权领域所给予任何第三方的优惠待遇，应立即和无条件地给予其他各成员；国民待遇原则是指一成员对其他成员的产品、服务或服务提供者及知识产权所有者和持有者所提供的待遇，不低于本国同类产品、服务或服务提供者及知识产权所有者和持有者所享有的待遇。

（2）贸易自由化原则

贸易自由化原则是指通过多边贸易谈判，实质性削减关税和减少其他贸易壁垒，扩大成员之间的货物和服务贸易。

（3）透明度原则

透明度原则是指成员应公布所制定和实施的贸易措施及其变化情况，不公布的不得实施，同时还应将这些贸易措施及其变化情况通知世界贸易组织。成员参加的影响国际贸易政策的国际协议也在公布和通知之列。

（4）公平竞争原则

公平竞争原则是指成员应避免采取扭曲市场竞争的措施，纠正不公平贸易行为，在货物贸易、服务贸易和与贸易有关的知识产权领域，创造和维护公开、公平、公正的市场环境。

（5）促进发展和经济改革原则

世贸组织沿袭了关贸总协定关于发展中国家和最不发达国家优惠待遇的相关协议和条款，并在世贸组织的相关协定、协议或条款中加以完善。此外，世贸组织也充分考虑到经济转型国家的复杂的内部、外部条件，对他们加入该组织给予鼓励并承诺给予较灵活的处理。

5．经济全球化表现在哪两个方面，推动它的两个主要宏观因素是什么？［南开大学 2016 研］

答：（1）经济全球化的表现

经济全球化是指世界经济转向一个联系更加紧密的，一体化程度更深的经济状态，主要体现在生产全球化和市场全球化两个方面。

①生产全球化。这主要是指国际生产领域中分工合作及专业化生产的发展。现代生产分工已经不是在国家层次上的综合分工，而是深化到部门层次和企业层次的专业化分工。这种分工在国际间进行，形成了国际生产网络体系。其中最典型的是企业生产零部件工艺流程和专业化分工，这种企业层次的国际化，使未来在一个企业内部进行的设计、研制零部件的加工或购入、组装和总装等一系列的活动环节分布到国外进行，即企业的不同部门、工厂、车间，甚至工段、工序等都在国际范围内进行组织，从而也形成了生产组织的国际化。

②市场全球化，这是指把全球上各个独立的市场视为一个整体。跨国贸易壁垒的降低，

使得全球市场的国际销售更为容易。不同国家中消费者的嗜好和偏爱正在趋同于某些全球标准，从而帮助创建了全球市场。

(2)推动经济全球化的两个宏观因素

推动经济全球化的两个宏观因素：一是二战后，商品、服务和资本流动壁垒降低；二是包括通信技术、信息处理以及运输技术在内的技术变革，促进经济全球化。

①贸易与投资壁垒的减少

减少贸易壁垒使市场和生产全球化在理论上成为可能。世界贸易组织于2001年年末新一轮谈判的目标是进一步放宽全球贸易和投资框架的限制，除了减少贸易壁垒外，许多国家也逐步取消了对外直接投资的限制。这类趋势既助长了生产全球化，也促进了市场全球化。国际贸易壁垒的减少为企业全球市场的扩展提供了极大便利性，贸易和投资壁垒的减少也促使企业能够在全球范围内寻求最佳的生产区位，提高了经济效率。

②技术变革的作用

第二次世界大战结束以来，世界在通信、信息处理和运输技术上取得了长足的发展，这些技术变革已使经济全球化变为可见的现实。

6. 试述经济全球化给国际商务带来的机遇与挑战。[河北大学2014研]

相关真题：全球经济一体化有哪些好处？[浙江财经大学2019研]

答：经济全球化是指以生产力为基础的所有经济关系，在全球范围扩展和相互联系的发展过程或状态。经济全球化是国际化特别是国际分工发展的最高阶段，是社会生产力发展的必然结果。它体现着包括生产要素、生产过程、产品的交换和消费、科学技术、信息服务等在全球范围内的分工和合作，各种经济关系在全球范围内的交织和融合。推动全球化进程的主要动力是现代化科学技术，特别是信息技术的迅速发展，具体表现是市场经济全球化、金融全球化，以及跨国公司和信息技术在全球范围的迅速发展。

(1)经济全球化给国际商务带来的机遇

全球化解决了国内市场狭小、需求有限而供给过剩的矛盾以及产品差异化与规模经济之间的矛盾。并且全球市场的扩张、规模经济和区位经济的实现，使国家、企业成本节约和利润增长。主要体现在以下方面：

①增大销售额；

②获取低成本劳动力或基础要素以降低生产成本；

③通过规模经济效应降低成本；

④获取重要资源；

⑤为全球客户提供服务，提升顾客价值；

⑥降低风险。

(2)经济全球化给国际商务带来的挑战

经济全球化也为国际企业带来了两重竞争压力：全球整合的压力和当地响应压力，这两重压力对企业提出相互矛盾的需求——前者要求企业尽量最小化成本；后者则要求企业对不同的国家地区提供差异化的产品以及采取不同的营销策略，这必然会增加企业成本。

①全球整合压力

国家市场的融合以及追求生产效率推动了价值创造活动的全球整合。一方面，消费者寻求标准化的产品，比如电子产品；另一方面，提供标准化产品有利于企业分摊固定成本、实现规模经济，从而降低价值创造的成本。全球整合的压力要求企业必须努力去降低其价值创造的成本，同时将制造活动安排在全球最有利的地区以实现区位经济，而且只有向全球市场提供标准化产品才可以实现规模经济和经验曲线经济。

②当地响应压力

响应当地客户需求要求国际企业在不同国家实现产品和服务以及市场战略的差异化，以适应不同国家和地区不同消费群体的喜好、当地的商业惯例、基础设施、政策要求等。当地响应的压力来源是多方面的：

a. 消费者在品位和偏好上的差异

当不同国家的消费者在品位与偏好上有重大差异时，就会出现强大的当地响应压力。针对消费者偏好的重大差异，跨国公司必须以当地消费者偏好和品味为基础，有针对地实行地区差异化的产品和营销。

b. 基础设施与传统实践的差异

当各国间在基础设施或传统实践上存有差异时，当地响应压力随之产生。在这种情况下，为了满足国家间不同需要的基础设施和实践，国外子公司被允许拥有生产和制造的权限。

c. 分销渠道的差异

企业的营销策略可能要根据各国分销渠道的差异做出相应调整。在这种情况下，就需要将营销职能授权给各国子公司。

d. 东道国政府的要求

外国企业会针对东道国政府提出的经济、政治等要求，做出一定程度的响应。例如，医药企业要遵守当地卫生部门的检测、登记注册程序，以及定价机制，在药品制造和营销的各个方面都要符合当地政府的要求。

7. 试论述经济全球化的成因。［吉林大学2019研］

答：经济全球化的形成和发展有其客观必然性。这是因为：

(1)科技革命带来生产力的高度发展，这为经济全球化奠定了物质技术基础

信息革命的划时代意义在于，它引导人类社会由工业经济迈入一个全新的信息经济。首先，推动了全球范围的产业结构调整，带动了商品和生产要素的大规模流动；其次，以"信息高速公路"为代表的高速度、大容量信息网络的发展，为国际贸易、投资和金融在全球的拓展提供了超越时空的更为便利的现代化手段。

(2)跨国公司有了长足的发展，为经济全球化打下了一个微观基础

跨国公司是经济全球化的主要驱动者、组织者和载体，它以世界市场为舞台，以超过贸易障碍、降低成本、增强竞争能力，从而增加利润为目的，利用和重组世界各地的自然资源、资金、技术、人才、劳动力等生产要素，组织全球性的生产和销售，从而把世界各国和各地区的经济直接联结起来，把各国之间的国际分工变成其公司的内部分工。

(3)全球性市场经济体制的实现为经济全球化奠定了一个制度基础

20世纪80年代以后，在发达国家流行了近半个世纪的凯恩斯国家干预主义让位于形形色色的新自由主义。政府大力推行经济自由化，取消贸易和资本流动管制，为经济全球化的发展创造了更为有利的条件。与此同时，发达国家从经济自由化中为本国谋求了巨大的经济利益。

(4)三大国际经济协调组织的建立和其作用的不断增强为经济全球化构筑了组织和法律框架

以世界贸易组织(前身为关贸总协定)、国际货币基金组织和世界银行为代表的国际经济组织，在经济全球化过程中发挥了重要的推动作用。

第2章　政治、经济和法律体系中的国家差异

2.1　复习笔记

考点一：政治体制

1. 初识政治体制

(1)含义

政治体制指一个国家的政府体制。

(2)两个考察指标

①对集体主义或个人主义的重视程度；

②民主或极权的程度。

这两个考察指标是相互联系的，主张集体主义的体制通常会趋向于极权，主张个人主义的体制通常会趋向于民主。

(3)政治体制的重要性

一国的经济体制和法律体系取决于该国的政治体制。

2. 集体主义与个人主义

(1)集体主义

①集体主义的含义

集体主义是指集体目标优先于个人目标的一种政治体制。在集体主义中，一个社会整体的需求一般要比个人自由更被看重。

②社会主义

在当代，集体主义的思想由社会主义继承。马克思被视为社会主义的思想源泉，社会主义的内涵是由社会拥有和控制产品、资本、土地、资产等，其管理和分配基于公众利益。

(2)个人主义

①含义

个人主义是指一个人应享有其经济和政治追求的自由。相比集体主义，个人主义以个人利益为核心，是一种从个人至上出发，以个人为中心来看待世界、看待社会和人际关系的世界观。

②两个核心原则

a. 强调保障个人自由和个人表达的重要性；

b. 强调只有通过让人民追求自己的经济利益，才能实现社会福利最大化，而不是由某个集体机构(如政府)来规定什么是社会的最高利益。

③核心思想

个人主义的核心思想是个人的经济和政治自由可实现自我追求，进而实现社会福利最

大化。

3. 民主与极权

(1)民主的含义

民主是指政府是由人民直接选举或通过其所选代表间接选举出来的一种政治制度。

(2)极权的含义

极权是指个人或一个政党对人们生活的各个方面都拥有绝对的控制权，并且禁止政治反对党派存在的一种政治制度。

(3)联系

民主、极权和集体主义、个人主义是有相关性的，民主和个人主义往往如影随形，而极权通常与集体主义息息相关。

考点二：经济体制

1. 市场经济

(1)特征

①所有生产性活动都为私人所有，而非为国家所有；

②消费者的购买模式通过价格机制传递给生产者，从而决定生产商品和服务的种类与数量；

③不能对供给设置任何限制，否则可能导致整个社会福利下降。

(2)市场经济体制下政府的作用

市场经济体制下政府的作用就是鼓励私人生产者之间有活力的竞争。政府可以优化资源配置，参与收入分配，维持社会稳定和促进经济发展。

2. 计划经济

(1)特征

①政府计划指定一国生产商品和服务的数量及销售价格；

②一切工商企业均归国家所有。

(2)基本原理

政府以国家利益为核心，有规划、计划地发展经济，避免了市场经济发展的盲目性、不确定性等问题给社会经济发展造成的危害。

(3)不足

在计划经济中，不存在私营企业，国有企业缺乏竞争，对控制成本和提高效率缺乏动力，很少主动寻求更好地满足消费者需求的方式。因此，计划经济缺乏动力和创新，降低了整个社会的福利水平，经济趋于停滞。

3. 混合经济

混合经济是各种不同因素在一定社会制度下混合的经济运行体制，既有市场调节，又有政府干预。

考点三：法律体系

1. 不同的法律体系

(1)普通法(英美法系或判例法系)

①采用国家

目前依然采用此法系的大多为英国的前殖民地国家，包括美国。

②基础

普通法体系以传统、先例和惯例为基础。其中：

a. 传统是指一个国家的法律历史；

b. 先例是指法院以前所判过的案例；

c. 惯例则是指具体应用法律的方式。

(2)大陆法(民法法系或罗马法系)

①含义

大陆法体系是以一套十分详尽的法律条文所组成的法典为基础的。法庭在解释大陆法时，所依据的就是这些法律条文。大陆法的采用国家包括德国、法国、日本和俄罗斯等80多个国家。

②大陆法与普通法的区别

a. 在普通法体系中，法官有解释法律的权力；

b. 在大陆法体系中，法官只有应用法律的权力。

(3)宗教法

宗教法体系是以宗教教义为基础的一种法律制度。伊斯兰法是现代世界使用最为广泛的宗教法律制度。

2. 合同法的差异

(1)合同法的含义

合同法是调整民事主体之间合同关系的基本法律，它规定合同的订立、效力、履行、变更、终止和违约责任等一般性规则，也规定了一些典型的合同。

(2)普通法与大陆法下的合同差异(见表2-1)

表2-1 普通法与大陆法下的合同差异

要点	普通法	大陆法
详细程度	详尽说明所有偶然事件	描述较短、较为笼统
不足	起草合同较为昂贵，处理合同纠纷易产生争议	法律覆盖范围有限
特征	具有灵活性	较为固定

(3)国际贸易引起合同纠纷时适用的法律

①《联合国国际货物销售合同公约》(CISG)

CISG建立了一整套监督在不同国家做生意的买卖双方制造和销售某些日常商品合同的规则。但许多大的贸易国家，包括印度和英国，都不承认CISG。

②仲裁法庭

当企业不愿意接受CISG时，通常选择认可的仲裁法庭来解决合同纠纷。

3. 财产权和腐败行为

(1)财产权的含义

财产权是指与使用资源以及通过使用资源可能产生的任何收益相关的一系列法律权益。

(2)侵犯财产权的行为

①私下行为

私下行为是指个人或集团的偷窃、盗版、敲诈等行为。在法制程度较低的国家，其犯罪程度更严重。

②公共行为和腐败

a. 公共行为涉及侵犯财产权的行为，具体表现为政治家或政府官员从他人那里勒索财物。

b. 腐败存在于各种社会，不同国家的腐败程度受制度差异的影响。高程度的腐败会导致流向投资和贸易的资金减少，因而使国家的经济增长变缓。

4. 知识产权的保护

(1)知识产权的含义

知识产权属于财产权，是知识活动的产物。知识产权通过专利、版权和商标可以建立所有权。

(2)对知识产权的保护

国际企业对知识产权侵权行为会作出不同的反应。比如企业会游说其政府签署国际协议，企业还可能为保护自身利益而诉诸法律手段。

5. 产品安全与产品责任

(1)产品安全法

产品安全法通过对某一产品建立一定的安全标准，促使企业提高产品安全性。

(2)产品责任的含义

产品责任是指由于产品有缺陷，造成了产品的消费者、使用者或其他第三者的人身伤害或财产损失，依法应由生产者或销售者分别或共同负责赔偿的一种法律责任。

(3)不同国家产品安全和责任法存在差异的影响

当外国的产品安全和责任法相对母国较为宽松时，按照法律要求，产品的生产和责任承担应该按照母国的标准，但现实情况中，企业一般都会按照更宽松的标准进行国际商务活动，最终发生达不到本国标准的商品外流的现象。

2.2 课后习题详解

1. 自由市场经济激发更大的经济增长，而国家计划经济则抑制增长。请讨论之。

答：创新和创业活动是长期经济增长的动力。

自由化的市场经济比计划经济和混合经济更倾向于鼓励创新。市场经济的环境下，每个个体都可以自主创业参与市场竞争。同样，现有企业也可自主地通过创新改善其经营。一旦成功，个人创业者和现有企业都将获得高额回报。因此，市场经济体制蕴涵着对发展创新的巨大刺激力。

在计划经济中，由于国家拥有所有的生产资料，因此个人几乎没有经济动力进行有价值的创新，计划经济的目标是人人为了“社会的利益”而工作。由于缺乏经济自由和个人的利益激励，劳动者缺乏积极性，这是很多前社会主义国家发展滞缓的重要原因。类似的现象也发生在许多混合经济国家的垄断部门，如英国的医疗保健和电子通信部门。

2. 民主政治体制是经济持续进步的基本条件。请讨论之。

答：这个问题没有明确的答案。

西方国家的人们认为民主制度下，个人的知识产权能够得到保护，民主制度环境有利于促进市场竞争。因此，我们认为民主有利于经济增长。

但是，有些极权主义政府也在倡导市场经济，重视产权保护，并且经济增长迅速。近几十年，经济增长最快的几个国家，例如韩国、新加坡，在经济增长开始时有一个共同点，即都是非民主政权。同时，有些长期实行民主政治的国家，比如印度，经历着长时间的缓慢经济增长。

因此，鼓励创新，鼓励市场经济和实行强有力的产权保护才是经济持续发展的关键。民主政治体制虽不是经济持续进步的基本条件，但持续的经济增长往往能导致民主政体的诞生。

3. 在一个国家中，腐败(即政府官员受贿)与该国经济增长之间存在何种关系？腐败一定是坏事吗？

答：(1)经济现实显示，高度腐败将在很大程度上减少一个国家的外商直接投资和国际贸易，致使该国经济增长率的下降。由于挪用利润贿赂政治家和官员，因而减少了企业投资的收益，从而降低了国内外企业在该国投资的积极性，投资减少则对该国的经济增长产生消极影响。

(2)腐败并不一定是坏事。美国的法律和经合组织的协定都允许有例外的腐败，即为了方便或应急而支付的费用，被称为“通融费”或“加急费”，该项费用是为了支持政府日常行为的执行，虽然可列为行贿范围，但是却与一般的行贿行为目的不同，法律会授予费用接受者相应的执行权。因此，某些形式的腐败也可能会提高效率。

4. 假设你是一家公司的CEO，有一项涉及1亿美元的投资要在俄罗斯或波兰之间进行选择。假定两国的长期投资回报相同，你的选择主要取决于风险的考虑，请估计在两国从事商务活动的风险有何不同。你优先考虑在哪国投资？

答：当评估投资的风险时，应当考虑政治、经济和法律风险。据当前的环境看，俄罗斯的投资风险比波兰高，故优先考虑在波兰投资。波兰是欧盟成员，将会获得欧盟提供的利润和稳定性保障，而且波兰的经济增速一直位居欧盟前列。相反，俄罗斯目前局势比较复杂。(注意根据当今局势来答，答案可能是不一样的)

5. 阅读本章的“国家聚焦”专栏有关委内瑞拉的例子，并请回答下列问题：

(1)在查韦斯的领导下，委内瑞拉实行的是哪种经济体制？你对其政治体制有何看法？

(2)你如何看待查韦斯单方面改变与外国石油公司的协议？这一做法对今后外商在委内瑞拉的投资有何影响？

(3)在委内瑞拉普遍存在的公共腐败将对该国的未来发展产生什么影响？

(4)目前委内瑞拉从石油价格的疯涨中获益不少，如果石油价格从目前的高位往下降，你猜测可能发生什么？

(5)你估计委内瑞拉长期的经济走向会如何？该国对国际商务是否具有吸引力？

答：(1)在查韦斯的领导下，委内瑞拉实行的是一种计划经济体制。在这样的经济体制下，委内瑞拉成为世界上管制最严的国家之一，国家对商业活动的控制给政府官员谋取私利提供了充分的机会，查韦斯不断地将各种企业转变成国有企业，还要求将别的企业转变成所谓的“工人合作社”，以此作为对政府贷款的回报。另外，政府还没收了一些查韦斯认为效率不高的大农场和大牧场，将它们转为国有合作社。这样的经济体制不仅削弱了市场竞争，降低了效率，而且也导致了委内瑞拉的腐败问题更严重。

(2)查韦斯单方面改变与外国石油公司的协议是一种不公平的商业竞争行为，这一做法会导致外商在委内瑞拉的投资信心降低，不利于委内瑞拉石油经济的发展。因此，尽管全球石油需求很旺盛，但是委内瑞拉的石油生产却在走下坡路。

(3)委内瑞拉是世界上管制最严的国家之一，国家对商业活动的控制给政府官员谋取私利提供了充分的机会，谁要想扩大业务或开拓新的商业市场，就得向这些官员行贿，这些在委内瑞拉普遍存在的公共腐败现象增加了企业的寻租成本。短期来看，腐败导致了企业成本的上升，降低了企业的利润。长期来看，这样的腐败现象导致了市场经济效率的低下，不利于整个国家经济的发展。

(4)当 2008 ~ 2009 年石油价格下降时，委内瑞拉的经济增速开始下降，从 2009 年的 3.3%降到了 2010 年的 2.8%。而目前全球石油价格再次下跌，由于查韦斯之前不断加强对委内瑞拉国内的外国石油生产商的控制，提高了政府对石油销售的管理费，增加了国营石油公司在奥里诺科地区石油项目中所占的比重。一方面，这些严格的条件限制降低了国外石油商在委内瑞拉的投资；另一方面，国营公司的低效率加上石油市场的低迷必将导致经济结构单一的委内瑞拉遭受毁灭性的打击。

(5)如果委内瑞拉不改变当前畸形的计划经济体制，不加大反对公共腐败的力度，委内瑞拉的长期经济走向将持续低迷，不被看好。

从委内瑞拉的目前情况来看，该国政治体制是一种具有委内瑞拉特色的社会主义制度。查韦斯的"21 世纪社会主义"含有国有和集体所有制、以人为本、团结、平等、公正、共同发展等内容，但到目前为止还只是一个新生事物，没有形成一个完整的理论体系，尚不能视为科学社会主义。该国的经济体制是一种不合理的计划经济体制。国家对商业活动的控制给政府官员谋取私利提供了充分的机会。单方面的改变同外国石油公司的协议损害了外商的正当利益。因此该国缺乏对国际商务的吸引力。

6. 阅读"管理聚焦"专栏"沃尔玛是否违反了《反国外腐败行为法》?"一文。你的观点是什么？如果你认为沃尔玛违反了《反国外腐败行为法》，后果是什么？

答：(1)20 世纪 70 年代，美国通过了《反国外腐败行为法》。该法禁止为帮助企业获取或者保留、指导某项业务而向官员进行的行贿行为，并要求各个贸易公司有详细的商务记录以备评估，从而判断其是否存在违法行为。材料中沃尔玛为了在墨西哥顺利开设门店，建造冷库配送中心，向墨西哥官员多次行贿，已经违反了《反国外腐败行为法》。

(2)沃尔玛违反《反国外腐败行为法》，造成了许多恶劣的后果：

①公司的国际形象严重受损；

②行贿丑闻曝光后，公司股价暴跌；

③公司被美国政府处以高额罚金；

④部分高管对行贿一事知情不报，未采取必要行动，将被解雇；

⑤行贿事件引起了股东的强烈不满，导致公司动荡不安。

2.3 考研真题详解

1. 政治制度[大连海事大学 2019 研]

答：政治制度是一个国家在政治上如何治理的游戏规则，表现为包括广义的政府机构(涵盖行政、立法和司法)、利益集团(诸如政党、工会、游说集团等)、各机构同指导其职能的政治惯例与规则(宪法、选举法等)间相互关系的全部。政治制度的本质是游戏规则，用以对行为者的策略选择进行限制。民主制和极权制是两种基本的政治制度。

2. 影响国际商务环境的因素有哪些？试论英国脱欧对国际商务环境及其对中国的影响。[首都经济贸易大学 2017 研]

相关真题：研究国际商务环境需要考虑哪些因素？[宁波大学 2013 研]

答：国际商务环境是指对企业的跨国经营活动产生影响的各种因素的总和。

(1)影响国际商务环境的因素

①经济因素

经济因素是经营环境分析中最为重要的环境因素。

a. 经济发展阶段。一个国家的经济发展阶段不同，对进出口商品的数量、结构与档次以及对吸引外资和技术都会产生不同的影响。

b. 市场规模。在国际经营的经济环境中，有关市场规模大小的分析是企业关心的重点，无论是以商品的形式亦或资本的形式进入海外的目标市场，市场规模的大小都是至关重要的。一般而言，市场规模大小深受以下几个指标的影响：人口、人口增长率、人口分布状况、国民生产总额、人均所得、所得分配状况。

c. 经济周期。目标市场的情况是动态的，它不仅受到基本经济条件和经济因素的支配，而且受到经济景气变化的影响。对现代经济活动实践的分析已证明，不管是在何种经济制度下，处于何种经济周期阶段，一国总的经济活动的扩张和紧缩的交替或周期性波动都是客观存在的。

d. 物质技术条件。与国际经营有关并影响国际经营的物质条件包括两个方面：一是自然条件，包括自然资源，土地面积，地形和气候条件等；二是基础设施，指为经济活动提供服务的公共设施，包括交通运输网，通讯设施，仓库等，还包括与商务活动有关的基础设施，如商业网点、金融机构、沟通媒介等。技术环境，则指目标市场地区科技发展状况和相关产品的技术水平，以及目标市场消费者对产品技术的接受能力等。

②政治因素

政府是企业活动的一个不可分割的组成部分，而各种社会政治集团亦各有其代表的政治力量，并不同程度地影响着企业的经营。政治环境也是国际经营环境的一个重要方面，它主要包括：

a. 基本政治环境因素。包括政府组织结构及形式、政党体制和国家利益等。

b. 政治环境和政府政策的稳定性。政治环境的稳定性是指政治活动中，各关键参与者之间现存的关系在一定时期内有无根本性或实质性变化的趋势。如果各派政治力量之间相互作用及关系变化对外国企业的经营活动所产生的影响不可预知时，政治环境就是不稳定的。

c. 东道国对国际企业的态度与政策。国际商务活动受东道国的政策影响极大，所以，往往要考虑其态度与政策是否有利。如是否允许外国公司进入工业部门，是否允许外资在合资经营形式中占大多数所有权，是否允许有外国独资企业，对外资公司的扩张有无限制，对外国公司的资金与利润外调有无限制，对外资企业的经营期限有无限制，对外资企业有无优厚待遇等。

③法律因素

在形成一国商务环境的种种因素中，法律因素起着很重要的作用，任何其他因素的作用往往总是通过一定的法律形式表现出来，而且还通过一定的法律制度和规定对国际商务直接予以影响，国际经营者一方面依据法律规定来把握企业的海外经营活动，另一方面也可凭借这些法律来维护自己的正当权益。

国际商务的法律环境相当复杂。一般企业会面临三个层面的法律：a. 国内法律；b. 国际商法；c. 东道国法律。

④社会文化因素

a. 物质文化。物质文化是指人们所创造的物质产品以及用来生产产品的方式、技术和工艺。物质文化对生活方式和消费方式具有强烈的影响，物质文化是可以感知的，也是与国际企业生产经营活动有密切联系的。

b. 语言与沟通。对大多数人来说，从事国际商务最直接的障碍来自语言，而接触异国文化的主要通道却又正是语言。沟通的实质就是信息的交流，国际经营有赖于沟通，商业谈判、函电往来、合同签订、广告宣传等等，都牵涉到沟通问题。语言是沟通的主要工具。

c. 宗教信仰。宗教是文化的一个重要方面，也是文化的一大源泉。宗教信仰影响人们的生活态度、价值观念、消费倾向和企业的经营作风等，这些都会对国际商务产生直接或间接的影响。

d. 教育。教育水平在很大程度上反映了一国的经济发展水平，而教育结构决定了一个国家的人才结构。消费者受教育程度高，则对文具、杂志、录音带、旅游等的需求就高，谋求改善生活的欲望及能力都较高，对新的观念和新技术也较易接受，对各种文字的宣传媒介容易理解，易产生宣传效果。

e. 审美观念。这里指有关美和高尚情趣的观念。它体现在对于美术、音乐、戏剧、舞蹈以及颜色、形状的特殊鉴赏力。审美观念对国际商务的意义体现在很多方面。

(2)英国脱欧对国际商务环境的影响

英国脱欧短期内会对英国和欧盟的贸易关系带来较大的冲击，其中对英国影响更大，会直接拖累其经济增长。英国脱欧对全球主要货币走势在中长期将产生大的影响，外汇市场波动性将会加大。英镑在金融市场已经渐趋疲弱，脱欧或将导致英镑的进一步贬值，引发股市风暴，而作为避险货币的美元、日元将受到青睐，英镑对其它货币汇率很可能进一步下跌，作为避险资产的黄金价格可能上涨。

(3)英国脱欧对中国的影响

①对中英贸易和投资的影响

在一带一路的布局中，欧洲被视为重要市场，而英国也是重要支点国家，英国正在成为中国企业最热门的投资目的地之一。英国脱欧虽然会对中英之间的贸易投资有一定的冲击，但影响并不大。英国脱欧对中国经贸的负面冲击主要在于虚拟经济部门而非实体经济部门，主要在于资产(包括民间投资和官方储备资产)价格波动而非实实在在的贸易和直接投资流量改变，主要在于增量而非存量。

②对中国与欧盟贸易的影响

欧盟当前是中国第一大贸易伙伴，对于中国至关重要。从出口角度看，欧盟是中国第二大出口目的经济体，从进口角度看，欧盟是中国第一大进口来源经济体。即使英国脱欧，对中国现有与欧盟贸易的冲击也是有限的。考虑到中国的经济体量和国际地位，即使英国脱离欧盟，欧盟和英国对中国提高关税水平的概率也不大。由于对中国存在高额的贸易赤字，欧盟一直希望中国推进投资和服务贸易的开放，也在和中国进行相关谈判，所以未来中、欧之间的贸易会更加自由化，英国脱欧对中欧贸易冲击有限。

但未来中国与欧盟自由贸易、投资协定谈判的进度或受影响。在欧盟内部，英国是自由贸易的坚定推进者，但其它成员国认为中国应该首先对欧盟放宽投资和扩大服务贸易开放，然后才能签订自贸协定。当前中国－欧盟投资协定谈判在积极进行，一旦英国退出欧盟，将难以影响欧盟决策，中国与欧盟之间谈判进度或受影响。

③对中国居民个人生活的影响

英国脱欧成功，英镑必将面临较大贬值压力，自然会使英镑对人民币汇率降低，对于留学在外的人来说，学费肯定会降低不少。并且，英镑汇率的短期下降，对去英国旅游、购物都有一定的利好，因为在英国购买同一商品将花费更少的人民币。但是，也有专家认为，“英国如果脱欧成功，短期内与欧盟的贸易合作伙伴关系一定会有所松动”。这部分损失只能通过上调物价等手段弥补，加之不利的经济环境，劳动力流入受限，长远来看英国的整体物价会上涨。

3. 结合国别环境的基本内容，论述国别环境差异对国际商务的影响。[武汉大学 2014、2012 研]

答：(1)国别环境的基本内容

国别环境的基本内容主要包含四个方面：政治体制、经济体制、法律体系和文化。

①政治体制

政治体制是指一个国家的政府体制。对个人主义或集体主义的重视程度以及民主或极权的程度是衡量国家政治体制的两个标准。这两个指标是相互联系的，主张集体主义的体制一般趋向于极权，而主张个人主义的体制则趋向于民主。然而在两者之间存在灰色区域。一个民主的社会可能同时注重集体主义与个人主义。同样，一个极权的社会也可能并不是集体主义的。民主和极权是政治的两个不同的端点。

a. 民主是指政府是由人民直接选举或通过其所选代表间接选举出来的一种政治制度。

b. 极权是指个人或一个政党对人类生活的各个方面都拥有绝对的控制权，政治反对党派是被限制的一种政治制度。

②经济体制

经济体制指经济结构与经济进程的制度安排，它引导资源配置并决定商业活动行为，包括市场经济体制、计划经济体制、混合经济体制三种基本类型。经济体制不同意味着不同国家资源配置的手段和形式不同，在经济体制不同的国家进行跨国经济活动将面临更多风险和冲突。

a. 市场经济体制是指以价格机制这一“看不见的手”来配置资源的一种经济体制。在市场经济体制下，生产的货物和服务的种类及生产数量不是听命于任何一个人，价格是由供需的相互作用来决定的，且通过价格机制来提示生产者。市场不能自发实现的产品与服务(如道路、国防等)的供给需要政府来实现。

b. 在计划经济体制下，一国生产的产品和服务、生产的数量、销售的价格都是由政府计划指定的。

c. 混合经济体制是指介于市场经济体制与计划经济体制之间的经济体制，这是一种既有市场经济成分又有计划经济成分的经济体制。

③法律体系

法律体系是指由一国现行的全部法律规范按照不同的法律部门分类组合而形成的一个呈体系化的有机联系的统一整体。目前，世界各国所采用的法律主要有三大体系：普通法系、大陆法系和宗教法系。

a. 普通法系也称英美法系或海洋法系，以传统、先例、惯例为基础，强调“遵循先例”原则；审判中采取当事人进行主义和陪审团制度，对于司法程序比较重视；法律制度和法学理论的发展往往依赖司法实务人员(尤其是高等法院法官)的推动，即法官实质上通过做出判决起到了司法的效果。

b. 大陆法系又称罗马法系、成文法系、民法法系或罗马－日耳曼法系，以一套十分详尽的法律条文所组成的法典为基础。大陆法的重要特点是强调成文法的作用。大陆法在结构上强调系统化、条理化、法典化和逻辑性，其方法是运用几个大的法律范畴，把各种法律规则分门别类地归纳在一起。

c. 宗教法系是以宗教教义为基础而发展起来的一种法律制度，其核心意旨是“神的话语是法”。法律中的宗教含义是不可易的，因为神的话语是不可以被否决或是被政府修改或制定的，但是由于宗教本身所固有的局限，不可能提出一个周全且详细的法律体系。

④文化

文化是一个社会全体成员或是一群人表现的、长期形成的并且世代相传的价值观、宗教、符号、信仰、思维模式等一些思维特征和行为特征的总和，文化通常被人们看做是人类环境中的人为部分或是一种独特的生活和思维方式。文化主要由语言、宗教信仰、价值观、社会结构、社会制度、风俗习惯、审美、教育等要素组成。

(2)国别环境差异对国际商务的影响

①政治体制对国际商务的影响

a. 在民主制下开展国际商务：民主制会通过保护个体权利的法律维持稳定的商务环境。

b. 在极权制下开展国际商务：从正面看，企业不关心来自政府外的对其行动的反对意见。从反面看，他们可能要向政府官员行贿或提供回扣，否则就会失去进入市场甚至在该国家的投资资格。

无论如何，在极权主义国家做生意是一件非常冒险的事情。法规往往模糊不清或根本不存在，政府部门身居要职的人可以用自己意愿的方式对法律进行解释说明。极权政府的独裁性往往使公司很难明白在贸易交往中法律到底会被如何解释，又如何应用到它们实际的商务活动中。

c. 政府或社会的变革对当地的商务活动将产生消极的影响。政治风险通过不同的方式影响不同的公司。它会威胁到出口商、生产设备制造商或是公司从一国赚取利润的能力。

②经济体制对国际商务的影响

经济体制对国际商务活动的影响主要体现在开放本国市场程度的问题上。实行高度集中的计划经济体制的国家，不利于企业国际商务活动的开展；实行市场经济体制的国家，有利于企业国际商务活动的开展。以经济市场化和国际贸易与投资自由化为基本特征的经济自由化进程在不断加快，为在全球范围内构建自由、宽松和协调的国际商务环境铺平了道路。发展中国家和原计划经济国家对经济控制和干预的减少，要素市场的重构，企业改造和民营化浪潮的掀起，使东道国的经济环境大为改观。

此外，一国的经济发展水平也会对国际商务活动产生影响。一般来说，在东道国进行的国际商务活动会产生对主导产业部门的偏向性。处在不同经济发展水平的国家和地区，会有不同的主导产业来支持该国的经济增长。因此，企业的国际商务活动只有符合该国的经济发展阶段需求，才能有生存与继续发展的空间。

③法律体系对国际商务的影响

东道国政府可以通过制定多种法律条款来对在该国经营的外国企业施加压力或者进行限制：a. 外国企业在东道国进行商务活动时要遵守东道国对所有企业制定的法律法规；b. 企业还要遵守东道国针对外国企业制定的外国投资法等相关法律法规。此外，企业开展国际商务活动还会受到国际条约、国际惯例、国际组织所制定的相关规定等的制约。

法律制度的差异会使企业开展国际商务活动时面临法律风险：既包括外部合规风险，即企业的商业行为与东道国所颁布的法律法规相抵触的风险；也包括企业所签署的各类合同、承诺等法律文件的有效性和可执行性的风险。

④文化对国际商务的影响

文化差异对国际商务活动的影响主要体现在以下几个方面：a. 文化差异产生沟通问题。由于不同文化背景的人们感知世界和编辑信息的方式不同，人们在语言、价值观念、传统文化、教育、工作态度等方面有很大差异，因而常常存在理解与信任的障碍，出现误解和冲突，影响工作的效率和进程。b. 文化差异影响生产与营销。文化差异导致各国消费者需求差异，在进行跨国经营时，需要有针对性地满足这种差异性的需求；在制定国际营销策略时，同样要考虑文化差异，考虑不同国家不同的风俗习惯。c. 文化差异影响管理行为。不同文化背景下的员工，对于上下级关系、决策程序、对待时限的态度、对待协议的态度、谈判的策略等都带上了各自国家的文化烙印，这将导致管理决策方法的复杂化，增加管理费用。d. 文化差异可能引发严重的文化冲突。文化冲突是不同文化及文化要素之间的对立、相互排斥的过程，文化冲突本质上源于文化差异。跨国企业如果不能顺利解决文化冲突，将严重影响其经营与发展，甚至导致经营失败。

4. 赞比亚商业、贸易与工业部长 Felix Mutati 于 2010 年 9 日宣布，赞比亚最大的能源公司 Zesco 将与中国水利水电建设集团公司合作开发 15 亿美元的发电站项目。特称，赞比亚亟需资金，中国企业对其大规模投资非常重要。

赞比亚国民经济对矿产资源(主要是铜矿资源)的依赖度高达 55%。二十世纪 60 年代，中国政府无偿援助修建了坦赞铁路，使赞比亚的铜矿石不用经过不友好国家而可直接出口。中国企业在赞比亚的活动主要集中在铜产业，中国投资占赞比亚全国总投资额的 20%。2006 年胡锦涛主席与赞比亚总统 Levy Mwanawasa 签订 90 亿美元合作协议以后，十三家中国大型国有企业在赞比亚建立了第一个经济特区，主要从事铜矿加工，雇佣了 6000 名本地员工及 150 名中国员工。

Felix Mutati 部长盛赞中国企业，称其将大部分利润进行赞比亚当地再投资，促进了就业；经济特区使一部分人先富起来，扩大了内需，带动了建筑业和旅游业的发展；帮助赞比亚建立铜深加工产业，有助于赞比亚摆脱对资源出口的严重依赖，降低国际市场波动的风险，实现经济平衡发展。但是，西方国家对于中国企业在非洲经营的非议颇多，如“新殖民主义论”、“就业挤出论”等。中国大型国有企业在赞比亚的经营面临新考验。根据案例内容回答下列问题：

(1)在 PEST 框架内，对中国资源能源型国有企业在赞比亚投资环境进行分析。

(2)在 PEST 分析基础上讨论中国资源能源型国有企业在赞比亚投资的战略。[中国人民大学 2012 研]

答：(1)PEST 分析法是战略外部环境分析的基本工具，它从政治、经济、社会和技术四个方面的因素分析宏观环境，并评价这些因素对企业战略目标和战略制定的影响。

①P 即 Politics，政治要素，是指对组织经营活动具有实际与潜在影响的政治力量和有关的法律、法规等因素。当政治制度与体制、政府对组织所经营业务的态度发生变化时，或者当政府发布了对企业经营具有约束力的法律、法规时，企业的经营战略必须随之做出调整。法律环境主要包括政府制定的对企业经营具有约束力的法律、法规，如反不正当竞争法、税法、环境保护法以及外贸法规等，政治、法律环境实际上是和经济环境密不可分的一组因素。

在政治方面，赞比亚与中方政治关系融洽，两国最高领导人沟通良好，赞方部长对中方在赞的投资行为进行盛赞，也暗示了中方在赞投资会获得稳定的政治环境，遇到赞方突然改变对中方在赞投资态度的可能性小，中方在赞投资承担的政治风险也较小。

②E 即 Economic，经济要素，是指一个国家的经济制度、经济结构、产业布局、资源状况、经济发展水平以及未来的经济走势等。构成经济环境的关键要素包括 GDP 的变化发展趋势、利率水平、通货膨胀程度及趋势、失业率、居民可支配收入水平、汇率水平、能源供给成本、市场机制的完善程度、市场需求状况等等。

在赞比亚，经济产业结构较为单一，主要依靠铜矿石这一单一资源的开采。二十世纪 60 年代，中国政府无偿援助修建了坦赞铁路，使赞比亚的铜矿石不用经过不友好国家而可直接出口，赞方的交通状况得到了改善，能源运输有稳定保证。同时，能源产业的发展带动了内需，渐渐富有起来的人们购买力提高了，单一的经济结构正在发生改变，但这一改变需要更多的资金投入。

③S 即 Society，社会要素，是指组织所在社会中成员的民族特征、文化传统、价值观念、宗教信仰、教育水平以及风俗习惯等因素。构成社会环境的要素包括人口规模、年龄结构、种族结构、收入分布、消费结构和水平、人口流动性等。

赞比亚是一个发展较为缓慢的国家，它的社会发展同样如此。人们的受教育程度不高，且思想观念较为保守，人口流动性较小，故当十三家中国大型国有企业在赞比亚建立了第一个经济特区时，雇佣了 6000 名本地员工，主要从事铜矿加工。

④T 即 Technology，技术要素。技术要素不仅仅包括那些引起革命性变化的发明，还包括与企业生产有关的新技术、新工艺、新材料的出现和发展趋势以及应用前景。在过去的半个世纪里，最迅速的变化就发生在技术领域。

赞比亚在技术要素方面略有欠缺，由于以能源作为主要支撑产业，对新技术、新工艺的关注较少，但随着中方在赞投资企业的发展，促进了铜深加工产业的发展，新技术、新工艺的发展也得到了重视。

综上所述，基于 PEST 框架的分析，中国国有企业在赞比亚的投资环境良好，中赞两国的政治关系良好，赞方欢迎中国国有企业的投资等因素表明中国投资面临的政治风险小；经济方面，虽然赞方目前发展缓慢，但是一些必须的硬件设施，交通状况已经得到保障；社会因素方面，赞方人口流动性小，受教育程度不高；技术因素方面，赞方新技术、新工艺欠缺，但是随着中方的投资企业的发展，也渐渐有所起色。

(2) 中国在赞比亚的投资主要是为了利用赞比亚丰富的铜矿资源，同时也能为赞比亚的经济注入资金，提高赞比亚经济的活力。

①按投资战略的规模特征分类，该投资属于发展型投资战略。

发展型投资战略是企业在现有水平上向高一级迈进的战略，在国民经济高速发展的时期及企业经营状况良好的情况下，推行这一战略会收到良好的效果。这一战略的特点是增加对企业设备、原材料、人力资源等的投资，以扩大企业生产规模，提高产品市场占有率。

②按投资战略的投向特征分类，该投资属于专业化投资战略。

专业化投资战略是指企业长期将资金投放于某一特定生产经营领域或特定产品和业务项目上，投资的增加通常只是引起经营规模和市场规模的扩大，而不会引起经营结构和市场结构的改变。企业采取这种投资战略的基本目的多是为了追逐高额利润。

③按投资战略所需要的资金密度分类，该投资属于资金密集型投资战略。

资金密集型投资战略是指在长时期内，企业确定的投资方向需要投入大量的资金，这些投资方向的实际运行主要依靠资产的运用来实现。

第3章　经济发展中的国家差异

3.1 复习笔记

考点一：经济发展的差异

1. 人均国民收入(见表3－1)

表3－1　人均国民收入

要点	具体内容
作用	衡量一国经济活动的标准，可衡量该国居民总的年收入
缺陷	可能产生误导，因为该值没有考虑生活费用的差异
调整	人均国民收入(人均GNI)按照购买力平价(PPP)进行调整后，各国的生活水平可以根据调整后的指标进行直接比较。GNI和PPP数据只是对发展所作的一个静态的描述

2. 发展概念的延伸

(1)产生背景

阿马蒂亚·森提出，衡量国家发展水平的关键指标应是该国人民拥有的机会和能力指标，而非人均GNI这类的物质指标。联合国采纳了其论点，建立了人文发展指数(HDI)来衡量不同国家人们的生活质量。

(2)HDI的三个基本衡量指标

①期望寿命；

②接受教育的权益；

③基于PPP估算的平均收入能否满足该国人民生活的基本需求。

考点二：政治进步与经济进步

1. 创新和创业是长期经济增长的动力

(1)创新和创业的过程

创新不仅包括新产品，而且包括新工艺、新组织、新管理和新战略。创新也存在于创业活动中，创业活动给经济注入了强大的活力，创业者通过创业活动将创新产品和工艺商业化来实现经济价值的创造。

(2)创新和创业对经济增长的作用

一个国家的经济若要长期持续地增长，那么一个能推动持续创新创业活动的商务环境是不可或缺的。

2. 创新和创业需要市场经济

在市场经济体制中，任何个人都能自由地对其某一个新的创意尝试进行创业活动。市场经济体制蕴涵着对发展创新的巨大推动力。在计划经济中，国家利益是最重要的，国家占据所有的生产资料，对个人而言，没有创新激励，因为创新利益并不归于个人所有。

3. 创新和创业必须加强对产权的保护

强有力的产权保护，有利于降低企业和个人经营的风险，保护其从创新活动中得来的利益不被犯罪分子或国家剥夺。

4. 经济持续发展需要民主的政治制度

在西方国家中，人们认为民主的制度环境下，个人产权能得到保护，竞争性的市场经济也能够促进经济发展和进步。民主有利于经济增长，而极权通常不利于经济增长。

5. 经济进步导致民主

经济持续进步可能会推动民主政体诞生。

6. 地理、教育和经济发展

(1)地理与经济发展

良好的地理位置能够促进一国与他国的贸易往来，从而提高该国的开放程度，进而促进该国市场经济的发展并形成以市场为基础的经济体制，这将进一步促进该国的经济增长。而恶劣的地理条件会对一国经济产生负面作用。

(2)教育与经济发展

受教育程度越高的人创新性越强，高素质的劳动者能提高生产效率，因此教育投入较高的国家的经济增长率也相对较高。

考点三：转型中的国家

20 世纪 80 年代以来，世界上许多国家的政治和经济发生了重要变化。有两种倾向十分明显，一是民主选举的政府取代极权政府的倾向；二是由中央计划和混合经济转向更为自由的市场经济的倾向。

1. 民主的传播

(1)国家自由程度的划分

自由之家将世界各国(或地区)划分为自由、部分自由和不自由三大类。

(2)民主的传播的主要原因

①许多极权统治者无法为国内大多数人谋取经济进步带来的利益；

②信息技术的发展削弱了国家的信息控制能力，加速自由民主理念的传播；

③企业家希望自己的财产权得到保护，希望政府能够维护合同公平履行，这促进更加负责和包容的政府出现。

2. 新的世界秩序和全球恐怖主义

(1)新的世界秩序

冷战结束并出现了“新的世界秩序”。全球政治体制将处于基于自由民主的全球普遍文明和全球文明冲突之间的某一处。

(2)全球恐怖主义

由于很多方面的原因，全球恐怖主义是 21 世纪世界和平和经济进步的一个主要威胁。

3. 市场体制的传播

20 世纪 80 年代以来，在民主理念快速传播的同时，计划经济逐渐向市场经济转变。但从具体数据看，经济自由并不等于政治自由。

考点四：经济转型的本质

计划经济体制向市场经济体制转型一般会经历以下阶段：放松管制；私有化；构建一个产权受保护的法律体系。

1. 放松管制

放松管制的基本内容包括：

(1)允许市场自由运行，取消政府限制，允许企业家建立私有企业和私有化经营方式；

(2)取消价格控制，由市场供求状况来确定价格；

(3)废除有关禁止建立和经营私有企业的法规；

(4)放松或取消对外国企业的直接投资和国际贸易的限制。

2. 私有化

私有化是将国有财产转变为个人所有财产的一种行为，通常通过拍卖出售国有资产来实现。私有化被视为一种解放生产力、提高经济效益的途径。

3. 法律体系

在一个健全的市场经济中，法律体系的完善是至关重要的，私有产权和合同执行都需要法律保障。法律对维持私营和公共部门从事经济活动的积极性具有重要作用。

考点五：对管理者的启示

影响一国作为市场或投资场所的综合吸引力的因素包括在该国长期从事商务活动的收益、成本与风险。

1. 收益

(1)在一国进行商务活动的所得收益取决于该国市场规模的大小、消费者的购买力强弱以及消费者的未来收入预期。

(2)早日进入经济有发展潜力的国家的企业可能获得实质性的第一进入者优势，而后进入的企业可能陷入后入者劣势。

2. 成本

国际企业在一个国家从事商务活动的成本的影响因素包括政治、经济和法律因素。

(1)政治因素就是指在一个国家从事商务活动的成本可能因需要收买政治势力以便取得政府对商务活动的许可而有所增加。

(2)经济因素中最重要的变量之一是一个国家经济的复杂性。在经济相对落后或者不发达的国家，由于缺乏基础设施，国际企业不得不自己提供所需的基础设施来开展商务活动，这无疑会增加企业的成本。

(3)法律因素。如果一个国家对产品安全、生产安全、环境安全等作出严格的法律规定，那么遵循这些法规将花费较多成本。但是，如果一个国家关于商务活动的法律体系不够健全，这可能导致更高的成本产生。

3. 风险

在一个国家从事商务活动的风险包括政治风险、经济风险和法律风险。

(1)政治风险指因政治力量而引起的一国商务环境的剧烈变化，如政治体制的变化可能导致一些对国际商务不利的法规出台，从而对某特定工商企业的利润和其他目标产生负面影响的可能性。

(2)经济风险指因经济管理不当从而对某一特定企业利润和其他目标产生不利影响的可能性。

(3)法律风险指一国法律制度不能对合同违约或侵犯财产权的行为给予适当的惩戒，从而使企业面临贸易伙伴合同违约或侵犯产权的可能性。

4. 综合吸引力

作为一个市场或投资对象，一个国家对外国企业的吸引力取决于他国在该国进行商业活动面临的成本、收益和风险的相对大小。一般而言，一国的经济发展程度和政治稳定性与从事国际商务活动的相关成本和风险是负相关的，即经济越发达，政治越稳定，从事国际商务活动的成本与风险也就越低。

3.2 课后习题详解

1. 产权、腐败和经济进步之间有何关系？在提升一个国家的经济发展水平的过程中，反腐败的努力有什么重要意义？

答：(1)产权与经济进步之间的关系

保护产权有利于经济进步，具体表现在：①有利于实现我国经济与国际经济接轨；②有利于鼓励发明创造，促进技术创新；③有利于吸引国外先进技术；④有利于吸引境外投资；⑤有利于开拓国际市场。

(2)腐败和经济进步之间的关系

经济学家们认为，腐败和经济增长之间有非常明显的负相关性。基于以专家主观估计的腐败程度而编制的跨国腐败指数和经济分析，保罗·莫罗等经济学家发现严重腐败总是与经济低增长联系在一起，腐败分值每增加 1 分(分值范围为 1 ~ 10 分)，经济增幅将下降 1%。虽然增幅下降幅度看起来并不明显，但考虑到 1980 ~ 2006 年世界经济平均增速为 1.73%，1% 的增幅变动就非常显著了。此外，在透明国际组织发布的清廉指数中，在腐败评分上的 1 分之差就会导致其在清廉指数排名及发展水平排名上的变动。如果腐败评分增加 2 分，就能使一个清廉指数处于平均水平的国家退至最腐败的国家之一，并将其经济增长率从 1.73% 拉低至负增长水平，使其沦为经济表现垫底的 1/4 国家。

(3)反腐努力的重要意义

反腐败行动的作用在于：①有利于加强和改善政府的领导；②有利于发挥社会主义制度的优越性；③有利于调动广大人民群众的积极性；④有利于维护国家统一、民族团结和社会稳定；⑤有利于促进经济发展和社会全面进步。

2. 假设你是一家美国汽车公司的高级经理，正考虑是否要到中国、俄罗斯或德国投资生产厂，这些工厂将服务于当地市场。请对在上述国家从事商务活动可能产生的收益、成本和风险作出评估。哪个国家看上去是对外国直接投资最具吸引力的目标市场？为什么？

答：(1)对收益的评估

在一国进行商务活动的所得收益取决于该国市场规模的大小、消费者的购买力强弱以及消费者的未来收入预期。早日进入具有发展潜力的国家的企业可能获得实质性的第一进入者优势。

中国和俄罗斯人口较多，因此市场规模较大，而德国的消费者购买力又比这两个国家强。

(2)对成本的评估

他国的政治、经济和法律环境决定了在其从事商业活动的成本。政治因素是指为了获得在一个国家进行商业活动的政治认可而支付的成本。经济因素是指在一个经济相对落后或不发达的国家，由于缺少基础设施，国际企业需要自己提供所需的基础设施，这无疑会增加成本。法律因素是指如果一个国家对产品安全、生产安全、环境安全等作出严格的法律规定，那么遵循这些法规将花费较多成本。

政治因素上，这三个国家政局都比较稳定，但是考虑到俄罗斯受到西方国家在某些产业上的经济制裁，因此，俄罗斯的政治成本较高。经济因素上，三国的基础设施都较为完善，德国最好。法律因素上，德国是发达国家，法律法规以及各项标准上要求更为严苛，因此会增加企业成本。

(3)对风险的评估

在一个国家从事商务活动的风险也取决于政治、经济和法律因素。

政治风险是指一国的政治环境动荡会带来商务环境的波动，从而对企业利润和投资活动等带来负面影响。经济风险是经济管理失调会导致经济环境不稳定，从而对企业利润和投资活动等带来负面影响。法律风险可定义为贸易伙伴违反合同或侵犯产权的可能性。考虑到俄罗斯与西方国家紧张的关系，俄罗斯的风险较高。

作为一个市场或投资对象，一个国家对外国企业的吸引力取决于他国在该国进行商业活动面临的成本、收益和风险的相对大小。一般而言，一国的经济发展程度和政治稳定性与从事国际商务活动的相关成本和风险是负相关的，即经济越发达，政治越稳定，从事商务活动的成本与风险也就越低。

通过上述在收益、成本、风险上的评估，中国是对外国直接投资最有吸引力的国家。因为中国具有收益高、成本低、风险低的综合优势。

3. 再读“国家聚集”专栏有关印度的例子，并请回答下列问题：

(1)1947～1990年印度实行的是什么经济体制？今天该国又转向何种经济体制？完成这一转型面临什么障碍？

(2)普遍存在的公有制企业和政府的大量干预会如何影响：第一，国有企业和私有企业的效益；第二，1947～1990年印度新企业形成的格局。你认为这些因素对该期间印度的经济增长率会产生什么影响？

(3)私有化、放松管制和取消对外国直接投资的限制等，对20世纪90年代后期印度的企业效益、新企业的拓展和经济增长率有何影响？

(4)目前印度在诸如计算机软件和制药等关键的高科技行业拥有相当大的优势，你认为印度为什么在这些领域正形成优势？这些行业的成功如何推动印度其他经济领域的发展？

(5)在印度目前的经济状况下，你认为对销售消费品的跨国公司来说，它是不是一个很具吸引力的目标市场？为什么？

答：(1)1947年在印度发展起来的经济体制，是混合型的经济体制，其特点是具有大量的国有企业，中央规划和政府补贴。1991年，印度政府开始进行经济改革计划，许多产业的许可制度被取消，一些行业开始对私营企业放开，对外资企业的投资也表示欢迎。印度自1991年以来已取得令人印象深刻的成果，但仍有进一步转变的障碍。首先，降低进口关税的尝试已经被雇主、雇员和政客的反对所搁置；其次，由于最高法院采取的行动，私有化计划已经被放缓；最后，极端贫困仍然困扰着这个国家。

(2)1947年在印度发展起来的混合经济，特点是具有大量的国有企业，中央规划和政府补贴。私人公司的日常经营活动需要得到政府批准，生产配额和高关税阻碍了私营部门的健康发展，并且限制性的劳动法使企业很难解雇员工。再加上外汇限制，对外国投资的限制，对土地使用的控制和管理的价格上升都进一步加剧了私营部门的困境。这不仅限制了私营部门的增长，也限制了竞争，使国有企业和私营企业的效益都大幅下降。印度的经济增长率在这一时期受到了负面影响，直到1994年，尽管人口众多，但印度的经济规模仍然比比利时小，国内生产总值和识字率都很低，约有百分之四十的人口仍生活在贫困中。

(3)在1991年，印度政府进行经济改革计划。私有化、放松管制和取消对外国直接投资的限制等一系列措施成效显著，企业效益及经济增长率均得到提升。1994～2004年间，印度的年经济增长率平均为6.3%，2005－2013年增长率达到7%～8%。同时印度的外国投资额从1990年至2013年显著大幅上升，包括信息技术和药品在内的某些经济部门做得特别好。但是，问题依然存在。政府采取的行动继续限制私营企业的效率和收益，而且该国的高贫困率仍然是一个主要问题。

(4)印度在诸如计算机软件和制药等关键的高科技行业中的表现令人印象深刻。该国已成为一个充满活力的全球软件开发中心，其制药技术也闻名于世。印度在这些领域形成优势的原因在于：①政府的大力扶持，包括宽松的政策环境和大量的贷款扶持；②印度的官方语言是英语，因此不仅非常容易进入欧美市场，而且众多软件精英无须为设计软件时的语言障碍而为难；③印度拥有丰富的人才资源。

这些行业的持续繁荣，推动着印度的经济发展、国民收入的扩大和社会福利水平的提高，进而也推动了其他经济领域的发展。

(5)根据案例，从1991年至2013年，印度的外国投资额显著大幅上升。然而，印度是否有足够的吸引力成为跨国公司销售消费产品的市场仍有待观察。虽然庞大的人口数量会吸引一些企业，但事实上有百分之四十的人口生活依然处在贫困中。此外，在印度经营一家公司仍然不容易，因为存在诸多政治、经济和法律风险。

3.3 考研真题详解

HDI(人文发展指数)[上海对外经贸大学2018研]

答：人文发展指数(Human Development Index，HDI)是联合国在诺贝尔经济学奖获得者阿马蒂亚·森的观点基础上提出建立的一个指标，用来衡量不同国家人们的生活质量。期望寿命、接受教育的权益以及基于PPP估算的平均收入能否满足该国人民生活的基本需求是HDI的三个基本衡量指标。期望寿命是和生命健康保障相关的，接受教育的权益则是一个包含成人识字率，初等、中等和高等教育入学率的综合指标，基于PPP估算的平均收入能否满足该国人民生活的基本需求涉则及饮食、住房和医疗等诸多内容。由此可见，与人均GNI等经济指标相比，HDI更贴近人文发展的内容，虽然不包含政治自由。HDI计分范围从0到1，低于0.5的国家属于低人文发展水平，即生活质量差；0.5～0.8属于中等人文发展水平，高于0.8属于高人文发展水平。

第4章 文化差异

4.1 复习笔记

考点一：文化概述

1. 文化的定义

文化是指一群人所共同拥有的、为生存而设计构建的一种价值观和准则的体系。

2. 价值观和准则

(1)价值观

①定义

价值观是基于人的一定的思维感官之上而作出的认知、理解、判断或抉择，也就是人认定事物、辩定是非的一种思维或取向，从而体现出人、事、物一定的价值或作用。

②作用

价值观构成了文化的基础，它们提供了建立和判断某种社会准则的背景。价值观也经常能在一个社会的政治和经济制度中折射出来。

(2)准则

①定义

准则是指社会规则，即在一个特定的情境下对有关适当行为的规定。

②分类

a. 社会习俗。社会习俗是指日常生活惯例。一般而言，社会习俗与道德的关联性不大，它是一些社会约定俗成的事。

b. 道德准则。道德准则是社会发挥作用和社会生活的核心准则，相比社会习俗有更为重要的意义，违反道德准则可能受到严重的惩罚。

3. 文化、社会和国家之间的关系

(1)社会与文化之间的关系

社会是指拥有同一套价值观和准则的一群人，即在同种文化下生活的人。

(2)社会与国家之间的关系

一个社会与一个国家之间没有严格的一一对应关系。

(3)文化与国家之间的关系

国家是政治的产物，可能包含一种文化，也可能包含多种文化。而文化往往又能跨越几个国家，更为复杂的是，文化还有不同的层次。

4. 文化的决定因素

特定文化的价值观和准则是由许多因素长期共同作用逐渐形成的。具体因素包括宗教、语言和教育、社会结构、政治哲学和经济哲学，而且因果关系是可以转换的，例如语言和教育会明显影响一个社会的价值准则，同时一个社会的价值准则也会影响语言和教育。

▼5. 文化的特征

(1)文化是后天习得的

文化不能遗传，文化的习得和传递过程是个扬弃的过程。

(2)文化具有强制性

文化强制有两种类型：直接文化强制和间接文化强制。文化强制使一个人在知觉、判断及行为上往往与大多数人保持一致。

(3)文化具有适应性

任何文化都应该适应本群体生存的自然环境和社会环境。

(4)文化是不断变迁的

文化变迁的主要原因有：发现和发明、革命与社会制度变革、文化借用或传播以及文化移入等。

考点二：社会结构

一个社会的社会结构是指它基本的社会组织。社会结构在解释文化差异时有两个尺度指标特别重要：一是社会组织的基本单位更趋向于个人还是群体；二是社会分成阶级或等级的程度。

1. 个人和群体

(1)个人

①定义

个人，或者称个体，一般指一个人或是一个群体中的特定的主体。

②具体表现

a. 个人成就是西方价值体系的强调点，个人工作的绩效决定了个人的社会地位。

b. 个人主义还表现在公司间管理人员的流动十分频繁；

c. 存在大量的创业活动。

③个人主义的不足

对个人主义的强调可能导致在一个组织内执行集体任务时难以建立团队精神，从而提高商务活动的成本。

(2)群体

①定义

群体与个体相对，是个体的共同体。不同个体按某种特征结合在一起，进行共同活动、相互交往，就形成了群体。个体往往通过群体活动达到参加社会生活并成为社会成员的目的，并在群体中获得安全感、责任感、亲情、友情、关心和支持。

②群体的优点

a. 群体的强烈认同感被认为会对相互自觉帮助和集体行动产生压力，如果个人财富与群体(如企业)的成就紧密相连，这很可能会激励群体中的个人成员为共同利益一起工作。

b. 群体第一的价值观抑制了经理和个人从一家公司向另一家公司的流动。长年累月，经理和工人们积累了知识、经验和个人商务关系网，所有这些都能帮助经理更有效地开展工作和建立与他人的合作关系。

③群体的缺点

企业内部相对缺乏活力和企业家精神。

2. 社会阶层

(1)社会阶层概述

①定义

社会阶层是指所有社会都按某种等级分成不同的社会群体。

②不同社会的社会阶层差异

a. 社会不同阶层间的流动性不同；

b. 社会不同阶层在商务活动中的重要性不同。

③特点

a. 社会阶层反映的是社会特性，而非个人差异；

b. 社会阶层可以代际传承；

c. 社会阶层普遍存在，但具备可变性；

d. 社会阶层不仅涉及不公平性还涉及信仰。

(2)社会流动性

①定义

社会流动指的是跨阶层流动，具体指个体从自己所出生的阶层流动到其他的阶层。

②差异

不同社会的流动性有很大的差异

a. 种姓等级制度是最严格的等级制度，在这种制度下，人们的社会地位根据其出生的家庭所决定，一般来说一生都不可能改变；

阶级制度中的社会等级划分并不严格，在阶级制度下，可能会发生社会流动。

(3)社会阶层对国际商务活动的意义

从商业的角度看，如果商业活动受到社会阶层的影响，那么社会阶层就是有意义的。

考点三：宗教与伦理体系

1. 概述

(1)宗教

宗教可以定义为具有神圣意义的共同信仰和仪式。

(2)伦理体系

伦理体系是指一整套道德准则或价值观，以引导和规范行为。

(3)宗教与伦理体系的关系

宗教是伦理体系的主要来源，如基督教伦理、伊斯兰教伦理。不过，这种现象有一个重要的例外，即儒教。

(4)宗教对商务活动的影响

①不同的宗教对工作态度和企业家精神的影响程度；

②不同宗教伦理对一国商务活动成本的影响程度。

2. 基督教(见表4－1)

表4－1 基督教

要点	具体内容
概述	基督教是世界上最广为信奉的宗教
对经济的影响	①新教强调努力工作和创造财富(为上帝争光)以及节俭(要节制世俗享乐)等伦理，是资本主义发展所需要的价值观，因此新教和现代资本主义的出现之间存在着一种关联； ②新教打破了天主教在宗教社会生活中的主导地位，给予教徒们更大的自由，这推进了资本主义发展

3. 伊斯兰教(见表4－2)

表4－2　伊斯兰教

要点	具体内容
概述	伊斯兰教是世界第二大宗教
伊斯兰宗教激进主义	①伊斯兰宗教激进主义经常是与好战分子、恐怖分子和暴力动乱的宣传报道相联系的； ②伊斯兰宗教激进主义抬头主要原因是对传统伊斯兰社会中出现的某些社会压力所作出的一种回应
对经济的影响	①伊斯兰教的许多经济原则都是赞同自由创业精神的； ②伊斯兰教非常强调对契约负责、信守诺言和绝不欺骗的重要性； ③伊斯兰教的一条经济原则是禁止支付利息或收受利息，利息被看成是高利贷

4. 印度教(见表4－3)

表4－3　印度教

要点	具体内容
概述	印度教是世界上最古老的宗教之一
对经济的影响	①印度教中的苦行原则并不鼓励在新教中存在的那种追求财富的创业活动； ②印度教所支持的种姓等级制度限制了个人承担社会责任的机会，因此，这种宗教信仰的经济结果必然是负面的

5. 佛教(见表4－4)

表4－4　佛教

要点	具体内容
概述	佛教是公元前6世纪由释迦摩尼在尼泊尔境内创建的
对经济的影响	①佛教没有强调创造财富的思想，所以佛教不强调企业家文化； ②佛教并没有种姓制度和苦行僧行为，所以佛教文化对企业家活动的正面影响可能远比印度教大

6. 儒教(见表4－5)

表4－5　儒教

要点	具体内容
概述	儒教由孔子创立，有显著的中国文化特点，反映了中国文化的思想。1949年之前，儒教被视为中国官方的伦理体系
对经济的影响	儒教伦理体系在经济方面的价值观，具体表现为忠、义、信。 ①忠于自己的上司被看成一种神圣且绝对的责任。儒教伦理体系中强调忠有利于降低领导和工人之间的合作成本。 ②义强调上级的责任是对下级的忠诚作出回应，如果没有这些回应，那么也将不会有来自下级的忠诚。 ③强调信的重要性有较大的经济意义。虽然不守信的行为对违规者短期可能产生利益，但从长期看，不守信是没有好处的

考点四：语言(见表4－6)

各国之间一个最明显的差异就是语言。语言分为口头语言和非口头语言。语言是一种文化的明显特征之一。

表4－6　语言

分类	具体内容
口头语言	口头语言不仅能使人们互相交流，而且也构成人们理解世界的方式，进而定义了文化
非口头语言	非口头语言是指非言语的沟通。非语言交流一方面是通过非口头语言的文化含义来实现，另一方面是通过个人空间来实现，即和谈话人之间适当的距离，这也会影响商务活动

考点五：教育

进行国际商务活动时，良好的教育环境不仅是一个国家的核心竞争优势，也是国际企业进行区位选择的重要考虑因素。

考点六：文化与工作场所

1. 霍夫斯泰德的文化五维度（见表4－7）

表4－7　霍夫斯泰德的文化五维度

五种维度	具体内容
权利距离	①该维度强调如何对待社会中不同个体在体力和智力方面存在差异的客观事实。 ②高权力距离文化的国家会使这种不平等随时间转化为权力和财富的不平等。 ③低权力距离文化的国家则尽可能缩小这种不平等
个人主义与集体主义	①此维度强调的是个人与他的伙伴之间的关系。 ②在个人主义的社会里，个人之间的联系是松散的，个人成就和自由是受高度重视的。 ③在集体主义的社会里，个人之间的联系是紧密的，每个人都应重视其所属集体的利益
不确定性规避	①此维度是用来度量不同文化中其成员对不确定情形的接受程度。 ②高不确定性规避文化的成员更重视工作安全、职业类型、退休待遇等因素，更倾向详细的规章条例和上层领导的清晰指令，其主动性也受到严格限制。 ③低不确定性规避文化的成员对变革的抵触情绪较低，更愿意冒险
男性主义与女性主义	①此维度是用于探寻性别与工作角色之间的关系。 ②在男性主义文化中，传统的“男性价值观”决定文化观念。 ③在女性主义文化中，在同类的工作中不明显区分性别差异
长期取向与短期取向	长期取向与短期取向维度研究某一文化的成员对其物质、情感、社会需求等延迟满足的接受程度，对时间、毅力、地位、对传统的尊重以及对接受礼物等问题的看法

2. 霍夫斯泰德的研究的缺陷（见表4－8）

表4－8　霍夫斯泰德的研究的缺陷

缺陷	具体内容
假设苛刻	霍夫斯泰德假设在文化和民族国家之间存在一一对应关系
自身限制	该研究受到其自身文化的限制
数据来源单一	为霍夫斯泰德的研究提供数据的人都来自同一行业（计算机行业）的同一家公司
缺乏动态考虑	文化并不是静止的，它们随时间而变化。霍夫斯泰德的研究未免有些过时

3. 文化的影响

文化只是影响一国经济状况的诸多因素之一，要正视文化的重要性，不能高估也不能低估。而且在解释经济增长率的差异性时，经济、政治及法律等因素可能比文化因素影响更显著。

考点七：文化的变化

文化不是一成不变的，它会随着时间的推移而变化。经济进步和全球化是社会文化变化的重要推动力。

1. 经济进步

经济进步会影响一系列其他因素，进而影响文化，因此，当人们变得富裕时，社会文化也会随之变化。

2. 全球化

自第二次世界大战以来，随着先进的运输和通信技术的出现，贸易量急剧增加，全球公司出现，这些变化为不同文化的融合创造了条件。

考点八：不同文化对管理者的启示

1. 发展跨文化的知识和能力

在国外经商时应考虑：

(1)在一个特定文化环境中雇用当地人协助从事商务活动，避免被误导的危险；

(2)保证母国经理见多识广，懂得不同的文化如何影响国际商务实践；

(3)国际企业必须时刻警惕种族中心主义行为的危险倾向。

2. 研究文化和竞争优势联系的意义

(1)这种联系将提示哪些国家会产生最有活力的竞争者；

(2)这种联系为跨国企业选择对外投资和从事商务活动的目的国具有重要的借鉴意义。

4.2 课后习题详解

1. 概述一国文化可能影响在该国从事商务活动的成本的理由，并举例说明。

答：文化是一群人所共同拥有的、为生存而设计构建的一种价值观和准则的体系。一国的价值观体系和道德准则会影响在该国从事商务活动的成本，而价值观体系和道德准则的决定因素有社会结构、宗教和教育等。

(1)社会结构对商务活动成本的影响

英国阶级意识的产生是由于阶级之间存在差异性且阶级之间缺乏流动性。这种阶级意识表现为中上层管理人员与劳工之间传统的敌意。长期以来的相互对抗和缺乏尊重，使得许多英国公司管理层与工人之间很难形成合作，并产生较多的产业纠纷。这些通常会导致在英国从事商务活动的成本提高。

(2)宗教对商务活动成本的影响

日本是一个受儒教伦理熏陶的国家，日本汽车公司与它们的部件供应商之间的紧密联系是信任和相互负责的结合促成的，这些紧密联系使得汽车公司和它们的供应商在一系列问题上能相互合作，包括存货减少、质量控制和汽车设计等，这些都能降低从事商务活动的成本。

(3)教育对商务活动成本的影响

近年来，印度良好的教育制度培养出了众多高素质工程师，使得大量信息技术的工作岗位流向印度，而如果选择一个教育制度差、无法提供熟练劳动力的国家则会增加培训的成本。

2. 你认为在一个伊斯兰国家从事商务活动与在美国从事商务活动是否有所不同？如果不同的话，有何不同？

答：伊斯兰国家和美国之间存在的文化差异，导致在这两个国家从事商务活动有所不同。

(1)在这两个国家之间，妇女的地位、正确的礼仪(例如，不用左手递东西这种小事情)、节日、饮酒、用餐的方式都不同，例如，在与穆斯林进行商务会议时，对他们为做每日祷告而导致会议中断的行为应理解。

(2)根本的哲学观和商务原则也不同。在伊斯兰国家，穆斯林是上帝财富的管家，而不是所有者，他们更能仔细地利用资源，从而很少放弃或把东西卖给一个不履行同样管家义务的人，各方关系中对于公平的重视意味着过于追求自身利益可能不被认可。打破协议，即使在技术上和法律上是允许的，也是不合适的。

(3)在有些伊斯兰国家，利息不仅关乎宗教原则，而且已被纳入法律禁止范围。所以在与伊斯兰国家签协议时，协议的用字一定要仔细，利润的分成不要被当成是“支付利息”。

3. 一个国家的主流宗教或伦理体系对不同的国际商务活动有何影响?

答：宗教可以定义为具有神圣意义的共同信仰和仪式。伦理体系是指一整套道德准则或价值观，借以引导和规范行为。宗教对商务活动的影响主要体现在两个方面：一是企业家精神和工作态度受不同的宗教的影响，二是国际商务活动在不同的宗教伦理下的成本也有所不同。

(1)信仰新教的西方国家强调人应该努力工作并不断积累财富，同时不要沉溺于世俗享乐去消耗财富，而应该把财富用于投资和扩大再生产，这对国际商务活动有促进作用；而信仰印度教的教徒认为个人价值不应该按其所拥有的物质来判断，因此并不鼓励追求财富的创业活动，这会限制国际商务活动。

(2)在信仰儒教的国家中从事商务活动，将会极大地降低商务活动成本，因为在儒教文化中，忠、信、义是三条核心价值观，这会减少违反合同的概率。而在信仰伊斯兰教的国家提供金融服务，则要遵从伊斯兰教禁止支付或收受利息的经济原则，这会增加国际商务活动的成本。

4. 选择两个文化明显不同的国家，比较这两个国家的文化，然后指出文化差异如何影响：(1)在这两个国家从事商务活动的成本；(2)这两个国家未来的经济发展；(3)商务实践。

答：对这个问题的回答主要基于学生所选的国家和对所选国家的了解。希望学生能从价值观、准则、社会结构、语言和教育等文化维度来描述这两个国家，同时比较它们在这些维度中的相同点与不同点，进而比较每个国家从事商务活动成本的不同、未来经济发展的不同和商务实践的不同，便能很好地回答这个问题。下面以美国和尼泊尔的例子来说明。

在美国，个人是社会组织的基本单位，强调个人成就是通过崇尚“能吃苦耐劳的个人主义”和企业家精神来表达的，因此，在美国存在大量的创业活动。美国的阶级制度并不算严格，并且流动性也很大。美国是一个以信新教为主的国家，因此，美国崇尚市场经济。美国很重视教育，发展到今天已有2600多所颁发学士、硕士和博士学位的四年制大学。

在尼泊尔，印度教是其信奉的主要宗教。而从传统上看，印度教也支持印度的种族等级制度，因此，尼泊尔的阶级制度比美国的更严格，并且流动性也不如美国的大。20世纪90年代初起，尼泊尔开始实行以市场为导向的自由经济政策，但由于政局多变和基础设施薄弱，收效不彰。在尼泊尔，全国只有5所大学。

(1)文化差异对两国从事商务活动成本的影响

由于尼泊尔对教育的重视程度相对不高，人才相对稀缺，再加上基础设施薄弱，在尼泊尔从事商务活动的成本要大于在美国的成本。

(2)两国未来的经济发展

美国由于崇尚市场经济和企业家精神，鼓励创新活动，因此，美国的经济具有很大的活力，可以持续向前发展。此外，美国的阶级制度不严格，这样更能激励广大民众从事以创新为主的商务活动。尼泊尔由于政局多变，基础设施薄弱，贫困人口比例大等原因，经济发展情况不容乐观。据统计，2002 年至 2005 年各种在尼泊尔项目的外援协议金额总计达 930 亿卢比(约合 12.6 亿美元)。在未来，尼泊尔可能还是会继续发展农业，同时增加工业的 GDP 比重，但这是一个长期而艰巨的任务。

(3)两国的商务实践

在尼泊尔从事商务活动，要特别注重当地的商务礼仪。例如，尼泊尔有一种传统的合十伸舌礼，当宾主相遇时，双方首先应各自双手合十，并极有礼貌地相互问好，然后各自伸出舌头，以表真诚；而美国人与客人见面时，一般都以握手为礼。他们习惯手要握得紧，眼要正视对方，微弓身。此外，在进行商务交流时，对于尼泊尔的点头和摇头，分别是表示“不同意”和“同意”，这不仅与美国也与大部分国家的习惯不同。在与美国人进行商务会餐时，美国人不喜欢在餐盘里剩食物，认为这是不礼貌的。

5. 重读“国家聚焦”专栏中的文章“土耳其的伊斯兰资本主义”，然后回答以下问题：

(1)你在伊斯兰国家的价值观中有没有发现对商业的敌意？

(2)开塞利周边地区所发生的事情使我们对伊斯兰教和商业活动的关系有了哪些了解？

(3)伊斯兰国家有关商业的价值理念对诸如土耳其这样的国家加入全球经济体有何影响？

答：(1)没有。伊斯兰教的许多经济原则都是赞同自由的创业精神，“与他人公平、公正地进行交易”就是其中的一条。《古兰经》中支持自由经商和通过贸易与商业赢得合法的利润。伊斯兰教的教义中也包含对私有财产权的保护，伊斯兰教认为真主是所有财产的创造者和所有人，实际的财产拥有者只是财产受托人，虽然其可以获得该项财产的利润，但必须科学正当地管理财产，要保持节俭并对社会有利。

(2)从开塞利周边地区所发生的事情可以看出，伊斯兰教徒不反对商业活动，但更倾向于与穆斯林进行商业往来。此外，在商务活动中，伊斯兰教徒主张商业机会是平等的，这反映出伊斯兰教十分关注社会的公正，批评通过剥削别人赚取利润的行为。由于对工作妇女的传统态度恶劣，信仰伊斯兰教的妇女很少参与商业活动。

(3)伊斯兰教有关商业的价值理念对诸如土耳其这样的国家加入全球经济体有积极的促进作用。由于许多批评者担心伊斯兰教和西方的资本主义可能不太容易融合，因此阻挠土耳其的加入。而事实上，土耳其有关商业的价值理念与西方的资本主义不存在严重的冲突，这将消除批评者的疑虑。

6. 重读“管理聚焦”专栏中的文章“DMG 在上海”，然后回答以下问题：

(1)为什么在中国培育关系和关系网很重要？

(2)DMG 的经历为我们在中国做生意提供了什么经验？当一个企业遵纪守法，而不是像丹·明茨那样绕开法规另觅捷径时，后果将如何？

(3)在中国利用关系网来办事将导致什么样的伦理问题？对限制一个致力于追求高道德标准的西方企业利用关系网，你有什么建议？

答：(1)在中国，培育关系网是为了得到别人的帮助或者帮助别人。互相施惠就像粘合剂，会一点一点地织就网络。如果受惠者没有回报他人的恩情，那么其声誉会遭到破坏，他今后便会很难通过这个关系获得帮助。所以，社会的约束性体现在违规的威胁会保障大家的恩惠得到回报，大家尊重友好关系并且偿还人情。如果一个社会缺乏完善的法律体系惩戒违反商业规则的错误，那么关系将成为建立长期商业往来和解决商业纠纷的重要机制。

(2)DMG 的经历提供给我们最直接的经验是，在中国做生意要适应中国的文化传统。儒教对中国的影响根深蒂固，而儒教伦理是“关系”这个概念的核心。因此在中国一定要注重培育关系和关系网。更为深层次的经验就是要在对外投资中要适应不同的文化差异，本土化策略才能更好地开辟东道国市场。

当一个企业遵纪守法而不是像丹·明茨那样绕开法规另觅捷径时，在中国各项法律法规的监管还不完善的情况下，可能会相较于利用关系的公司在开辟市场时受阻，发展较为缓慢。但是随着中国法律法规的不断完善，监管力度不断加大，市场环境进一步加强，遵纪守法的企业将会更加受到青睐。

(3)在中国利用关系网来办事时，会导致企业增加寻租成本，产生不公平的市场竞争。进一步地，还会导致腐败现象滋生，政府官员做出有悖道德、损害公民利益的决定。

对一个致力于追求高道德标准的西方企业限制其利用关系网，可以从正反两个面分析。首先，“关系”是中国文化的一部分，任何西方企业来中国进行投资都需要了解并尊重东道国的文化差异，这样有利于本公司的业务开展。例如，西方企业可以为东道国做一些公益事业，获得当地居民的认同，这不仅不违反道德而且也获得了与当地政府的良好合作关系。从反面分析，严格的道德标准是决定企业长远发展的基石，限制利用关系网有利于维护公司积极的形象。因此，企业可以从其他方面，例如，提高产品或者服务质量来更好发展本公司业务。

4.3　考研真题详解

1. 低背景文化[浙江工商大学 2014、2013 研]

相关真题：高背景文化[浙江工商大学 2016、2015 研]

答：高低背景文化的概念由爱德华·豪尔提出，作为理解不同文化取向的一种方式。其中，低背景文化是指信息的表达比较直接明确，语言是沟通中大部分信息的载体；而高背景文化是指一条信息的语言所包含的信息量低于低背景文化的语言信息量，大部分的信息隐含在沟通接触的过程中，涉及到参与沟通人员的背景、所属社团及其基本价值观。在低背景文化中，社会内部差异大，存在许多“亚文化”相互独立。而在高背景文化中，内部同文同种，约定俗成也相同。与高背景文化以“理”为重不同，低背景文化强调“法”，在低背景文化中，人们只相信法律的作用，因此律师是必不可少的，在谈判时，人们唯一要做的就是尽快达成协议。

2. 跨文化风险[对外经济贸易大学 2014 研]

答：跨文化风险是指在异质文化的共处中由于文化误解导致人们价值观产生冲突进而使得跨国公司实际收益与预期收益目标发生偏离的可能性。因为参与者有着不同的文化传承，跨文化风险在国际商务中时常发生。管理跨文化风险的措施有：①了解另一种文化，尽量使用该国的语言；②避免文化偏见，培养全球中心思想；③决策过程中充分考虑文化距离。

3. 权力距离［东南大学2019研；华南理工大学2018研］

答：权力距离是霍夫斯泰德归纳出的能够概括不同文化的五种维度之一，此维度强调的是在一个社会中如何对待人在体力和智力方面存在差异的事实。按照霍夫斯泰德的观点，在一些高权力距离文化的国家中，个体差异随时间将转化为权利和财富的不平等，而在低权力距离文化的国家中，这种不平等被尽可能地缩小。

4. 文化包括哪些要素？这些文化要素是如何影响商务活动的？［首都经济贸易大学2017研］

相关真题：

(1)简析文化各要素对商务活动的影响。［首都经济贸易大学2014研］

(2)什么是文化？简述文化各要素对国际商务活动所产生的影响。［首都经济贸易大学2012研］

(3)文化要素对国际商务有什么影响？［首都经济贸易大学2011研］

答：文化是指一群人所共同拥有的、为生存而设计构建的一种价值观和准则的体系。文化要素主要包括语言、宗教、价值观、社会结构、社会制度、风俗、审美、教育和物质因素等方面。文化各要素对国际商务的影响分别如下：

(1)语言。在开展国际商务活动时，不仅要使用口头语言和文字语言，同时也依赖于体态语言和其他非词汇交际方式，这在一定程度上形成了文化的差异。美国教授爱德华·霍尔将文化划分为高语境文化和低语境文化。语言情境是指围绕一个特定事件所传递的暗示和其他信息，即不同时间、空间、事件、协议下的各种“语言”。高语境文化中的交际很大程度上依赖于所谈话题的来龙去脉或肢体语言、特殊腔调和环境的细微差别，大部分信息不能通过语言部分直接获得，必须根据实情的前因后果以及自己的揣摩意会才能获得。

(2)宗教。宗教对于商务活动的影响一方面体现为宗教的具体教义对于商务活动的直接影响，例如禁止出售某些产品或者禁止在某段时间工作；另一方面体现为由宗教而衍生出的社会伦理体系或是价值观对于商务活动的影响。宗教对商务活动的影响主要体现在两个方面：一是企业家精神和工作态度受不同的宗教的影响，二是国际商务活动在不同的宗教伦理下的成本也有所不同。

(3)价值观。价值观是指文化中的一些具有普遍的规范性的观点，它使得生活在该文化中的成员用不同的价值尺度来评判周围的事物和行为。霍夫斯泰德提出了衡量不同文化间价值观差异的三个方面：个人主义/集体主义指数、权力距离指数和男性度/女性度指数。

(4)社会结构。虽然所有社会都分成等级，但对国际商务活动影响最大的是社会阶层的流动程度。社会流动性是指个人能从自己所出生的社会阶层里流动出去的程度。不同社会的流动性大有不同，种姓等级制度是最严格的等级制度。

(5)社会制度。不同的社会阶层对于同一事物和行为的价值判断是不同的，因此在开展国际商务活动时，应该注意社会群体的划分，并根据不同的社会群体采取不同的行为方式，迎合其价值观，从而取得国际商务活动的成功。

(6)风俗习惯。理解风俗习惯在进行国际商务交往时，尤其是在进行国际商务谈判时十分重要。如果只按照自己的风俗习惯来理解某一问题可能是完全错误的，这样无法得到合作对方的认可，也无法达成最后的合作。

(7)审美。来自于不同背景的人对于美的定义差距非常大，因为他们有不同的生活习惯和文化特点，对于周围事物的认识必然不会保持一致。

(8)教育。在国际商务中，教育的影响主要体现在商务区位和国际经营活动的方式上。在进行国际商务合作时，首先，对于合作方所在国的教育情况做一定程度的了解和分析是必不可少的步骤，对于一些高科技公司而言，这是最基础的环节，也是决定商务活动成败的关键因素。其次，教育的差异，使得进行国际经营活动中各个环节的方案都要与当地的教育水平和教育特点相适应。

(9)物质因素。文化中的物质因素主要是指文化环境中的基础设施，其与社会组织和社会经济活动的方式紧密相连。在进行国际商务活动时，基础设施完善与否也成为区位选择的一个因素。企业选择一个基础设施相对完善，即物质因素较优越的地区开展商务活动，在商务经营过程中遇到的客观阻碍会相对较小，同时也节省了进行基础设施建设的支出，会给企业带来相对丰厚的利益回报。

5. 简述霍夫斯泰德五个文化维度。［西南财经大学 2016 研］

相关真题：简述霍夫斯泰德描述国家文化差异的模型。［中山大学 2015 研］

答：在文化与工作场所价值观的相关性研究中，霍夫斯泰德的研究最为著名。霍夫斯泰德收集了 1968 ~ 1972 年间许多个国家中为 IBM 工作的 11.6 万名员工工作态度和价值观的数据，这些数据使他能够比较 50 个不同国家的文化。根据数据结果，霍夫斯泰德归纳出权力距离、个人主义与集体主义、不确定性规模、男性主义与女性主义是能够概括不同文化的四个维度。1991 年，受儒家思想的影响，他增加长期取向与短期取向作为第五个维度。

(1)概括不同文化的五种维度

①权力距离维度强调如何对待社会中不同个体在体力和智力方面存在差异的客观事实。按照霍夫斯泰德的观点，在一些高权力距离文化的国家中，个体差异随时间将转化为权利和财富的不平等，而在低权力距离文化的国家中，这种不平等被尽可能的缩小。

②个人主义与集体主义维度强调的是个人与他的伙伴之间的关系。在个人主义的社会里，个人之间的联系是松散的，个人成就和自由是高度受重视的。在集体主义的社会里，个人之间的联系是紧密的，在这种社会里，人们生来就是集体的成员，扩大到家庭也是如此，每个人都应重视其所属集体的利益。

③不确定性规避维度是用来衡量不同文化的个体对不确定事件的接受程度。高不确定性规避文化的成员更重视工作安全、职业类型、退休待遇等因素，更倾向详细的规章条例和上层领导的清晰指令，其主动性也受到严格限制。低不确定性规避文化的成员对变革的抵触情绪较低，更愿意冒险。

④男性主义与女性主义维度是用于探寻性别与工作角色之间的关系。在男性主义文化中，性别角色差异显著，男性具有优势的传统价值观决定文化观念。在女性主义文化中，在同类的工作中不明显区分性别差异。

⑤长期取向与短期取向维度研究某一文化的成员对其物质、情感、社会需求等延迟满足的接受程度，对时间、毅力、地位、对传统的尊重以及对接受礼物等问题的看法。

(2)霍夫斯泰德国家文化差异模型的缺陷

①霍夫斯泰德对于文化和国家存在一一对应关系的假设过于严苛，实际上很多国家的文化不止一种。

②其研究还受到自身文化的限制。研究团队的人员组成单一，均为欧洲人和美国人，他们对问题的提出和答案的分析带有文化偏见，因而霍夫斯泰德所得的结论是偏向西方风格的。

③数据来源单一。为霍夫斯泰德的研究提供数据的人都来自同一家公司(IBM)的计算机行业。IBM的企业文化强烈，雇员选聘过程独特，这使得雇员的价值观在某些重要方面偏离母国。此外，霍夫斯泰德的样本数据中缺少某些社会阶级，如非熟练的手工工人。

④缺乏动态的考察。因为文化并不是静止的，它们随时间而变化，尽管变化得很慢。因此静态的研究可能会过时。

6. 阅读下列材料后分析文化对企业跨国经营活动的影响。

某客人在餐厅要一杯啤酒，突然发现杯中有一只苍蝇。法国人：将杯中物倾倒一空；西班牙人：留下钞票不声不响地离去；日本人：将餐厅经理训斥一番；英国人：以绅士态度吩咐侍者："换一杯啤酒来"；沙特阿拉伯人：将啤酒递给侍者："我请你喝"；美国人：幽默地说："以后请将啤酒和苍蝇分别放置，由喜欢苍蝇的客人自行将苍蝇放进啤酒里，你觉得怎样?"[南京理工大学2011研]

答：上述材料形象地分析了不同国家的人面对啤酒杯中的苍蝇所采取的不同措施，体现了文化差异的广泛存在。当前，企业进行跨国经营，能使企业在全球范围内优化配置生产要素，同时扩大市场，带来丰厚的利润回报。企业要充分认识和理解不同文化之间的差异，创造竞争优势，给企业带来蓬勃生机。

文化差异对企业跨国经营的影响是多层面、全过程的。处于不同文化环境的国际企业，在经营目标、管理风格、市场选择、产品与服务的提供上有显著的差异。

(1)文化差异对市场选择的影响

"创新波及理论"认为，新思想的传播或交流在文化背景相同的群体内比较容易，否则很困难。对一个国家文化的理解，将直接影响到其对市场领域的选择。例如，在国际化市场选择上，美国企业一般首选加拿大，而不是文化迥异的亚洲国家；中国企业一般首先考虑香港特区；而日本则首先考虑韩国。

(2)文化差异对市场进入方式的影响

国际间的文化差异，决定了进入新市场的方法。哈佛大学"多国企业研究项目"通过对180家以美国为基地的大跨国公司的调查得出如下结论：目标国家与母国的环境差异越小，则参与程度越高，采取独资方式的比重就越高。如美国企业对加拿大、英国等地大多采取投资进入的方式，而对尼日利亚、肯尼亚、象牙海岸则主要通过许可证协议方式进入，这一方式所占比重高达60%以上。

(3)文化差异对协调管理原则的影响

国际化经营的企业中，不同国籍、不同文化背景的人员在一起工作，管理原则与方法各不相同，如美国鼓励员工积极参与，以个人主义为核心；而日本则强调共同合作、团结共进。因此，在母国文化中行之有效的管理原则与方法，在异国文化中却不一定能达到预期的效果。

(4)文化差异对产品、服务的影响

各国文化背景不同，导致了各国消费者需求的差异。因而在决定向国外市场提供何种产品和服务时，必须考虑文化差异的影响，有针对性地满足这种差异化的需求，以更好地实现企业的营销目标。例如，在欧美国家很受欢迎的电动牙刷，在亚洲市场上却不受关注；在美国销售状况一般的加州牛肉面，在中国却有很大市场。

(5)文化差异对营销策略的影响

由于消费者文化背景不同，教育水平不同，导致市场成熟度不同，消费者对各种营销方式的接受程度存在差异。比如国外的消费者常常无法接受美国常用的复杂营销策略。因此，在跨国营销时需要充分考虑东道国市场的文化环境因素，及时调整营销策略。

文化差异会影响到国际商务经营过程中的表达方式和商务主体对事物的看法。针对啤酒里有苍蝇，法国人的做法很洒脱，西班牙人很淡定，日本人很严肃，英国人很绅士，美国人很幽默，阿拉伯人很委婉。同样是表达不满，但是方式却不一样。如果以日本人的方式对英国侍者讲话，就会发生矛盾。而以美国人的方式对待西班牙侍者也会产生难堪。所以，了解异国的文化，会更好地方便交流，有助于和外国合作者在商务合作中顺利达成共识，解决遇到的问题。因此，企业应该正确认识文化差异，实施跨文化管理，建立跨文化的企业文化从而创造出国际竞争优势。

7. 无论是国际贸易、国际投资还是其后的管理，都要面对不同的文化，试分别举出成功、失败的例子，谈谈你对跨文化管理的认识。［浙江工商大学2017研］

相关真题：什么是跨文化管理？为了克服异质文化冲突，管理者需要选择哪些合适的跨文化管理策略？［浙江财经大学2015研；浙江大学2012研］

答：(1)跨文化管理成功的例子

肯德基在中国跨文化营销获得巨大收益。肯德基通过对中国国情的调查，发现中国消费者偏好吃辣，因此在华开发了许多符合中国消费者的产品。肯德基在中国很好的实施了文化相容策略，即母公司的文化和子公司的文化虽然存在着巨大文化差异，但并不排斥，且相互补充。而子公司并不以母公司的文化或是东道国当地的文化作为公司的主题文化，而是使两者相容，运行于公司的操作中，充分发挥跨文化的优势。

(2)跨文化管理失败的例子

好莱坞在欧洲的成功，使迪士尼决心建立欧洲迪士尼，1983年，迪士尼在法国建立了巴黎迪士尼乐园，后来它却成为了历史上经营得最失败的迪士尼乐园。原因之一就是迪士尼忽略了“法国人排斥美国文化”的事实，封闭的乐园使法国人不能留下自己的足迹。同时，美国管理层不重视法国员工的合理意见，其傲慢的管理风格使员工士气低落，这在一定程度上导致了迪士尼在法国的经营失败。

(3)对跨文化管理的认识

跨文化又称为交叉文化，是指具有不同文化背景的群体之间的交互作用。跨文化管理涉及对不同文化背景群体下的人、物、事的管理。跨文化管理的主体是跨国企业；手段是文化；对象是具有不同文化背景的群体，其中包括企业的管理者和员工、民族、政府等；目的是在不同文化背景下设计出一种可行的交叉文化下企业管理的有效模式，其中包括组织结构和管理机制，同时寻找存在于交叉文化下超越文化背景的企业目标，使得不同文化背景的员工遵循统一的行为准则，最大限度地利用企业的潜力和价值。主要的跨文化管理策略有：

①占领支配式策略

占领支配式策略是一种比较偏激的策略，是指跨国公司在进行全球扩张时，向不同文化背景的地区子公司强行注入母公司的企业文化，子公司只保留母公司的文化，而忽视子公司当地的文化。这种方式一般适用于强弱文化对比悬殊，并且东道国的子公司、政府、人民等对于母公司的文化可以完全接受。

②本土化策略

本土化是指把当地的文化理念融入企业经营管理中，在企业跨国经营过程中的生产、营销等环节都应该充分考虑本地的文化、理念、风俗等，本着“思维全球化和行动当地化”的原则进行跨文化管理。

③文化相容策略

当投资国文化和东道国文化都是强文化时，一般会考虑文化相容策略。根据不同文化相容程度可分为两种策略：

a. 文化平行相容策略。母公司的文化和子公司的文化虽然存在着巨大文化差异，但并不排斥，且相互补充。而子公司并不以母公司的文化或是东道国当地的文化作为公司的主题文化，而是使两者相容，运行于公司的操作中，充分发挥跨文化的优势。

b. 隐去两者主体文化的和平相容策略。这种策略主要运用在投资国和东道国的文化都为强文化，且其存在巨大的文化差异，并且容易产生“文化摩擦”的情况下，这时，管理者在经营活动中刻意模糊投资国和东道国主体文化之间的差异，隐去容易导致冲突的主体文化，保留两者中较为平淡和微不足道的部分，使得主体文化在“摩擦”点上的强烈影响力在一定程度上减弱，从而促使不同文化背景的员工可以在同一公司中和睦相处，即使发生意见分歧，也可以得到妥协和协调。

④文化渗透策略

文化渗透策略是指投资国凭借强大的经济实力所形成的文化优势，对于东道国公司的当地员工进行逐步的文化渗透，使投资国的文化逐渐深入人心，并将其慢慢转化为该文化的执行者和维护者。

⑤文化规避策略

母国的文化和东道国的文化存在巨大差异，虽然子公司的文化主体是母国文化，但是在子公司的运营过程中仍旧无法忽视东道国文化的巨大影响。母公司派到子公司的管理人员对于双方文化的重大不同之处进行规避，以免在这些“敏感地带”造成文化冲突。

⑥借助第三方文化策略

当母公司的文化和东道国的文化之间差异巨大，并且东道国子公司无法在短时间内适应这种完全不同于母国的经营环境时，跨国公司采用与母公司文化已达成一定程度共识的第三方文化对设在东道国的子公司进行管理，采用这种策略可以避免母国文化与东道国文化发生直接的冲突。

⑦文化创新策略

文化创新策略即将母公司的文化和东道国当地的文化进行整合，利用各种渠道促进两种文化的了解、适应和融合，从而在此基础上形成一种新型的子公司的文化，并以这种新型的文化作为子公司的主体文化。

第5章　伦理、企业社会责任和可持续发展

5.1　复习笔记

考点一：国际商务中的伦理问题

1. 概述

(1)伦理的定义

伦理是人与人相处时的一系列道德准则，它是判断一个人或组织行为正确与否的法则。

(2)商业伦理与伦理策略的定义

商业伦理是商人之间相处时的一系列约定俗成的准则，伦理策略是指不违反商业伦理的行为和决策。

(3)国际商务中伦理问题产生的根源

国际商务中的伦理问题产生的根源在于各国之间的差异，这些差异可能存在于政治制度、经济制度、文化和法律中。

(4)国际商务中常见的伦理问题

由于各国间制度、法律和文化的差异，国际商务中常见的伦理问题有员工福利待遇、人权问题、环境规制、腐败问题以及社会责任问题等。

2. 员工待遇

当东道国的工作标准明显低于跨国公司母国的标准时，会发生伦理问题，跨国公司应及时采取行动来解决问题。

3. 人权

过去有研究认为，即使一个国家缺乏民主和人权，跨国公司在其境内做生意也是合乎道理的。因为长期的外国投资促进了经济发展，提高了当地的生活水平，这些发展最终将推动更多的人要求参与管理、政治多元化以及言论自由等。

但这一观点是有局限性的，有些国家非常落后，以至于很难合乎伦理地经商。

4. 环境污染

当东道国的环境保护制度不如母国严格时，也会发生伦理问题。环境是公共产品，每个人都可以从中获益，但每个人都可以破坏环境，并且没有人对环境负有明确责任，因此会导致“公地悲剧”的发生。

5. 腐败

有经济学家指出，通过黑市、走私和向政府官员支付公关费可能会促进福利。因为一些国家已有的政治体制扭曲或限制了市场机制的正常运行，采用该方法会“加速”政府批准商业投资。

但也有反对意见，部分研究认为腐败的商业投资回报率低，会降低经济增长速度。因此，加急费的合理性导致了一个伦理困境。

6. 道德义务(社会责任)

社会责任指商人在作商务决策时应考虑其经济行为可能导致的社会后果，应该尽力做到

经济和社会双赢。

考点二：伦理困境

在伦理困境下，所有方法看上去都是不完全合乎伦理的。因此管理者经常会遭遇伦理问题，而找不到正确的解决方式。

考点三：不道德行为的根源

1. 个人伦理

(1)定义

个人伦理是指那些指导个人行为的原则。

(2)作用

个人伦理可以使个人在商务活动中用道德规范自己的行为，强调个人道德、培养商业伦理意识有利于构建营商环境友好的社会氛围。

2. 决策过程

商人在商务活动的决策过程中常常忽略这个决策可能涉及伦理的重要方面，错误就隐藏在未进行伦理考虑的决策过程中。

3. 组织文化

(1)定义

组织文化是指组织的成员所共享的价值观和行为准则，组织文化会对商业决策的伦理产生重要的影响。

(2)忽略组织文化的后果

忽略商业伦理的组织文化会使企业单纯从经济意义上进行决策，可能会导致不道德商业行为。

4. 不现实的绩效目标

当只有通过非法手段或不道德方式才能完成母公司的不现实的目标时，管理者可能会做出一些不合伦理的行为。

5. 领导

领导通过为别人树立榜样、制定规则及指导方针来推动一个组织文化的建立。当领导的行为不合乎伦理时，可能会导致员工的行为也不合乎伦理。

6. 社会文化

社会文化也会对别人或组织采取不道德行为的倾向产生影响。

考点四：通往伦理道德的哲学路径

1. 稻草人

稻草人理论用来证明跨国公司伦理决策的制定不能被提供适当的指导。实施企业伦理的主要理论有弗里德曼学说、文化相对论、自以为是的道德论者和幼稚的非道德论者。

(1)弗里德曼学说

①提出者：米尔顿·弗里德曼

②基本观点

a. 在法律许可的范围里，企业的社会责任就是提高利润；

b. 企业在法律规定的范围之外不需要承担社会责任；

c. 一个企业应当以一种合乎道德伦理的方式使其利润最大化。

③弗里德曼学说的缺陷

弗里德曼学说的主要缺陷是难以检验。

(2)文化相对论

①基本观点

伦理仅仅是一种文化的反映，所有的伦理都取决于文化。由此可以推论，一个企业应该采用业务所在国的文化伦理。

②缺陷

a. 经不起严格推敲；

b. 隐含地否认世界上存在某些超越不同文化的普适性的伦理准则；

c. 公司不能以文化相对论为借口，来证明一些明显不合乎基本伦理准则的行为是正当的，即使这些行为在公司业务所在国被认为是合理、合法的。

(3)自以为是的道德论者

①基本观点

一家跨国公司母国的伦理标准也是其在外国的公司所应遵循的行为准则。

②自以为是的道德论者的缺陷

有些普适性的伦理原则是不能违背的，但同时始终按母国标准行事也不总是对的。

(4)幼稚的非道德论者

①基本观点

如果有跨国公司在东道国不遵守伦理准则，那么其他跨国公司也不遵守。

②缺陷

a. 仅仅因为"每个人都这样做"并不足以确定这个行为在伦理方面是可行的；

b. 跨国公司需要树立正面的道德目标，甚至可以用自己的影响力去改变某个国家陋习的意识。

2. 实用主义和康德伦理

(1)实用主义伦理

①主要观点

a. 道德行动或行为的价值取决于它们的结果；

b. 实用主义者就是要保证好的结果最大化，坏的结果最小化；

c. 最佳决策就是指对最大多数人产生最佳利益的策略。

②缺陷

a. 对一个行动的收益、成本和风险的衡量难以准确实现；

b. 忽略了有关公正性的考虑。追求大多数人的利益最大化可能导致对少数人的不公平，因此这类行动是不合乎伦理的。

(2)康德伦理

康德伦理认为，不应该将其他人当作达到自己目标的工具，永远要以人为本。

3. 权利理论

(1)基本观点

权利理论认为人具有某些超越国界和文化的基本权利和优先权，这些权利构成了可接受的道德行为的最低限度。

(2)基本权利的定义

基本权利是指某种优先于或超越集体利益的东西。人的基本权利构成了经理们在进行涉及伦理问题决策时的道德指南的基础。

(3)《世界人权宣言》

联合国发表《世界人权宣言》是为了说明存在超越国界和文化的基本权利，它明确了始终必须遵循的基本原则，不管其与企业业务所在国的文化是否吻合。

4. 公正理论

(1)基本观点

公正理论所关注的是经济商品和服务的公正分配。

(2)代表性论点

公正理论的代表性观点由哲学家约翰·罗尔斯提出，他认为除非不平等分配对所有人都有好处，否则所有的经济商品和服务都应该平等分配。在所有人都能自由、完全公正的情况下所一致赞同的原则被称为有效的公正原则。罗尔斯指出“完全无私”仅存在于“无知之幕”中，而“无知之幕”是指每个人被假定为并不知晓他的所有特性，如种族、性别等。在“无知之幕”中，人们会一致赞同两个基本的公正原则：

①最大限度地保证每个人都能同等享有其他人所享有的自由；

②在平等的基本自由被保证的前提下，才允许一些基础的社会产品存在不平等，而这种不平等必须是对每一个人都有利的。

考点五：对管理者的启示

为确保在商务决策时考虑伦理问题，国际企业和它的经理们可以做以下七项工作：

1. 聘用和晋升

企业在聘用和晋升人员时应该注重其个人道德意识。

2. 组织文化和领导作风

建立一个重视道德行为的组织文化时有三件事情十分重要：

(1)企业必须明确声明它所重视的道德行为，如“道德公约”。

(2)企业领导必须自身道德行为良好，并要反复强调道德行为的重要性，并且根据社会的发展阶段不断加入新的道德规范标准。

(3)企业要关注内部人员的道德行为并为之设立激励和奖惩机制。

3. 决策过程

企业人员还必须思考在整个决策过程中决策的伦理含义。为此，他们需要一个道德指南。企业可采用五步法来思考伦理问题，具体步骤为：

(1)企业人员判断决策可能会影响到的利益相关者及其影响机制；

(2)根据第一步得到的信息来判断决策的伦理含义；

(3)由企业经理来确立一种伦理导向；

(4)要求企业从事道德行为；

(5)企业需审核自己的决策，评判并确保这些决策符合伦理准则。

4. 伦理官员

伦理官员的职责是管理企业内道德和法律的合规性项目，一般由公司的高层主管或者熟知并尊重法律及道德标准的人担任。

5. 道德勇气

道德勇气的作用在于：

(1)使经理放弃一项有经济效益但不道德的决策；

(2)给员工带来力量，使他们能对上司强迫其执行的不道德行动的指令说“不”；

(3)支持员工向公众揭发公司成员的不道德行为。

6. 企业社会责任

(1)企业社会责任指商务人士在制定商务决策时应该考虑经济活动的社会效益，制定有利于获得良好经济效益和社会效益的决策；

(2)企业履行经济责任的同时还要履行社会责任。

7. 可持续性

可持续性是指既满足当代人的需求，又不损害后代人满足需要的能力。在企业中该关系拓展为企业行为不影响利益相关者的长期经济社会效益。

5.2 课后习题详解

1. 一位来访的美国某公司经理发现，该公司设在一个贫穷国家的分公司雇用了一名12岁的女孩，这违反了该公司禁止雇用童工的有关规定。他要求当地经理辞掉这个孩子，并叫这个女孩回学校上课。当地经理告诉这位美国经理，这个孩子是个孤儿，没有生活来源，如果她失去这份工作，有可能流落街头。请问这位美国经理应该如何处理？

答：该例子揭示了在外国子公司工作真实的伦理困境。美国经理应当认识到无论是违反公司禁止雇用童工的规定继续雇用女孩还是解雇她让其流落街头，都是不可接受的。美国经理也应当意识到，公司在享有一定权力的同时还应当承担一定的社会责任。从本质上讲，对社会负责就是对自己负责，因为这是经商的正确道路。成功的大企业应将诚实尽责、乐善好施视为自己的责任。因此，这位美国经理最好的做法就是为女孩提供一些慈善帮助，捐赠、送往孤儿院、找人领养或者是教会她一些技能足以自己谋生，这样既不违反社会法律，又不违反伦理道德，便能解除伦理困境。

2. 以约翰·罗尔斯提出的“无知之幕”这一概念为框架，制定一个道德公约，它将：(1)为一家大型石油公司制定有关环境保护的决策提供指导；(2)为一家制衣公司寻找外部加工点的相关政策提供指导。

答：根据约翰·罗尔斯的理论，有效的公正原则就是指在所有人都能自由的、完全无私的情况下一致赞同的原则。但“完全无私”非常难以满足，只有在罗尔斯的“无知之幕”中才存在。在这种“无知之幕”下，每个人被假定为对他的所有特性是不知晓的，在这种情况下，人们会毫无异议地赞同以下两个基本的公正原则：

(1)最大限度地保证每个人都能同样享有其他人所享有的自由。罗尔斯将其概括为三个自由(政治自由、言论和集会自由、意识形态自由)和两种权利(自由处置私人财产和不受专制镇压的权利)。

(2)在最基本的自由被保证时，才允许出现一些基础的社会产品的不平等。

这个问题在不同国家之间的学生中会有各种有趣的观点。例如：

(1)人人都对环境负有义务，因为只有环境被保护人类才能持续地生存和发展下去。

(2)机会是平等的，任何地方的公司都有机会成为外部加工点，但对当地人权和环境的保护是首要条件。

3. 某公司将生产转移到劳动力成本较低的发展中国家，但这一行动导致其在母国的一些长期雇员被解雇。请问在什么情况下上述做法在伦理上是可以接受的？

答：不同的理论对于合乎伦理的做法有着不同的观点。

(1)弗里德曼学说

弗里德曼的稻草人理论提出，在法律允许的范围内，企业的社会责任就是以一种合乎道德伦理的方式使其利润最大化。他否定了企业在法律规定的范围之外还需要承担社会责任。因此按照该理论的观点，只要公司将生产转移到劳动力成本较低的发展中国家能提高公司的总利润，并且对被解雇的长期雇员给予一定的补偿，那么这种做法在伦理上就是可以接受的。

(2)幼稚的非道德论者

幼稚的非道德论者认为，如果有跨国公司在东道国不遵守伦理准则，那么其他跨国公司也可以不遵守。因此按照该理论的观点，只要大多数公司都将生产转移到劳动力成本较低的发展中国家，那么这种做法在伦理上就是可以接受的。

(3)实用主义伦理

实用主义伦理认为，道德行动或行为的价值取决于它们的结果，最佳决策就是指对最大多数人产生最佳利益的策略。因此按照该理论的观点，只要公司将生产转移到劳动力成本较低的发展中国家能促进发展中国家的就业，提高发展中国家员工的收入，改善更多人的生活，那么即便解雇了少数长期雇员，在伦理上也是可以接受的。

(4)权利理论

权利理论认为可接受的道德行为的最低限度是由人具有的超越国界和文化的基本权利和优先权构成的。劳动即是人的基本权利之一。因此按照该理论的观点，公司将生产转移到劳动力成本较低的发展中国家，为发展中国家的人民提供了更多的工作岗位，这明显是合乎伦理的；但同时还需要给予被解雇的母国的一些长期雇员充分的补偿，甚至是帮助他们再就业，如此才是一种合乎伦理的做法。

4. 便利费用(即加急费)符合伦理道德吗?

答：不同的国家对“便利费”的态度也不一样。“便利费”一般是国外企业为得到应有的公平待遇而不是获取排他性的利益而支付的费用，在这个视角下“便利费”是符合伦理道德的。然而，当贿赂过多，便利费的幌子也将不被接受。

5. 来自发展中国家的一位经理负责一家跨国公司在某国的业务，这个国家的毒品走私和不法活动十分猖獗。一天，当地一位“大人物”派了一个代表找到这位经理，要求他提供一笔“捐赠”，以帮助这位“大人物”向当地穷人提供住房。这个代表告诉这位经理，作为对这笔捐赠的回报，“大人物”将保证这位经理在该国得到丰厚的回报。这不存在什么威胁，但经理知道这位“大人物”是一个从事毒品走私的犯罪团伙的头目，他也知道这个“大人物”确实要帮助这个地区的穷人，因为该地区是这个“大人物”的出生地。请问这位经理应该怎么做?

答：这个问题涉及到伦理困境的问题。若这位经理帮助这位“大人物”，便是和毒品走私的犯罪组织头目合作，这是违法的；若不帮助，则是对这个地区的穷人不管不顾，公众会认为企业缺乏责任感，企业的形象便会因此受损。因此，最好的办法是，企业根据自己的能力，主动为当地的穷人提供资助，这样既不用与“大人物”合作而违反法律，又提高了企业的社会形象，一举两得。

6. 米尔顿·弗里德曼1970年在《纽约时报》发表一篇文章，提到“企业的社会责任是增加利润”。对此，你同意吗?如果不同意，你是否更希望跨国公司关注企业社会责任或实行可持续发展战略?

答：弗里德曼的说法显然是不完全正确的，增加利润的确是企业一项重要的社会责任，但企业更应该关注其他的社会责任、实行可持续发展战略。原因如下：

(1)企业利用社会资源获益，理应将一部分资源回馈社会；

(2)创造良好的社会环境对企业与社会都有利，所以双方都应该为环境共同努力；

(3)承担社会责任的企业更易得到社会大众的认可和支持，从而获得更大的利润；

(4)企业拥有大量的资源，如管理人才和资金，这意味着企业更有能力解决一些社会问题；

(5)现代社会是一个相互依存的系统，企业内部活动会对外部环境产生影响；

(6)企业不仅要关注当下的利益，更应该关注未来的存亡，实行可持续发展战略，才能给企业和社会一个更长远的未来。

7. 重读“管理聚焦”专栏中“Unocal 公司在缅甸”一文，并回答下列问题：

(1)Unocal 公司为了赚钱而参与军事独裁政权的暴行是否道德？

(2)除了不投资，Unocal 公司还可以采取其他什么行动来维护因天然气管道工程而受到影响的那些居民的人权？

答：(1)Unocal 的暴行是不道德的。虽然弗里德曼的稻草人理论认为在法律许可的范围里，企业的社会责任就是提高利润，断然否定企业在法律规定的范围之外还需要承担社会责任，但是，弗里德曼也认为企业应该以一种合乎道德伦理的方式行事，而不能使用欺骗和造假的手段。军事独裁是比欺骗和造假造成更大伤害的行为。

(2)除了不投资，Unocal 公司应该意识到自己有责任有义务来维护因天然气管道工程而受到影响的那些居民的人权。首先，Unocal 公司可以依靠自己的影响力游说当地的政府，让政府安顿好当地的农民，提供更好的工作条件等；此外，Unocal 公司也可以凭自己的力量对那些居民施以援手，改善他们的工作条件和生活环境。

5.3 考研真题详解

1. 商业伦理［中央财经大学 2013 研；宁波大学 2011 研］

答：商业伦理是商业与社会关系的基础，它研究的是商业活动中人与人的伦理关系及其规律，研究使商业和商业主体既充满生机又有利于人类全面和谐发展的合理的商业伦理秩序，进而研究商业主体应该遵守的商业行为原则和规范、应当树立的优良商业精神等商业道德问题。

在当今时代，如果企业只追求利润而不考虑商业伦理，则企业的经营活动会越来越为社会所不容，必定会被时代所淘汰。也就是说，如果在企业经营活动中没有必要的伦理观指导，经营本身也就不能成功。树立商业伦理的观念，体现了重视企业经营活动中人与社会要素的理念。

2. 伦理困境［对外经济贸易大学 2013 研］

答：伦理困境也被称为道德悖论，是指陷于几个道德命令之间的明显冲突，如果遵守其中一项，就将违犯另一项的情形。此情况下无论如何作为都可能与自身价值观及道德观有冲突。

3. 弗里德曼学说［华南理工大学 2018 研］

答：弗里德曼学说是稻草人理论的其中一种，是由诺贝尔经济学奖获得者米尔顿·弗里德曼所提出，基本观点是在法律许可的范围里，企业的社会责任就是提高利润。他断然否定企业在法律规定的范围之外还需要承担社会责任。弗里德曼认为企业所有者应当选择利润最大化。但是，弗里德曼也认为企业应该以一种合乎道德伦理的方式行事，而不能使用欺骗和造假的手段。

该理论的主要缺陷是难以检验，因为各国之间制度、文化和法律存在巨大差异，国际商务中的“游戏规则”一般难以统一和确定。

4. 企业社会责任[南开大学2012研，厦门大学2011研]

相关真题：公司社会责任[上海对外经贸大学2018研]

答：企业社会责任（又称公司社会责任）是指公司不能仅以利润更大化作为自己的唯一目标，还应当最大限度地关怀和增进股东利益之外的其他所有社会利益，包括消费者利益、职工利益、债权人利益、中小竞争者利益、当地社区利益、环境利益、社会弱者利益及整个社会公共利益等内容，既包括自然人的人权尤其是社会权，也包括法人和非法人组织的权利和利益。

公司社会责任理论与利益相关者理论表述虽有不同，但其核心内容相同，都体现了对公司营利性之外的社会性的关注。公司社会责任的核心价值观是以人为本，而非以钱为本。公司社会责任既是一种公司治理理念，也是一种制度安排，更是一种商业实践。没有公司社会责任的理念，便没有成熟的制度设计；没有自觉的公司社会责任实践，公司社会责任理论也就成了无源之水，而其中的制度设计则扮演着承上启下的作用。

5. 你若作为商务咨询人士，应该如何从政治经济、文化与伦理的角度，向拟进入中国市场的一般外国企业介绍中国的国别制度特征？[对外经济贸易大学2012研]

答：从政治、经济、文化伦理的角度来看，中国具有以下特征：

（1）政治方面

一国的政治体制，是指一个国家的政府体制。政治体制可以从一个国家对集体主义或个人主义的重视程度以及其民主或集权的程度两个方面进行考察。

集体主义是指集体目标优先于个人目标的一种政治体制。在集体主义中，社会整体的利益比个人自由更被看重。集体中的社会主义是根据马克思的理论提出的。个人主义的基本观点是一个人应享有其经济和政治追求的自由，认为个人的利益应优先于国家的利益。

民主是指政府是由人民直接选举或通过其所选代表间接选举出来的一种政治制度。极权是指个人或一个政党对人类生活的各个方面都拥有绝对的控制权，且政治反对党派是被禁止的一种制度。

民主、极权和集体主义、个人主义是相关联的，民主和个人主义往往如影随形，而集体主义通常与极权相连。但是灰色地带总是存在的。

就中国的政治体制而言，中国是一个强调集体主义的民主国家。我国的根本政治制度为人民代表大会制度，为单一党制，与其他各党的关系为：共产党为执政党，其他党派为参政党，而非反对党，与各民族的关系也十分友好。改革开放为世界各国在中国进行投资营造了一个十分宽松公平的环境。中国的和平崛起使其在世界舞台上已经占有重要的地位，作为联合国安理会五大常任理事国之一，中国对世界重大问题拥有一票否决权。虽然受到朝核问题、南海问题、钓鱼岛问题等周边不稳定因素的困扰，但中国总体政治局面是比较稳定的，政治风险较小。

（2）经济方面

经济体制一般有市场经济、计划经济和混合经济三种主要类型。

在一个纯市场经济中，所有生产性活动都为私人拥有，而非为国家所拥有。一个国家生产商品和服务的种类及数量是由市场供求关系决定的，并通过价格机制将信息传递给生产者。在一个纯计划经济中，均由政府计划一国生产的商品和服务的数量及销售价格，所有工商企业都为国家所有。在该经济体制中，政府投资的原则是国家利益最大化。混合经济是前两种经济类型的混合，既有私有制和自由市场机制又有国有制和政府计划机制，生产活动部分归私人所有，部分归国家所有。

就中国的经济体制来看，中国已经建立起比较完善的社会主义市场经济体制。市场在资源配置中的基础作用显著增强，宏观调控体系日趋完善；以公有制经济为主体、个体和私营等非公有制经济共同发展的格局基本形成。中国经济自改革开放以来持续多年高速发展，即使在金融危机的影响下，2009 年 GDP 增速仍高达 8.7%，已成为世界第二大经济体。虽然伴随着经济的高速发展，出现了市场监督机制不完善、市场秩序混乱等一系列问题，存在一定的风险，但中国巨大的市场潜力是不可忽视的。

(3)文化伦理方面

文化是指一群人所共同拥有的、为生存而设计构建的一种价值观和准则的体系。价值观是一种让人用来判断好坏和正确与否的观念，是一种抽象的概念。准则是指社会规则，即在一个特定的情境下有关适当行为的规定。社会结构是影响文化差异的一个重要因素，它是指基本的社会组织。在解释文化差异时有两个尺度尤为重要：第一个尺度就是社会组织的基本单位趋向于个人还是群体，第二个尺度是一个社会分成阶层或等级的程度。

伦理体系是指一整套道德准则或价值观，借以引导和规范行为。现有的伦理体系大多是基于宗教形成的，如基督教伦理和伊斯兰教伦理。不过，伦理体系来源于宗教的现象有一个重要的例外，即儒教。它本身并不是宗教，但对亚洲部分地区的文化和行为有较深的影响。宗教对商务活动的影响是通过其对一国工作态度和企业家精神以及对一国商务活动成本的影响程度来实现的。

虽然中国人已经拥有越来越多的现代社会的物质产品，但根植于千年文明古国的悠久文化传统依然深刻地影响着中国人的经商之道。中国在文化方面的特征主要有以下几个方面：

①中国人重视家庭和血缘关系，在“天人合一”的思想影响下，人们对集体怀有很强的归属感。在人际交往中重视集体的责任和权力，个人的情感依赖于集体。

②中国人崇尚权威，属于高权力距离文化的国家。在儒家思想的影响下，中国几千年的宗法社会中的人际关系呈等级性，人际交往中重关系。因此很多外国企业会发现，要想在中国进行商务活动，搞好“关系”十分关键。

③中国经历了数千年的封建社会体制的历史，至今仍受到等级观念、官本位思想以及关系意识的影响，法制观念总体还比较淡薄。因此，中国商人在商务洽谈过程中更注重人情关系以及非正式的处理方式。

④受到儒家“中庸”思想的影响，中国人通常追求中庸之道，强调内外协调，保持平衡，不走极端。这样一种思想使中国人的思维方式偏向保守，强调行事的稳健笃定，对风险通常采取规避态度。

⑤受到以儒家思想为主干的文化的影响，中国人经商讲究“仁义”，在商务活动中强调“诚信”，特别注重与重要商业伙伴保持长久友好的关系。

6. 请列举国际商务中的伦理问题。［西南财经大学 2015 研］

答：国际商务中伦理问题产生的根源在于各国之间的道德准则差异，这些差异可能存在于政治制度、经济制度、文化和法律中。在国际商务中，最为常见的伦理问题是员工待遇、人权、环境污染、腐败以及跨国公司的道德义务(社会责任)等。

(1)员工待遇

当东道国的工作标准明显低于跨国公司母国的标准，并且暂时还没有确定的标准供企业选择实施时，跨国公司绝不能对其在国外的企业或转包商们恶劣的工作环境听之任之或视而不见。

(2)人权

过去有研究认为，即使一个国家缺乏民主和人权，跨国公司在其境内做生意也是合乎伦理且对其有益的。长期的外国投资促进了经济发展，提高了当地的生活水平，这些发展最终将推动更多的人要求参与管理、政治多元化以及言论自由。但这一观点是有局限性的。有些国家非常落后，以至于很难合乎伦理地经商。

(3)环境污染

当东道国的环境保护制度不如母国时，也会发生伦理问题。环境是公共产品，但又是任何人都可以破坏的。这种情况被称为“公地悲剧”，即一项大家共同拥有的资源，不属于任何个人，但每个人都能使用，而且在过度使用时，会导致资源的逐渐消减。

(4)腐败

腐败一般是指政府官员等行为主体为了某种特殊利益而滥用职权的情况。通常情况下，为获得商业机会而向政府官员行贿是违法的，但是这也存在特例——“加急费”或“通融费”。“加急费”一般是国外企业为得到应有的公平待遇而不是获取排他性的利益而支付的费用，在这个视角下“加急费”是符合伦理道德的。一些经济学家认为，腐败在一些情况下是有积极作用的，比如当一个国家已有的制度较为僵化或对市场机制限制较多，那么黑市和走私等方式反而有可能促进社会福利。但也有经济学家认为，腐败会使商业投资回报降低，从而降低经济增速。因此，加急费的合理性导致了一个伦理困境。

(5)道德义务(社会责任)

有些伦理专家认为，与权力相伴的是社会责任。社会责任这个概念表达的一种思想是：商人在作商务决策时应考虑其经济行为可能导致的社会后果，应该尽力做到经济和社会双赢。

第6章　国际贸易理论

6.1　复习笔记

考点一：贸易理论综述

▼1. 贸易理论的发展

(1)自由贸易理论的发展(见表6－1)

表6－1 自由贸易理论的发展

理论	类型	提出时间	提出者
绝对优势理论	古典贸易理论	1776年	亚当·斯密
比较优势理论		1817年	大卫·李嘉图
相互需求理论	新古典贸易理论	1848年	约翰·穆勒
要素禀赋理论		1933年	赫克歇尔，俄林
需求偏好相似理论	新贸易理论	1961年	林德
技术差距理论		1961年	波斯纳
产品生命周期理论		1966年	雷蒙德·弗农
产业内贸易理论		20世纪70～80年代	克鲁格曼，赫尔普曼等
国家竞争优势理论	——	1990年	迈克尔·波特

(2)保护贸易理论的发展(见表6－2)

表6－2　保护贸易理论的发展

理论	类型	提出时间	提出者
重商主义	——	16～18世纪	威廉·斯塔福，托马斯·孟等
保护贸易学说	古典贸易保护理论	1791年	汉密尔顿
幼稚产业保护理论		1841年	李斯特
最优关税理论	现代贸易保护理论	——	——
国际贸易乘数理论		20世纪30～40年代	凯恩斯等
战略性贸易政策理论	当代贸易保护理论	20世纪80年代	布兰德，斯潘塞等

2. 贸易利益

(1)贸易利益的确认

斯密、李嘉图和赫克歇尔－俄林的理论精确地确认了国际贸易的特定利益——一国不能生产的商品通过国际贸易可以得到，因此绝大多数国际贸易是有利的。

(2)贸易利益产生的原因

国际贸易允许一国在制造业中实行专业化，专门出口该国生产效率高的产品，而进口别国生产效率高的产品。

(3)限制进口的影响

限制进口通常对国内生产者有利，而对国内消费者不利。

3. 对国际贸易模式的解释(见表6-3)

表6-3 对国际贸易模式的解释

解释依据	具体内容
绝对优势理论、比较优势理论和H-O理论	斯密、李嘉图和赫克歇尔-俄林的理论解释了在世界经济中观察到的国际贸易模式
产品生命周期论	①对于不能用H-O理论解释的国际贸易模式的一种早期解释是产品生命周期论； ②雷蒙德·弗农提出该理论，认为发明国会在产品生命周期初期进行新产品的生产和出口，当其在国际上被广泛接受后，该产品的生产就会转移，在生命周期的后期原发明国甚至可能会成为该产品的进口国
新贸易理论	新贸易理论强调，某些情况下一些国家分工生产和出口特定产品的原因在于某些产业的世界市场只允许少数企业存在，而并非基于要素禀赋的不同。这种产业会存在先入优势，新贸易理论认为企业捕捉先入优势的能力在一定程度上形成了国家之间的贸易模式
国家竞争力优势理论	该理论试图解释为什么特定国家能在国际上取得特定产业的成功。除要素禀赋外，波特认为国家要素是解释一国在特定产品出口上具有压倒性优势的关键因素

4. 贸易理论与政府政策(见表6-4)

虽然所有贸易理论都赞同国际贸易对一国有利，但在政策取向方面却存在意见分歧。

表6-4 贸易理论与政府政策

贸易理论	政府政策
重商主义	主张政府采取奖出限入的措施，是一种不太成熟的观点
绝对优势理论、比较优势理论和H-O理论	无限制的自由贸易认为进口限制和出口鼓励都是浪费资源的，并且会违背国家自身的利益。斯密的绝对优势理论、李嘉图的比较优势理论和赫克歇尔-俄林的H-O理论分别为该观点提出了各自的理由
新贸易理论和国家竞争优势理论	均支持政府采取一些有限的、有选择性的干预措施支持发展出口导向型产业

考点二：重商主义

1. 主要观点

金银是国民财富的主要存在形式，也是保持商业活力的必需品。

2. 主要原则

一国应保持贸易顺差以实现最大利益，即通过出口大于进口来积累金银，增加国民财富、声望和权力。

3. 政策主张

重商主义主张政府采取干预手段以便达到并保持对外贸易顺差。他们建议政策目标应该是出口最大化，进口最小化，而并非简单地增大贸易量。要达到此目的，可通过关税和配额限制进口，并对出口实行补贴。

4. 政策效果

(1)一国贸易顺差，金银流入，货币供给增加，引发通货膨胀，购买力上升；

(2)另一国产生相反效果，货币供给下降，购买力下降；

(3)贸易顺差国贸易收支恶化，逆差国贸易收支改善，最终前者的贸易顺差消失。

从长远看，没有哪一国家能像重商主义者所设想的那样，可以长期保持贸易顺差并积累金银。

5. 缺陷

(1)将贸易看成零和博弈(指一个国家获利导致另一个国家受损)显然是错误的；

(2)重商主义的政策结论仅在某些情况下站的住脚；

(3)新重商主义错误地将政治力量等同于经济力量，经济力量等同于贸易顺差，贸易顺差等同于收入超过消费的年差额，并且轻率地把高水平的货币积累与供给等同于经济繁荣。

▼考点三：绝对优势理论

1. 理论概述

绝对优势论(absolute advantage theory)又称绝对成本说，是最早的主张自由贸易的理论(之前的重商主义学派认为国际贸易是零和博弈，主张国家应当鼓励出口，同时限制进口)，由英国古典经济学派主要代表人物亚当·斯密(Adam Smith)创立。斯密认为应由市场机制来决定一国进口和出口什么商品，而且这种对贸易采取自由放任的做法符合一国的最大利益。绝对优势理论系统批判了重商主义的观点，创立了自由主义经济思想理论，解释了为什么不受限制的自由贸易对一个国家是有利的，将一国内部不同职业之间、不同工种之间的分工原则推演到各国之间的分工，从而形成其国际分工理论。

2. 主要内容

(1)假设条件

①2×2×1 模型(两个国家、两种产品、一种生产要素：劳动)。

②两国在不同产品上的生产技术不同，存在着劳动生产率的绝对差异。

③劳动决定商品价值，且所有劳动都是同质的。

④给定生产要素(劳动)供给，要素充分利用，并且可以在国内不同部门间自由流动，但在两个国家之间不流动。

⑤规模报酬不变。

⑥完全竞争市场：各国生产的产品价格都等于生产成本，无经济利润。

⑦商品可以在两个国家之间自由流动，不存在商品贸易的人为障碍，如政府干预等，运输成本为零。

⑧两国之间的进出口贸易值相等，即贸易是平衡的。

(2)基本内容

①亚当·斯密认为各国生产不同商品的效率不同，各国应该专门生产具有绝对优势的商品，然后用它们交换其他国家生产的商品。

②斯密认为当一种商品可以以较低的成本从别国购买到时，本国不应该进行生产。

3. 理论示例(见表 6-5)

斯密证明各国都可以从按照绝对优势的分工生产和交换中获利。

表 6-5　绝对优势理论示例

	分工前		分工后	
	小麦	布	小麦	布
法国的劳动投入	100	100	100 + 100 = 200	
英国的劳动投入	150	50		50 + 150 = 200
总产量	2 单位	2 单位	2 单位	4 单位

如表 6-5 所示，法国小麦的生产相较英国有绝对优势，英国布的生产相较法国有绝对优势。如果两国按照绝对优势分工，法国将原来生产布的 100 单位劳动转移到小麦的生产上，共可生产 2 单位小麦；英国将原来生产小麦的 150 单位劳动转移到布的生产上，共可生产 4 单位布。两国分工的结果是，用相同的劳动投入，比分工前多生产了 2 单位布。这 2 单位布通过交换，在两国间进行分配，对两国都有利。因此，可以看到这种贸易是一种正和博弈，给所有参与者都带来净利益。

4. 理论评价

(1)优点

①建立在劳动价值论的基础上，在历史上第一次从生产领域出发，解释了国际贸易产生的部分原因；

②首次论证了国际贸易是一种“正和博弈”，即贸易两国都能获利，为以后的国际贸易理论研究奠定了非常重要的基础；

③比较优势理论的“双赢”理念仍然是当代各国扩大开放，积极参与国际分工贸易的指导思想。

(2)缺陷

①最大的缺陷是不能解释如果两个国家中有一国在任何商品的生产上都不拥有绝对优势时所进行的分工与交换，假设条件苛刻，局限性大。

②虽然以劳动价值论为基础，但不能说明在国际交换中是否是等价交换。

考点四：比较优势理论

1. 理论概述

(1)理论来源

斯密的绝对优势理论没有解释这样一个问题，即如果其中一国在两种商品的生产上都处于绝对劣势，另一国在两种商品的生产上都处于绝对优势，双方是否还会进行国际分工、发生国际贸易并能分享国际贸易利益。李嘉图的比较优势理论回答了这一问题。

(2)主要观点

当一国在两种产品的生产上都具有优势时，应专门生产优势相对较高的产品；当一国在两种产品的生产上都具有劣势时，应专门生产劣势相对较低的产品。即根据“两优取其重，两劣取其轻”的原则进行分工，然后贸易。

2. 条件与假设

该简单模型包括许多与现实不符的假设：

(1)2×2×1 模型(两个国家、两种产品、一种生产要素：劳动)。

(2)两国之间不存在运输费用。

(3)不同国家之间的资源价格没有差异，不涉及汇率。

(4)资源在国内不同部门间可以自由地流动。

(5)规模报酬不变。

(6)自由贸易并不改变一国利用资源的效率，不考虑一国资源存量的动态变化，也不考虑一国通过自由贸易产生的利用资源效率的变化。

(7)贸易对一国收入分配没有影响。

▼3. 理论示例(见表6－6)

表6－6 比较优势理论示例

	分工前		分工后	
	呢绒	酒	呢绒	酒
英国的劳动投入	100	120	100＋120＝220	
葡萄牙的劳动投入	90	80		80＋90＝170
总产量	2单位	2单位	2.2单位	2.125单位

如表6－6所示，虽然英国生产两种产品的劳动投入都高于葡萄牙(都处于绝对劣势)，但其生产呢绒的效率相对要高一些。也可以说，英国生产呢绒具有比较优势，葡萄牙生产酒具有比较优势。让英国和葡萄牙进行分工，分工生产的结果是两种产品的总产量都高于分工以前。

比较优势认为世界生产在无限制自由贸易下的产量比在有限制的情况下更大。

该理论认为，如果没有贸易限制，各国消费者的消费量会增加，即使一些国家生产任何产品均无绝对优势，这种情况也可发生。与绝对优势理论相比，比较优势理论更深入地指出了贸易是一种正和博弈的特性，贸易方均可以从中获得收益。

▼4. 理论评价

(1)优点

①揭示了国际贸易的基础是比较优势而非绝对优势，更接近实际。

②揭示了国际贸易的互利性，是国际贸易理论的主流理论，至今仍具有指导作用。比较优势理论是很多国家制定贸易政策的理论依据。

③比较优势理论是以劳动价值论为基础的，故具有进步意义。

(2)缺陷

①假设前提过于苛刻，影响了其普遍适用性。

②把多变的经济状况抽象为静态的、凝固的状态，忽略了动态分析。

③从国际贸易的互利性出发，要想获得贸易利益，必须是自由贸易，但现实是各国都存在贸易保护主义。

④从比较成本出发，各国的贸易政策应建立在发挥优势的基础上，这实际上是让相对落后的国家经济结构凝固化，容易陷入比较优势陷阱。

⑤李嘉图的劳动价值论是不彻底的，因为它认为国内的劳动等价交换规律不能适用于国际交换。

⑥没有说明比较优势的根源是什么，或者说，没有指出一国为何具有比较优势。

5. 李嘉图模型的简单扩大

李嘉图模型在上述简单比较优势模型中加入了三个假设：①假设资源可以在不同商品的生产间自由转移；②假设生产所有商品的规模报酬不变；③假设一国的资源存量或资源利用

效率并不会随着贸易而改变。

(1)不能自由流动的资源

①在现实生活中，资源并不总是能轻易地从一种商品的生产转移到另一种商品的生产，其间会产生摩擦并使人们受苦。

②对于承担自由贸易带来的成本的人来说，自由贸易带来的利益远远大于其成本的说法只是一种不起作用的安慰。因此，面临失业的人们在政治上反对采用自由贸易制度的意见。

③政府通常放慢自由贸易的进程，帮助在此过程中失业的人们接受再培训。

推行自由贸易短期内会带来痛苦，但制度完善后就得到丰厚且持久的收益。

(2)报酬递减

①现实中，规模报酬递减，对应的生产可能性边界线是凸的。

②一旦存在规模报酬递减，贸易利益可能没有规模报酬不变时那么大。

规模报酬递减的假定更贴近现实，其原因在于不是所有的资源都是同质的而且生产不同商品使用资源的比例不同。

(3)动态效应和经济增长

①现实中，贸易活动会对一国的资源存量或利用资源的效率产生动态影响。

②开放一国经济从事对外贸易会产生以下两种动态利益：

a. 当国内生产可以用到来自国外的劳动力和资本时，自由贸易可能会增加国内资本存量。

b. 自由贸易也可提高一国利用其资源的效率。资源利用效率的提高可能来源于很多因素。

③该国生产可能性边界线(PPF)会因国内资源存量和资源利用效率两方面的动态利益而外移(如图6－1所示)。因此，该国能生产更多的两种商品。该理论认为，一国开放经济、参与自由贸易除了可以获得静态利益以外，还可以通过新增的资本存量产生动态利益刺激经济增长。

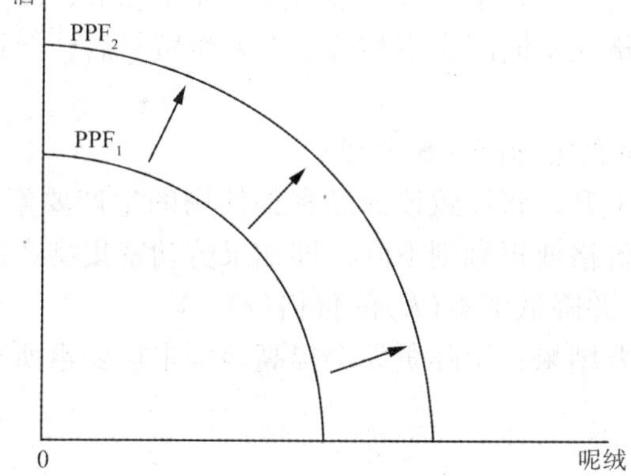

图6－1　自由贸易对PPF的影响

(4)萨缪尔森的评价

以中国和美国签订自由贸易协定为背景，萨缪尔森认为：

①美国消费者在自由贸易的情况下会被低价吸引从而进口中国的商品，其产生的动态影响可能会通过降低美国实际工资而使美国无法产生净收益。

②美国中产阶级的收入会受到因教育水平提高导致的国外劳动力生产率提高的影响，这

会降低市场的净工资率，或许足以抵消国际贸易带来的利益。

③萨缪尔森并不否认自由贸易曾经使富国获利。同时他还指出，引入贸易保护措施可能会带来更糟糕的结果。

(5)贸易与经济增长之间联系的实证

很多经济研究着眼于贸易与经济增长之间的关系。这些研究清楚地表明，一国如采用开放经济和自由贸易政策，将会得到更高经济增长速度的回报。更高速的经济增长将提高人们的收入和生活水平。

考点五：赫克歇尔－俄林理论(又称要素禀赋理论、H－O理论)

1. 基本观点

(1)李嘉图认为比较优势来源于生产率的差异。而赫克歇尔和俄林认为比较优势来源于各国生产要素禀赋的差异。

(2)要素禀赋是指一国拥有资源的丰裕程度，如劳动力、土地和资本。

(3)要素禀赋差异→要素供给差异→要素相对价格差异→生产中使用的要素比率差异→生产成本差异→商品价格差异→贸易发生。

2. 基本结论

(1)国际贸易模式是由要素禀赋不同而非生产率差异决定的。

(2)一国应出口密集使用本国丰裕要素生产的产品，进口密集使用本国稀缺要素生产的产品。

▼3. 理论推理

(1)赫克歇尔－俄林－萨缪尔森理论(H－O－S理论)

国际贸易会使各国要素价格或要素报酬的差异缩小——广义要素禀赋理论。这是萨缪尔森对H－O模型的结论进行数学证明而得，它是贸易对要素价格的反作用理论，即要素价格均等化理论。

要素价格均等化有两种情况：①要素价格相对均等化，即原先要素价格比率不一致的两个国家在发生贸易以后，会逐渐趋于均等，最后达到完全相等；②要素价格绝对均等化，即原先同一种要素的绝对价格在不同国家不相等，在发生贸易后，会逐渐趋于均等，最后达到完全相等。

(2)斯托尔珀－萨缪尔森定理(S－S定理)

某一商品相对价格的上升，将导致该商品密集使用的生产要素的实际价格或报酬提高，而另一种生产要素的实际价格或报酬则下降，即如果劳动密集型产品的相对价格升高，将使劳动力(L)价格(w)升高，并降低资本(K)的价格(r)。

因此，可得出一个重要结果：国际贸易会提高该国丰裕要素所有者的实际收入，降低稀缺要素所有者的实际收入。

(3)雷布津斯基定理

在两种产品、两种要素的情况下，如果生产要素(或产品)的相对价格不变，规模报酬不变，那么，生产要素单一增长(或两种要素增长速度不同)会导致密集使用该要素生产的产品产量绝对(或相对)增加，而密集使用另一种要素生产的产品产量则绝对(或相对)减少。

考点六：里昂惕夫悖论

1. 里昂惕夫悖论的主要内容

由于美国相对于其他国家资本相对丰富，根据H－O理论，里昂惕夫假定，它应该出口资本密集型产品而进口劳动密集型产品。然而，里昂惕夫发现美国出口的资本密集型产品比进口的更少。因为这一结果与理论的预测相反，故被称为里昂惕夫悖论。

▼2. 里昂惕夫悖论的解释

(1)人力资本

劳动力是非同质的，美国在生产革新技术产品上具有特别优势，这些产品很大程度上使用熟练劳动力，因此美国的出口以物质资本加人力资本密集型商品为主。

(2)自然资源

一些自然资源密集型的产品通常也是资本密集型的，如石油。美国大量进口石油等稀缺的自然资源导致其进口资本密集型商品多于出口。

(3)要素密集度逆转

由于各国生产要素的丰裕程度和价格不同，在生产同一种商品时可能会采用不同的方法，因而投入的要素比例也就不同。

(4)需求逆转

要素禀赋理论假设两国消费者偏好完全相同，现实中不可能如此。假设美国虽然资本充裕，但如果美国消费者的消费结构中资本密集型商品(以制成品为主)占据绝大部分比重，那么美国有可能出口劳动密集型产品，进口资本密集型产品。

(5)贸易保护政策

美国可能为保护本国同类产业对劳动密集型产品限制进口，如部分农产品。这些政策扭曲了美国的贸易结构，减少了进口产品的劳动密集度。

(6)研究方法

利默尔提出里昂惕夫悖论可能是研究方法的错误引起的。他认为 H－O 理论分析得到的是进出口平衡时的结论，但里昂惕夫悖论出现在 20 世纪 40～50 年代，此时美国对外贸易存在巨额顺差。利默尔还指出在贸易失衡的情况下，应通过计算比较美国整体生产和消费中的资本－劳动力比率来检验 H－O 理论。

(7)技术差异

H－O 理论的一个关键的假设是技术在各国之间是无差异的，这个假设在现实中难以实现。技术上的差异可能导致生产率的差异，进而改变国际贸易模式。

考点七：产品生命周期理论

▼1. 理论概述

产品生命周期(product life cycle)，简称 PLC，是产品的市场寿命，即一种新产品从开始进入市场到被市场淘汰的整个过程。弗农认为：产品生命是指市场上的营销生命，产品要经历一个开发、引进、成长、成熟、衰退的阶段。而这个周期在不同技术水平的国家，发生的时间和过程是不一样的。不同国家技术水平的差距，造成了同一产品在不同国家市场上竞争地位的差异，从而决定了国际贸易和国际投资的变化。

▼2. 产品生命周期的内容

典型的产品生命周期一般可以分成四个阶段，即导入期(或投入期)、成长期、成熟期和衰退期。

(1)导入期

①弗农认为大多数新产品最初是在创新国(如美国)生产的。因为将生产设备置于接近市场和企业决策中心的地方可以降低新产品推出时面临的固有风险和不确定性。

②由于人们对新产品的需求价格弹性较低，所以企业可以不必寻找低成本生产场所，直接制定较高的价格。

③此时产品需求在美国迅速增长，其他发达国家的需求仅限于高收入群体，这种有限的需求不足以驱动那些国家的企业生产新产品，这就必然导致美国出口新产品到那些发达国家。

(2)成长期

①其他发达国家(如英国、法国、德国和日本)对新产品的需求开始增长。此时，这些国家的生产者开始在本国市场进行生产。

②创新国(美国)企业也可能在需求日益增长的那些发达国家建立生产基地。这样，其他发达国家的生产开始限制创新国(美国)出口的潜力。

(3)成熟期

①当创新国(美国)和其他发达国家的市场成熟时，产品变得更标准化，市场竞争以价格为主。

②拥有劳动力成本优势的发达国家(如意大利、西班牙)的生产者可能就有能力把产品出口到美国。如果成本压力持续变大，生产转移的过程就不会停止。

(4)衰退期

当发展中国家(如泰国)的生产优势开始超过发达国家时，生产地点由其他发达国家转向发展中国家，发展中国家开始成为该产品的主要出口国，发达国家逐渐退出生产，成为净进口国。由于该产品在创新国的竞争优势已失去，创新国会开始研发新产品，创新国(美国)相对其他发达国家失去竞争优势的周期再次重复。

在整个产品生命周期中，全球生产的地点从创新国(美国)转移到其他发达国家，然后再转移到发展中国家。贸易模式的转变会在当生产集中于外国低成本地区时，将原产品出口国变成产品进口国。

图6-2显示出在一种新商品的产品生命周期中各国贸易地位的变化。

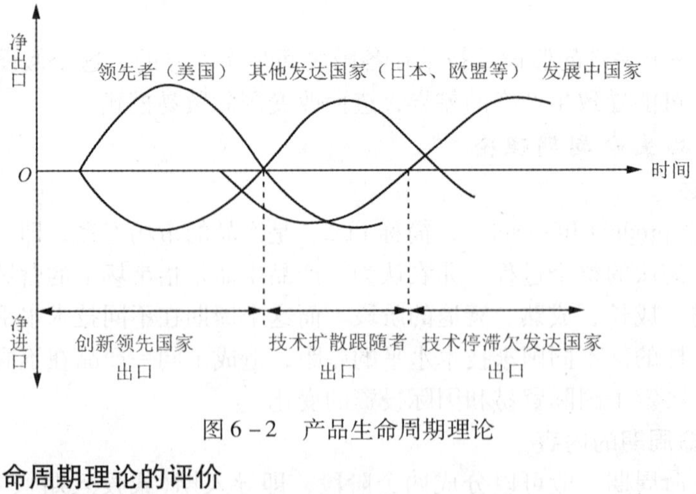

图6-2　产品生命周期理论

3. 对产品生命周期理论的评价

(1)产品生命周期理论是对于国际贸易模式的一种准确解释，该理论清楚地解释了成熟工业从美国移出进入低成本加工地区的变迁过程。

(2)虽然弗农理论在美国占有全球优势时用于解释国际贸易模式可能有效，但是和当今世界的关联却很有限。

考点八：新贸易理论

1. 新贸易理论概述

(1)新贸易理论的产生背景

新贸易理论提出时，许多经济学家发现企业达到规模经济的能力与国际贸易有重要的联系。

(2)规模经济

▼①定义

规模经济又称规模报酬，是描述一定的技术水平下，投入与产出关系的一个概念。它建立在两个重要前提之上：一是公司投入要素的比例不变；二是投入品的价格不变。以此为前提生产函数显示规模报酬递增的结果是平均成本下降。

②成因

a. 分摊到单位产品上的固定成本下降；

b. 随着规模的扩大，专业化分工更细，劳动生产率提高。

(3)新贸易理论的重要观点

①贸易可以通过对规模经济的影响增加消费品的种类，降低这些商品的平均成本。

②达到规模经济的产业，所生产的产品占世界总需求的比重较大，这样全球市场容纳的企业数量较少。因此，当某些国家的企业是这些产业的第一进入者时，可能会主导这些产品的世界贸易。

2. 增加产品种类以及降低成本

根据新贸易理论，每个国家可以专门生产某一种类的产品，通过国际贸易从别国进口自己不生产的商品。这样，每个国家都能增加可供消费者选择的商品的种类，同时通过规模经济降低那些商品的成本。

3. 规模经济、第一进入者优势和贸易模式

(1)主要观点

规模经济和第一进入者优势可能是导致世界经济贸易模式的原因。

(2)第一进入者优势

①定义

第一进入者优势是指一个产业的早期进入者所具有的经济和战略上的优势，例如在后入者之前抓住规模经济，从低成本结构中获益。

②重要性

新贸易理论认为，第一进入者优势对实现规模经济至关重要，若第一进入者占据了世界总需求的一定比例，可以获得后入者无法得到的成本优势。

4. 新贸易理论的应用

(1)规模经济在国际贸易中的应用

新贸易理论表明各国可以专门生产某种产品，获得规模经济、降低生产成本并出口，同时进口本国不生产的产品。在该机制下，各国消费者可消费的产品种类增加，各国产品平均成本和价格下降，同时，释放的同类要素可以自由流入其他产品和服务部门以供生产和使用。

(2)第一进入者优势在国际贸易中的应用

新贸易理论表明，一个产业的较早进入者可锁定世界市场以阻止后续进入者。先入者从递增报酬中获益的能力形成了一种进入壁垒。这种主导地位会由于有限的全球需求无法支持第二家企业维持盈利而进一步增强。

考点九：国家竞争优势理论(波特的钻石理论)

▼1. 理论概述

1990 年，哈佛商学院的迈克尔·波特试图确定一些国家在国际竞争中成功的原因。波特的论题是一个国家的四大特性——要素禀赋、需求情况、相关与支持产业以及企业战略、组织与竞争，形成了当地企业竞争的环境，这些特性促进或阻碍了竞争优势的建立，这四种特性构成了钻石理论模型。同时，政府和机遇是重要的辅助因素。钻石理论认为一种特性的作用是依托其他特性的状态而形成的(如图 6－3)，该模型认为体系间的特性会相互增强。

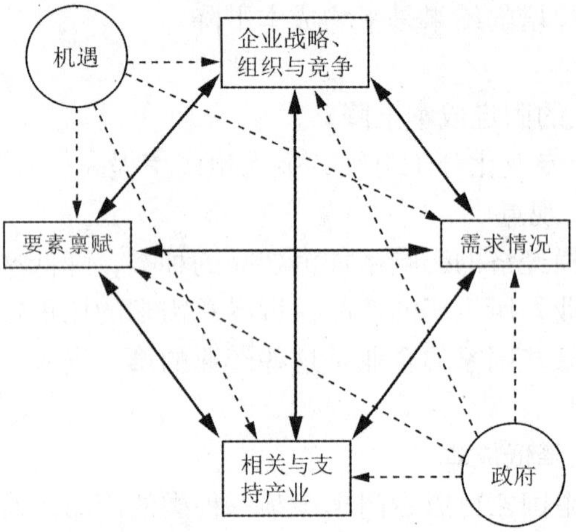

图 6－3　国家竞争优势的确定：波特的钻石理论模型

2. 要素禀赋

(1)生产要素的分类

①基本要素，是指一国先天拥有的或者只需要简单的投资就能得到的要素，如自然资源、气候条件、地理位置、非熟练劳动力等；

②高级要素，是指通过长期投资或发展而创造出来的要素，如实物资本(包括通信设施、研究设施等)、人力资本、知识等。

(2)生产要素的作用

①基本要素提供了初始优势；

②高级要素对竞争优势是最有意义的。改进高级要素的方法包括增加基础和高等教育的投资、增进人口知识水平、促进高等教育机构的高级研究等。

(3)生产要素之间的关系

生产要素可分为高级要素和基本要素，基本要素投资于高级要素可以使其初始优势得到增强和扩大；当基本要素有缺陷时，会导致投资高级要素存在压力。

3. 需求情况

国内制品特点及创新和质量水平会在较大程度上受国内需求特性的影响。波特认为如果一个国家的消费需求大、消费层次高，那么该国企业就会拥有竞争优势。这是因为当地企业为了满足消费者高档次需求会生产高质量高标准的产品。

4. 相关与支持产业

相关和支持产业因素是指国内是否存在有国际竞争力的供应商及相关支持产业。波特认为竞争优势在很大程度上来自产业聚集。一群在地理上互相靠近的、在技术上和人才上互相支持并具有国际竞争力的相关产业和支持产业所形成的产业聚集，是国家竞争优势的重要来源。

5. 企业战略、组织与竞争

各国不同的"管理思想体系"对各自建立国家竞争优势有不同的影响，可能有利，也可能有弊。创造和维持行业内竞争优势与一国本身国内竞争的活跃度有较强的关联。活跃的国内竞争导致企业寻求各种方式来提高效率。激烈的国内竞争还会迫使企业参与国际市场的竞争，而经过激烈竞争锤炼的企业往往更加成熟，更具有竞争力，更容易在国际竞争中取胜。

6. 对波特理论的评价

(1)优点

①突破对单一因素的考察，强调综合作用；

波特认为是要素禀赋、国内需求情况、相关与支持产业和企业战略以及组织结构与竞争四个因素相互作用决定了一国在某特定产业内获得国际成功的程度。他还认为政府和机遇能够从正面或负面影响四个因素中的每一个。政府可以通过补贴、提升教育水平、促进资本市场发展来影响要素禀赋；通过改变产品标准、相关法规来影响国内需求；通过规定影响相关或支持产业的政策或通过资本市场规定等手段对企业竞争产生影响。

②超越传统理论，进一步接近当代国际贸易现实；

③第一次明确阐述了竞争优势的内涵，论述了竞争优势的来源，探讨了保持竞争优势的途径，具有重大借鉴意义。

(2)缺陷

①理论中选择的产业是已结构化或未完全结构化的，这使企业在所选择的产业中取得领先地位相当困难；

②理论过多强调了企业和市场的作用，低估了政府的作用。

考点十：对管理者的启示

1. 区位

(1)不同国家在不同的生产活动上具有特定优势。因此，一个企业单纯从利润角度而言，应该将其生产活动分散到生产最优效率的国家。

(2)按照要素禀赋、比较优势等原则进行区位选择。

2. 第一进入者优势

(1)按照新贸易理论，在一种新产品的生产中建立第一进入者优势的企业可以主宰该产品的全球贸易。如果一个行业的资源只能保证有限数目的企业盈利，那么第一进入者优势会更明显。

(2)在较分散的产业，较早进入同样重要。对单个企业而言，投入大量的金融资源以建立第一进入者优势，即使企业在获得盈利前亏损几年也是值得的——要抢先取得现实需求，获得与产量相关的成本优势，在后来的竞争者涉足之前建立持久的品牌优势，进而建立长期稳定的竞争优势。

3. 国家政策

(1)国际贸易理论使许多工商企业意识到促进自由贸易是符合母国最大利益的，因而游说政府开放市场。

(2)波特的国家竞争优势理论也包含了政策影响。波特理论认为提升生产的高级要素，游说政府采纳对钻石模型的各个因素有利的政策，均是对企业有利的。因此，根据波特的理论，工商企业应该鼓动政府增加教育、基础设施和基础研究的投资(以增强高级要素)，并且采取鼓励国内市场激烈竞争的政策(以增强企业国际竞争力)。

6.2 课后习题详解

1. 重商主义是一种没落的理论，在当今世界中没有市场。请讨论之。

答：重商主义是欧洲国家中世纪向现代过渡这一特定历史时期的商业资本的意识形态，是史书上一个传统的提法。经济学说的发展，伴随着经济成长的不同阶段。但即使处于一个更高的发展阶段，过去的经济思想体系仍然有效，不会完全过时，它会在被扬弃和吸纳综合的过程中成为一个新的环节。在经济全球化和一体化的今天，也可以看到，重商主义并未在国际竞争中过时。

当时的重商主义，其目的是富国强兵，但君主们的主要目标还是黄金——通过出口，赚取国外的黄金，有了黄金，就可以招募和雇佣士兵来进行战争，便能赚取更多的黄金。在十六、十七世纪，西欧重商主义主要在英国、法国和西班牙实行并发展，重商主义在这三个国家发展的不同道路，对一些国家现在的经济发展战略具有启发性。

就我国经济发展而言，可以看到，提高我国的经济实力，并建立强大的现代化的国防，正是我国在现在和今后一段时间所追求的目标。国家发展工业化，建立本国强大的国防体系，正是在这个层面上，重商主义——保护主义的政策至今仍然有意义。另外，重商主义所奉行的保护国内市场和民族工业的政策，为了货币积累而实行的“少买”政策，为了“富国”而“强兵”的政策取向，对于现阶段的中国经济发展来讲也有特别的现实意义。

由此可见，在我国总体上已达到小康水平的今天，只有充分重视军事力量和经济发展的互动关系，重视贸易平衡的问题，从国情出发、从需要出发、从目标出发，保持两者的协调发展，才是长远之计。因此，认为重商主义理论已经没落，在当今世界中没有市场的观点是不正确的。

2. 自由贸易是公平的吗？请讨论之。

答：贸易理论认为专业化和自由贸易使所有国家都受益。然而，使所有国家都受益并不等同于对所有国家都是公平的。由于历史和现实的原因，不同国家的发展水平不同，在自由贸易时，尽管一个国家产品的生产更有效率，但会限制另一个国家发展生产的能力。因此某些情况下，贸易壁垒可能会使贸易更趋于公平。例如，如果一个发展中国家正尝试建成工业化国家，那么短期的贸易壁垒是必要的，等到工业变得有竞争力再取消该贸易壁垒会使两个国家站在更平等的位置上竞争。

3. 发达国家的工会通常反对从低工资国家进口产品，并提倡设立贸易壁垒以保护本国就业免受这种“不公平”的进口竞争。这种竞争是不公平的吗？在你看来，这种观点对于哪一方最有利？工会、工会代表的人们，还是国家整体？

答：(1)这种竞争是公平的。

比较优势理论认为一个国家应当对它所擅长的产品进行专业化生产，而从其他国家进口自己生产效率相对较低的产品，这样获益最大。而且，该理论还认为自由贸易会刺激经济增长，带来动态利益。自由贸易是一个正和博弈，能使贸易双方都获益。对发达国家来说，自由贸易使得工人能将时间都花在自己更擅长的产品生产上，同时，进口商品的价格降低使工人们花费更少，从而增加他们的净收入。对发展中国家来说，自由贸易增加了就业，提高了国民收入。

(2)在我看来这种观点对工会、工会代表的人们是有利的。

如果发达国家反对从低工资国家进口，并提倡贸易壁垒保护本国就业免受来自低工资国家的进口竞争，会使得发达国家的工人维持一份收入较高的工作，不会因为进口竞争而失去工作。

然而这只能使一部分与进口形成竞争关系的工人获利，长远来看对整个国家造成了损失。首先，按照比较优势理论，各国都应当出口其有比较优势的产品，而低工资率国家的劳动力是他们具有比较优势的资源。发达国家若取消贸易壁垒，就能以更低的价格获得更好的商品，使得全体消费者获利；其次，低工资的国家可以在取消壁垒的贸易中获利，从而提升其购买力，使得低工资国家可以更多的购买发达国家的技术密集型产品，这使得发达国家也能从贸易中获利；最后，如果发达国家单方面采取了贸易壁垒以保护本国的就业，容易引发低工资国家的不满，会导致贸易战的发生，对两国的经济贸易发展都造成一定程度的损失。

4. 采取自由贸易制度的潜在成本有哪些？你认为政府应该采取措施降低这些成本吗？如果是，应采取什么措施？

答：(1)采取自由贸易制度的潜在成本包括：从事某个行业的工人会失去工作；产业转移带来的大量失业导致一定程度上的社会动荡；新兴产业得不到发展。

(2)政府应该采取措施降低这些成本。采取的措施包括：政府提供再培训的项目，帮助下岗职工找到其他工作；政府对新兴产业提供政策扶持等。

5. 重读“国家聚焦”专栏中“中国是新重商主义国家吗？”一文。

(1)你认为中国实施的政策符合新重商主义的特征吗？

(2)美国和其他国家对此应该怎么做？

答：(1)新重商主义原本是美国经济学家丹尼尔、麦京农、克鲁格曼等人用来描述美国70年代对外经济政策中的贸易保护和经济民族主义时所发明的，因其所描述的政策很像15世纪的重商主义而得名。新重商主义和重商主义的不同之处在于：保护对象进一步扩大，从农业、制造业扩大到服务业；保护目的改变，从追求黄金输入、贸易顺差到追求整体经济实力的发展；保护从防御转向进攻；保护措施更加多样化；组成排他性的贸易集团。

①自改革开放以来，中国实施的政策大部分符合新重商主义的特征：

a. 中国实施出口导向和进口替代政策，通过税收、金融等政策刺激出口，通过产业政策，关税、非关税壁垒等限制进口。

b. 中国实行资本控制政策。20世纪80年代中期后，中国对国际资本流动采取了区别对待、分类管理的政策，严格限制短期资本进出，鼓励生产性的长期资本流入，资本输出较少且投资主体以国家为主，投资方式以金融资产为主。

c. 中国实行固定汇率和强制结售汇制度。

②进入21世纪后，中国实施的政策在诸多方面都有了较大的改变：

a. 中国不断削减关税税率，取消了很多贸易壁垒，积极参与国际分工，努力追求自由贸易。

b. 中国实行有管理的浮动汇率制。

c. 中国不断开放国内市场，扩大外资准入行业，缩减外资进入负面清单。

d. 中国通过“一带一路”战略等途径进一步扩大对外投资，减少外汇储备。

e. 中国进一步扩大进口，减小贸易顺差。

(2)首先，美国和其他国家应正视中国经济的发展。中国经济的发展不仅仅是贸易保护的结果，更是中国坚持改革开放，积极参与国际分工和贸易，充分发挥自身比较优势的结果。因此美国和其他国家应该集中本国的资源和人才，发展本国具有优势的产业，以保持在该行业的领先地位；同时加大在弱势产业中的投入，以追赶在该行业中占有优势地位的国家。

其次，中国大量外汇储备的积累，一方面与中国人传统的消费观念有关，另一方面也是中国应对经济金融危机，防范其他国家经济上打击报复的一种手段，但长期巨大的贸易顺差和大量外汇储备的积累必然会损害一国经济。因此，未来中国的进口和对外投资规模将越来越大，这对美国和其他国家是一个巨大的机会，它们可以通过不断提高本国产品的竞争力和优化本国的投资环境来吸引中国的进口和投资。

6. 重读关于白领工作转移到国外的“国家聚焦”专栏。

(1)技术型白领工作外包到发展中国家，谁从中受益？谁受损？

(2)像美国这样的发达国家会因高技能、高工资的工作转移而受损吗？

(3)诸如计算机编程和会计这样的高收入白领工作转移到发展中国家，与低收入蓝领工作的转移有区别吗？如果有，区别在哪里？政府是否应该采取措施防止白领工作流向印度等国？

答：(1)技术型白领工作外包到发展中国家，发达国家的生产者和消费者受益，发展中国家的工人也受益；发达国家的技术型工人受损。

(2)萨缪尔森认为，如果工作转移使美国的实际工资率降低，那么可能无法产生净收益。当外国劳动力由于教育程度提高而提升了生产率时，就会影响美国中产阶级的劳动收入，市场的净工资率降低会抵消国际贸易中的净利益，甚至可能使美国这样的发达国家从贸易中受损。然而，发展中国家不可能如此迅速地提升技能水平，以达到萨缪尔森模型中的情况。因此，即使像美国这样的发达国家会受到损失，这也仅仅是暂时的，从长远来看，转移对发达国家和发展中国家都是有益的。

(3)有区别。蓝领工作的转移对一国的技术知识水平不会产生很大的影响，而白领工作的转移则会降低发达国家知识型人才的培养动力，提升发展中国家知识型人才的培养动力。因为，发展中国家的劳动力通过接受更好的教育能够进入发达国家的劳动力人才市场，从而影响发达国家白领的收入。

由于白领工作对于一国的未来更重要，它们仍应该留在国内，所以技术型白领工作外包是个严重的问题，应当引起政府的关注。(也可认为为了维持公司的发展与利润，白领外包对公司有益，不需政府采取措施。)

7. 利用新贸易理论和波特的国家竞争优势理论，概述政府在生物技术行业内建立国家竞争优势的例子。你建议政府采用哪一种政策？这些政策与基本的自由贸易哲学相左吗？

答：(1)新贸易理论有两个重要的观点：①贸易可以通过对规模经济的影响增加消费品的种类，降低这些商品的平均成本；②一些应该达到规模经济的产业，所生产的产品占世界总需求的比重较大，导致全球市场只能容纳数量很少的企业。当某些国家的企业是这些产业的第一进入者时，可能会主导这些产品的世界贸易。该理论常因为肯定了政府干预和战略贸易政策而受到争议。以美国为例，作为现代生物技术的发祥地，美国的生物技术产业领先于世界其他国家，美国政府非常重视生物技术的基础研究，国会甚至将每年的4月21至28日定为生物科技周。先入者优势和政府的大力扶持，使美国在生物技术行业占据了绝对优势，拥有世界上约一半的生物公司和生物技术专利。

(2)波特的国家竞争优势理论认为一个国家的四大特性——要素禀赋、需求情况、相关与支持产业以及企业战略、组织与竞争，形成了当地企业竞争的环境，这些特性促进或阻碍了竞争优势的建立。波特认为当企业处在该模型最有利的位置时产业或产业部门最可能成功，钻石理论模型是一个相互增强的体系，一种特性的作用是依其他特性的状态而定的。波特还认为国家钻石理论模型会极大地受到机遇和政府两个附加变量的影响。政府通过其政策的选择，可以削弱或增强国家优势。例如，中国政府早已将生物制造产业列入优先发展的战略性新兴产业。经过"十一五""十二五"一系列政策的带动和扶持，中国工业生物技术进入快速发展时期。中央财政投入引导，地方、企业经费配套，为工业生物技术研发和产业化提供了资金保障。"十二五"期间，科学技术部通过国家"863"计划的精密部署，围绕重大化工产品的先进生物制造、微生物基因组育种、工业酶分子改造等关键领域共布局15个项目，国拨经费超过6.5亿元，自筹经费超过22亿元，总经费达28亿元以上。课题承担单位广泛，覆盖了企业、科研院所和高校等创新主体。除了在上述关键领域实现核心技术的重点突破外，还在工业生物催化技术、生物炼制技术、现代发酵工程技术、绿色生物加工技术等关键技术上取得了重大进展。通过一大批国家重点实验室、工程技术研究中心、产业技术创新战略联盟及产业基地的组建，工业生物技术行业的产学研资源得以优化整合，显著提升了行业的自主创新能力与国际竞争力。

(3)我认为政府具体采用哪一种政策应该根据本国的实际情况和相关产业的特点来决定。当一国(通常是发达国家)的企业在国际上的竞争力本身就比较强，并且该企业所在的产业达到规模经济的产量很大，导致全球市场只能容纳数量很少的企业时，该国政府应该采取新贸易理论所倡导的政策，大力支持企业率先进入市场，占据先入者优势。当一国(通常是发展中国家)的企业在国际上的竞争力比较弱时，该国政府应该采取国家竞争优势理论所倡导的政策，提升本国企业的竞争力，进而提高本国的竞争优势。此时，政府的首要任务就是尽力创造一个有利于生产率提升的良好环境，其可能实施的具体政策有：①通过补贴、教育投资、信贷安排和税收政策，发挥政府在提供高级生产要素方面的重要作用。②通过制定严格的规章制度，刺激和提升国内市场需求、促进竞争优势的增强；通过实施有关产品性能、产品安全和环境影响的严格标准，影响国内需求的性质，迫使公司提高质量、提升技术、满足消费者和社会的要求。③通过运用金融市场规范、税收政策、反垄断法、反不正当竞争法等手段影响企业的战略结构和竞争状态。

自由贸易是指一国政府不通过配额和关税来影响进出口。政府采取的出口补贴等政策与自由贸易哲学是相左的，而政府采取的投资教育等政策与自由贸易哲学并不相左。

8. 世界上最贫穷的国家的各个经济部门都处于竞争劣势。它们很少出口。它们没有资金，土地质量低，通常在给定工作机会下有太多劳动力，而这些劳动力没有受过良好的教育。自由贸易不可能符合这样的国家的利益。试讨论之。

答：自由贸易是一个正和博弈，参与其中的国家都能获益。根据李嘉图的比较优势理论，国际贸易的基础是生产技术的相对差别，而非绝对差别，以及由此产生的相对成本的差别。每个国家都应根据"两利相权取其重，两弊相权取其轻"的原则，集中生产并出口其具有"比较优势"的产品，进口其具有"比较劣势"的产品。这样，两个国家都能获益。对于世界上最贫穷的国家来说，若不参与自由贸易，情况可能会更糟糕。

6.3 考研真题详解

1. 里昂惕夫之谜［中央财经大学2019、2015、2012研；武汉大学2015研；河南财经政法大学2014研］

相关真题：里昂惕夫悖论［浙江财经大学2015研；南开大学2014研；上海大学2014研］

答：里昂惕夫之谜是美国经济学家瓦西里·里昂惕夫针对要素禀赋论而提出的一项反论。按照要素禀赋论，一个国家应该进口密集使用该国稀缺要素生产的产品，出口密集使用该国丰裕要素生产的产品。即一个劳动力众多而资本缺乏的国家应进口资本密集型产品，出口劳动密集型产品；一个资本充沛而劳动力缺乏的国家应进口劳动密集型产品，出口资本密集型产品。里昂惕夫运用多商品多国家多生产要素的扩大的国际贸易模型和投入产出分析法，对1947年美国的进出口资料进行了分析，于1953年在《国内生产与对外贸易：美国地位的重新考察》一文中得出了这样的结论，即美国这个通常被认为是富有资本而缺少劳动力的国家，并不是主要地进口劳动密集型产品，出口资本密集型产品，而是在其出口品中，劳动密集型产品所占比例大于资本密集型产品所占的比例；在其进口品中，资本密集型产品的比例大于劳动密集型产品的比例，从而正好与要素禀赋论所预言的情况相反，被称为“里昂惕夫之谜”。

2. 比较优势［暨南大学2017研；中山大学2016研；浙江财经大学2015研；南京大学2013、2011研；南开大学2011研］

答：比较优势是指，如果一个国家在本国生产一种产品的机会成本（用其他产品来衡量）低于在其他国家生产该产品的机会成本，则这个国家在生产该种产品上就拥有比较优势。各生产单位对资源的占有、分配和利用等情况的差别，导致了比较优势的产生。而比较优势造成的差别直接导致了生产产品的专业化（即所谓的“社会分工”）和贸易的产生。这种专业化的结果是，当每个人都能够专门地从事自己最擅长的事情时，生产就会变得更加有效率，从而整个社会可创造的物质财富总量与其整体的经济福利便会有所增加。专业化所带来的总产量增量，就是贸易的好处。同时，更多可分享的总产量本身，同样也促进着专业化决策的发展。

3. 传统国际贸易理论和新国际贸易理论分别适合解释哪种类型的贸易？［对外经济贸易大学2019、2015、2013研］

答：传统国际贸易理论适合解释产业间贸易，新国际贸易理论适合解释产业内贸易。

（1）传统国际贸易理论以H－O理论为代表，瑞典经济学家赫克歇尔和俄林认为比较成本或比较优势的来源是资源禀赋差异，从而提出了比较优势说的另一种解释，即生产要素禀赋理论（theory of factor endowment，常被称为H－O理论或H－O模型）。

根据要素禀赋理论，一国的比较优势产品是在生产上密集使用该国相对丰裕要素的产品，而进口的产品是在生产上密集使用该国相对稀缺要素的产品。简言之，劳动力丰富的国家出口劳动力密集型商品，而进口资本密集型商品；相反，资本丰富的国家出口资本密集型商品，进口劳动力密集型商品。

依据建立在相对价格差异基础上的贸易理论，国际贸易应主要发生在供给或需求条件不同的国家之间，而且国家间的差异性越大，它们之间的贸易基础就越雄厚。另外，贸易形态属于产业间贸易。

(2)随着经济与生产力的发展，传统国际贸易理论已经渐渐不能解释新兴的贸易模式。20世纪60年代以来，国际分工格局出现了两大倾向：其一是发达国家间的贸易量大为增加了，发达国家间的贸易成为国际贸易的主要构成部分；其二是同类产品之间的贸易量大为增加，出现了许多同一行业既出口又进口的产业内贸易模式。

新国际贸易理论认为国际贸易产生的动因与基础发生了变化，不再仅仅是因为技术和要素禀赋的差异带来了贸易。

①从供给角度：新国际贸易理论揭示了规模经济和不完全竞争市场结构下的企业的垄断竞争行为成为贸易产生的重要动因与基础。从供给角度分析，该理论认为在不完全竞争市场结构下，规模经济成了引起专业化与国际贸易的重要原因。即使各国的偏好、技术和要素禀赋都一致，也会出现产业内贸易，并且国家间的差异越大，产业间的贸易量就越大，而国家间越相似，产业内的贸易量就越大。

②从需求角度：新国际贸易理论还强调需求因素对贸易产生和贸易结构的影响。从需求角度进行探索，填补了贸易动因研究视角上的一大空白。瑞典经济学家林德提出的代表性需求理论，将需求与产品差异结合起来解释了产业内贸易产生的原因。该贸易理论表明，规模经济容易在各国代表性需求的产品上产生，因此收入水平越相似，国家之间的产业内贸易越多。

③从技术差距角度：技术差距论以不同国家之间的技术差距为分析前提，认为技术差距和模仿时滞决定了现实的贸易格局。1959年，美国经济学家波斯纳运用技术创新理论修正了赫克歇尔－俄林模型，提出了技术差距理论。该理论解释了发达国家之间的产业内贸易。

4. 简述传统贸易理论与新贸易理论的联系与区别。［西南财经大学2016研］

答：(1)传统贸易理论与新贸易理论

①传统贸易理论包括亚当·斯密的绝对优势学说、大卫·李嘉图的相对优势学说以及赫克歇尔－俄林的要素禀赋论。它以完全竞争市场为假设前提，主要分析产业间贸易，属于静态或比较静态的国际贸易模型。

②新贸易理论是指一系列关于国际贸易的原因、国际分工的决定因素、贸易保护主义的效果以及最优贸易政策的思想和观点。它以不完全竞争市场为假设前提，开始分析产业内贸易，模型力求动态化。

(2)传统贸易理论与新贸易理论的联系

①传统贸易理论与新贸易理论都是用于解释为何一国从事国际贸易有利。

②二者都不涉及企业的边界问题，仅限于部分均衡分析而没有考虑公司内贸易的国际维度。

(3)传统贸易理论与新贸易理论的区别

①贸易政策不同

传统的贸易理论是建立在完全竞争的市场结构框架下，完全竞争市场是最具效率的市场，任何干预只会带来效率损失。因此传统贸易理论强调自由贸易的重要性。

新贸易理论则认为现实中市场的有效性值得怀疑。因此提出了两个干预贸易的论点：利润转移论和外部经济论。在此基础上提出战略性贸易政策理论，即政府为支持发展某出口导向型产业，应采取一些有限的、有选择性的干预措施。

②研究对象不同

传统国际贸易理论主要研究的是产业间贸易。大多数研究都假定规模报酬不变，市场是完全竞争的，并且传统的国际贸易理论将贸易与投资问题孤立地进行研究。

新贸易理论主要研究的是规模报酬递增和不完全竞争条件下的产业内贸易，并且开始注重国际贸易理论与国际直接投资理论的融合。

③贸易的福利效应不同

传统贸易理论并未对国际贸易的福利效应作专门分析，因为其理论的结论是按比较优势进行分工对各国都有利益，贸易利益来源于专业化生产效率的提高。

新贸易理论认为贸易利益不仅来自比较优势，还来自于规模经济性、增加了不完全竞争产业的竞争程度、增加了产品的差异性等。同时，新贸易理论指出，尽管存在着潜在贸易收益，但不完全竞争市场同时也产生了风险，有可能使一国经济不仅无法利用潜在的贸易收益而且实际上也可能遭受损失。当贸易使本国以递增规模生产的行业和高度垄断的行业收缩，而带来的其他利益不足以弥补这种收缩带来的损失时，贸易使本国受损，这说明，参加贸易并不是总能得到利益。

5. 新贸易理论下，规模经济和产品差异化的矛盾以及解决措施。[南开大学2015研]

答：(1)新贸易理论的内容

新贸易理论是指以保罗·克鲁格曼为代表的一批经济学家提出的一系列关于国际贸易的原因、国际分工的决定因素、贸易保护主义的效果以及最优贸易政策的思想和观点，它以规模经济和不完全竞争为前提，主要研究产业内贸易。产业内贸易的发生可以用产品差异化、需求相似、规模经济等理论来解释。

新贸易理论认为，在完全竞争市场结构中，传统意义上的要素禀赋比率差异理论，解释部门间贸易模式，特别是对贸易流量中的要素含量差异，始终是有效的。在不完全竞争市场状态下，生产要素价格偏离边际价值；商品价格大于边际成本和平均成本，不能如实反映一国的比较成本优势和劣势，从而引起贸易福利的不均衡分配。因此，在不完全竞争市场结构条件下，规模经济是独立于比较成本之外的又一引发对外贸易的决定因素和经济变量。前者属于垂直型产业间分工模式，后者属于水平型产业内分工模式。

(2)规模经济和产品差异化之间的矛盾

规模经济指某些产品的生产具有规模报酬递增的特点，即扩大生产规模，每单位生产要素的投入会有更多的产出，产品的平均成本会下降。其主要优势在于企业实行大批量生产方式，提高产品质量，降低能耗和物耗，能够实现产品规格的统一和标准化。产品差异化指企业以某种方式改变那些基本相同的产品，以使消费者相信这些产品存在差异而产生不同的偏好。这样，在实现规模经济时产品是同质的，而产品差异化却要求产品是不同质的，二者之间存在着矛盾。虽然新贸易理论同时用规模经济和产品差异化来解释产业内贸易的发生，却没有解释这二者之间的矛盾。

(3)解决措施

规模经济和产品差异化之间的矛盾只在一国范围内存在。一国在封闭的情况下，由于市场规模的制约，同种产品异质性“变体”的种类不可能很多，因为种类越多，生产规模越小，生产成本越高。在开展国际贸易后，两国或多国市场合一，突破了市场规模的制约，各国分别生产几种异质性产品，互不重合。然后通过贸易互相交换，既增加了消费者的选择余地，又提高了福利水平，生产企业的效率也会提高。因此，要解决规模经济和产品差异化之间的矛盾，必须开展产业内分工和国际贸易。具体到企业上，在确定企业的具体分工模式时，需注意：

①在充分市场调查的基础上采取差异化经营策略。企业应在对目标市场进行充分调查的基础上，根据消费者消费需求的变化，通过对产品、价格、分销和促销方面制定出不同于竞争对手的策略，以建立比较竞争优势，取得竞争主动权。这样便将规模经济和产品差异化的目的相结合，更好的满足市场和企业自身的需求。

②关注企业的异质性，根据自身发展需要制定相关策略。从属于新贸易理论的异质企业模型将国际贸易的研究范畴从传统贸易理论研究的产业间贸易转变为研究同一产业内部有差异的企业在国际贸易中所作的选择，主张贸易的基础应建立在企业层面的异质性基础上，即企业自身不同的生产率的基础上。企业根据自身发展的需要在全球范围内寻求和配置资源，进而形成一体化的生产和组织方式，根据企业在行业中生产率水平的评估，决定企业是否有能力出口或去国外市场开展经营活动。企业虽然可以在世界范围内组织生产要素，但这些生产要素必须与人力资本要素相结合才能形成竞争优势，更好地发挥作用，而各种不同物质资本的投入需要相应数量的人力资本来进行管理和配置，由此才能提高企业的整体效率。

6. 简评迈克尔·波特的"钻石理论"。［中南财经政法大学 2017 研；中山大学 2015 研；西南财经大学 2015 研；宁波大学 2015 研；上海财经大学 2014 研］

相关真题：国家竞争优势理论(钻石模型)的主要内容。［复旦大学 2019 研］

答：(1)"钻石理论"的含义

钻石理论又称为国家竞争优势理论，是由美国哈佛商学院著名的战略管理学家迈克尔·波特提出的。波特的钻石模型用于分析一个国家某种产业为什么会在国际上有较强的竞争力。波特认为，一个国家某种产业竞争力的主要决定因素有以下四个：①要素禀赋——包括人力资源、天然资源、知识资源、资本资源、基础设施；②需求条件——主要是本国市场的需求特性；③相关产业和支持产业——这些产业和相关上游产业是否有国际竞争力；④企业的战略、结构、竞争——企业如何构建、组织、管理的条件和国内竞争性质。

(2)"钻石理论"的贡献

波特的国家竞争优势理论弥补了其他国际贸易理论的不足，较圆满地回答了理论界长期未能解答的一些问题，对理论发展做出了贡献。同其他贸易理论相比，国家竞争优势理论的贡献可以归纳为以下几点：

①提出了一个重要的分析工具。波特提出国家竞争优势的决定因素系统，为分析各国竞争优势的基础，预测它们竞争优势的发展方向以及长远发展潜力，提供了一个非常有用的分析工具。

②强调动态的竞争优势。传统的比较优势理论强调的是比较利益，注重的是各国现有的要素禀赋，因此它无法解释为什么像日本和韩国这类资源稀缺的国家能在众多领域获得竞争优势，而许多资源丰富的国家却长期落后的原因。

③强调国内需求的重要性。传统贸易理论忽视国内需求对企业竞争优势的影响，认为国内需求对竞争优势的影响很小。但国家竞争优势理论明确提出了国内需求同国家竞争优势之间的因果关系，弥补了传统贸易理论对国内需求的忽略。

④强调国家在决定企业竞争力方面的关键作用。

7. 请简述产品生命周期与产品出口的关系，并分析其对发展中国家贸易的影响。［中央财经大学 2014 研］

答：产品生命周期，简称 PLC，是指产品的市场寿命，即产品从进入市场开始，直到最终退出市场为止所经历的市场生命循环过程。一种产品进入市场后，它的销售量和利润都会随时间推移而改变，呈现一个由少到多再到少的过程，就如同人的生命一样，由诞生、成长到成熟，最终走向衰亡，这就是产品的生命周期现象。产品只有经过研究开发、试销，然后进入市场，它的市场生命周期才算开始。产品退出市场，则标志着生命周期的结束。

(1)产品生命周期与产品出口的关系

如图6－4所示，产品生命周期理论将产品的生命周期分为四个阶段：导入期(或投入期)、成长期、成熟期和衰退期。在产品生命周期的不同阶段，产品的要素密集度会发生规律性的变化，比较优势将随之从一种类型的国家转向另一种类型的国家，从而引起国际贸易中商品流向的变化。

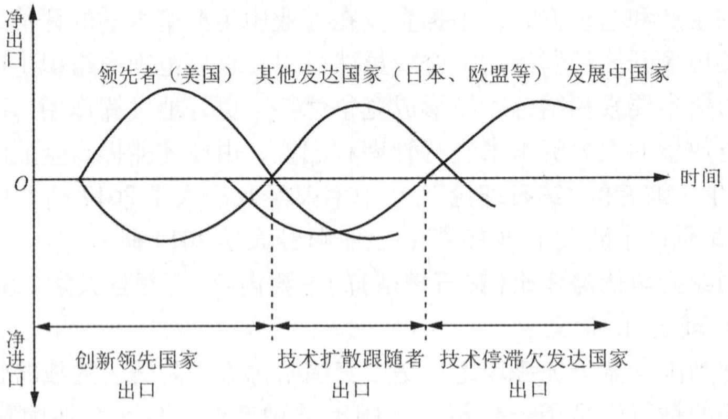

图6－4　产品生命周期与产品出口的关系

在导入期，由于新产品在收入水平高的国家需求最旺，且新产品的研究开发需要大量的资本和科技劳动投入，所以少数科学研究发达的国家拥有新产品生产的比较优势，成为创新国。新产品在这些国家开发出来投入生产，并根据市场反映不断改进和完善。与创新国收入水平相近的国家也会产生对该产品的需求，但由于对新技术知之不多而无法进行生产，只能从创新国进口产品。

在成长期，技术已经成型并已开始扩散，生产过程的标准化程度不断提高。生产从研发密集型转向资本密集型，包括物质资本和人力资本在内的资本成为生产的关键投入，技术模仿国开始生产。在创新国内部，新进入的厂商不会受到技术约束，市场竞争程度不断增强。这使得企业必须不断提高生产规模，以降低单位成本和增加竞争力。生产的增加带动出口的增加，包括对其他发达国家的出口和对发展中国家的出口，并逐步达到高峰。

在成熟期，产品的生产技术已凝聚在标准化的机器设备中，通过购买这些标准化的机器设备就可以获得全部生产技术和工艺。此时，产品价格成为决定竞争结果的关键因素。拥有劳动成本优势的发展中国家大规模扩张生产，并开始向发达国家出口。外国厂商开始大量模仿生产该产品，创新国的垄断地位逐步丧失，出口开始大幅度下降，模仿国产品在第三国已开始取代创新国产品。

到达衰退期后，拥有大量简单劳动力的发展中国家成为该产品的主要生产和出口国，向创新国和其他发达国家出口，创新国逐步退出生产，成为净进口国。由于这种创新产品在创新国已完全失去竞争优势，因此创新国已着手研究开发新的产品。

(2)产品生命周期对发展中国家贸易的影响

创新国随着时间推移，技术的普及以及产品生产的标准化，其贸易方向从最初的出口国变为了最终的进口国。随着产品及其生产技术的生命周期演进，比较优势呈现出动态转移的特点，国际贸易格局和方向也发生相应的变化，各国的贸易地位也随之改变，创新国由出口国变为进口国，而劳动成本低的发展中国家最终变成出口国。

该理论描述的是比较优势的动态变化。在第一阶段，技术处于创新阶段，产品的研发需要大量的研究经费，新产品实质上是一种科技知识密集型的产品，而只有少数发达国家才拥有这方面的资源。因此这类国家具备生产该产品的比较优势。第二阶段当技术成熟以后，大量生产成为了主要目标，这时产品生产所需的主要是机器设备和先进的劳动技能，因此，产品从知识密集型转变为资本密集型，资本充分和工人充裕的国家开始拥有了此类产品生产的比较优势。第三阶段，产品的生产已经完全成熟化，生产过程已经标准化，操作也变得简单了。因此，在这一阶段，技术和资本逐渐失去了重要性，而劳动力成本则成为比较优势的主要因素。原来的发明国开始向劳动力资源丰富的发展中国家进口该产品。

8. 要素禀赋理论的主要内容是什么？与比较优势理论有什么内在逻辑关系？［复旦大学2013研］

相关真题：

(1)解释要素禀赋理论，它相对于大卫．李嘉图的比较优势原理有何进步？［首都经济贸易大学2015研(复试)］

(2)概述要素禀赋理论的基本内容。该理论和比较优势理论的内在逻辑关系是什么？［复旦大学2014研］

答：(1)要素禀赋理论的主要内容

要素禀赋理论又称H－O定理，最早是由两位瑞典经济学家——赫克歇尔和俄林师生俩提出的，后经萨缪尔森等人不断加以完善。要素禀赋理论从要素禀赋相对差异出发，解释国际贸易的起因与贸易形态。要素禀赋理论的主要内容如下：

①要素禀赋论的内容

根据要素禀赋论，一国的比较优势产品是生产上密集使用该国相对丰裕要素的产品，而进口的产品是生产上密集使用该国相对稀缺要素的产品。简言之，劳动力丰富的国家出口劳动力密集型商品，而进口资本密集型商品；相反，资本丰富的国家出口资本密集型商品，进口劳动力密集型商品。

②要素禀赋论的理论分析

俄林认为，同种商品在不同国家的相对价格差异是国际贸易的直接基础，而价格差异则是由各国生产要素禀赋不同，从而要素相对价格不同决定的，所以要素禀赋不同是国际贸易产生的根本原因。俄林在分析、阐述要素禀赋论时是一环扣一环，层层深入，在逻辑上比较严谨。

要素禀赋差异→要素供给差异→要素相对价格差异→生产中使用的要素比率差异→生产成本差异→商品价格差异→贸易发生。

通过严密的分析，俄林得出了结论：一个国家生产和出口那些密集使用本国丰裕要素的产品，价格上有比较优势；相反，生产那些密集使用本国稀缺要素的产品，价格便贵，出口就不利。各国应尽可能利用供给丰富、价格便宜的生产要素，生产廉价产品输出，以交换别国价廉物美的商品。

(2)要素禀赋理论与比较优势理论的内在逻辑关系

①在比较优势理论里，国家间比较优势差异的原因被归结为劳动生产率的差异，但有关劳动生产率的国际差异怎样产生以及如何发展的问题，比较优势理论并没有做出进一步研

究，比较优势理论只是一种假说，是外生的比较优势理论。相反，要素禀赋理论则从相对要素充裕度与相对要素密度之间的相互关系解释了贸易前贸易国之间相对产品价格差异的来源，从而将相对生产成本内生化，因此，要素禀赋理论是内生的比较优势理论。

②比较优势理论预计各国通过完全专业化，即将所有资源投入一种产品的生产，可实现贸易收益的最大化，因此给人们提供了一种利益共享的乐观的贸易前景，但是并没有确切地说明贸易双方在自由贸易中获得多少实际收益，以及一个国家内部的各阶层如何分享自由贸易的实际利益。比较优势理论在生产成本不变的前提下推出了贸易双方实现完全专业化的结论，但它并没有涉及在生产成本递增的条件下，完全的专业化是否可取的问题。这些都需要在要素禀赋理论里寻找答案。

③要素禀赋理论是比较优势理论的一种发展、完善。两者认为国际贸易与生产要素有密切关系。但是比较优势理论是建立在单个生产要素生产效率的国别比较基础之上的。而要素禀赋理论认为，国际贸易的基础是生产资源配置或要素储备比例上的差别。要素禀赋理论认为，各国的资源条件不同，也就是生产要素的供给情况的不同，是国际贸易的基础，从而进一步解释了比较优势理论，使得比较优势理论更加完善和更加有说服力。

9．请简述战略性贸易政策的含义及其实施措施。［中央财经大学2013研］

答：(1)战略性贸易政策的含义

战略性贸易政策是指一国政府在不完全竞争和规模经济条件下，可以凭借生产补贴、出口补贴或保护国内市场等政策手段，扶持本国战略性工业的成长，增强其在国际市场上的竞争能力，从而谋取规模经济之类的额外收益，并借机劫掠他人的市场份额和工业利润。即在不完全竞争环境下，实施这一贸易政策的国家不但无损于其经济福利，反而有可能提高自身的福利水平。

(2)战略性贸易政策的实施措施

战略性贸易政策有两大内容：利润转移理论和外部经济理论。

①利润转移论是战略性贸易政策的主体内容，是指在寡头竞争的国际市场上，存在着因产品价格高于边际成本而形成的租金或超额垄断利润。一国政府可以通过对出口或进口的贸易干预，影响本国企业及其国外竞争者的行为，改变国际竞争的格局，从而从国外寡头厂商抽取租金或向本国企业转移利润，达到增加本国净福利，并促进本国企业和产业发展的目的。

利润转移论包括战略性出口政策、进口政策和以进口保护促进出口的政策。

a．战略性出口政策

战略性出口政策的核心内容是以出口补贴支持本国寡头厂商扩大国际市场份额。在与国外寡头厂商进行古诺双头竞争的国际市场上，政府通过对国内厂商提供出口补贴，可使其降低边际成本，提高在国际市场的销售份额和利润，同时减少国外厂商的市场份额和利润；由此带来的本国厂商的利润增加可以超过政府的补贴支出，从而使本国的国民净福利上升。

b．战略性进口政策

战略性进口政策的核心内容是用关税抽取外国寡头厂商的垄断利润。

c．以进口保护促进出口的政策

以进口保护促进出口的政策主要是指通过国内市场保护使本国厂商获得规模优势，进而扩大在国内外市场(主要是没有保护的国外市场)的份额。

②外部经济理论是战略性贸易政策的另一项内容。外部经济包括技术性外部经济和收益

性外部经济。

a. 技术性外部经济是指厂商通过同一产业或相关产业中其他厂商的技术外溢获得技术和知识。如果政府采取保护或补贴的政策，能够促进这些产业的发展，并增加国民福利；而外国政府对这些部门的支持和保护，可能使本国丧失或减少这些有益的技术外溢，因此本国必须采取对应的反击行动。

b. 收益性外部经济是指厂商从同一产业或相关产业厂商的集聚中获得市场规模效应（包括获得便利而低价的原材料、中间产品、技术工人、专业化服务等）。如果一个国家中处于发展初期而规模小的产业属于战略性产业，政府可以通过保护和扶持的贸易政策，支持这些产业的厂商扩张产量，提高产业的市场规模效应和厂商的收益性外部经济，从而促进这些产业较快地增强国际竞争力。

10. 李嘉图的比较优势理论及其现实意义。［河北大学 2012 研］

相关真题：

（1）简述大卫·李嘉图比较优势理论的主要内容。［云南大学 2018、2011 研］

（2）简述李嘉图比较优势理论的含义及局限。［深圳大学 2012 研］

（3）比较优势理论的基本内容是什么？［深圳大学 2011 研］

答：（1）比较优势理论认为，国际贸易的基础并不限于劳动生产率的绝对差异。即便一个国家在两种产品的生产方面都具有绝对优势，另一个国家在两种产品的生产方面都具有绝对劣势，只要两国之间存在着劳动生产率的相对差异，就会出现生产成本和产品价格的相对差异，从而使两国在不同的产品上具有比较优势，使互利的国际分工和国际贸易成为可能。并且通过交换，贸易双方都受益。

比较优势理论的假设有：①只有两个国家，生产两种商品；②两国之间不存在运输费用；③不同国家之间的资源价格相同，不考虑汇率；④资源在国内不同部门间可自由流动；⑤规模报酬不变；⑥各国资源存量固定，自由贸易并不改变一国利用资源的效率，是一种静态假设；⑦贸易对一国收入分配没有影响。在这些假设前提下，李嘉图证明了，如果每个国家都集中生产并出口其具有比较优势的产品，进口其具有比较劣势的产品，则总产量可以增加，而且通过交换使贸易双方都获得利益。

（2）比较优势理论的意义在于更全面深刻地揭示了国际贸易产生的根源，对推动世界自由贸易起积极作用，可以作为解释国际分工和国际贸易发生原因及结构的基础理论。任何一个国家，不论它在经济上强与弱，不论它处于什么样的发展阶段，都可以确定自己具有比较优势的产品，安排生产，进行贸易，使贸易双方都可以用同样的劳动耗费，得到比分工之前所能得到的更多产品。这个理论很好地支持了为什么许多国家之间都可以进行贸易，无论是发展中国家之间，还是发达国家与发展中国家之间。

尽管比较优势理论的意义重大，但是该理论还是有一定的缺陷，主要在于比较优势理论的前提假设过于严苛。比较优势理论的许多前提条件都与现实不符，例如理论假设一个简单世界，其中只有两个国家和两种商品，而现实世界中存在许多国家和多种商品。

11. 请简述要素禀赋学说的四个定理。［中央财经大学 2013 研］

答：要素禀赋学说由赫克歇尔首先提出基本论点，由俄林系统创立。它主要通过对相互依存的价格体系的分析，用生产要素的丰缺来解释国际贸易的产生和进出口类型。

要素禀赋学说的四个定理是：H－O 定理（赫克歇尔－俄林理论）、S－S 定理（斯托尔珀－萨缪尔森定理）、H－O－S 定理（要素价格均等化定理）、R 定理（罗伯津斯基定理）。

(1)H－O 定理

H－O 定理以要素分布为客观基础，强调各个国家和地区不同要素禀赋和不同商品的不同生产函数对贸易产生的决定性作用。其内容是要素相对富裕度和要素相对价格的差异导致了生产成本的差异，而生产成本的差异又是导致不同国家贸易前相对价格不同的原因。这种商品相对价格之间的差异可以转化为两国商品绝对价格的差异，而商品价格的绝对差异才是两国间发生贸易的直接原因。各国都倾向于生产其要素相对富裕的产品并且出口，并且进口其国内要素相对稀缺的产品。

(2)S－S 定理(斯托尔珀－萨缪尔森定理)

S－S 定理可表述为：如果一种商品的相对价格提高，将提高这种商品密集使用的生产要素的价格，降低其他商品密集使用的生产要素的价格(即长期影响)。该定理是关于关税对国内生产要素价格或国内收入分配影响的一种西方经济学理论，被称为斯托尔珀－萨缪尔森定理，该定理证明了实行保护主义会提高一国相对稀缺要素的实际报酬。

(3)H－O－S 定理(要素价格均等化定理)

要素价格均等化定理可表述为：在满足要素禀赋论的全部假设条件下，自由的国际贸易通过商品相对价格的均等化，将使同种要素的绝对和相对报酬趋于均等。

国际贸易可能导致要素价格均等化的论点是由赫克歇尔首先提出的。俄林则认为，虽然各国要素缺乏流动性使世界范围内要素价格相等的理想状态不能实现，但商品贸易可以部分替代要素流动，弥补缺乏流动性的不足，所以，国际贸易使要素价格呈现均等化趋势。萨缪尔森论证了自由贸易将导致要素价格均等化，这一理论被称为 H－O－S 理论，它研究国际贸易对要素价格的影响。

(4)雷布津斯基定理

雷布津斯基定理是指在商品相对价格不变的前提下，某一要素的增加会导致密集使用该要素部门的生产增加，而另一部门的生产则下降。生产进口商品所需的生产要素的增加，将会减少对进口商品的需求，从而使其贸易条件得到改善；而生产出口商品所需的生产要素的增加，将会增加出口商品的供给，从而导致其贸易条件恶化。这一点对出口导向型企业显得尤为重要。在增加出口的同时，更要关注可能对贸易条件产生的负面影响，要做到趋利避害。

12. 什么是里昂惕夫之谜？给出 4 种解释。如何理解其理论意义？［首都经济贸易大学 2014 研；暨南大学 2013、2011 研；宁波大学 2011 研］

答：(1)里昂惕夫之谜

按要素禀赋理论，在国际分工中，一国应出口密集使用本国相对丰裕要素进行生产的产品，进口密集使用本国相对稀缺要素进行生产的产品。在这样的观点下，一般认为，美国是一个资本充足，但劳动力相对不足(高工资率)的国家，因此，美国在生产、出口机器设备等资本密集型产品方面应具有相对优势，进口的则应是劳动密集型产品。美国经济学家里昂惕夫利用投入－产出分析法对美国的对外贸易进行经验检验，得出资本资源充裕的美国出口的劳动密集型产品多于进口的劳动密集型产品，进口的资本密集型产品又大于出口的资本密集型产品。这个结论严重违背了要素禀赋理论，因此被称为里昂惕夫之谜。

(2)里昂惕夫之谜的四种解释

①人力资本

1956 年，里昂惕夫在一篇论文中对于自己做出的“反论”给予了理论说明，提出了劳动力非同质的结论，即复杂劳动是简单劳动的倍加，从而指出了 H－O 模型前提中的缺陷。在此基础上，美国经济学家基辛对这个问题进一步加以研究。他将美国企业职工区分为熟练劳动和非熟练劳动(指不熟练和半熟练工人)。他根据这两大分类对 14 个国家的进出口商品结构进行了分析，得出了以下结论：资本较丰裕的国家倾向于出口熟练劳动密集型商品，资本较缺乏的国家倾向于出口非熟练劳动密集型商品。美国经济学家凯恩发现美国的出口以物质资本加人力资本密集型商品为主，该发现支持了 H－O 定理。

②自然资源

该解释认为，里昂惕夫在计算时只考虑了劳动和成本两种生产要素，而忽略了自然资源这一要素在国际贸易中的作用。一些自然资源密集型的产品，如能源，往往也是资本密集型的。考虑到美国的某些自然资源如石油是相对稀缺的，从自然资源角度看，如果不剔除美国进口的稀缺的自然资源，就可以解释美国为什么进口的是资本密集型商品。

③要素密度逆转

要素密度逆转是指同一种产品中要素的比例在不同的国家会有重大不同，如某些产品在落后国家属劳动密集型产品，而在一些发达国家却属于资本密集型产品。要素密集度逆转原因在于当要素价格发生变化时，某种产品比另一种产品更容易进行要素替代。

④需求逆转

在要素禀赋理论中，两国消费者偏好被假设完全相同。事实上，两国消费者偏好是不可能完全相同的，存在一定的需求差异。基于需求逆转，里昂惕夫之谜可以这样解释：虽然美国的资本比较充裕，但如果美国消费者的消费结构中资本密集型商品(以制成品为主)占据绝大部分比重，那么美国则有可能出口劳动密集型产品，进口资本密集型产品。

(3)对理论意义的理解

里昂惕夫之谜的提出及解释完善了要素禀赋理论，体现了理论的与时俱进，把世界其他国家与美国对照及加入其他一些里昂惕夫未曾考虑的因素进行了谜外解释。

里昂惕夫反论是对赫－俄模型的国际分工和贸易模式应用于实际的大挑战。从他对这个原理的验证结果，表明这个理论是脱离资本主义国际分工和国际贸易的实际情况，并引起了对“谜”的各种各样解释和有关理论的发展。同时，里昂惕夫首次运用投入－产出的方法，把经济理论、数学方法和统计三者结合起来，对国际分工和国际贸易商品结构进行了定量分析，这种研究方法具有一定的科学意义和现实意义。

这些对“谜”的解释和有关的大部分学说，是在继承传统的西方国际分工和国际贸易理论的基础上，进行整修补缀的论述。

里昂惕夫之谜所引起的解释和所产生的大部分新学说，不是对比较成本说和赫克歇尔－俄林学说的全盘否定，也不是对这些传统理论的全盘继承，而是针对战后国际分工和国际贸易的新变化，在继承这些传统理论的基础上，有所创新，有所扩展，对这些理论做了一些整修补充的工作。从理论上，他们继承了西方传统国际分工和国际贸易理论中最基本的东西，即比较利益理论，把两个国家、两种商品、两种要素的模式分析，代之以多数国家、多种商品以及天然资源、劳动效率、人力资本、技术差距、需求因素和规模经济等多种因素的分析；从方法上，他们把定性分析和定量分析结合起来，把理论研究和实践论证结合起来，把比较利益的静态分析和动态转移过程结合起来，特别是在产品周期说中动态地考察了比较利益的转移过程，使比较利益理论动态化。

13. 简述产业内贸易的原因及特点。[南开大学2018研]

相关真题：

(1)简述产业内贸易理论的主要内容。[吉林大学2019研]

(2)试论述产业内贸易理论。[上海财经大学2019研]

(3)简述产业内贸易的定义及产生原因。[西南财经大学2017研]

答：(1)产业内贸易的含义

产业内贸易是相对于产业间贸易而言的，指的是一个国家在一定时期内既出口又进口同一种产品。产业内贸易理论是国际经济学界产生的一种新理论。传统的国际贸易理论，主要是劳动生产率差别较大的国家间不同产业之间的贸易。产业内贸易理论，解释了国际贸易大多发生在发达国家之间，并既进口又出口同类产品的现象。

(2)产业内贸易的原因

①同类产品的异质性是产业内贸易的重要基础

许多同类产品有着不同的特性，即同类不同质。由于世界市场上竞争愈来愈激烈，非价格竞争已经取代价格竞争，成为竞争的主要手段。同类的异质性产品可以满足有不同消费心理、消费欲望和消费层次的消费者的需求，从而导致不同国家之间产业内部的分工和产业内部贸易的发生与发展。

②规模报酬递增是产业内贸易的重要成因

一国的企业可通过大规模专业化生产，取得规模节约的经济效果，其成本随着产量的增长而递减，使生产成本具有比较优势，打破各生产企业之间原有的比较优势均衡状态，使自己的产品处于相对的竞争优势，在国际市场上具有更强的竞争力，扩大了该产品的出口。这样，产业内部的分工和贸易也就形成了。

③自然条件的差异是造成产业内贸易的直接原因

地球上的不同地区，在同一时期有着季节的差异，导致一些地区在某一个季节出口这一产品，而在另一个季节又进口同种产品。另外，一些国家国土面积比较辽阔，国内贸易运输费用常常比国际贸易的运费要高，因此，通过国际贸易可以节约运输费用和时间。

④经济发展水平的相似性是产业内贸易的重要制约因素

经济发展水平越高，产业部门内部异质性产品的生产规模也就越大，产业部门内部分工就越发达，从而形成异质性产品的供给市场。同时，经济发展水平越高，人均收入水平也越高，较高人均收入层上的消费者的需求会变得更加复杂、更加多样化，呈现出对异质性产品的强烈需求，从而形成异质性产品的需求市场。当两国之间人均收入水平趋于相等时，其需求结构也趋于接近，产业内分工和贸易发展的趋势就越强。

(3)产业内贸易的特点

①产业内贸易是同类产品的相互交换，而不是产业间的非同类产品的交换。

②产业内贸易产品流向具有双向性，即同一产业内的产品，可以在两国之间相互进出口。

③产业内贸易的产品具有多样性。这些产品中既有资本密集型，也有劳动密集型，既有高技术产品，也有标准技术产品。

④产业内贸易的商品必须具备两个条件：一是在消费上能够相互替代；二是在生产中需要相近或相似的生产要素投入。

⑤随着经济和贸易的发展，产业内贸易在贸易中的比重日益增加。

⑥经济上比较发达的国家产业内贸易在国际贸易中所占比重比较高；经济上愈是不发达的国家，产业内贸易愈不发达。

14. 要素价格均等化为何在现实中难以实现？［华中科技大学2019研(复试)］

答：(1)要素价格均等化定理

要素价格均等化定理是H－O理论的推论。萨缪尔森提出国际贸易会使各国要素价格的差异缩小，逐渐趋于均等，最后达到完全相等。要素价格均等化分两种：①要素价格相对均等化，即原先要素价格比率不一致的两个国家在发生贸易以后，会逐渐趋于均等，最后达到完全相等；②要素价格绝对均等化，即原先同一种要素的绝对价格在不同国家不相等，在发生贸易后，会逐渐趋于均等，最后达到完全相等。

(2)要素价格均等化在现实中难以实现的原因

①要素价格的均等是以商品价格的均等为先决条件的，而影响商品价格的因素复杂多变；

②缩小国际间要素价格需要生产要素的国际流动，但现实中生产要素在国际间难以充分流动，即使在国内部门间也难以充分流动；

③某一产业对几个要素的需求往往是“联合需求”，而且这种需求具有整体性和固定性，从而影响了要素价格的均等；

④为发挥区位优势和追求规模经济而集中的大规模生产必然使一些地区要素价格相对较高，而另一些地区要素价格相对较低；

⑤要素价格均等化的假设条件在现实中难以实现，例如两国的技术水平要相同、两国要素禀赋状况不变、没有贸易壁垒和运输成本等。

第7章　政府政策与国际贸易

7.1　复习笔记

考点一：贸易政策措施

1. 综述

贸易政策措施主要包括关税壁垒(关税)和非关税壁垒(补贴、配额、自愿出口限制、国产化规定和行政管理政策以及反倾销政策)两类政策。近几十年来，关税壁垒下降，非关税贸易壁垒却呈现上升趋势。

2. 关税(见表7-1)

表7-1　关税

要点	具体内容
定义	关税是对进口(或出口)商品征收的一种税
分类	关税分为从量税和从价税： ①从量税是按进口商品每单位征收一个固定的税额； ②从价税是按进口商品价值的一定比例征收的税额
目的	①征收进口关税的目的 a. 增加政府收入； b. 保护国内生产厂商免受外国的竞争。 ②征收出口关税的目的 a. 提高政府收入； b. 通常是因为政治原因来减少一个部门的出口
影响	①进口关税保护了生产者利益而损害了消费者利益，因为在保护国内生产商免受国外竞争的同时，限制了产品供给进而抬高产品价格。 ②关税降低了世界经济的总体效率。因为保护性的关税鼓励国内企业，把理论上在国外生产效率更高的那些产品挪到国内生产，资源并未被有效利用

3. 补贴(见表7-2)

表7-2　补贴

要点	具体内容
定义	补贴是政府对国内生产者的一种帮助
分类	现金补贴、减税、低利率贷款、政府参股国内企业
好处	补贴通过降低生产成本，给生产者带来以下好处： ①有助于生产商与国外进口品竞争； ②有助于生产商赢得出口市场； ③帮助国内生产商自然成长，增强它们的国际竞争力

续表

要点	具体内容
在贸易政策中的应用	根据战略性贸易政策，补贴可以帮助企业在新兴产业内取得第一进入者优势，进而扩大国内就业、增加税收，并可能培育一个全球性的大公司
效益	关于补贴给国家带来的利益是否超过成本是有争议的。实际上，许多补贴并未帮助国内生产者增强其国际竞争力，反而是保护低效率和促进过量生产

4. 进口配额和自愿出口限制(见表7－3)

表7－3 进口配额和自愿出口限制

要点	具体内容
定义	①进口配额一般是通过发放进口许可证强制实行的，是对进入一个国家某种商品数量的直接限制： a. 关税配额是指允许商品进口数量超过配额，但对超过的部分征收较高的关税； b. 绝对配额，指在一定时期内，对某种商品的进口数量和金额固定一个最高限额，达到这个数额后，不准再进口。 ②自愿出口限制是由出口国政府(通常是在进口国政府的要求下)自愿对贸易强制采取的一种配额
影响	①限制进口竞争有利于国内生产商，不利于消费者。当进口数量由于进口配额或自愿出口限制而处于较低的市场份额时，国内价格可能会由于有限的外国供给而被哄抬。 ②当国内某产业无法满足国内的市场需求时，对其进行进口配额会使国产商品和进口商品的价格同时提高

5. 国产化规定(见表7－4)

表7－4 国产化规定

要点	具体内容
定义	国产化规定分为实物条款和价值条款，规定某一商品的某特定部分必须在当地进行生产
目的	①有利于发展中国家使它们的制造业基地从简单装配其他地方制造的部件产品转变为装配当地制造的部件产品； ②有利于发达国家保护当地就业和国内产业免受外国竞争
影响	①从零部件国内生产商的角度看，与进口配额采用同样的方式限制外国竞争，保护本国产业； ②国内生产商得益，但进口的限制提高了进口部件的价格； ③进口部件价格的上升会传递到成品价格上，进而损害了消费者利益

6. 行政管理政策

行政管理的贸易政策是指通过烦琐的政府规章制度提高进口品进入一个国家的难度。行政管理政策使消费者难以获得更高质量的国外产品，而使其利益受损。

7. 反倾销政策(见表7－5)

表7－5 反倾销政策

要点	具体内容
倾销的定义	倾销是指在正常贸易中一国向另一国出口的某一商品的价格低于其正常价值，通常表现为一个出口企业在某一个国外市场上以低于它在其他市场(通常是本国)的价格出售商品

续表

要点	具体内容
倾销的目的	①企业在外国市场上消化过剩产品。 ②生产商利用国内市场的大量利润补贴国外市场的低价，以便把外国市场上的竞争者挤出市场，一旦成功，掠夺性企业可以抬高价格并赚取大量利润
反倾销政策的目的	保护国内企业免受国外的不正当竞争

考点二：政府干预的情况

1. 干预的政治理由

(1)保护就业和产业

保护就业和保护产业不受国外不公平竞争是政府干预最常见的理由。

(2)保护国家安全

有时候国家认为某些产业对国家安全极其重要，必须对其采取保护措施，一般与国防有关的产业，例如航空产业，会经常得到这种优待。

(3)报复

有些研究认为政府可以将干预贸易政策作为打开外国市场的工具，迫使其按照“规则”行事。

(4)保护消费者

许多国家的政府出于保护消费者免受不安全产品危害的目的，颁布了相关法规，间接地限制或禁止了这些产品的进口。

(5)推动对外政策目标的实现

各国政府有时利用贸易政策来支持它们的对外政策目标。政府可以同意对一个国家的优惠贸易条件以加强两国关系。对于不遵守国际法律法规的国家来说，也可对其使用镇压手段或惩罚方式。

(6)保护人权

许多民主国家会将保护和促进人权作为对外政策的重要缘由。

(7)保护环境

保护环境已成为很多国家重要的政策目标。许多环境利益集团越来越多地向政府施压，以规范国际贸易朝保护环境的方向发展。

2. 干预的经济理由

(1)幼稚工业论

①保护幼稚产业的原因

该理论认为，发展中国家的新兴制造业在最初无法达到一定规模与发达国家竞争，即使其制造业有潜在的比较优势。因此，政府为了让新兴制造业立足，应该通过一定的手段(关税、进口配额、补贴等)暂时支持新兴产业直到其壮大并具有国际竞争力。

②反对保护幼稚产业的原因

a. 免遭外国竞争的保护不是好事，除非保护能有利于提高工业效率；

b. 幼稚工业论有一个前提条件是企业无法在国内外资本市场借入资金来进行长期有效投资，因此政府应该资助企业。考虑到全球资本市场过去几十年的发展，该前提条件不太符合实际。

(2)战略贸易政策

①主要内容

a. 如果政府采取适当的行动，能够保证本国企业在一个产业内获得第一进入者优势，就有利于提高国民收入。因此，一国政府应该通过补贴来扶持企业进入新兴产业。

b. 政府也可以通过干预帮助本国企业进入由外国企业获得第一进入者优势的产业。若政府的支持帮助能让国内企业超过外国竞争者拥有的第一进入者优势，并且在世界市场上作为可生存的竞争者出现，那么国内市场保护和出口补贴的结合可能是值得提倡的。

②理论指导

a. 政府应该把目标定在将来重要的技术上，并利用补贴支持使这些技术商业化的开发工作；

b. 政府应该提供出口补贴，直到国内企业在世界市场建立第一进入者优势。

考点三：对自由贸易的修正情况

1. 报复与贸易战

战略贸易政策的实际是在损害他国利益的基础上增加本国国民收入，该政策的目标是在全球产业中建立国内产业的支配地位。试图采取这种政策的国家可能招致报复。一般情况下，所有相关国家都会因为实行干预政策的国家之间的贸易战而受损，不干预的结果反而更好。

2. 国内政治

政府干预经济除了考虑国家利益之外，还会考虑政治因素，因此，克鲁格曼认为，这种政策会使国民经济内特定利益集团受益，从而受到它们的推崇，因此要拒绝战略贸易政策。

考点四：世界贸易体系的发展

1. 从斯密到大萧条

(1)英国政府于1846年最先实施自由贸易政策，以作为政府政策，当时英国议会废除了《谷物法》；

(2)在之后的80年里，英国作为贸易强国之一，坚持推行贸易自由化的主张，但是其单方面的政策主张并没有得到主要贸易伙伴的回应；

(3)20世纪30年代，经济大萧条宣告了英国自由贸易尝试的失败。

2. 1947～1979年：《关贸总协定》、贸易自由化与经济增长

(1)大萧条灾难后，1947年在美国主导下签订了《关贸总协定》；

(2)《关贸总协定》是一个多边协定，其目的是促使贸易自由化，主要的手段是消除关税、补贴和进口配额。在《关贸总协定》的早期，大多数措施很成功。

3. 1980～1993年：保护主义趋势

20世纪80年代和90年代初期，由于保护主义势力抬头，世界贸易体系开始面临压力。具体原因如下：

(1)日本经济的成功增加了世界贸易体系的压力；

(2)作为世界第一经济大国，美国的持续贸易逆差使世界贸易体系倍感压力；

(3)许多国家找到了规避《关贸总协定》规则的方法。

4. 乌拉圭回合与世界贸易组织

(1)乌拉圭回合

在反对保护主义压力上升的背景下，1986 年《关贸总协定》的成员国开始了乌拉圭回合谈判。各成员国在乌拉圭回合谈判中，寻求《关贸总协定》的服务贸易领域扩展，并试图加强对其的监督和执行机制以及减少农业补贴和保护知识产权。

(2)世界贸易组织

①世界贸易组织的产生

1993 年乌拉圭回合谈判协议建立世界贸易组织。

②世界贸易组织的两大协议

a.《服务贸易总协定》(GATS)，旨在把自由贸易协定扩展到服务领域；

b.《与贸易有关的知识产权协议》(TRIPS)，旨在缩小世界各国在知识产权保护方面的差距，并把它们置于共同的国际贸易规则之下。

5. 世界贸易组织：从始至今的历程

截至 2014 年，世界贸易组织拥有 160 个成员国，包括 2001 年底加入的中国。

(1)世界贸易组织作为全球警察

1995 至 2014 年年初，有 400 多起贸易争端被带到世界贸易组织寻求解决。

(2)扩大的贸易协议

①《关贸总协定》乌拉圭回合的谈判将全球贸易规则扩展到服务贸易领域，世界贸易组织发挥了开放全球服务贸易未来协议中间人的作用；

②世界贸易组织也受到鼓励将其法规扩大到有关控制外国直接投资的领域。最先涉及的两个产业是全球电信业和金融服务业。

6. 世界贸易组织的未来：悬而未决的问题与多哈回合

反倾销诉讼、农业产业的高度保护主义、知识产权保护欠缺以及非农产品和服务的高关税是目前世界贸易组织急需解决的四个问题。2001 年底，世界贸易组织再次试图发起成员国之间的新一轮会谈——多哈回合，旨在减少贸易壁垒。

(1)反倾销诉讼

①20 世纪 90 年代以来，反倾销诉讼激增。

②世界贸易组织规定当外国商品售价低于国内价格或低于生产成本，且进口国的国内生产商确实受到伤害时，允许各国征收反倾销税。

③由于“倾销”定义模糊且存在漏洞，许多国家正利用它间接实行保护主义。中国是最常被起诉的国家。

(2)对农业的保护主义

①农产品的关税税率普遍远远高于工业品或服务的关税税率。

②农产品长期以来的高关税是出于保护本国农业和传统农业社会免遭外国竞争的目的。

③除了高关税，农产品生产者也从大量的补贴中获益。高关税壁垒和巨额补贴严重扭曲了农产品的生产和国际贸易。

④对农业的保护主义最大受益者是发达国家，它们希望保护农业部门免受来自发展中国家的低成本生产者的竞争。相反，发展中国家一直努力进行改革，以便允许它们的生产者更多地进入发达国家受保护的市场。

(3)保护知识产权

①1995 年创建世界贸易组织的乌拉圭协定包含保护知识产权的协议，该协议要求世界贸易组织成员授予并执行专利至少持续 20 年，版权持续 50 年。

②对知识产权的不充分保护会削弱创新的动机。经济增长和提高生活水平离不开创新的发展，因此在多边协议中要签订关于知识产权保护的条款。

(4)非农产品和服务的市场准入

①虽然世界贸易组织和《关贸总协定》在降低非农产品关税上进展显著，但还是有很多工作要做，如目前服务产品的关税仍比工业产品高。

②世界贸易组织希望不断降低普通关税以及发展中国家的非农业产品进口关税，直到消灭关税。虽然许多国家以保护幼稚产业为由收取高额的非农产品进口关税，但降低关税会有利于该国获得国际贸易中的最大利润。

(5)新一轮会谈：多哈会谈

①宗旨

多哈会谈旨在实现全球贸易与投资框架的进一步自由化。

②进程

a. 会谈原本计划持续 3 年，但会谈已经持续了 12 年并且在短期内可能不会有结果；

b. 谈判仍在进行，其特征就是谈判受到重大挫折而停滞不前，延展最后期限。

③会谈中止的原因

谈判实质上停止，主要是因为在农产品应削减多少补贴和关税上意见不一致。

④已通过的议程

多哈会议已通过的议程包括削减工业品和服务的关税，逐步消除农业生产者的补贴，减少对外直接投资的壁垒，以及限制反倾销法律的使用。

7. 区域及双边贸易协议

(1)产生背景：多哈会谈的僵局使许多国家开始寻求区域性或双边贸易的可能性。

(2)宗旨：为了让相关国家获得除了世界贸易组织条款之外的利益。

考点五：对管理者的启示

1. 贸易壁垒与企业战略

对企业来说，将其生产活动分散到能最有效率地从事该活动的国家是最有意义的。显然，贸易壁垒限制了企业的这种能力，主要体现在以下方面：

(1)关税壁垒提高了产品和半成品的出口成本，与当地企业相比，国外企业处于竞争劣势。为抵消这种劣势带来的影响，企业可能直接在出口国投资生产，以此为基础与当地竞争者竞争。

(2)配额会限制对国外产品和服务的进口，企业为了获得原材料和服务可能会在国外设立生产基地，会增加生产成本。

(3)遵守国产化规定。一个企业可能不得不把更多的生产活动放在一个特定的地区，可能会提高企业的生产成本(超过在最佳区位分散生产的成本)。

(4)即使目前贸易壁垒不存在，但为了避免以后出现所造成的负面影响，企业仍可将一些生产活动安置在一个特定的国家。

(5)反倾销诉讼的威胁限制了公司运用积极定价获取一国的市场份额。反倾销措施也可以被一国公司策略性地使用，从而限制低国外成本生产商的竞争。

2. 政策意义

与战略贸易政策一致，政府会采用关税、配额、反倾销和补贴等若干形式进行干预，创建或提升企业和产业在世界经济中的竞争优势。然而，一般而言，政府干预政策有以下三个缺陷：

(1)干预是倾向于保护低效率而不是帮助企业变成有效的全球竞争者，可能起反作用。

(2)干预可能遭到贸易伙伴国的报复并引发贸易战。

(3)倘若特定利益团体有机会获取这样一项政策，干预不一定能被很好地执行。

国际企业的最大利益源自自由贸易态度，而不是自由放任的态度。鼓励政府积极地推进自由贸易更大化，可能最符合企业的长期利益。政府减小进口限制、开放对外投资比政府倡导战略贸易政策对企业的积极影响更大。

7.2 课后习题详解

1. 你认为一国政府在给予他国优惠贸易待遇时，应将人权状况考虑进去吗？你赞成或反对的理由是什么？

答：一国政府在给予他国优惠贸易待遇时，是否应将人权状况考虑进去，这个话题可分别从其正反两面展开讨论。

(1)赞成者的理由

随着战略贸易政策的发展，一些经济学家开始认为政府干预有一定的好处。其中，政府干预的政治理由就包括保护人权。在美国对中国最惠国待遇的辩论中，对于是否应该将人权状况考虑进去这一问题，赞成者认为美国应该拒绝给予中国最惠国待遇，直至中国确实显示了人权状况的改善。他们认为贸易政策应该被用来作为一件政治武器，迫使中国改变它的国内人权政策。美国是中国出口的重要市场，生产一些重要产品的资源也来自美国，因此，与美国的贸易对中国来说很重要。这样，美国对中国人权政策的制定就有了话语权，能够影响中国改善它的人权。

(2)反对者的理由

反对者认为，限制与中国这样的国家进行贸易通常会使事情更糟，而不是更好。因为，改变一个国家国内人权状况最好的方式是使它从事国际贸易。理由很简单：增长的双边贸易会提高两国的收入水平，当一个国家变得更富裕时，国民会开始要求(通常也会得到)更好的人权待遇。而且，由于政策影响深远，若其他对于中国重要的国家未采取相似的政策，中国将仅选择与其他国家合作，那么这将对美国的消费者和生产者产生消极的影响。

2. 政府贸易政策应该首先关心谁的利益——生产者(企业及其雇员)还是消费者？

答：消费者的长期利益应当成为政府最基本的考虑因素。可是，相对于生产者，消费者游说政府的可能性较小，能够产生的影响也较小。然而在某些情况下，如果世界一流的国内生产者被培育，而且在国际市场上获得第一进入者优势，国内消费者也将更富裕。如果有更多十分有力的外国竞争者，一些雇佣者可能会丢掉工作，政府的作用应当是帮助这些雇佣者在更有效率的工作岗位工作，而不是继续在已经没有效率的岗位上工作。

3. 鉴于有关新贸易理论和战略贸易政策的观念，企业应采取哪种贸易政策对政府施加压力？

答：战略性贸易政策是指一国政府在不完全竞争和规模经济的条件下，可以凭借生产补贴、出口补贴或保护国内市场等政策手段，扶持本国战略性产业的成长，增强其在国际市场上的竞争能力，从而谋取规模经济之类的额外收益，并借机劫掠他人的市场份额和产业利润。在不完全竞争环境下，实施这一贸易政策的国家不但无损于其经济福利，反而有可能提高自身的福利水平。

新贸易理论有两个重要的观点：(1)贸易可以通过对规模经济的影响来增加消费品的种类，降低这些商品的平均成本；(2)一些应该达到规模经济的产业，所生产的产品占世界总需求的比重较大，这样全球市场就只能容纳数量很少的企业了，因此一些产品的世界贸易可能被某些国家主导，这些国家的企业在该产业具有第一进入者优势。

因此，在这些理由下，企业应该游说和督促政府关注未来会很重要的技术，并采用补贴来支持那些使技术商业化发展的工作，直到国内公司达到规模经济或者在世界市场上建立了第一进入者优势。政府如果可以帮助国内企业克服外国竞争者获得第一进入者优势，并在世界市场上成为有力的竞争者，那么本国的福利将得到提升。在这种情况下，国内市场保护与鼓励出口补贴要相结合。

4. 假设你是在泰国生产个人电脑的一家美国公司的雇员，公司出口电脑到美国和其他国家。个人电脑原先在泰国生产，这样可以利用相对低廉的劳动力和一支熟练的劳动力大军。其他可能地点是马来西亚与中国香港。美国政府决定对从泰国进口的电脑征收100%的惩罚性从价关税，以惩罚该国设置行政性贸易壁垒限制美国对泰国的出口。你认为你所在的企业应该做何反应？有针对性的贸易壁垒的运用告诉了你什么？

答：(1)只要美国对该公司的产品需求没有显著下降，那么公司会将生产转移到马来西亚，然后出口到美国销售。之所以不转移到香港，是因为香港的劳动力成本比较高。

(2)启示：特定国家在受到有针对性的贸易壁垒时，为了消除本国企业的竞争劣势企业可以将生产转移到，实行该壁垒的国家或不受该贸易壁垒限制的国家进行生产。由于美国政府对从泰国进口的电脑征收惩罚性关税，企业可以将生产转移到不受贸易壁垒影响且具有较低成本优势的马来西亚。

5. 重读“管理聚焦”专栏“美国镁业寻求保护”一文，美国对从中国和俄罗斯进口的镁征收反倾销税，谁是最大的受益者？谁是最大的受害者？这些税收对美国最有益吗？

答：美国的镁生产商和政府是最大的受益者；美国的镁消费者是最大的受损者。如果这些税收能够帮助美国国内生产商自然成长，增强它们的国际竞争力，那么对美国是有益的；如果这些税收只是倾向于保护美国镁生产商的低效率和促进过量生产，那么对美国是无益的。

7.3 考研真题详解

1. 自愿出口限制[中南财经政法大学2017研；南开大学2015、2014研；天津商业大学2012研；武汉大学2012研]

相关真题：自动出口配额[中央财经大学2014研]

答：自愿出口限制又称自动出口限制，是指在进口国政府的要求和压力下，出口国在一定时期内(一般为5年)对本国的某种商品出口限制在一定的配额内，超过配额自动停止出口的一种非关税壁垒措施。自愿出口限制可分为：①协定出口配额，由进、出口国双方协商签订“自限协定”，规定出口配额；②非协定出口配额，由出口国自行规定出口配额。二战后，自愿出口限制日益盛行，采用较多的形式是“自限协定”。这种协定一般包括配额水平、自愿出口限制的商品分类和细目、“配额”余额的调节额度和数限、保护性条款等内容。

2. 技术性贸易壁垒[对外经济贸易大学2014研；东北财经大学2014研；中央财经大学2011研]

答：技术性贸易壁垒又称技术性贸易措施或技术壁垒，是指以国家或地区的技术法规、协议、标准和认证体系（合格评定程序）等形式出现，涉及的内容广泛，涵盖科学技术、卫生、检疫、安全、环保、产品质量和认证等诸多技术性指标体系，运用于国际贸易当中，呈现出灵活多变、名目繁多的规定所形成的贸易障碍。由于这类壁垒大量的以技术面目出现，因此常常会披上合法外衣，成为当前国际贸易中最为隐蔽、最难对付的非关税壁垒。WTO关于技术性贸易壁垒的文件有两个，分别是“技术性贸易壁垒协定”（TBT 协定）和“实施卫生与动植物卫生措施协定”（SPS 协定）。

3. 进口配额［南开大学 2018、2013 研；山东大学 2015 研；江西财经大学 2012、2011 研］

相关真题：进口配额制［东南大学 2018 研］

答：进口配额指一国为保护本国某些行业而设置的一种非关税壁垒措施。即在一定时期内对某些商品的进口数量或金额加以限制，在规定限额内允许进口，超过限额则不准进口，或虽不完全禁止进口，但对超出配额的进口征收较高关税或罚金。

以一国政府采取的限制措施为标准，可将进口配额分为禁止性配额和非禁止性配额（关税配额）；以指向区域为标准，可将其分为全球配额和国别配额；以贸易国间的相互关系为标准，可将其分为单边配额、双边协定配额、多边配额和某种商品的国际组织配额。

4. 倾销［中山大学 2015 研；上海大学 2014 研；四川大学 2012 研；南京大学 2011 研；武汉大学 2011 研；厦门大学 2011 研］

答：倾销指一国企业以低于国内市场的价格甚至低于商品生产成本的价格向国外大规模抛售商品并给国外竞争者带来严重影响的行为。根据倾销商品的具体目的和时间的不同，倾销分为偶然性倾销、间歇性或掠夺性倾销以及长期性倾销三种。

倾销的构成要素有：①产品以低于正常价值或公平价值的价格销售；②这种低价销售的行为给进口国产业造成损害，包括实质性损害、实质性威胁和实质性阻碍；③损害是由低价销售造成的，二者之间存在因果关系。

5. 出口补贴［中南财经政法大学 2017 研］

答：出口补贴又称出口津贴或出口奖励金，是一国政府或同业公会或国际垄断组织，为了降低出口商品价格，以加强在国际市场上的竞争能力，对某种出口商品向出口商或生产者提供的现金补贴或财政上的优惠待遇。方式有两种：一种是直接补贴，即直接付给出口商的现金补贴；另一种是间接补贴，即对某些出口商品生产者或出口商提供财政上的优惠，如退还或减免出口商品的国内税、减免出口税等。出口补贴是一种古老的鼓励出口措施，从重商主义时期开始一直沿用至今。二战后成为垄断资本争夺国际市场、进行商品倾销的重要手段。目前，发展中国家为发展民族经济，也通过出口补贴扶植某些产业。

6. 关税配额［湖南大学 2019 研；中央财经大学 2016 研；南京大学 2016 研；河北工业大学 2012 研；东北财经大学 2011 研；浙江工商大学 2011 研］

答：关税配额亦称“关税限额”，是征收关税与进口配额结合运用的一种限制进口的非关税壁垒措施。即预先规定有关商品在一定时期内的进口配额，在配额以内进口的实行优惠税率或给予免税待遇，对超过配额的进口商品则实行普通税率或征收进口附加税，这样就可限制进口。

关税配额依照商品进口来源可分为全球性关税配额和国别性关税配额。全球性关税配额是指将某商品进口制定一个总额度，但没有具体的国家地区限制，可从全球进口，采取先来先得配额的办法，一旦配额申请完毕，再进口就需要承担惩罚性关税。国别性关税配额则是在总配额下，又将配额分配给具体的国家或地区，当该国该地区配额用完，再从该国该地区进口就需要承担惩罚性关税。

7. 当地成分要求[对外经济贸易大学2015研]

相关真题：国产化要求[山东师范大学2018研]

答：当地成分要求也称国产化规定或国产化要求，是对生产商在当地的价值增值活动即在当地进行生产的要求，可表述为实物条款或价值条款。作为一种直接的贸易壁垒，当地成分要求通过要求进口商在国内进行进一步加工，增加了进口商的成本，从而达到抑制进口的目的。发展中国家已经将当地成分要求作为了一种常用手段，以实现制造业基地对当地制造部件的装配，而不是只对其他地方制造的部件进行简单装配。为试图保护当地就业和当地产业免受外国竞争，发达国家也一直采用这一措施。

8. 绿色贸易壁垒[厦门大学2019研；河北大学2017、2014、2011研；中央财经大学2017、2013研；四川大学2012研]

答：绿色贸易壁垒也称绿色壁垒，是指在国际贸易活动中，进口国以保护自然资源、生态环境和人类健康为由，通过制定严格的环保技术标准或采用绿色环境标志、绿色包装制度、绿色卫生检疫制度和绿色补贴制度等，使得外国产品无法进口或进口时受到一定限制，从而达到保护本国产品和市场的贸易保护措施。

绿色贸易壁垒具有两重性：从形式上看，是适应环境保护的要求，对贸易自由的限制；从实质而言，是贸易保护与环境保护的契合，是贸易保护中一种新型的非关税壁垒形式。

9. 非关税壁垒的主要类型和特点有哪些？[中央财经大学2015研]

相关真题：

(1)列举5种以上非关税壁垒的措施。[南开大学2016研]

(2)简述新贸易壁垒。[吉林大学2019研]

(3)什么是非关税壁垒，请列举4种主要类型并说明。[浙江财经大学2019研]

(4)简述与关税措施相比，非关税措施有哪些特点？[东南大学2018研；宁波大学2013研；首都经济贸易大学2014研(复试)；河北工业大学2012研]

答：非关税壁垒是指由政府设置的除进口关税以外的各种限制外国商品进口的法律上和行政上的人为障碍，分为直接和间接两大类。

(1)非关税壁垒的主要类型

①直接的非关税壁垒

a. 进口配额：指政府在一定时期内对某些产品的进口数量或金额加以直接限制。

b. “自愿出口限制”：指出口国家或地区在进口国的要求和压力之下，“自愿”规定某一时期内，某些商品对该国出口数量或金额的限制，在限定的额度内自行控制出口，超过限额即禁止出口。

c. 进口许可证制：指进口国家规定某些商品进口必须事先领取许可证才可进口，否则一律不准进口。这种措施可控制进口货物的品种和数量，达到保护国内生产的目的。

②间接的非关税壁垒

a. 反倾销壁垒：指进口国以产品存在倾销为由，为削弱产品在进口国市场的竞争力而采取的限制进口的手段。

b. 技术性贸易壁垒：指一国政府通过所规定的复杂苛刻的工业产品的技术标准，卫生检疫规定以及商品包装和标签规定来提高进口产品的技术要求，增加进口难度，最终达到限制进口的目的。

c. 绿色贸易壁垒：指在国际贸易中一些国家以保护生态资源、环境和人类健康为借口，通过制定苛刻的环境技术标准或采用绿色包装、绿色环境标志、绿色补贴等对外国商品进口采取的准入限制或禁止措施。

d. 歧视性政府采购政策。通常做法为：第一，通过制定法令，规定政府机构要优先购买本国产品；第二，强调产品与服务中的国产化程度，对于一些政府不得不使用的外国产品和服务，有时会有一些其他的要求，如零部件国产化程度、当地产品含量或本国提供服务的比例等；第三，偏向国内企业的招标，在政府出资的工程招标中采用偏向国内企业的标准或程序；第四，直接授标，有的政府工程不通过招标而直接将标授予一家特定企业(一般都是本国企业)。

e. 其他常见的还有外汇管制、对外贸易国家垄断、各种国内税、进口最低限价制、进口押金制等。

(2)非关税壁垒的特点

非关税壁垒除了具有关税所具有的贸易壁垒的一些共性之外，还具有很多独特的性质与特点，主要包括以下几个方面：

①具有更大的灵活性和针对性

一般来说，各国关税税率的制定必须通过严格的立法程序并办理必要的手续，具有一定的延续性。因此，关税制度在调整或更改时往往存在时滞，不能适应需要紧急限制进口的情况。同时，关税还要受到最惠国待遇条款的约束，从那些签有协议的国家进口商品时较难在税率方面进行灵活的调整。而非关税壁垒的制定和实施通常通过行政手续，制定过程较为迅速，手续也较为简便，能够随时针对某个国家的某种商品设置或更换相应的进口限制措施，从而达到限制进口的目的。

②具有更强的隐蔽性和歧视性

一般来说，关税税率确定之后，往往以法律形式公布于众，并依法执行，出口商通常比较容易获取关税的相关信息。但非关税壁垒的信息往往不公开，或者规定较为烦琐复杂的标准或手续，使得出口商难以适应和应付。

③具有更大的复杂性和广泛性

20世纪60年代以来，发达资本主义国家所采取的非关税壁垒日益复杂，数目多达上千种。此外，非关税壁垒的使用范围也日益广泛，被限制进口的商品范围不仅包括汽车、钢铁等，还延伸到服务行业、软件等领域。

④具有更明显的有效性

关税壁垒是通过征收高额关税，提高进口商品的成本和价格，削弱其竞争力，间接达到限制进口的目的。但如果出口商宁愿多缴纳关税也要将商品出口，或者出口国采取补贴的形式支持该种商品的出口，亦或者出口商采取倾销形式，那么关税往往不能起到有效限制商品进口的作用。但诸如配额、自动出口限制、进口许可证等形式的非关税壁垒，由于它们一般直接规定进口商品的数量或金额，超过限额就禁止进口，这样能够有效保证限制进口作用的发挥。

10. 一个国家对进口商品征税会产生哪些经济影响？大国和小国征收关税的经济影响有什么不同？[中南财经政法大学2017研；西南财经大学2015研；首都经济贸易大学2015研；武汉大学2014研]

答：进口关税是一国政府通过海关向进口商品或服务征收的税赋。总的来说，征收进口关税会提高进口品的国内价格，使进口国生产增加，进口减少，消费缩减。

下面对大国和小国的关税经济效应及进口关税对大国和小国所造成的影响进行具体分析。

(1)贸易小国的关税经济效应

贸易小国商品的进口额占世界总额的比重很小，其进口量的改变不足以影响世界市场价格，只能是世界价格的接受者。贸易小国在征收关税后，进口商品国内价格上涨的幅度将等于关税，关税全部由进口国消费者负担。贸易小国的关税经济效应如图 7－1 所示，图中 D 为小国的国内需求曲线，S 为国内供给曲线。$P_{w(free)}$ 为自由贸易条件下的国际价格，Q_1Q_2 为此条件下的进口；P_t 为征收关税后的国内价格，Q_3Q_4 为征收关税后的进口。

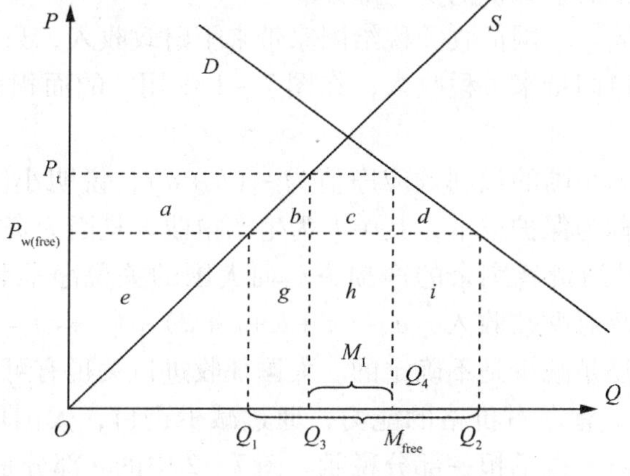

图 7－1　贸易小国的关税经济效应

(2)贸易大国的关税经济效应

贸易大国进口量的变化会引起国际价格的改变。贸易大国对某种商品征收关税后，其经济效应如图 7－2 所示，图中 D_H 为大国的国内需求曲线，S_H 为国内供给曲线。$P_{w(free)}$ 为自由贸易条件下的国际价格，Q_1Q_2 为此条件下的进口；P_H 为征收关税后的国内价格，Q_3Q_4 为征收关税后的进口。$P_{w(tariff)}$ 为征收关税后的世界价格，贸易大国对进口征收关税，使进口产品的国内价格提高，该国的进口量随之减少。由于该国是贸易大国，其进口需求的下降会使国际市场上该种产品的价格下降，在图 7－2 中表现为 $P_{w(tariff)}$ 位于 $P_{w(free)}$ 之下。

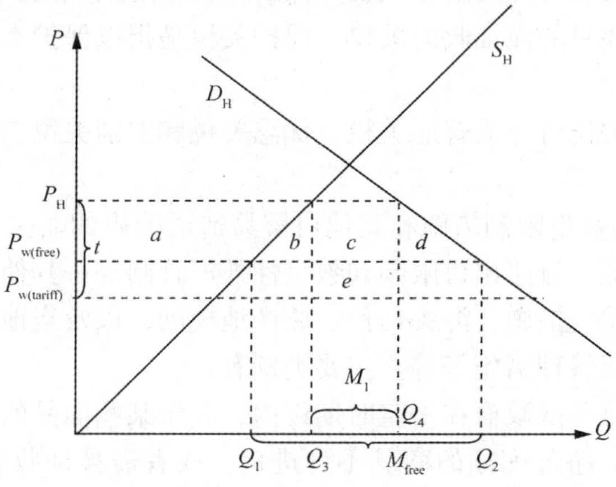

图 7－2　贸易大国的关税经济效应

(3)进口关税对大国和小国所造成影响的不同

①对世界价格的影响不同。小国是世界价格的接受者，不能够改变世界价格；大国可以影响国际市场的价格。

②对关税的分担不同。小国的进口关税全部由国内消费者承担；大国的进口关税由进口国消费者和出口国生产者共同负担。大国向出口国转嫁了部分关税。

③消费效应不同。小国情形中，关税使消费者损失 $a+b+c+d$ 的面积的福利，大国的消费者损失在图 7－2 中也为 $a+b+c+d$，但此时这部分面积比小国的情况小。

④贸易效应不同。小国的商品进口由 Q_1Q_2 减少为 Q_3Q_4。大国进口价格降低，贸易条件改善，其利益为 e 的面积。相对小国而言，大国征收关税对生产者的保护作用比较小，因为其关税的上升被进口价格的下降抵消了一部分。

⑤财政收入效应不同。小国征收关税给国家带来了财政收入，只要关税没有提高到禁止关税的水平，就会给进口国带来关税收入，在图 7－1 中用 c 的面积表示。大国的关税收入大小为 $c+e$。

⑥净福利效应不同。小国的福利效应净值为 $-(b+d)$，说明小国对进口征税使福利水平降低。这部分损失也称为保护成本，其中 b 为生产扭曲，是因为资源配置效率下降引起的损失；d 为消费扭曲，是消费者剩余的净损失。而大国的关税净福利效应＝生产者福利增加－消费者福利损失＋政府财政收入 $=a-(a+b+c+d)+(c+e)=e-(b+d)$。所以，大国征收关税，福利增加还是减少是不确定的。大国征收进口关税有可能提高国民收益，主要是因为大国在国际市场上有左右价格的能力，通过减少进口，大国可以迫使出口国降低价格。这实际上是迫使出口国也承担一部分税赋。图 7－2 中的 e 部分是由出口国间接支付的。对进口国来说，则是一笔额外的收入，如果这笔收入大于因关税造成的经济损失的话，进口国就可能在总体上得益。

11. 论述关税和非关税措施的主要类别及其对贸易的影响。［北京航空航天大学 2014 研］

答：(1)关税和非关税措施是衡量一个国家市场开放度的主要标志。关税是世界各国普遍征收的一个税种，是指一国海关对进出境的货物或者物品征收的一种税。

关税的主要类别有：

①按商品流向分，关税可以分为进口关税、出口关税和过境关税。

②按征税目的分，关税可分为财政关税和保护关税。财政关税又称收入关税，是指以增加国家的财政收入为主要目的而征收的关税。保护关税是指以保护本国工业或农业发展为主要目的而征收的关税。

③按征税待遇分，关税可分为普通关税、优惠关税和差别关税三种，它们主要适用于进口关税。

(2)非关税措施包括数量限制措施和其他对贸易造成障碍的非关税措施。数量限制措施表现为配额、进口许可证、自愿出口限制和数量性外汇管制等；其他非关税措施包括技术性贸易壁垒、动植物检验检疫措施、海关估价、原产地规则，以及当地含量要求、贸易平衡要求、国内销售要求等投资管理措施等等。主要类别有：

①进口配额制：就是一国政府在一定时期以内，对于某些商品的进口数量或金额加以直接限制，在规定时间内，超过配额的商品不许进口，或者需被征收较高的关税或罚款才能进口。

②“自愿”出口配额制：是出口国家或地区在进口国的要求或压力下，“自愿”规定某一

时期内，某些商品对该国的出口限制，在限定的配额内自行控制出口，超过配额即禁止出口。

③进口许可证制：是指商品的进口，事先要由进口商向国家有关机构提出申请，经过审查批准并发给进口许可证后，方能进口，没有许可证，一律不准进口。

④进口押金制：又称进口存款制，它要求进口商在进口商品时，必须预先按进口金额的一定比率和规定的时间，在指定的银行无息存放一笔现金。这样就增加了进口商的资金负担，从而起到限制进口的作用。

⑤外汇管制：是指国家根据法令，对外汇买卖所实行的限制性措施。

⑥最低限价制：是指进口国对某一商品规定最低价格，进口价格若低于这一价格就征收附加税。例如，规定钢材每吨最低限价为320美元，若进口时每吨为300美元，则进口国要征收20美元的附加税，以抵消出口国可能的补贴或倾销。

⑦海关估价制：是指海关为征收关税，确定进口商品价格的制度。有些国家的海关根据某些特殊规定，提高进口商品的海关估价，从而增加进口商的关税负担，达到限制进口的目的。

⑧苛刻的技术、卫生、检验标准：一些国家为了限制进口，设置复杂、苛刻的工业产品技术标准、卫生检疫规定以及商品包装和标签规定，这些标准和规定往往以维护消费者安全和人民健康的理由来制定。但有些规定十分复杂，经常变化，使外国产品难以适应，从而起到限制进口的目的。我国出口的农产品存在农药残留量超标的问题，出口纺织品也存在有害物质超标的现象，而且一些国家还在提高这些标准。这些将是我国在今后很长一段时期内面临的主要的非关税壁垒。

(3)关税对贸易的影响：

①关税不仅作为政府增加财政收入的一种方式，而且通过抬高进口商品的价格，来降低其市场竞争力，减少其在市场上对本国产品的不良影响，保护本国生产。

②许多国家通过制定和调整关税税率来调节进出口贸易。在出口方面，通过低税、免税和退税来鼓励商品出口；在进口方面，通过税率的高低和减免来调节和控制商品的进口。

③调节经济生活各领域的发展方向。在生产领域，应对不同产业进出口货物给予不同的关税待遇，调节生产要素的流动方向，实现合理的产业布局；在商品流通领域，运用关税调节进出口商品的流量；在分配领域，通过关税的征收与使用，实现国民收入的再分配；在消费领域，通过关税调整进口与出口货物的类别，以满足国内不同阶层的需要。

④在一个国家对外关系中，关税可以起到如下的作用：a. 关税设置将直接影响到国家之间的政治与经济关系。如一国随意设置不合理的关税，容易导致国家之间发生贸易战，若设置合理，则能改善国家之间的经贸和政治关系。b. 合理的关税设置有利于国家之间比较优势的发挥，形成相互有利的国际分工。c. 关税的高低会影响经贸集团之间的贸易创造、贸易转移、市场的统一和资源的流向与配置。

(4)非关税措施对国际贸易的影响主要体现在：

①对世界贸易的发展起着重大的阻碍作用。

②非关税壁垒保护作用强于关税壁垒，更能直接达到限制进口的目的，对进口国的同类产品起着保护作用。

③使出口国的出口商品增长率下降或出口价格下跌。

12. 请简述 WTO 反倾销的三大要件以及正常价值的确定办法。［中央财经大学 2011 研］

相关真题：

(1) 根据 WTO 的规定，进口国实施反倾销需要满足哪些条件？［上海财经大学 2017 研］

(2) 根据 WTO 的《反倾销协议》的规定，构成倾销必须具备哪些条件？［深圳大学 2012 研］

(3) 根据《反倾销协议》的规定，应如何确定"正常价值"？［东北财经大学 2012 研］

(4) 根据《反倾销协议》，实施反倾销措施必须具备哪些基本要件？［东北财经大学 2011 研］

答：(1) 根据 WTO 的《反倾销协议》，实施反倾销措施必须具备的三个基本要件是倾销、损害、倾销与损害之间的因果关系。

①倾销的确定

倾销是指一项产品的出口价格，低于其在正常贸易中出口国提供其国内消费的同类产品的可比价格，即以低于正常价值的价格进入另一国市场。

②损害的确定

《反倾销协议》中的损害可分为以下三种情况：a. 进口方生产同类产品的产业受到实质损害；b. 进口方生产同类产品的产业受到实质损害威胁；c. 进口方建立生产同类产品的产业受到实质阻碍。

③倾销与损害之间因果关系的认定

进口方主管机构必须对倾销与损害之间的因果关系进行认定。在认定倾销与损害之间的因果关系时，进口方主管机构应审查除进口倾销产品以外的、其他可能使国内产业受到损害的已知因素，包括：未以倾销价格产生的进口产品的价格及数量、需求萎缩或消费模式的改变、外国与国内生产商之间的竞争与限制性贸易做法、技术发展、国内产业的出口真实业绩及生产率等。

(2) 根据《反倾销协议》的规定，产品正常价值的确定方法有三种：一是按正常贸易过程中出口国国内销售价格，二是按出口国与第三国正常贸易中的出口价格，三是按结构价格。

①正常贸易过程中出口国国内销售价格，一般指被指控出口产品的同类产品在调查期内（通常是 1 年或 1 年半），国内市场正常贸易中的成交价（包括批发价），或销售牌价，或一段时间内的加权平均价。以出口国国内销售价格确定正常价格，下列情况例外：

a. 出口国国内市场的正常贸易中，不存在被指控产品的同类产品的销售。

b. 虽然被指控产品的同类产品在出口国国内市场有销售，但由于特殊的市场情形（如某种情况下关联企业之间销售或低于成本销售）不允许作适当的价格比较。

c. 虽然被指控产品的同类产品在出口国国内市场有销售，但如果"销售量低"（一般是被调查产品的同类产品在出口国供消费的数量，不足该产品向进口方销售的 5%），也不允许作适当比较。

②出口国与第三国正常贸易中的出口价格，是指出口到适当的第三国的可比价格。选用向第三国出口的价格应考虑如下因素：产品具有可比性；向所有第三国销售的同类产品价格中的较高价格；向第三国的销售做法与向反倾销调查国销售此类产品的做法相类似；向第三国出口的产品的销售价格不能低于产品成本；向第三国出口的产品量一般不低于出口到反倾销调查国市场总量的 5%。

③结构价格是根据同类产品在原产国的生产成本，加上合理的管理费、销售费、一般费用和利润确定的。

13. 在国际贸易的发展过程中，政府对于贸易活动总是进行一定的干预，请分析政府干预贸易活动的原因。［中央财经大学 2016 研］

相关真题：

(1)政府干预贸易主要有哪些原因？［复旦大学 2015 研］

(2)请描述政府干预贸易的政治、经济以及文化动机。［厦门大学 2011 研］

答：总的来说，政府干预贸易活动的动机可以从政治、经济、文化三个方面进行分析。干预的政治理由是保护一国国内特定群体的利益(通常是生产商)，但通常是以损害其他群体(通常是消费者)的利益为代价的；干预的经济理由通常是增加一国的总财富(对生产商和消费者都有利)；干预的文化理由是保护本国的民族文化。

(1)政治理由

政府干预的政治理由可能是为了保护国内就业、保护有利于国家安全的产业、保护消费者权益、保护出口国公民人权、推动对外政策目标或报复外国的不正当竞争等。

①一般来说，自由贸易会使得某些产业受到冲击，导致工人失业，对失业的顾虑是阻碍贸易自由化进程的一个很大障碍。不断增加的就业压力使得很多利益集团转而寻求政府的帮助，影响到政府政策的形成。尤其在发达国家，激进分子呼吁政府进行干预，防止将工作机会从欧洲和美国转移到印度或中国。他们还呼吁政府实施贸易壁垒来减少廉价产品的进口，因为如果发达国家的生产商被逼降价出售产品，那么该国工人的工资就会降低，甚至就业机会也会减少。

②不论进口还是出口，政府常常会对涉及国家安全的基础工业进行保护。政府通常要求保护与国防有关的产业，对事关国防安全的重要产品设置贸易和投资限制。许多国家担心如果武器依赖进口，当与武器生产国发生政治或外交纠纷时，国家安全会受到威胁。

③如果其他国家都积极地保护本国工业，那么仅仅某个国家允许自由贸易是没有意义的。如果他国不在一些不公平贸易问题上进行让步的话，一些国家往往会威胁不允许该国船只进入本国港口，或者对来自该国的进口商品征收极高的关税。换句话说，如果一国政府认为另一个国家没有进行“公平贸易”，它就会威胁将对该国实行“不公平”待遇，除非双方能达成某些共识。

④世界上的超级大国为了获得对其他小国的控制力也会干预贸易。

(2)经济理由

①幼稚工业论

幼稚工业论是最早支持政府干预的经济观点。该理论认为，发展中国家的新兴制造业在最初无法达到一定规模与发达国家竞争，即使其制造业有潜在的比较优势。因此，政府为了让新兴制造业立足，应该通过一定的手段(关税、进口配额、补贴等)暂时支持新兴产业直到其壮大并具有国际竞争力。发展中国家政府在过去的 50 年间都深受该理论的影响，《关贸总协定》也将幼稚工业论认定为保护主义的合法理由。

这一主张在过去 50 年间深受发展中国家政府的欢迎，幼稚工业论也被《关贸总协定》认为是保护主义的一个合法理由。不过，仍有许多经济学家强烈批评这个主张，他们提出两个要点：第一，免遭外国竞争的保护不是好事，除非保护能有利于提高工业效率。第二，幼稚工业论成立有一个前提条件，即企业无法在国内外资本市场上借入资金来进行有效的长期投资，因此政府应资助企业。考虑到全球资本市场过去几十年的发展，该前提条件不太符合实际。

②战略贸易政策

战略贸易政策的观点是由新贸易理论者提出的。新贸易理论认为，各国在某些产品的出口上占据统治地位仅仅是因为它们有企业在该产业中具有第一进入者优势，这些产业由于较大规模经济的要求只能维持几家企业盈利。

战略贸易政策有两个组成部分。第一，如果政府采取适当的行动，能够保证本国企业在一个产业内获得第一进入者优势，就有助于提高国民收入。因此，一国政府应该利用补贴支持有前途的企业进入新兴产业。第二，政府也可以通过干预帮助本国企业进入由外国企业获得第一进入者优势的产业。若政府的支持帮助能让国内企业超过外国竞争者拥有的第一进入者优势，并且在世界市场上作为可生存的竞争者出现，那么国内市场保护和出口补贴的结合可能是值得提倡的。

(3)文化理由

国家经常通过限制商品和服务的贸易来达到保护一些文化的目的，其中最常见的便是保护民族特性。政府试图保护被看作国家文化与特性的核心的某些产业和公共资产。文化和贸易紧密联系，并且相互之间会产生深刻的影响。随着来自其他文化的人民和产品的进入，本国的文化也会逐渐改变。各种商品和服务的贸易使人们了解到世界各地的新语言、思想、产品和生活方式。但是，不良文化的影响可能会给一国带来极大的危机，因此，随着国际贸易的不断扩大，许多国家的政府都在尽力控制其对本国文化和经济的不利影响。

14. 分析贸易摩擦产生的原因。结合中国的实际情况，分析我国如何应对贸易摩擦。[南开大学2015研]

相关真题：当今国际贸易摩擦的原因有哪些？你认为中国企业该如何应对？[首都经济贸易大学2011国际商务(复试)]

答：贸易摩擦是指国与国之间在进行贸易往来的过程中，在贸易平衡上所产生的摩擦，一般是由一国的持续顺差、另一国的逆差，或一国的贸易活动触及或伤害另一国的产业而引起的。

(1)贸易摩擦产生的主要原因

①贸易摩擦是经济全球化高速发展的必然产物。由于参与经济全球化的国家和地区越来越多，各国之间在社会制度、历史背景、宗教信仰、文化习俗、消费偏好、生活水平、环保要求、关税水平、技术标准、检验检疫制度等方面存在很大的差异。因此，各国的贸易往来产生摩擦与争端是不可避免的。

②世界经济的衰退导致贸易保护主义重新抬头是贸易摩擦增多的根本原因。

③世贸组织相关条款的模糊性增加了贸易摩擦产生的机会。为了协调缔约国之间的利益，避免贸易自由化对国内经济的过分冲击，世贸组织规定了一些例外条款，通过这些例外条款，缔约国被允许以维护国际收支平衡、促进特定工业的建立、维护国家安全、保护环境等理由暂停、修改或撤销世贸组织的各项义务。这种世贸组织个别条款在例外规定上存在模糊性，使之被贸易保护主义所利用成为其实行进口限制的借口，导致贸易摩擦更加频繁。

④对外贸易科技含量不高是我国贸易摩擦频繁发生的又一客观原因。我国出口商品大多为劳动密集型产品，受环保因素影响较大，国外对华实施的技术性贸易壁垒，使我国出口的农产品、食品、纺织品、建筑材料等都受到不同程度影响。我国是发展中国家，在技术标准研制、环境保护、质量控制、检验及检疫和认证等方面远落后于欧美等发达国家，与国际标准有一定差距，因而不可能快速满足市场和技术发展的需要。

（2）我国贸易摩擦的应对措施

①加快与贸易摩擦相关的产业损害预警机制的建设，健全应对贸易摩擦的快速反应机制，完善我国政府实施反倾销、反补贴、保障措施以及技术性贸易壁垒的法规体系，建立起符合国际惯例的贸易救济体系。

②尽快建立与国际接轨的标准体系。我国的技术标准水平偏低，与国际标准差距很大，我国自主知识产权制定的标准少，贸易中有关标准、法规的信息不畅通。因此，应当加强对国际标准的研究，加快将国际标准转化为我国的国家标准；同时，根据我国国情，制定我国特有的国家标准。

③完善技术法规体系，建立统一规范的产品认证体系。健全我国的技术法规体系，要理顺技术法规和技术标准的关系。各行业分别制定自己的技术法规，优先制定有关国家安全、防止欺诈行为、保护人类健康和安全、保护动植物生命和健康、保护环境等方面的技术法规，以防止国外那些不符合技术法规的商品大量流入我国市场。在产品认证方面，须加强对全国认证工作的协调和管理，通过整合和有效协调职能，建立运转灵活、高效快捷的统一认证体系。

④加强行业协会在产业救济体系中的作用，组建专门的中介组织、咨询企业或机构，提供全面的国际贸易咨询服务。我国在完善市场经济体制的过程中，虽然也陆续建立了行业协会和商会，但目前我国的行业协会还不能满足保护国内产业的需要。在国内市场中的反倾销诉讼申请方面，有相当一部分反倾销申请案件是企业独自提出的，大大降低了我国企业针对外国来华商品在国内市场倾销案件的立案申请的效果和应有的影响。如果由行业协会代表企业、产业的利益向政府提出申诉，就能提高反倾销案件申诉的效率和成功的可能性。政府需要在法律制度上、体制上确立行业协会一定的权力和职责，确保行业协会自律作用的充分发挥。

⑤培育和保护我国的自主知识产权。无论是高新技术领域还是传统产业领域，发达国家以知识产权为手段打击竞争对手，争夺国际市场的做法已司空见惯，知识产权摩擦已经对我国的产业发展和经济安全造成了严重的损害。培育发展我国的自主知识产权，首先需要制定适应我国国情的国家知识产权战略，注重对我国自身知识产权和国外知识产权的保护，同时重视知识产权的创造；其次要逐步完善我国的知识产权法律制度。

⑥深入、细致地贯彻市场多元化战略。我国出口市场过于集中，使我国对外贸易发展的回旋余地受到限制，一旦发生贸易摩擦，将会对我国的产业发展构成威胁。因此，需要进一步深入、细致地贯彻市场多元化战略，使其成为规避贸易摩擦的一个有力武器。

第 8 章　国际直接投资

8.1　复习笔记

考点一：世界经济中的国际直接投资

1. 国际直接投资概述

(1)国际直接投资的定义

国际直接投资(International Direct Investment)，又称外国直接投资(Foreign Direct Investment)，是指投资者为了在国外获得长期的投资效益并得到对企业的控制权，通过直接建立新的企业或并购原有企业等方式进行的国际投资活动。

(2)相关概念

①国际直接投资的流量是按一定时期测算的量，反映一定时期内产生的国际直接投资的数量；

②国际直接投资的存量是指在一定时点上测算的已存在的国际直接投资；

③对外直接投资是指一国国际直接投资的流出；

④外来直接投资是指一国国际直接投资的流入。

2. 国际直接投资的趋势

在过去的 35 年里，国际直接投资的流量和存量都呈现了急剧的增长趋势，且增长速度超过了世界贸易和产出的增长速度。出现这一现象的原因是：

(1)尽管 35 年来贸易壁垒在总体上呈下降趋势，企业家依然对保护主义者带来的压力感到担忧。企业管理层把国际直接投资看作回避未来的贸易壁垒的方法。

(2)许多发展中国家近年来的政治和经济变革为国际直接投资增长提供了机遇。

(3)经济全球化也对国际直接投资的数额增加具有正面影响。许多企业肯定了在靠近主要客户的地方建造生产设施的重要性，进而促进国际直接投资的增加。

3. 国际直接投资的方向

(1)由于发达国家的投资环境优于发展中国家，大部分国际直接投资最初都流向了发达国家。

(2)近年来，外来直接投资大多分布在发达国家，但对发展中国家和转型经济体(如东欧)的直接投资也不断增加。

(3)发展中国家中两个重要的外来直接投资流入地区分别是东南亚和拉丁美洲。

4. 国际直接投资的来源

(1)二战之后，美国一直是最大的国际直接投资来源国。其他重要的来源国包括英国、法国、德国、荷兰和日本。

(2)中国企业开始成为主要的对外投资者。

5. 国际直接投资的方式：收购和新设投资

(1)国际直接投资的两种方式

①新设投资，又称绿地投资，即在外国开设新的企业。

②跨国并购，包括跨国兼并和跨国收购。跨国兼并指两个不同国家企业的资产和经营结合成一个新的法人实体。跨国收购有三种情况：a. 收购少数(10% ~49%)股权；b. 收购多数(50% ~99%)股权；c. 收购全部股权。

(2)大多数企业偏向于并购的原因

①并购比进行新设投资更快；

②并购外国企业是因为这些企业拥有有价值的战略资产，购买这些资产要比新设投资从头开始创建这些资产更容易，而且风险或许更小；

③企业认为能够通过转移资本、技术或管理技能的方式来提高被收购企业的效率；

考点二：国际直接投资的理论

1. 国际直接投资的成因

企业可以通过出口、技术授权和对外直接投资来开展商务活动。与出口和技术授权相比，对外直接投资不仅成本高，而且风险大。但是，出口和技术授权有时满足不了企业的需要。

(1)出口的局限性

出口战略的可行性经常受到运输成本和贸易壁垒的制约。

①计算生产成本时，考虑到运输成本，某些产品经过长途运输后就变得无利可图。尤其是对于那些分量重而价值低的产品以及几乎在任何地方都能生产的产品，其出口吸引力远小于对外直接投资和技术授权。

②外国政府通过关税或者配额来提高出口国的贸易成本，从而促使企业采用技术授权和对外直接投资。

(2)技术授权的局限性

①技术授权的定义

技术授权是指通过合同的方式许可企业生产和销售其产品，受许可企业应向技术许可企业支付一定费用。

②技术授权的局限性

根据内部化理论，以技术授权作为利用外国市场的战略具有三个主要缺陷：

a. 技术授权可能使外国竞争对手获得重要技术；

b. 技术授权不能使企业掌握主要经营权和控制权；

c. 企业并不能通过技术授权而获得存在于产品管理、营销和制造中的比较优势。

(3)国际直接投资的优势

①若运输费用或贸易壁垒使得出口丧失吸引力，企业将偏好对外直接投资；

②若企业希望保持对技术诀窍或业务运作和经营战略的控制，企业将偏好对外直接投资；

③若企业需要严密控制外国公司，以便在这个国家的市场份额和利润能够实现最大化，企业将偏好对外直接投资；

④若企业的技术和技能无法通过转让协议而得到明确表述，企业将偏好对外直接投资。

2. 战略行为

尼克博克考虑到国际直接投资与寡头垄断行业竞争之间的影响关系，提出了寡头垄断行为理论。该理论的依据是，国际直接投资反映了企业在国际市场上的相互竞争。寡头垄断行业是由少数几家大公司组成的行业。寡头垄断行业中，企业间存在明显的相互依赖关系，一个企业的行为会引起行业内所有企业相似的战略变化，这就是这些行业的模仿行为。

寡头垄断行业的模仿行为可以采取许多形式。当多个寡头企业在不同的市场相遇时，多点竞争就出现了。经济理论表明，企业力图在不同市场采取相对应的行动，以便相互牵制，使竞争对手不能在一个市场上获得支配地位，然后用在该市场赚取的利润补贴其在其他市场发动的竞争攻势。

虽然该理论可以解释寡头垄断行业中企业在国际直接投资方面的模仿行为，但仍未说明下列现象：(1)处于寡头垄断行业的企业为什么会率先进行国际直接投资而不是实行出口或技术授权；(2)在国外拓展业务方面，国际直接投资是否比出口或技术授权效率更高。而这两点均能通过内部化理论来解释。即便模仿理论能比较好地解释国际直接投资现象，但由于其存在的缺陷，许多经济学家更倾向于用内部化理论来解释。

▼3. 产品生命周期理论在国际直接投资中的应用

弗农(Raymond Vernon)的产品生命周期理论(The Theory of Product Life Cycle)也可用来解释国际直接投资。典型的产品生命周期一般可以分成四个阶段，即导入期(或投入期)、成长期、成熟期和衰退期。

(1)导入期

在导入期，创新产品的需求很小，主要集中在创新国(如美国)内部，对于经济发展水平相近的其他发达国家(如英国、法国、德国和日本)偶尔的少量需求，创新企业通过出口即可满足，因此这一阶段无须到海外进行直接投资。

(2)成长期

在成长期，其他发达国家对新产品的需求开始增长，出现了由寡占竞争引起的对外直接投资。创新企业为维持国外市场份额，绕开贸易壁垒，通过对外直接投资在东道国设立子公司。

(3)成熟期

在成熟期，新产品及其生产技术逐渐成熟，开始从资本密集型产品转为劳动密集型产品，同时发展中国家(如泰国)对该产品的需求不断扩大，为了扩大发展中国家的市场、利用发展中国家充足的劳动力资源，发达国家开始在发展中国家投资生产。

(4)衰退期

在衰退期，产品及其生产技术的定型化，降低劳动力成本成为第一要旨，发展中国家开始获得超过发达国家的生产优势。此时，发达国家进一步扩大对发展中国家的投资，生产完全转移到发展中国家进行。

4. 折中范式

折中范式又称国际生产折中理论，是由英国经济学家约翰·邓宁创立的。邓宁将所有权优势、内部化优势和区位优势作为解释国际直接投资的原理和方向的重要因素，但企业不易以技术授权方式转让其自身独有的能力和技术。因此他认为，将地区性的资产或资源禀赋与企业自身独有的能力结合在一起，常常需要通过国际直接投资才能实现。

考点三：意识形态与国际直接投资

关于对国际直接投资的意识形态，有两个极端观点，一个是绝对敌视外来直接投资，二是信奉自由市场观点。在这两个极端之间，有一种意识形态被称作实用民族主义。

1. 激进观点

(1)激进观点的主要内容

①跨国公司是帝国主义统治的工具，一种只为资本主义和帝国主义母国剥削东道国利益的工具。

②应绝对禁止国际直接投资活动，因为外资对本国经济有害无利。如果一国已经存在跨国公司，该国就应该立即将其国有化。如果一国已经存在跨国公司，该国就应该立即将其国有化。

(2)激进观点几乎全面消退的原因

①东欧国家的制度剧变；

②持有这种激进观点的国家的经济普遍衰退，许多国家越来越相信外来直接投资是技术和就业的重要源泉，能够促进经济增长；

③一些奉行资本主义而不是激进观点的发展中国家和地区的经济取得长足进步。

2. 自由市场观点

(1)自由市场观点认为应根据比较优势理论来实现全球范围内的分工，以实现利益最大化。各个国家应该专门生产某种它能以最高效率进行生产的产品或服务。而跨国公司的目的就是在全球范围内将产品和服务分配到最有效率的地点生产，跨国公司的这种国际直接投资提高了世界经济的整体效率。

(2)自由市场观点认为转移资源对投资国和东道国的经济增长都有利。

3. 实用民族主义

(1)实用民族主义者认为，国际直接投资有利也有弊。东道国可以吸引国际直接投资来获得资金、技术等，但也需要一定的代价。采纳实用主义观点的国家采取一套旨在使其国家利益达到最大而成本降到最低的政策，因此，只有当收益大于成本时，才能允许国际直接投资。

(2)在外来直接投资对本国有利的情况下倾向于积极地吸引外来直接投资。

4. 意识形态的转变

(1)近年来，坚持激进观点的国家急剧减少。许多国家都倾向于自由市场观点，转向放松国际直接投资的管制，但绝大多数国家不会考虑采取完全的自由市场原则。

(2)近年也出现了仇视国际直接投资的趋势。虽然目前这些不利于国际直接投资的事件还只是个别情况，但如果进一步蔓延，30 年来减少跨境投资壁垒的变化趋势和努力可能遭到破坏。

考点四：国际直接投资的收益和成本

1. 东道国的收益

(1)资源转移效应

国际直接投资意味着与其相关的一系列资源的转移，有利于东道国的经济发展。

①在资本方面，许多公司具有规模和经济方面的优势，可以获得东道国企业难以掌握的融资渠道；

②在技术方面，许多国家可以通过国际直接投资获取本国缺乏的生产技术并培育自身的研发技能；

③在管理技能方面，通过国际直接投资获得的外国的管理技能对于东道国来说也能带来重要的收益，如受过最新管理技能培训的外国经理常常有利于提高东道国的经营效率。

(2)就业效应

①直接就业效应，例如外国跨国公司雇用了一定数量的东道国居民所形成的就业效应。

②间接就业效应，例如国际直接投资使得当地供应商创造了更多的就业机会以及跨国公司员工在当地增加消费所创造的就业机会。

③当国际直接投资采取收购而不是新设投资的方式时，其直接影响可能是减少就业，但是经过最初的调整后，外国公司收购的企业就会以比国内的竞争对手更快的速度增加就业。

(3) 国际收支效应

①若增加国际直接投资，减少商品和服务的进口，那么可以改善东道国的经常项目。

②跨国公司的国外子公司可以通过从事商品和服务出口，获得额外的收益。

(4) 对竞争和经济增长的影响

①当国际直接投资采取新设投资的方式时，其结果就是市场参与者的数量增加，国内市场的竞争水平提高，从而降低市场价格，提高消费者的经济福利。

②竞争的加剧往往能够刺激企业在工厂、设备以及研发方面加大资本投入，以求在与对手的竞争中占据优势地位，长期会带来劳动生产率的提高、产品和生产过程的革新以及更快的经济增长。

2. 东道国的成本

(1) 对竞争的负面效应

如果跨国公司的子公司经济实力强于东道国国内公司，母公司可能会通过向子公司提供补贴的方式将东道国本国的企业赶出市场，从而取得垄断地位。跨国公司在东道国市场取得垄断地位，将会实施高于市场的价格来获得最大化利益，不利于东道国的福利。

(2) 对国际收支的负面效应

国际直接投资对东道国的国际收支可能产生两个方面的负面效应：

①跨国公司在东道国的子公司后期可能将利润转移回投资国。这种流出将表现为国际收支账户的资本流出。一些国家对这种流出会采取限制国外子公司流向母国的利润数额的措施。

②若国外子公司从国外进口大量用于生产投入的产品，结果就会增大经常项目贸易逆差。

(3) 国家主权与独立

一些东道国政府担心外来直接投资会使其丧失部分经济独立性。外国跨国公司可能会通过垄断东道国市场影响东道国的经济独立。

3. 母国的收益

(1) 国际收支效应。母国的国际收支因国外子公司利润的回流得到改善。若国外子公司对母公司的产品存在需求，母国的国际收支将得到改善。

(2) 就业效应。若国外子公司对母公司的产品存在需求，就会带动母国就业的增长。

(3) 逆向的资源转移效应。国外子公司可以获得外国先进的生产、管理等资源。这些资源都可能转移到母国，有利于提高母国的经济增长速度。

4. 母国的成本

对照收益，可以列举出相关成本，其中成本主要集中于对外直接投资的国际收支和就业效应。母国的国际收支可能会从以下三个方面受到损害：

(1) 在最初的资本流出阶段，对母国的国际收支是不利的。而且，这个效应通常要大于后来对外投资利润流入的数额。

(2) 若对外直接投资是为了转移生产，降低成本，这将对母国的经常项目不利。

(3)经常项目也会因对外直接投资取代出口而受损。

在国际收支受到损害的同时，由于对外直接投资替代国内生产，母国的就业岗位也减少了。

5. 国际贸易理论和国际直接投资

国际贸易理论认为，母国无需担心离岸生产的负面经济效应。离岸生产是指满足国内市场需求的对外直接投资。对外直接投资能更好地利用母国的闲置资源，拉动就业，促进经济增长。母国可以把精力集中在具有比较优势的产业上以获得更大的收益。这种对外直接投资带来的商品价格下降也会增加消费者福利。若禁止这种对外直接投资将导致企业丧失降低生产成本的机会，从而在国际竞争中丧失优势，这种情况所带来的的负面经济效益将更大。

考点五：政府的政策工具与国际直接投资

1. 母国的政策

(1)鼓励对外直接投资

①风险保险：政府提供许多投资保险支持来降低对外直接投资的风险。

②资金支持：部分发达国家为向发展中国家投资的企业提供资金支持。

③税收优惠：许多国家通过取消对国外收入的双重征税，给予优惠税制安排来鼓励企业进行对外直接投资。

④政治压力：有些投资国利用其政治影响力说服东道国放松对外来直接投资的管制。

(2)限制对外直接投资

①政府有时会操纵税收政策以鼓励企业在本国投资，目的是在本国而不是在其他国家创造就业机会。

②出于政治上的原因采取正式或非正式的方式限制本国企业投资于某些特定的国家。

③对于对外直接投资，所有投资国均曾不时地实施一定的限制。

2. 东道国的政策

(1)鼓励外来直接投资

①税收减免；

②低息贷款；

③资助或补贴。

(2)限制外来直接投资

最常见的两种方式是所有权限制和运作限制。

①所有权限制

a. 外国企业无法进入涉及国家安全和竞争的关键部门。

b. 所有权限制的依据是，东道国的资本参与可以促进外来直接投资的效益最大化。

②运作限制

a. 运作限制是对跨国公司在东道国的子公司行为的控制。

b. 最常见的运作限制包括限制出口产品的数量和国有化程度、当地居民参与高层管理等。

c. 运作限制的依据是使得东道国实现国际直接投资效益的最大化。

3. 国际机构与国际直接投资的自由化

世界贸易组织的作用之一在于促进国际服务贸易的发展。由于许多服务产品必须在其销售地生产，出口便不能成为一种选择。因此，世界贸易组织介入了对国际直接投资的监管。

世界贸易组织的主要目的在于国际直接投资管理法规的自由化，尤其是在服务贸易方面。但是世界贸易组织在建立全球性的统一规则以及构建有效的对话体系方面成效甚微。

考点六：对管理者的启示

1. 国际直接投资的理论

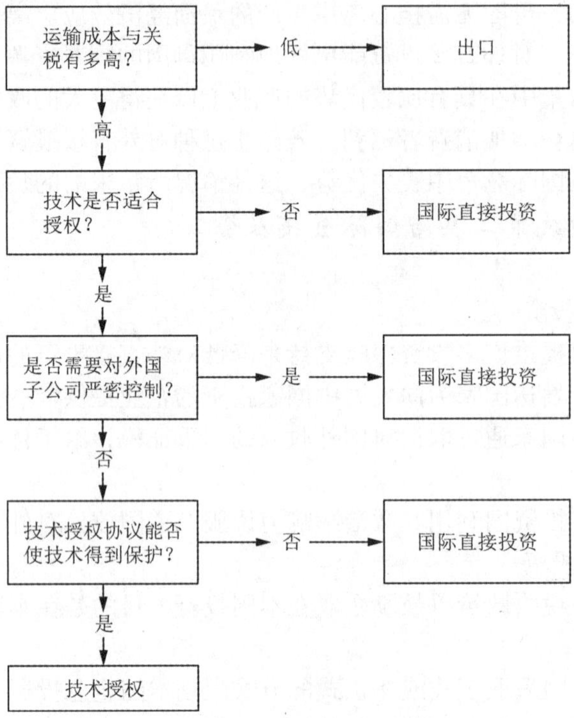

图 8－1　决策框架

(1)区位优势理论可以解释国际直接投资的流向，但是无法解释企业为什么偏好国际直接投资而不是技术授权或者出口。

(2)内部化理论提出应根据情况来选择国际直接投资、出口和技术授权以实现盈利能力的最大化。具体决策过程见图 8－1。

(3)产品生命周期理论和国际直接投资理论对于企业来说意义不明显。

2. 政府政策

东道国政府对于外来直接投资的态度对投资国的战略选择起到决定性的影响。由于许多国家对待国际直接投资采取实用民族主义的立场，因此考虑从事国际直接投资的企业通常必须与该国政府就投资的具体条件展开谈判。

(1)谈判的主题

①若东道国政府想要吸引外来直接投资，谈判的主题可能是以东道国政府承诺的税收优惠以及跨国公司应承诺的一些义务；

②若外来直接投资的收益难以确定，东道国政府可能会限制资本流入，此时需要跨国公司作出让步保证东道国的利益。

(2)谈判实力取决的因素

①一方对另一方做出贡献的重视程度。

②双方各自拥有的其他可选择方案的数量。

③双方各自愿意花在谈判上的时间长短。

8.2 课后习题详解

1. 2008年，爱尔兰的外来直接投资占固定资本存量的63.7%，而日本的这一比例仅为4.1%(固定资本存量指固定资产投资，如工厂、仓库、连锁店)。你如何解释这两个国家外来直接投资的这种差异?

答: 固定资本形成总额是指投入在工厂、商店、办公大楼等的资本相加后的总额。在其他因素不变的情况下，一个国家的资本投资越高，其未来发展前景越光明。爱尔兰和日本外来直接投资占固定资本形成总额的比例不同，意味着外来直接投资已经成为爱尔兰经济增长的重要因素，而日本则不是。这种差异的出现有以下几点原因：

(1)由于日本的规章复杂，投资者会更谨慎；

(2)日本政府出于对本国企业的照顾，设置了较高的贸易投资壁垒；

(3)在爱尔兰建立营运部比在日本更容易；

(4)爱尔兰作为资本投资目标更有吸引力；

(5)爱尔兰是欧元区唯一讲英语的国家，而且是欧洲欧盟市场的理想之选；

(6)爱尔兰税务简单、透明；

(7)爱尔兰的运营人才多。

2. 试比较以下解释国际直接投资的理论：内部化理论和尼克博克的国际直接投资理论。你认为哪个理论更好地解释了国际直接投资的历史模式?为什么?

答: (1)两种国际直接投资理论

①内部化理论解释了企业为何经常偏好国际直接投资而不是技术授权来进入外国市场。根据内部化理论，以技术授权作为利用外国市场的战略具有三个主要缺陷：a. 技术授权可能导致一家公司将宝贵的技术和技能转让给潜在的外国竞争对手；b. 技术授权并不能使企业牢牢掌握利润最大化所需要的在国外的制造、营销和战略控制权；c. 如果企业的比较优势并非在于产品，而是在于生产这些产品的管理、营销和制造能力，这种能力并不是单靠技术授权所能拥有的。

②尼克博克考虑到国际直接投资与寡头垄断行业竞争之间的影响关系，提出了寡头垄断行为理论。该理论的依据是，国际直接投资反映了企业在国际市场上的相互竞争。寡头垄断行业是由少数几家大公司组成的行业。寡头垄断行业中，企业间存在明显的相互依赖关系，一个企业的行为会引起行业内所有企业相似的战略变化，这就是这些行业的模仿行为。

(2)内部化理论更好地解释了国际直接投资的历史模式。虽然该理论可以解释寡头垄断行业中企业在国际直接投资方面的模仿行为，但仍未说明下列现象：①处于寡头垄断行业的企业为什么会率先进行国际直接投资而不是实行出口或技术授权；②在国外拓展业务方面，国际直接投资是否比出口或技术授权效率更高。而这两点均能通过内部化理论来解释。即便模仿理论能比较好地解释国际直接投资现象，但由于其存在的缺陷，许多经济学家更倾向于用内部化理论来解释。

3. 国际直接投资理论中的折中理论有什么优势?你是否发现了它的弊端?折中理论是如何影响管理实践的?

答: (1)优势

①国际生产折中论实际上将垄断优势论、内部化理论和对区位优势因素的考察结合在一

起，更全面解释了企业国际经营的动因，形成了一个具有普遍性的理论体系；

②从动态分析的角度研究了国际投资。邓宁提出只要所有权、内部化和区位三个方面都具有一定优势就能参与对外直接投资，因此发展中国家也可以利用相对优势发展对外直接投资。邓宁认为，区位因素是动态的，各国经济发展水平及经济结构的变化均会改变区位因素，从而影响跨国公司生产区位的选择。

(2)弊端

①忽视了各因素之间的分立关系、矛盾关系对直接投资的作用。如没有特定优势的外国厂商仍然可在具有较强区位优势的东道国进行投资；

②国际生产折中论虽然是对以往各种理论的综合，但主要依据内部化理论，内部化优势起核心作用。因此，该理论适宜于解释大规模跨国企业，不适宜于解释中小投资厂商。

(3)对管理实践的影响

①企业采用的生产和销售方式是由该企业本身所拥有的所有权优势、内部化优势和区位优势等三大因素共同决定的；

②若企业仅拥有所有权优势，将选择许可证方式进行技术转移；

③若企业具有所有权和内部化两项优势，将选择国内生产然后再出口的方式；

④若企业同时拥有三大优势，将选择对外直接投资。

4. 阅读“管理聚焦”专栏中西麦克斯的案例，然后回答以下问题：

(1)哪些国际直接投资理论能够解释西麦克斯的对外直接投资行为？

(2)西麦克斯给东道国的经济带来什么收益？你能看到西麦克斯的对外直接投资给东道国经济带来的潜在危害吗？

(3)为什么西麦克斯强烈偏好将收购而不是新设投资作为进入其他国家的模式？

答：(1)垄断优势理论和区位优势理论都能够解释西麦克斯的对外直接投资行为。

①垄断优势理论认为一个外国企业的分支机构能够与当地企业进行竞争，并能长期生存和发展下去的原因在于其具有垄断优势。垄断优势包括知识资产优势、规模经济优势等。根据该理论，西麦克斯对外直接投资的原因在于：首先，西麦克斯具有独特的技术优势，比如开发完整的信息系统以及精准的掌握交货时间，这是其他竞争对手无法超越的；其次，通过集中化的研究与开发以及大规模的销售管理体系，能获得规模经济，大大降低成本，使得西麦克斯在其他国家的市场上能够立足；最后，作为发展中国家的跨国水泥公司，西麦克斯比发达国家的同类企业更了解发展中国家建筑业务的需要。

②区位优势理论认为，跨国公司在进行对外直接投资时首先面临的是区位选择，对外直接投资的流向取决于区位禀赋的吸引力，区位禀赋又是由市场需求、生产水平、政府政策等因素决定的。20世纪90年代初，西麦克斯开始着手实施国际扩张战略。区位优势理论可以解释西麦克斯起初把目标定在其他发展中国家的原因，即它认识到许多发展中国家对水泥的需求极大，并且发展中国家的劳动力成本较低。

(2)西麦克斯给东道国经济带来的收益：

①对消费者而言，西麦克斯在东道国建厂提供优质水泥，满足了当地市场的需求；

②对当地企业而言，西麦克通过把先进的生产、管理、营销、服务等技术和资源转移至低效率的原水泥公司，使这些公司能够发挥更大的价值；

③对当地政府而言，西麦克斯创造巨大的经济效益，为政府提供了税收等政府收入；

④对当地公民而言，西麦克斯增加了大量的就业机会。

西麦克斯给东道国经济带来的潜在危害：

①西麦克斯已经成为水泥行业最大的跨国公司，他足以将东道国本国的企业赶出市场，从而垄断该市场；

②国外子公司向母公司的利润流出，给东道国的国际收支带来负面影响；

③在一些东道国，公司作出的重大决策会影响其经济，而东道国政府对此却没有实际的控制能力。

(3) 西麦克斯强烈偏好将收购而不是新设投资作为进入其他国家的模式，其原因有：

①并购比进行新设投资更快；

②收购外国企业是因为这些企业拥有有价值的战略资产，购买这些资产要比新设投资从头开始打造这些资产更容易，而且风险或许更小；

③西麦克斯认为能够通过转移资本、技术或管理技能的方式来提高被收购企业的效率。

5. 假如你是某美国公司的国际业务经理，该公司刚开发了一种新的个人电脑，其功能与现有的电脑相同，但制造成本降低一半。该公司有几项专利可以为这种电脑的独特设计提供保护。首席执行官要求你就在西欧地区的业务扩张提出建议。你的选择是：(1) 从美国出口；(2) 许可欧洲企业进行生产，并在欧洲销售电脑；(3) 在欧洲建立一个全资子公司。请分析这些选择的利弊，并向首席执行官提出你的行动方案。

答：将业务扩展到欧洲地区，有三个选择可以考虑：出口、技术授权和国际直接投资。

(1) 出口可以避免在东道国进行制造经营活动所需的巨大成本，还可以帮助企业从它的全球销量中获得经验曲线以及区位经济。但企业会面临各种贸易壁垒的阻碍，并且当地营销机构往往同时经销竞争对手企业的产品，不可能有完全的忠诚。

(2) 对于像电脑这样重量轻价值又高的商品来说，运输成本与其他成本相比通常较低，而当地化却有一些困难。电源要求、键盘和型号的偏好因国别而不同。但要解决当地化问题也并非不可能。既然在欧洲有许多电脑生产商和分销商，那么可以选择其中的一些进行技术授权。但是通过签订技术授权协议，核心技术可能会泄露，信息的传播会使公司的比较优势丧失。

(3) 国际直接投资是最耗成本和时间的方法，但却是最能保证关键知识不泄露、本土化有效实施的方法。但由于个人电脑行业的速度变化快，很难确定这种新的电脑的竞争优势会持续多长时间。如果公司能将这种优势维持一段时间，国际直接投资是值得的，并且保证了核心技术不会泄露。然而，如果其他公司可以很容易地复制技术或者开发出更好的产品，那么，加速知识传播、以尽可能大的规模快速进入欧洲市场将会使公司在优势丧失之前获得成功。

综上所述，我会建议 CEO 通过并购的方式在属于欧盟的一个国家建立一个全资子公司。这样不仅能扩大公司规模，而且能快速进入欧洲市场，保护自身的技术不泄露。更重要的是，西欧的许多国家都加入了欧盟，相互间要素和产品的流通很自由，因此在属于欧盟的一个国家建立一个全资子公司将最有助于公司在西欧地区的业务扩张，并且使公司能充分利用西欧地区的人才和其他资源，提高公司的研发能力。

8.3 考研真题详解

1. 国际生产折衷理论［宁波大学 2015、2014 研；南开大学 2014 研；厦门大学 2012 研；首都经济贸易大学 2011 研复试］

相关真题：简要说明邓宁的OLI理论。［浙江财经大学2019研］

答：国际生产折衷理论是综合企业所拥有的所有权、区位及内部化优势来解释国际直接投资的一种理论。其创始人是英国经济学家邓宁。企业以对外直接投资的方式在国际范围内从事生产经营活动主要取决于三种因素或优势：①所有权优势，即企业拥有（或能以更有利的条件获得）竞争者所无法拥有的某些财产或投入品。所有权优势有多种形式，如法律保护权、商业垄断、企业的技术特性等。②区位优势，即企业因在一个特定国家从事生产而拥有的优势。这种优势起源于特定的地方，且只能在特定的地方运用。它不仅包括李嘉图意义上的禀赋，如自然资源、通讯运输费用、各种类型的劳动力以及靠近市场；而且还包括运用这些禀赋的法律与商业环境，如市场结构、政府的法规与政策。③内部化优势，即企业在其内部运用专有财产的优势。在资源分配中，存在市场机制与政府干预这两种外部机制。当市场机制不完善时，交易成本很高。为降低交易成本，企业会开发内部化优势。同时政府的专利制度、税收、汇率政策等都会影响资源的分配效率，因此利用或躲避政府干预也会促进企业开发其内部化优势。上述三种因素的相互作用决定着国际直接投资的模式。

2. 国际直接投资［宁波大学2018、2011研；山东大学2017研；天津商业大学2012研］

答：国际直接投资是指投资者在国外创办企业或与当地资本合营企业，涉及生产要素诸如资本、管理技术的直接投入，投资者对所投入的生产要素的使用和生产过程的管理拥有直接控制的权力。

国际直接投资和国际间接投资相区别的特征在于投资者直接与企业的控制权或经营管理权相联系。国际直接投资主要有以下三种形式：①在国外创办新企业，包括建立合资企业、独资企业；②购买外国企业股权达到控制的比例；③以利润进行再投资，即投资者把通过直接投资所获得利润的一部分或全部用于对原企业的追加投资。

3. 说明对外直接投资的东道国经济效应。［首都经济与贸易大学2014研］

相关真题：

（1）试述国际直接投资对东道国的影响［宁波大学2019研］

（2）对外直接投资会给东道国的经济带来哪些积极效应？［浙江工商大学2019研］

（3）国际直接投资对东道国经济有哪些主要积极影响？［云南大学2018研］

（4）跨国直接投资对东道国的影响？东道国可以采取哪些政策鼓励或限制外国直接投资。［南开大学2014研］

答：国际直接投资，又称外国直接投资（FDI），是指投资者以获得国外公司的控制权为目的而购买该公司资产，或者在外国设立全资子公司而发生的资本流动。FDI分为两种：一种是FDI流入，指外国投资者对本国的投资；另一种称为FDI流出，指本国投资者对外国的投资，又称对外直接投资。将投资者所在国称为投资国，将投资流入的国家称为东道国。

（1）东道国的收益

国际直接投资意味着与其相关的一系列资源的转移，有利于东道国的经济发展。

①资源转移效应

国际直接投资可以通过提供资本、先进的技术和管理经验来促进东道国的经济发展。

在资本方面，许多公司具有规模和经济方面的优势，可以获得东道国企业难以掌握的融资渠道。在技术方面，许多国家可以通过国际直接投资获取本国缺乏的生产技术并培育自身的研发技能。

在管理技能方面，通过国际直接投资获得的外国的管理技能对于东道国来说也能带来重要的收益，如受过最新管理技能培训的外国经理常常有利于提高东道国的经营效率。

②就业效应

就业效应是指外来直接投资能为东道国带来原先没有的就业机会。国际直接投资的就业效应分为直接和间接两种。外国跨国公司雇用了东道国居民，这就形成了直接效应。间接效应是指为当地供应商带来的就业机会以及跨国公司工作人员在当地的消费带来的就业机会。间接效应即使不比直接效应更大，至少也与直接效应相当。

③国际收支效应

对于大多数东道国政府来说，一般都偏好国际收支的经常项目顺差。国际直接投资可以从两方面来帮助实现这一目标。

a. 若增加国际直接投资，减少商品和服务的进口，那么可以改善东道国的经常项目。

b. 跨国公司的国外子公司可以通过从事商品和服务出口，获得额外的收益。

④对竞争和经济增长的影响

市场的高效运行依赖于生产商之间的充分竞争。当国际直接投资采取新设投资的方式时，新企业的出现使得市场上的竞争者数量增加，竞争的加剧不仅促进了产品价格的下降，也使企业加强在生产研发、管理、营销等方面的投入，以提高竞争优势；而对消费者来说，选择的对象更多了，福利也得到了提升。

(2)东道国的成本

对于东道国来说，外来直接投资的流入可能造成国内竞争加剧、国际收支恶化和国家主权与独立性丧失这三大风险。

①对竞争的负面效应

如果跨国公司的子公司经济实力强于东道国国内公司，母公司可能会通过向子公司提供补贴的方式将东道国本国的企业赶出市场，从而取得垄断地位。跨国公司在东道国市场取得垄断地位，将会实施高于市场的价格来获得最大化利益，不利于东道国的福利。

②对国际收支的负面效应

国际直接投资对于东道国国际收支可能产生两个方面的负面效应：a. 国际直接投资带来的最初的资本流入会导致随后的国外子公司向母公司的利润流出。这种流出表现为国际收支账户的资本流出。b. 若国外子公司从国外进口大量用于投入的产品，结果就须记入东道国国际收支经常项目的借方。因而会削弱国际直接投资对国际收支经常项目的有利影响。

外国跨国公司可能会通过垄断东道国市场影响东道国的经济独立。

4. 国际直接投资给母国带来的积极和消极影响。[南开大学 2016、2015 研]

相关真题：跨国公司的发展对母国的影响。[南开大学 2019 研]

答：国际直接投资，又称外国直接投资(foreign direct investment，FDI)，是指投资者以获得国外公司的控制权为目的而购买该公司资产，或者在外国设立全资子公司而发生的资本流动。

国际直接投资给母国带来的影响如下：

(1)积极影响

①母国国际收支的经常项目将因对外直接投资收益的流入得到改善。除此之外，如果在国外的子公司形成对母国的生产设备、中间产品和辅助产品等类似产品的需求，可导致母国出口的增加，从而改善母国国际收支的经常项目。

②与国际收支一样，当在国外的子公司形成对母国的生产设备、中间产品和辅助产品等

类似产品的需求时，就会产生有利的就业效应。除此之外，对外的直接投资也会产生对投资咨询和跨国管理人才的需求。

③通过对外直接投资从海外业务中学习。国外子公司可以获得外国先进的生产、管理等资源。这些资源都可能转移到母国，有利于提高母国的经济增长速度。这就相当于逆向的资源转移效应。通过接触外国市场，跨国公司能够学习到更先进的管理技术和产品工艺，这些资源都可能流回母国，有利于母国的经济增长。

（2）消极影响

对外直接投资对母国最重要的不利影响集中在国际收支和就业效应。

①母国的国际收支可能从以下三个方面受到损害：

a. 国际收支的资本项目在最初为对外直接投资提供资金从而导致资本流出时受到损害。并且，这个效应通常要大于后来对外投资收益流入的数额。

b. 若对外直接投资是为了转移生产，降低成本，这将对母国的经常项目不利。

c. 经常项目也会因对外直接投资取代出口而受损。

②潜在的失业问题

当对外直接投资成为国内生产的替代品时，这种对外直接投资的一个明显的结果是减少了母国的就业岗位。若母国的就业情况不容乐观，则就业岗位的流失会使当地人民感到焦虑。

5. 东道国鼓励或限制对外直接投资的措施有哪些？［南开大学 2014 研；河南财经政法大学 2014 研；首都经济贸易大学 2012 研］

答：（1）东道国鼓励对外直接投资的措施

①财政激励

主要表现在各种税收规定上，例如降低所得税率、提供免税期、加速折旧、投资与再投资补贴以及进口税减免等，总体目标是降低外国投资者的税收负担。

②金融激励

涉及优惠信贷和金融市场，主要包括东道国政府对外国投资项目提供货币赠与、以低于竞争性市场利率提供贷款、提供贷款担保以及股权参与等政策。

（2）东道国限制对外直接投资的措施

①审批管理

大多数国家设立了专门机构负责外国投资项目的审批管理，依据相关规定对投资项目进行事先逐项审查和批准，例如澳大利亚曾建立的外国投资委员会。

②外资进入部门和参股比例限制

世界上大多数国家均对外资进入部门有一定限制，它们为了维护本国利益，限制或禁止外资进入某些战略性和敏感性部门。有的发展中国家还规定，在合资经营企业中，外国资本最高只能占 49%。

③对外国资本和利润汇回的限制

投资于发达国家的外国投资者普遍享有国民待遇，有权将公司资金和利润等自由汇出国境，但金额超出一定数额时要向东道国政府申报。

6. 试论述内部化理论的涵义和意义。［上海财经大学 2018、2015、2011 研；南开大学 2017 研］

相关真题：

(1) 简述国际直接投资理论中的内部化理论的主要内容。[浙江财经大学 2015 研、河北大学 2011 研]

(2) 简述企业国际化经营内部化理论的主要观点。[中山大学 2014 研]

答：(1) 内部化理论的涵义

内部化理论又称市场内部化理论，是由英国学者巴克利和卡森提出，由加拿大学者拉格曼进一步加以发展。

该理论认为，中间产品(指知识、信息、技术、商誉、零部件、原材料等)市场是不完全的。这种不完全是由某些市场失效及中间产品的特殊性质所致，如信息具有公共物品性质，在外部市场上转让容易扩散。中间产品的这种特性导致买方或交易价格的不确定性，使企业正常经营活动所需要的中间产品市场是不完全的，导致企业市场交易成本增加。为追求利润最大化，企业必须建立内部市场，使外部市场内部化，利用管理手段协调企业内部资源流动与配置，避免市场不完全对企业经营效率的影响。当企业内部化超越国界时，就成为企业对外直接投资的过程。因此，企业内部化的因素就成为决定企业对外直接投资的因素，也就是说，企业对外直接投资是为了克服外部市场不完全性给企业经营效率带来的不利影响。

内部化理论是西方跨国公司研究者建立跨国公司理论时形成的理论观点，是当前解释对外直接投资的一种比较流行的理论。它强调企业通过内部组织体系以较低成本在内部转移其优势的能力，并把这种能力当作企业对外直接投资的真正动因。在市场不完全的情况下，企业为了谋求整体利润的最大化，倾向于将中间产品、特别是知识产品在企业内部转让，以内部市场来代替外部市场。由于市场的不完全，若将企业所拥有的科技和营销知识等中间产品通过外部市场来组织交易，则难以保证厂商实现利润最大化目标；若企业建立内部市场，可利用企业管理手段协调企业内部资源的配置，避免市场不完全对企业经营效率的影响。企业对外直接投资的实质是基于所有权之上的企业管理与控制权的扩张，而不在于资本的转移。其结果是用企业内部的管理机制代替外部市场机制，以便降低交易成本，拥有跨国经营的内部化优势。

(2) 内部化理论的意义

内部化理论是西方学者跨国公司理论研究的一个重要转折。以前的理论主要研究发达国家(主要是美国)企业海外投资的动机与决定因素，而内部化理论则研究各国(主要是发达国家)企业之间的产品交换形式和企业国际分工与生产的组织形式，认为跨国公司正是企业国际分工的组织形式。

与其他理论相比，内部化理论属于一般理论，能解释大部分对外直接投资的动因。而其他国际直接投资理论仅从产品或生产要素等某个侧面来分析跨国公司对外直接投资的原因。因而内部化理论有助于对跨国公司的成因及其对外投资行为的进一步深入理解。

7. 简述国际直接投资理论中的垄断优势理论的基本内容。[上海财经大学 2015 研；河北大学 2014、2012 研；苏州大学 2014 研]

相关真题：简述垄断优势主要观点。[西南财经大学 2016 研]

答：(1) 垄断优势理论提出的背景

垄断优势理论突破了国际资本流动中完全竞争的假定。海默认为，市场竞争是不完全竞争，而传统的解释国际资本流动的理论是要素禀赋理论，该理论认为各国的产品和生产要素市场是完全竞争的：资本从“资本过剩”的国家流向“资本稀缺”的国家，国际资本流动的根本原因在于各国间利率的差异，对外投资的主要动机是追求较高的利率。海默等认为，这种理论已不能科学地解释战后迅速发展的国际直接投资的现实。

(2)垄断优势理论的基本内容

市场不完全体现在以下四个方面：

①商品市场不完全，即商品的特异化、商标、特殊的市场技能以及价格联盟等；

②要素市场不完全，表现为获得资本的不同难易程度以及技术水平差异等；

③规模经济引起的市场不完全，即企业由于大幅度增加产量而获得规模收益递增；

④政府干预形成的市场不完全，如关税、税收、利率与汇率等政策。

海默认为，市场不完全是企业对外直接投资的基础，因为在完全竞争市场条件下，企业不具备支配市场的力量，它们生产同样的产品，同样地获得生产要素，因此对外直接投资不会给企业带来任何特别利益，而在市场不完全条件下，企业则有可能在国内获得垄断优势，并通过对外直接投资在国外生产并加以利用。

垄断优势主要包括：

①市场垄断优势。如产品性能差别、特殊销售技巧、控制市场价格的能力等。

②生产垄断优势。如经营管理技能、融通资金的能力优势、掌握的技术专利与专有技术。

③规模经济优势。即通过横向一体化或纵向一体化，在供、产、销各环节的衔接上提高效率。

④政府的课税、关税等贸易限制措施产生的市场进入或退出障碍，导致跨国公司通过对外直接投资利用其垄断优势。

对于跨国公司的垄断优势还包括信息与网络优势、知识优势、管理优势、资本优势等。

垄断优势论从理论上开创了以国际直接投资为对象的新研究领域，使国际直接投资的理论研究开始成为独立学科。这一理论既解释了跨国公司为了在更大范围内发挥垄断优势而进行横向投资，也解释了跨国公司为了维护垄断地位而将部分工序，尤其是劳动密集型工序，转移到国外生产的纵向投资，因而对跨国公司对外直接投资理论的发展产生很大影响。

该理论的最大贡献在于将研究从流通领域转入生产领域，摆脱了新古典贸易和金融理论的思想束缚，为后来者的研究开辟了广阔的天地。

8. 国际直接投资有绿地投资和跨国并购两种方式，比较绿地投资和跨国并购的优缺点。［复旦大学2019研］

相关真题：

(1)简述绿地投资与跨国并购的利弊。［西南财经大学2016研］

(2)绿地投资和跨国兼并的优缺点。［华东师范大学2015研］

(3)请比较分析企业对外直接投资的绿地投资和跨国并购两种进入模式的利弊。［中央财经大学2011研］

答：(1)绿地投资与跨国并购的含义

①绿地投资又称创建投资或新建投资，是指跨国公司等投资主体在东道国境内依照东道国的法律设置的部分或全部资产所有权归外国投资者所有的企业。创建投资会直接导致东道国生产能力、产出和就业的增长。

②跨国并购是指跨国兼并和跨国收购的总称，是指一国企业(又称并购企业)为了达到某种目标，通过一定的渠道和支付手段，将另一国企业(又称被并购企业)的所有资产或足以行使运营活动的股份收买下来，从而对另一国企业的经营管理实施实际的或完全的控制

行为。

（2）绿地投资的利弊

①绿地投资的利

a. 企业可以尽其所能地建立一家期望类型的子公司。

b. 新设企业比改变被并购企业更容易操作，绿地投资可以把跨国企业现有的在产品生产、经营、管理、技术等方面的优势注入新设企业并创造价值。

c. 绿地投资相比较并购而言，在产生令人不愉快的意外方面的风险可能更小。

②绿地投资的弊

a. 创办一家新企业更缓慢，而且更具风险。作为一家新企业，总是伴随着未来收入和利润前景的某种不确定性。若该企业了解海外市场的运作方式，并有前期经验，则风险会降低。

b. 可能被其他竞争者用更快速的方式抢占先机，从而导致新设企业失去占领市场的优势。

（3）跨国并购的利弊

①跨国并购的利

a. 便于实施。并购现有企业操作性更强，可以帮助跨国企业快速树立企业形象。

b. 跨国企业可以通过并购来抢占市场先机。

c. 跨国并购的风险比新创企业更小。企业通过并购还可以获得与当地市场密切相关的一系列无形资产，有利于企业适应目标市场。这样的知识能降低由于忽略国家文化而犯错的风险。

②跨国并购的弊

a. 并购公司不得不为被并购企业的资产支付过高的价格。若在并购过程中，出现多家企业竞争的现象，就会使得收购价被哄抬，跨国公司需要付较高的价格。

b. 并购企业与被并购企业之间易产生文化碰撞。并购后，许多被并购公司要经历管理人员的大量离职，管理人员和管理专长的流失会给被并购企业的绩效带来实质性的损害。并购公司应关注文化差异给高层管理人员带来的影响。

c. 实现与被并购企业的协同合作需要一定时间。管理哲学和公司文化的差异会延缓运营的整合。民族文化的差异更加剧了这些问题。管理层之间官僚式的相互推诿也会使这个过程复杂化。

d. 并购前需要严密的审查。许多企业没有全面地分析潜在的利益和成本就决定并购其他企业。很多企业常因为怕被其他竞争者抢占先机而草率实施并购。然而，并购后，许多并购企业会发现它们可能并不完全了解目标企业的民族文化和业务系统，最终导致并购的失败。

第 9 章　区域经济一体化

9.1　复习笔记

考点一：区域经济一体化

区域经济一体化是指一个地理区域内各国一致同意减少并最终消除关税和非关税壁垒，以便商品、服务和生产要素在区域内自由流动。

考点二：经济一体化的层次

经济一体化的层次主要有五个级别，分别是自由贸易区、关税同盟、共同市场、经济联盟和完全的政治联盟。

1. 自由贸易区

(1)概述

①在一个自由贸易区里，各成员国之间商品和服务贸易的所有壁垒都被取消；

②各个成员国可以自行决定与非成员国之间的贸易政策；

③自由贸易区是区域经济一体化的最普及形式。

(2)举例

①欧洲自由贸易联盟(世界上持续时间最长的自由贸易区)；

②北美自由贸易区。

2. 关税同盟

(1)概述

①关税同盟消除了成员国之间的贸易壁垒，并采用统一的对外贸易政策；

②为了建立统一的对外贸易政策，就需要强有力的管理机器来监管成员国与非成员国之间的贸易关系。

(2)举例

①欧盟最初就是一个关税同盟，现在已经超越了这个阶段；

②安第斯共同体。

3. 共同市场

(1)概述

①成员国之间没有任何的贸易壁垒，并实行统一的对外贸易政策，允许生产要素在成员国之间自由流动；

②只有实现财政政策、货币政策和就业政策的高度协同，才能建立一个共同市场。

(2)举例

①欧盟在很长时间里是一个共同市场，现在已经超越了这一阶段；

②南方共同市场是世界上第一个完全由发展中国家组成的共同市场，但实际上仍处于自贸区阶段。

4. 经济联盟

(1)概述

①经济联盟涉及成员国之间产品和生产要素的自由流动，以及采用统一的对外贸易政策，还需要统一的货币、成员国税率的协调，以及统一的财政和货币政策；

②这种高度的一体化需要一个官方协调机构，各国要向这个机构作出巨大的主权方面的让步。

(2)举例

欧盟是一个经济联盟，但还不完善，因为有些欧盟成员国还没有采用欧盟的货币——欧元。不同国家的税率差异也依然存在，有些市场的管制还没有完全取消。

5. 政治联盟

(1)概述

①政治联盟能够使协调机构对各个成员国的公民负责；

②在政治联盟中，存在一个官方政治机构来协调各国政策。

(2)举例

欧盟正在走向某种程度的政治联盟。

6. 经济一体化的层次(见图9－1)

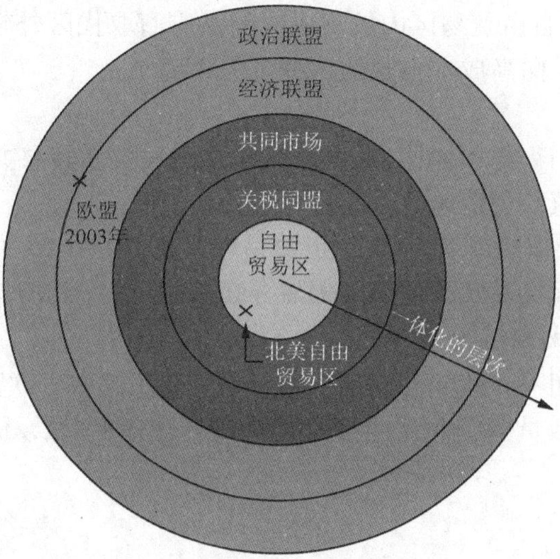

图9－1　经济一体化的层次

考点三：区域一体化的依据

1. 区域一体化的经济依据

(1)理论依据

国际贸易方面的经济理论认为，不受限制的自由贸易可使各国专门生产其最有效率的商品和服务。一国对自由贸易的开放能够刺激该国经济增长，原因是从贸易中取得了动态的收益。一国对国际直接投资的开放也可能促进经济增长。理论证明，自由贸易和投资能使所有的参与国获益，属于正和博弈。

(2)现实依据

理论上的理想状况在现实中难以实现。在现实世界中，区域经济一体化可以看作各国从贸易和投资的自由往来中获取额外利益的一种尝试，这种利益并不能通过诸如世界贸易组织这样的国际机构得到。实现区域经济一体化的目的就是使得相邻的国家能够在实行的一体的自由贸易和投资制度中获益。

2. 区域一体化的政治依据

加强区域经济一体化有利于减少区域内各国的暴力冲突，也能加强区域内的政治合作。

3. 区域一体化的障碍

即便有很多有利的经济和政治证据，区域一体化的实现和保持仍存在障碍。这有两个主要的原因：

(1)尽管经济一体化能使大多数人受益，但也有相应的代价。虽然一个国家在整体上也许从区域一体化中获得巨大的利益，但某些特定集团的利益可能受到损害。

(2)出于对国家主权的关注。高度经济一体化的实现需要各国让渡部分对宏观经济政策的掌控权。

考点四：反对区域一体化的依据

1. 贸易创造和贸易转移

(1)贸易创造是指在关税同盟内部取消成员国之间的关税后，国内生产成本高的商品被成员国中生产成本低的商品所取代，来自成员国的低价进口商品替代了昂贵的国内生产的商品，成员国之间的贸易被创造出来。

(2)贸易转移是指当自由贸易区内较高成本的供应商取代区外较低成本的供应商时，产品进口国由低成本国家转向高成本国家的一种过程和现象。

2. 反对原因

(1)经济学家指出，区域一体化的收益由贸易创造和贸易转移共同决定。区域一体化为世界创造收益的前提是贸易创造的数额超过贸易转移。

(2)从理论上讲，世贸组织能有效阻止贸易转移的发生。然而，由于非关税壁垒的存在，区域经济一体化引起贸易转移的风险仍然存在。

考点五：欧洲区域经济一体化

欧洲有两个贸易集团——欧盟和欧洲自由贸易联盟。其中，欧盟最重要，它不仅拥有众多成员国(欧盟有28个成员国，而欧洲自由贸易联盟只有4个)，而且对世界政治和经济的影响巨大。

1. 欧盟的演变

(1)欧盟的产生背景

欧盟(EU)是两种政治因素的产物：

①两次世界大战严重破坏了西欧并激发了各国对永久和平的向往；

②欧洲各国希望保持其在世界政治经济舞台上原有的地位。

(2)欧盟的历史进程

①欧盟的前身是1951年成立的欧洲煤钢共同体，其目的是消除集团内部煤、铁、钢和废弃金属运输的障碍。

②1957年签订了《罗马条约》之后，欧洲共同体就成立了。

③1993年《马斯特里赫特条约》批准之后，由欧洲共同体更名为欧洲联盟。

2. 欧盟的政治结构

欧盟的主要组织机构有欧盟委员会、欧盟理事会、欧洲议会和欧洲法院。

(1)欧盟委员会

①职责

a. 负责提出和执行欧盟的法律，并监督各成员国服从欧盟的法律；

b. 负责欧盟法律落实到其涉及的各个方面；

c. 监督各成员国，确保这些国家遵守欧盟的法律。

②在商业活动中的作用

作为欧共体在国际舞台的代表，欧盟委员会还负责进行商贸和合作方面的国际条约的谈判。1990 年以来，该委员会正式获得了制定竞争政策的权限。

(2)欧盟理事会

欧盟理事会代表了各成员国的利益。理事会是欧盟的决策机构，拥有欧盟的绝大部分立法权。

(3)欧洲议会

①欧洲议会的性质

欧洲议会是由各个成员国的公民直接选举出来的议员组成，它主要是一个咨询机构而不是立法机构。

②欧洲议会的职责

欧洲议会负责讨论欧盟委员会递交并由欧盟理事会转交的立法议案，并能够对这种议案提出修正意见，但欧盟委员会以及享有最终决策权力的欧盟理事会并不一定要接受这种修正意见。

(4)欧洲法院

欧洲法院由来自每个成员国家的一名法官组成，是关于欧盟法律的最高上诉法院。

3.《单一欧洲法案》

(1)产生背景

《单一欧洲法案》是为了终止欧共体的经济分割状态而产生的，并于 1987 年成为欧共体的法律。

(2)目标

该法案的目标是在 1992 年 12 月 31 日之前实现统一市场的建立。这个法案计划实行以下变革：

①取消欧共体国家之间所有的边境限制，从而消除因满足贸易管理机构的要求而形成的延期，减少因此而耗费的资源。

②在产品标准上使用“相互认同”原则。任何一个欧共体国家所建立的标准在其他国家也应该被接受，只要这种标准在诸如健康和安全等方面满足基本的要求。

③向非本国供应商开放公共采购，允许低成本的供应商进入一国经济，从而直接减少采购成本，并迫使本国供应商参与竞争以间接减少采购成本。

④消除阻碍零售银行业和保险业竞争的壁垒，从而降低整个欧共体金融服务业的成本，包括借款的成本。

⑤到 1992 年年末，消除成员国之间所有外汇交易的限制。

⑥到 1992 年年末，取消对一国运输公司在另一成员国境内装运货物的通行权的限制。据估计，这项措施将使欧共体内的运输成本减少 10% ~15%。

(3)影响

《单一欧洲法案》为欧洲产业的实体部门的重构提供了动力。但是在形成统一市场 20 年之后，现实情况仍未达到理想状态。因此，尽管欧盟正向统一市场进发，但各国之间既有的法律、文化和语言的差异意味着该进程并非是一帆风顺的。

4. 欧元的启动

2002 年 1 月 1 日之后，欧元纸币和硬币开始发行，到 2002 年年中，欧元区内的所有价格和常规经济交易都已经采用欧元。

(1)使用欧元的好处

①从处理多种货币到统一货币，企业和个人可以节省很多开支。这些节省来自货币汇兑和套期保值成本的下降。

②采用欧元使得比较欧洲国家之间同类商品的价格更快捷方便，这将提高市场竞争度，因为消费者可以更方便地在别国购物。

③市场竞争度增强促使市场价格降低，迫使欧洲的制造商寻找各种方法降低生产成本以维持利润，长期可以提高企业的经济效率。

④采用欧元将极大地带动具有高流动性的泛欧洲资本市场的发展。这种资本市场的发展将会降低资金成本，并且能够提高投资水平以及投资资金的分配效率，有利于难以从本国银行获得融资的小企业进行融资。

⑤以欧元为统一货币的欧洲资本市场给个人和机构投资者提供了新的选择。

(2)使用欧元的代价

①一国将失去货币政策的控制权。这样，对欧盟货币政策的良好管理就显得极其重要。

②欧盟并非经济学家所指的最优货币区。在最优货币区中，经济活动基本结构的相似性使得推行统一货币并使用单一汇率作为宏观经济政策工具是可行的。然而，欧元区中的许多国家之间存在很大差异，不利于制定统一的宏观经济政策。

③一些批评者认为欧元把车(经济)放在了马(政治)的前面。在他们看来，统一货币应该在政治联盟之后而不是之前。他们认为欧元将会导致巨大的税制协调和财政资金从中心向边缘转移的压力，没有适当的政治结构，这两项政策都无法实施。

(3)迄今为止的经验

①自 1999 年 1 月 1 日欧元诞生以来，欧元对美元的汇率一直在波动。1999 至 2000 年 10 月期间，欧元不断下跌的原因是许多投资者将资金从欧洲资本市场转移至美国资本市场，对欧元的货币需求减少。

②2001 年后期，欧元的汇率开始回升而美元开始走弱。欧元升值的一个原因是美国金融市场走弱而使流入美国的资金停滞不前，投资者对美元需求的下跌以及对欧元需求的上升导致了美元对欧元的贬值。由于对欧元及其政策管理的信心增强，外国中央银行增加了欧元的货币供给。

③2008 年之后欧元开始疲软，因为人们对一些欧盟国家的低速经济增长和巨额财政赤字产生担忧。

5. 欧盟的扩大

过去几年中，欧盟遇到的主要问题就是它自身的扩大。为了成为欧盟成员，申请国需要完成私有化改革，放松市场管制，调整国内产业结构，把欧盟法律纳入本国，实行民主政治，保障人权。

2013 年，欧盟成员国达到 28 个。值得注意的是，土耳其由于人权问题一直被排斥在欧盟之外。

考点六：美洲的区域经济一体化

美洲的区域经济一体化对世界经济的影响正在逐渐扩大。

1.《北美自由贸易协定》

(1)发展进程

①1988 年，美国和加拿大同意签署一份自由贸易协定，并于 1989 年 1 月 1 月生效。目标是在 1998 年底之前取消美国和加拿大的所有贸易关税。

②1992 年 8 月，美国、加拿大和墨西哥签署《北美自由贸易协定》。这个协定于 1994 年 1 月 1 日成为法律。

(2)《北美自由贸易协定》的内容

①到 2000 年取消大部分阻碍跨国服务贸易的壁垒。

②到 2004 年废除墨西哥、加拿大和美国之间 99% 的货物贸易的关税。

③保护知识产权。

④取消三个成员国之间国际直接投资的大部分限制，对墨西哥的能源和铁路工业、美国的航空和广播通讯业以及加拿大的文化产业可给予特别处理(保护)。

⑤实行国家环境标准，为了吸引投资而降低具有科学基础的标准属不恰当行为。

⑥建立两个委员会，当涉及健康和安全的环境标准或者立法、最低工资或童工受到忽视时，委员会拥有征收罚款和取消贸易特权的权力。

(3)支持依据

《北美自由贸易协定》为北美地区的规模和高效生产提供了机会。

①美国和加拿大把工厂转移到墨西哥的趋势，使得墨西哥因为得到了外来投资和就业机会而获益；

②墨西哥人收入的提高使得他们的可支配收入增加，扩大了对美加两国产品的需求；

③向墨西哥转移工厂，以利用低廉的劳动力从而取得成本优势，提高了美国和加拿大企业的国际竞争力。

(4)反对依据

①由于雇主寻求从墨西哥低廉的工资、标准较低的工作环境和劳工法律中牟利，这将使美国和加拿大大量的就业岗位流向墨西哥；

②墨西哥的企业将因贸易壁垒的减少而直面高效的美国和加拿大竞争者；

③环境学家认为墨西哥会使整个美洲大陆的新鲜空气和有毒废物指标恶化；

④《北美自由贸易协定》会导致国家主权的丧失，墨西哥会被美国的企业主宰，美国不会对墨西哥经济发展作出真正的贡献。

(5)影响

①《北美自由贸易协定》的初始的影响较小，无论是支持者还是反对者都有些夸大其词。平均来看，协定整体影响虽然很小，但却是正面的。

②协定最突出的影响或许不在经济方面，而是在政治方面。协定有助于促进墨西哥政治稳定，这对美国是有利的，因为墨西哥与美国有 2000 英里长的边界。

(6)区域扩大问题

拉丁美洲的一些国家已经表明了想要加入《北美自由贸易协定》的愿望。

(7)更新

2017 年，在美国的要求下，美加墨三国围绕更新《北美自由贸易协定》进行谈判。

2. 安第斯共同体

玻利维亚、智利、厄瓜多尔、哥伦比亚和秘鲁于 1969 年签署了《安第斯条约》。该条约大体上以欧盟为原型，但是它离实现原定目标尚有很大距离。到20世纪80年代中期，《安第斯条约》没有实现原定目标并面临奔溃。直到80年代后期，拉丁美洲各国才实行自由市场经济政策。1990年，当时的五个成员国——玻利维亚、厄瓜多尔、秘鲁、哥伦比亚和委内瑞拉，重新启动了《安第斯条约》——于1997年更名为安第斯共同体。安第斯共同体现在作为关税同盟运行。2006年，委内瑞拉退出了安第斯共同体。

3. 南方共同市场

(1)发展历程

南方共同市场的前身巴西与阿根廷之间的自由贸易协定。1990年巴拉圭和乌拉圭加入，2006年委内瑞拉加入。

(2)目标

目标是在1994年年末先实现自由贸易区的建设，再建立共同市场，最终形成关税同盟。

(3)缺陷

南方共同市场的贸易转移效应大于贸易创造效应，因此不能为世界创造收益。

(4)现状

由于各国的经济衰退，南方共同市场的贸易缩水，发展停滞。自2010年以来，南方共同市场在构建关税同盟的道路上几乎没有任何进展。

4. 中美洲共同市场、中美洲自由贸易协定和加勒比共同体

(1)中美洲共同市场和中美洲自由贸易协定

20世纪60年代早期，哥斯达黎加、萨尔瓦多、危地马拉、洪都拉斯和尼加拉瓜试图建立中美洲共同市场，这个市场在1969年由于洪都拉斯和萨尔瓦多之间的战争而崩溃。2003年，由于美国表示有意与该集团进行双边自由贸易磋商，这5个创始国和后来加入的多米尼加共和国于2004年与美国签署了协议，以便建立自由贸易区。这个《中美洲自由贸易协定》(CAFTA)的目的是降低美国和这6个国家的大部分商品和服务的贸易壁垒。

(2)加勒比共同体

加勒比共同体建立于1973年，然而一直未能在经济一体化方面取得显著进展。2006年年初，共同体的6个成员国建立了加勒比统一市场经济体(CSME)。该经济体的目标是消除贸易壁垒，实现成员国经济政策的协调。

5. 美洲自由贸易区

1994年12月，美洲峰会提出建立美洲自由贸易区(FTAA)。1998年，34个国家首脑正式展开对话，意图于2005年1月1日建立美洲自由贸易区，这一目标并未实现。

迄今为止建立美洲自由贸易区主要的障碍有两个方面：

(1)美国提出加强知识产权保护和降低制成品关税，但南方的邻国对此的态度并不明朗。

(2)巴西和阿根廷建议美国减少对农产品的保护措施，遭到了反对。

目前美洲自由贸易区正在取得进展，尽管进程缓慢。

考点七：其他地区的区域经济一体化

1. 东南亚国家联盟

(1)产生背景

东南亚国家联盟(简称东盟)成立于1967年。

(2)基本目标

促进成员国之间的自由贸易，以及产业政策方面的相互合作，但迄今为止其进展极为有限。

(3)现状

东盟与中国签署了自由贸易协定，取消了90%贸易品的关税。该协定于2010年1月1日生效。

2. 亚太经合组织

(1)产生背景

在澳大利亚的建议下，亚太经合组织(APEC)成立于1990年，该组织现在共有21个成员国，这些成员国构成世界经济增长的主要部分。

(2)目标

亚太经合组织规定的目标是促进该地区的多边合作。美国支持该组织是为了防止被排除在亚太事务之外。

(3)亚太经合组织的现状

尽管进展缓慢，亚太经合组织仍然值得关注，如果它最终转变成一个自由贸易区，那么它将可能是世界上最大的自由贸易区。

3. 非洲的区域贸易集团

(1)现状

非洲国家一直在尝试建立区域贸易集团，目前非洲大陆已经有了9个贸易集团，不少国家参与了不止一个集团。即便这样的区域贸易集团数量不少，但真正具有意义的贸易集团仍未发展起来。

(2)阻碍发展的因素

①一些非洲国家严重的政局动荡；

②非洲国家受限于经济发展水平，需要关税壁垒来避免不公平竞争。由于这种观点的流行，非洲很难建立自由贸易区或者关税同盟。

(3)现行的非洲区域贸易集团

2001年初，东非共同体(EAC)成员肯尼亚、乌干达和坦桑尼亚宣布重新建立贸易集团。东非共同体于2005年着手建立关税同盟，但关税政策的确立却到2010年才有所成效。2007年，布隆迪和卢旺达也加入了东非共同体。东非共同体在2010年实现了共同市场的建立，下一步准备建立货币联盟。

考点八：对管理者的启示

1. 机遇

通过区域经济一体化创建统一市场为企业提供了重要的机遇：

(1)原来备受保护的市场现在向外国竞争者开放；

(2)统一市场本身商务成本的降低。

设在欧盟或北美自由贸易区国家的企业可以通过商品跨国界的自由流动、统一协调的产品标准以及简化的税收制度，在要素成本和技能组合最优的生产地点集中生产，从而实现规模经济，降低成本。

2. 挑战

(1)各个集团内部的商务环境变得更具竞争性。自由贸易和投资加剧了区域内的竞争，为了保持企业在市场中的地位，企业需要在开放的市场中抓住机会实现资源的最优配置，降低生产成本。否则，这些企业将处于极为不利的地位。

(2)对于贸易区之外的企业而言，一个威胁是贸易区内众多企业的竞争地位可能在长期内得到改善；另一个威胁则是由于“贸易壁垒”的出现而被关在了统一市场大门之外。区域经济一体化可能会带来堡垒心理，这是对欧盟最常见的指控。

(3)欧盟企图干预企业的并购活动来发挥对竞争政策的影响。这也是一种挑战，因为这会限制企业实施其自主的公司战略的能力。

9.2　课后习题详解

1.《北美自由贸易协定》为加拿大、墨西哥和美国经济带来很大的净收益。试就这一问题进行讨论。

答：(1)赞同这一说法的依据

支持者认为，《北美自由贸易协定》为北美地区的规模和高效生产提供了机会。他们承认，协定的影响之一是一些美国和加拿大的公司将把工厂转移到墨西哥，以利用当地廉价的劳动力，而向墨西哥迁移的工厂最有可能来自简单劳动密集型的制造产业。协定的支持者认为，许多人能从这种趋势中获得好处。墨西哥因为得到了急需的外来投资和就业获得了收益。美国和加拿大也获得了好处，原因是墨西哥人收入提升，加大了对美国和加拿大产品的需求，从而为美国和加拿大创造了潜在的就业岗位。美国和加拿大的消费者将从墨西哥制造的较低价格的产品中获益。美国和加拿大企业通过转移工厂到墨西哥，利用了墨西哥低廉的劳动力资源，降低了生产的成本，提高了其产品在国际市场上的竞争力。

(2)反对这一说法的依据

反对者声称，美国和加拿大向墨西哥转移工厂，会导致本国就业岗位的流失；此外，降低贸易壁垒也意味着墨西哥企业需要和具有优势的美国和加拿大企业一起参与竞争。环境学家认为协定签署后，从得克萨斯州的埃尔帕索到墨西哥湾的河道中，化学废物和污水量会进一步增多。墨西哥国内还担心墨西哥会成为美国和加拿大的装配基地，却不能获得本国稀缺的资源和缺乏优势的技术，美国和加拿大甚至可能对墨西哥的经济产生巨大影响，影响墨西哥的国家主权。

(3)实证结果

对《北美自由贸易协定》到目前为止的影响进行的研究表明，协定的初始影响，不管是正面还是反面的影响都十分微弱。但研究结果显示，协定的整体影响虽然很小，却是正面的。也许协定最突出的影响不在经济方面，而是在政治方面。许多观察家认为，协定有助于促进墨西哥政治稳定。墨西哥现在已被看作经济稳定增长和政治稳定的民主国家，这对美国也是有利的。

2. 区域经济一体化的经济和政治依据是什么？假设这些依据是正确的，为什么在世界经济中没有看到更多实质性的一体化现象？

答：(1)区域经济一体化的经济依据：国际贸易方面的经济理论认为，自由贸易可使各国专门生产其最有生产效率的商品和劳务。一国对自由贸易的开放能够刺激该国经济增长，原因是从贸易中取得了动态的收益。并且一国对国际直接投资的开放也可能促进经济增长。理论证明，参与自由贸易和投资能使所有参与国获益，是正和博弈。然而，世界各国政治理念不同，很难达成一致的准则。根据这种背景，区域经济一体化可以看作各国从贸易和投资的自由往来中取得额外利益的一种尝试。因此，区域经济一体化有利于各国从自由贸易和投资中获利。

(2)加强区域经济一体化有利于减少区域内各国的暴力冲突，也能加强区域内的政治合作。

(3)即便有很多有利的经济和政治证据，区域一体化的实现和保持仍存在障碍。这有两个主要的原因：

①尽管经济一体化能使大多数人受益，但也须付出代价。虽然一个国家在整体上也许从区域自由贸易协定中获得巨大的利益，但某些特定的集团却可能受到损害。建立一种自由贸易制度需要作出某些痛苦的调整。

②出于对国家主权的关注。高度经济一体化的实现需要各国让渡部分对宏观经济政策的掌控权。

3. 在欧盟内部创建统一市场和统一货币可能会给欧盟内的竞争带来什么样的影响？为什么？

答：(1)正面影响及原因

①创建统一市场和统一货币，企业和个人可以节省很多开支，因为货币汇兑和套期保值成本均下降。

②创建统一市场和统一货币将使欧盟成员国之间的价格更容易进行比较。这将提高市场竞争力，因为消费者可以更方便地在别国购物。

③激烈的价格竞争将使欧洲的制造商被迫寻找各种方法降低生产成本以维持利润。实施统一货币政策在长期有利于提高欧洲企业的经济效率。

(2)负面影响及原因

批评者认为，欧元非但不会像支持者所鼓吹的那样能刺激经济增长，相反还会阻碍欧洲的经济增长，加剧通货膨胀。使用欧元的代价是一国将失去货币政策的控制权。欧元的另一个缺陷是不利于制定统一的宏观经济政策，因为欧盟并非经济学家所指的最优货币区，并且欧元区中的许多国家之间存在很大差异。

4. 欧盟委员会限制在欧洲从事商务活动的美国公司之间的并购是否正确？(例如，欧盟委员会否决了两家美国公司——世通和 Sprint 的兼并。委员会还仔细审核了美国在线和时代华纳的兼并，这两家也是美国公司。)

答：欧盟委员会的这种做法是正确的，有利于实现行业的充分竞争。

经济全球化的发展为企业带来了机遇，也带来了挑战。一方面，市场规模的扩大有利于企业的扩张和发展；另一方面，企业间的竞争也日益激烈。为了增强竞争能力，占据更大的市场，企业间的并购越来越多。虽然对于企业而言，通过并购可以扩大自身的规模，但一旦企业通过并购，在市场上形成了垄断地位，就会损害一国的社会福利，因此政府会限制这种以垄断为目的的并购行为。

作为欧共体在国际舞台的代表，欧盟委员会还负责进行商贸和合作方面的国际条约的谈判。1990 年以来，该委员会正式获得了制定竞争政策的权限。欧盟近年来对成员国竞争政策的管理颇具成效。竞争委员的作用犹如美国的反垄断机构，主要责任是管制企业的市场垄断行为、审查企业并购案等。如欧盟委员会否决了世通和 Sprint 的兼并，其主要原因就在于担心兼并后的世通会垄断欧洲市场。虽然欧盟委员会还仔细审核了美国在线和时代华纳的兼并，但这两家公司的合并案还是经过美国联邦贸易委员会的一致通过。而为了防止美国在线和时代华纳的合并给其它竞争对手和消费者带来不利的影响，美国联邦贸易委员会与两家公司达成了一项协议。根据协议，联邦贸易委员会要求两家公司不得拒绝其它因特网供应商进入其高速网络宽带系统，也不得对利用其网络和交互电视系统提供服务的其他公司有歧视行为。

5. 2010—2012 年欧盟内部爆发主权债务危机的原因是什么？这次危机表明欧元存在哪些缺陷？

答：(1)欧洲主权债务危机爆发的原因

①根本原因：欧元区经济政策结构不平衡

欧元区现阶段实行的是统一的货币政策和分散的财政政策，欧元运作和共同货币政策的执行，标志着欧洲一体化程度达到了一个新的水平。然而货币政策与财政政策常年的不对称性使得各项矛盾和问题得以积累，在短时间内没有暴露出来，但随着现代经济社会的发展，尤其是在 08 年全球次贷危机的冲击之下，矛盾开始暴露，并把矛头直指主权债务危机。

②直接原因：高赤字

金融危机爆发后，全球政府联手一致地利用公共财政的“再杠杆化”掩盖了金融体系的“去杠杆化”。但是这种掩盖仅仅是暂时性的，“高赤字”直接导致欧洲主权债务危机爆发。

2001 年，当时希腊刚刚进入欧元区。根据欧洲共同体部分国家 1992 年签署的《马斯特里赫特条约》，欧洲经济货币同盟成员国必须符合两个关键标准，即预算赤字不能超过国内生产总值的 3%、负债率低于国内生产总值的 60%。但是就当时的情况而言希腊与两项标准相差甚远。2008 年金融危机后，希腊首先陷入主权债务危机。

③历史原因：高福利政策

高福利意味着政府的高支出，而高支出必然伴随着高税收。高额的税收抑制了投资，抬高了生产成本，随着新兴市场快速发展和低廉劳动力的吸引，发达国家的产业资本不断流入新兴市场，发达国家传统制造业等产业不断萎缩，就业机会减少，税基缩小，税收增长不能跟上福利开支的增长。正是由于欧洲国家历来的高福利政策，使得欧洲各国在经济发展上缺乏一种活力，并且在财政支出上远高于非高福利国家。

④外部原因：全球金融危机的持续深化

金融危机使市场流动性不足，失业率增加，为应对金融危机，增加就业和避免经济进一步衰退，各国实行了一系列扩张性财政政策，使得政府财政赤字和公共债务巨大。

(2)欧元的缺陷

①货币政策与财政政策之间的不协调

尽管货币一体化为欧元区成员国政府搭建了更大的融资平台和竞争优势，但是由于各成员国经济周期不同步，各种经济状况差异形成的不对称冲击，在一定程度上削弱了这些优势，而欧元的诞生未能显著缩小这种差异。

②限制了各国自主调控政策的空间

统一的货币限制了各国自主调控政策的空间，同时欧洲中央银行在货币政策的选择上，无法也不可能满足成员国不同的货币政策偏好，从而增加了危机蔓延的可能性。

③欧元区的建立并没有完全遵循最优货币区的要求

在欧元启用后，虽然欧元区各国金融市场在共同货币政策下走上了加速一体化的道路，但各国的实体经济结构却不尽相同，具有较强的内生性特征。在这样的背景下，更容易遭遇“不对称冲击”的影响。

6. 一家现在只向东盟出口的美国企业对于该地区统一市场的建立应该做出怎样的反应？

答：由于东盟统一市场的建立，美国企业应采取如下措施应对挑战：

(1)统一市场建立后，东盟集团内部的商务环境变得更加具有竞争性，东盟内部企业的竞争地位将提高。因此，美国企业须合理配置生产以降低成本，提供更优质的产品与服务，才能在竞争中占据优势地位。

(2)统一市场建立后，美国企业可能由于贸易壁垒的出现被阻挡在东盟市场之外。因此，美国企业应放眼全球，寻找其他适合出口的国家，扩大产品市场。

(3)如果东盟市场足够大，美国企业也可以考虑在东盟内部投资设立子公司。

(4)如果美国企业出口的是东盟内部无法制造的高新技术产品，则统一市场的建立短期内不会对企业产生较大的影响，但在长期，企业应加大研发投入以保持自身的垄断优势。

7. 一家在东盟的几个国家里分别拥有自给自足的生产设备的企业，对于统一市场的建立应该做出怎样的反应？该企业在以成本最小化的生产方式做出反应的能力方面所受到的限制是什么？

答：(1)对于统一市场的建立，这家企业可以调整企业战略，集中它在东盟的生产设备，以利用规模经济，实现商务成本的降低，使得设在东盟国家的企业可以通过商品跨国界的自由流动、统一协调的产品标准以及简化的税收制度，在要素成本与技能的组合最优的生产地点集中生产，从而实现规模经济以降低成本。

(2)由于文化和竞争模式的区域差异，企业难以实现规模经济以降低成本，为多国提供同质产品。

8. 在出现良好开端之后，过去的几年里拉美主要的贸易协定——南方共同市场出现了停顿，自2000年起几乎没有取得进展。是什么问题阻碍了南方共同市场？有哪些措施可以解决这些问题？

答：(1)阻碍南方共同市场的问题

①成员国间存在诸多分歧。

南共市各成员国以及联系国之间没有太多历史纠葛，但因同属发展中国家，经济结构较为类似，所以利益追求有所趋同，这势必会造成一些利益争端。自成立以来，南共市内部的分歧和争端一直没有间断过。其中以巴西和阿根廷的矛盾最为突出，两国贸易争端甚至上升到政治层面，直接影响南共市整体目标的实现，阻碍一体化的进一步深化。虽然南共市在巴西的对外政策中更具有国际战略性质，但从实际效果来看，作为地区政治大国和经济大国的巴西，并没有很好尽到领导国的责任。一方面，南共市内部经济发展水平不尽相同，既包括经济开放程度较高的智利，也涵括了巴西和墨西哥两个地区经济大国，同时也存在玻利维亚、巴拉圭、秘鲁等非常贫困的国家。在这样的集团内部，客观存在着一定的产业冲突。另一方面，成员国和联系国也无法真正实现宏观经济政策一致的主观目标。

②美国的“分而治之”政策及南共市内部的离心倾向使南共市难以粘合成一个有机整体。

除了内部因素外，南共市在发展过程中也遇到了美国所推行的“美洲自由贸易区”政策的巨大挑战。随着美、拉在美洲自由贸易区谈判上陷入僵局，美国采取了“分而治之”的政策，借以分散南美，特别是南共市的力量。由于受1990年以来拉美内部经济危机等因素的影响，南共市成员国曾一度放弃共同对外谈判的立场，独自寻求摆脱危机的解决办法。阿根廷曾多次表示要与美国缔结双边贸易协定。2002年，乌拉圭前总统巴特列也表示：“南共市要么抱在一起死亡，要么各自寻找生路。”为了摆脱对南共市的过分依赖，乌拉圭决定独自与美国举行自由贸易谈判，希望在美国找到更大的出口市场，以此振兴本国经济。此外，巴拉圭企业部门也曾要求政府退出南共市。

③受政治影响较大，政策上的不连续性使南共市的发展出现较强的阶段性特征。

在拉美历史上，存在一个非常明显的传统，即对外政策很大程度上决定于执政者的意愿。受这种因素的影响，南共市从建立至今体现出非连续性的阶段性发展。另外，南共市受成员国的政治形势影响较大，由于南共市的成员国频繁出现政治形势和经济形势的不稳定，南共市的发展前景不是太明朗。

④很多决议仅停留在书面形式，未付诸实施。

在推动南共市内部体制建设上，很多决议仅停留在书面形式，付诸实施的计划少之又少。南共市自建立以来，签署了诸多协议，但大部分都未得到各成员国议会的表决通过。

(2)解决问题的措施

①求同存异，加强内部协调合作。

在经济一体化的过程中，各成员国间的利益冲突是不可避免的，但合作才是共赢的唯一途径，只有搁置争议，共同努力，才能推动南共市的发展。近年来，由于巴西和阿根廷左派政党的上台，两国的外交政策出现较为明显的回归南美的倾向，正是在这种强化一体化的意愿指导下，南共市内部合作得到一定的强化，规模也得到进一步的扩大，协作机制也开始逐步完善。

②同心协力应对外部的冲击。

如果美国倡导的美洲自由贸易区最终实现，南共市的地区及国际地位将受到很大程度的削弱，这势必影响南美大国的国际战略考虑。因此，南共市各成员国应同心协力，利用南共市的力量在美洲自由贸易区的谈判中为自身争取更多的利益。

③积极扩大开放，积极参与国际分工和自由贸易。

由于南方共同市场对某些产品征收了过高的关税而隔离了外部竞争，导致它的贸易转移效应超过了它带来的贸易创造效应。这阻碍了南方共同市场的发展。因此，各成员国应该加强与统一市场外的非成员国的合作与贸易，降低贸易壁垒，积极利用自身的比较优势参与国际分工和自由贸易。

④努力保持各成员国国内经济发展和政治稳定。

各成员国国内的经济发展和政治稳定是南共市发展和稳定的前提和保证，南共市发展和稳定反过来也能推动各成员国的经济社会发展。

9. 美洲自由贸易区的建立对该半球的两个最发达的国家——美国和加拿大是否有利？美洲自由贸易区的建立对北美企业的战略有什么影响？

答：(1)美洲自由贸易区的建立对美国和加拿大是有利的。美洲自由贸易区的建立为整个地区创建一个更大范围、更有效率的生产基础提供了机会。建立美洲自由贸易区使一些美国和加拿大的公司将把工厂转移到欠发达国家，以利用当地的廉价劳动力成本。由于欠发达国家居民收入的提高，使得他们能够进口更多的美国和加拿大产品，从而扩大了需求，对美加两国所丧失的就业岗位提供了补偿。美国和加拿大的消费者也将从欠发达国家制造的低价产品中获益。美国和加拿大企业通过转移工厂到墨西哥，利用了墨西哥低廉的劳动力资源，降低了生产的成本，提高了其产品在国际市场上的竞争力。

(2)由于美洲自由贸易区的建立，北美的企业将能够在更大的范围内寻找低成本的生产基地，又由于取消了成员国之间的贸易壁垒，企业可以在一个地方集中生产，再出口到其他的国家。这样既能实现区位经济又能实现规模经济。

9.3 考研真题详解

1. 自由贸易区[南开大学 2018、2013 研；山东大学 2018 研；河北大学 2015 研；中央财经大学 2014、2017 研；厦门大学 2011 研；东北财经大学 2011 研]

答： 自由贸易区是指两个或两个以上的国家或行政上独立的经济体之间通过达成协议，相互取消进口关税和与关税具有同等效力的其他措施而形成的区域经济一体化组织。自由贸易区的重要特征有：

①在一体化组织参加者之间相互取消了商品贸易的障碍，成员经济体内的厂商可以将商品自由地输出和输入，从而真正实现了商品的自由贸易。

②成员经济体之间没有共同的对外关税。各成员经济体之间的自由贸易，并不妨碍各成员经济体针对非自由贸易区成员国(或第三国)采取其他的贸易政策。

③为区分来自非成员国和成员国的产品，以保持各国对外关税的有效性，通常采取“原产地原则”，即只有产自成员经济体内的商品才享有自由贸易或免进口税的待遇。一般来说，所谓的原产地产品是指成品价值的50%以上是在自由贸易区内各成员国生产的产品。

2. APEC[宁波大学 2017 研]

相关真题：亚太经济合作组织[上海财经大学 2013 研]

答： 亚太经济合作组织(Asia – Pacific Economic Cooperation，简称 APEC)，成立于 1989 年，是世界经济合作组织之一。亚太经济合作组织的宗旨和任务是：相互依存，共同利益，坚持开放的多边贸易体制和减少区域间的贸易壁垒；在促进多领域的经济合作的同时，实现本区域的贸易和投资自由化；以平等协商、渐进的方式推进地区经济合作。

与一般的自由贸易区相比，亚太经合组织有两个明显的不同：①亚太经合组织是一个开放的而非排他的区域性组织。亚太经合组织实行不歧视原则，在最惠国待遇的基础上实现贸易投资自由化。APEC 不仅在内部相互开放，对非区域内国家和地区也同样开放。②亚太经合组织是一个自愿的合作组织，不具有强制性。各国贸易与投资的自由化都是建立在单边的、自愿的基础上。相互之间通过协商而非谈判来达成共识。

3. 区域经济一体化从低到高的层次？简要评价中国的区域经济一体化的现状，应采取何种对策？[南开大学 2015 研]

相关真题：

(1)区域经济一体化有哪些主要形式？[暨南大学 2019 研]

(2)简述区域经济一体化的层次。[大连海事大学 2019 研]

(3)按照贸易壁垒撤除的程度划分，区域经济一体化的形式有哪些？[中国海洋大学 2018 研]

(4)欧元区处于区域经济一体化哪个层次？有什么特点？[南开大学 2018 研]

答： 区域经济一体化是指一个地理区域内各国一致同意减少并最终消除关税和非关税壁垒，以便商品、服务和生产要素在区域内自由流动。

(1)区域经济一体化的层次划分

区域经济一体化的层次由低到高可分为自由贸易区、关税同盟、共同市场、经济联盟和完全的政治联盟。

自由贸易区是指各成员国之间的贸易壁垒都被取消，而各个国家可以自行决定与非成员国之间的贸易政策；关税同盟是指消除了成员国之间的贸易壁垒，并采用统一的对外贸易政策；共同市场是指成员国之间没有任何贸易壁垒，并实行统一的对外贸易政策，允许生产要素在成员国之间自由流动；经济联盟与共同市场一样，涉及成员国之间产品和生产要素的自由流动，以及采用统一的对外贸易政策，但它还需要统一的货币，统一的财政政策和货币政策，欧元区就是一个尚未完善的经济联盟；政治联盟是指有一个中央政治机构来协调成员国之间的经济、社会和对外政策。区域经济一体化的五个层次所具有的特点可由表9－1来说明。

表9－1　经济一体化的五个层次

	成员国之间自由贸易	共同对外关税	生产要素的自由流动	各种经济政策的协调	社会和对外政策的协调
自由贸易区	√				
关税同盟	√	√			
共同市场	√	√	√		
经济联盟	√	√	√	√	
完全的政治联盟	√	√	√	√	√

(2)中国区域经济一体化的现状

中国目前正在建设18个自贸区，涉及31个国家和地区。其中，已签署12个自贸协定，包括中国与东盟、新加坡、巴基斯坦、新西兰、智利、秘鲁、哥斯达黎加、冰岛和瑞士的自贸协定，内地与香港、澳门的更紧密经贸关系安排，以及大陆与台湾的海峡两岸经济合作框架协议等。总体来说，中国积极参加国际区域经济一体化组织，在国内也有多个区域经济体，但中国的区域经济一体化建设由于起步晚、时间短，无论是在深度上还是在广度上，与欧盟、北美自由贸易区等成熟的区域一体化组织相比，还存在着许多差距，表现出了诸多与众不同但却符合中国国情的个性化特点：

①区域经济一体化的层次比较低。中国目前的区域经济一体化建设还集中于优惠贸易安排、自由贸易区等比较低的层次上。

②先易后难，逐步推进。中国在经济一体化建设中，先从自主平等参加的、非制度化的松散区域经济合作开始，逐步过渡到具有法条约束的区域经济一体化组织。在国家的选择上，优先选择周边的发展中国家，再逐渐扩大到新兴市场国家，最后才是发达国家。

③区域经济一体化的经济效果有限。中国区域经济一体化建设从一开始就立足于兼顾经济效益和调整国与国(地区)之间关系的政治需要两个方面来考虑。这样做的好处是能够使自由贸易区的建设为中国外交战略服务，从而有利于为中国的和平发展创造一个良好的国际环境，也有利于维护地区安全和促进多极世界的建立，但其负面的影响是实际的经济效果非常有限。

(3)对策

①制定推进区域经济一体化的总体规划

从目前中国区域经济一体化决策的过程来看，往往是政治决策在前，可行性论证在后，科学依据不足。因此，中国应该在借鉴其他国家区域经济一体化建设的经验与教训的基础上，对今后可能的合作方式、合作途径、先后顺序进行详细而科学的评估，在此基础上制订区域经济一体化的总体规划。

②确定自由贸易区目标签约国的先后顺序

应按照由近及远、先易后难、循序渐进的方针来确定自由贸易区目标签约国的先后顺序，有步骤、有层次、由低到高逐步推进区域经济一体化。

③加强对区域经济一体化的宏观调控

区域经济一体化对政府的宏观调控要求更高。一方面区域经济一体化所涉及的贸易自由化进程一般要快于WTO规则的规定，一旦参加，中国的关税减让和非关税壁垒拆除行动就必须同时执行不同的时间表，这无疑会增加宏观经济管理工作的难度。另一方面，WTO有一整套规范各国市场行为的国际贸易规则，WTO成员国之间出现的贸易纠纷可以通过WTO的争端解决机制加以解决，而区域经济一体化必须依赖双方政府部门的协调与谈判。因此，在推进区域经济一体化实施过程中，政府有关部门应加强组织与协调工作，使各方面有序有效的发挥作用，以达到整体效应。

4. 试论述当今国际经济一体化的主要特征。［浙江工商大学2018研］

相关真题：试述20世纪80年代以来国际经济一体化的特征。［东北财经大学2014研］

答：（1）国际经济一体化的含义

国际经济一体化是指两个或两个以上的国家在现有生产力发展水平和国际分工的基础上，由政府间通过协商缔结条约，让渡一定的国家主权，建立两国或多国的经济联盟，从而使经济达到某种程度的结合以提高其在国际经济中的地位。在这个多国经济联盟的区域内，商品、资本和劳务最终能够自由流动，不存在任何贸易壁垒，并拥有一个统一的机构，来监督条约的执行和实施共同的政策及措施。

（2）国际经济一体化的主要特征

①世界市场进一步扩大，国际分工更加深入

自从世界市场形成以后，它就不断扩大，主要表现为：

a. 商品市场的扩大，这表现在世界贸易额的迅速增长上。

b. 金融市场以惊人速度扩张。国际贸易的增长，必然导致国际金融业务规模的扩大，但更重要的表现是国际间短期资本直接投资规模的迅速增长，其速度大大超过了国际贸易的发展速度。而贸易和投资是衡量经济一体化程度的两项最重要的指标。

c. 国际劳动分工也在不断的深化。

②以科学技术进步为动力源泉，引领世界进入知识经济时代

科学技术进步推动世界经济一体化的作用早已被历史所证实。20世纪40年代，以原子能，航天技术，电子计算机为代表的第三次科技革命使西欧主要大国联系日益密切，开始了经济一体化的过程。20世纪90年代，信息高速公路使全球网络联为一体，真正意义上的世界大市场得以形成。知识经济是在世界经济一体化条件下的经济。高技术产业是知识经济的标志性产业，较之以前钢铁、机械和纺织等产业不同，其领域十分广阔。

③跨国公司是世界经济一体化进程中的主角

跨国公司的发展对世界经济一体化的促进作用主要表现在：

a. 跨国公司是世界经济一体化直接的驱动力和主要载体。进入90年代以来，国际上一切高水平、高层次、大规模的贸易与投资活动，都是以跨国公司为主体进行的。跨国公司在国际兼并、合作经济、股权国际化等领域掀起了一个又一个新的浪潮。许多跨国公司已不属于哪一个国家，由跨国公司产生的所谓“无国界”经济正在形成。跨国公司已成为国际市场的垄断者，国际投资的主宰者，国际贸易的主要承担者及世界经济一体化的主体。

b. 跨国公司以其自身的优势迅速扩展它们在全球的生产经营活动。跨国公司作为世界经济一体化的主体与国民经济中的企业相似，但是它以全球作为活动舞台，在这里生产、经营，战略规划是全球性的。通过投资，跨国公司将生产、销售等活动按生产要素成本的比较、经营要素的比较在全球范围内以最佳选择进行区域分布。

c. 跨国公司对世界经济一体化的促进作用还表现在通过直接投资把技术和管理经验推广到世界各地。跨国公司的直接投资已经成为世界经济增长的主要动力。这种动力除资本外，必然伴随着先进的技术和管理方法，它们共同推动着世界经济一体化的进程。

④WTO 在世界经济一体化中发挥着不可或缺的作用

a. WTO 将贸易自由化推向更广领域。其一贯倡导的非歧视、自由及鼓励竞争的原则，有效遏制了贸易保护主义。

b. WTO 为各成员国提供了一个共同遵守的行为准则。

c. WTO 成功地解决了诸多经济争端，使全球经济得以稳定发展。国际经济交往的扩大，必然会伴随各利益主体的经济争端，如果不能妥善和及时地解决，很有可能演变为贸易战，就会严重阻碍世界经济一体化的进程。由于 WTO 实行平等、迅速、有效的争端解决机制，减少了单边报复行动，使多边贸易体系更安全。因此，WTO 的原则和运行机制，推动了世界经济一体化这一经济发展的主流。

⑤世界经济一体化在当代表现为区域经济一体化

在世界经济一体化的进程中，由于世界政治经济发展存在不平衡，国家间的矛盾和竞争更加激烈，由此推动了区域经济一体化的趋势。经济全球化使各个国家的经济联系和相互依赖空前紧密，货物、服务、资本和劳动力跨越国界的流动越来越频繁，客观上要求达成某种规范和约束各国行为的国际公约和准则，为经济全球化提供制度保证，实现对世界经济和国际经济关系的共同干预和调节。但是世界经济一体化的实现是一个漫长的过程，短期内不可能完全实现。而各个相对独立的区域内部，一些国家基于区域自身优势条件或者迫于外部经济、政治和安全因素的压力，利益共同点比较多，就有可能首先在区域层次上建立一体化组织。因此，区域经济一体化就成为世界经济一体化目标在区域层次上的率先实现，通过区域一体化组织的扩大和各个一体化组织的联合，有望推动世界经济一体化。

5. 为什么发达国家实行一体化比较成功，发展中国家实行一体化却大都不怎么成功? [南开大学 2015 研]

答：一体化是指多个原来相互独立的主权实体通过某种方式逐步结合成为一个单一实体的过程。一体化过程既涉及国家间的经济融合，也涉及政治、法律和文化，或整个社会的融合，是政治、经济、法律、社会、文化的一种全面互动过程。其中，区域经济一体化是指一个地理区域内各国一致同意减少并最终消除关税和非关税壁垒，以便商品、服务和生产要素在区域内自由流动。在实行一体化过程中，发达国家比较成功而发展中国家大都不成功，其原因主要有：

(1)经济一体化基础不同。发达国家经济发展水平较高，普遍具有较强的经济实力，能够通过互相投资真正达到经济上的互帮互助，制造业内部的水平分工达到了相当高的程度，同一产品的零部件生产分散在许多国家进行，这种相互依赖的关系客观上要求撤除国家之间的经贸障碍，形成一体化实行的客观基础，也有助于成员国之间凝聚力的形成；而发展中国家的制造业处于初级发展阶段，水平分工并不发达，即使组成一体化组织，成员国之间的相互依赖也不深，缺乏互补性，因此，经济一体化缺乏基础。另外，关税收入是大多数发展中国家财政收入的重要来源，实行一体化意味着关税的大幅下降，管理者难免不愿意承担一体化造成的关税损失。

(2)贸易转移效应不同。发达国家的技术和劳动生产率水平较高，拥有成本优势，一体化组织造成的贸易转移效应不会带来太多损失；发展中国家的技术水平、劳动生产率水平相对较差，处于成本劣势，这些国家主要是与发达国家建立贸易往来关系，如果发展中国家实行一体化，那么贸易转移效应将带来巨大的损失。

(3)贸易创造效应不同。实行一体化后，由于贸易壁垒的减少或消失，商品价格会大幅下降，如果商品的需求弹性大，则需求将大幅上升，形成显著的贸易创造效应，促进贸易的增长，同时，如果一体化组织内部的商品供给弹性高，则商品生产也会迅速增长。发达国家大部分商品的供需弹性都比较高，组建一体化能给成员国带来丰厚的福利；发展中国家大部分商品的供需弹性较低，实行一体化后不会出现较大的贸易创造效应，一体化给成员国带来的福利有限。

(4)成员国贸易结构、经济政策不同。区域经济一体化一般要求成员国在相当程度上统一贸易和经济政策。发达国家的经贸政策相对较为统一，有利于区域经济一体化的顺利实行；发展中国家彼此的经贸结构差异较大，实行一体化后成员国损益不均，对一体化组织的稳定性造成不利影响。

(5)政治环境不同。发达国家政治环境普遍较为稳定，能够为一体化的形成营造良好的政治环境；而发展中国家政治制度不成熟，政局动荡，不利于经济一体化的进一步发展。

(6)一体化管理能力不同。发达国家的一体化组织经验较为丰富，有较强的管理能力，能够制定科学合理的目标；而发展中国家一体化组织往往贪大求全，没有科学合理的目标和方向。

6. 区域经济一体化是当前世界经济发展的一大趋势，你是支持还是反对区域经济一体化？理由何在？［江西财经大学2011研］

答：个人倾向于支持区域经济一体化。区域经济一体化是指一个地理区域内各国一致同意减少并最终消除关税和非关税壁垒，以便商品、服务和生产要素在区域内自由流动。

(1)区域一体化的依据包括经济和政治两方面。

①区域一体化的经济依据

区域一体化的经济依据比较直截了当。国际贸易方面的经济理论认为，不受限制的自由贸易可使各国专门生产其最有生产效率的商品和劳务。自由贸易使得整个世界的总产量得到了提升。一国对自由贸易的开放还能刺激该国经济增长，原因是从贸易中取得了动态的收益。国际直接投资能够向东道国转移技术、营销和管理方面的知识。知识对经济增长的促进作用十分显著，开放对外投资也能促进经济增长。总而言之，经济理论证明自由贸易和投资所有的参与国都将获益，是一种正和博弈。

据此，理论上的理想状况就是取消全部商品、服务和生产要素在各国之间自由流动的壁垒。然而，政府干预国际贸易和国际直接投资也有依据。大多数政府都采取干预国际贸易和投资的政策，自由贸易和投资只是一种极端的理想状态。尽管诸如世界贸易组织之类的国际机构一直在将这个世界推向自由贸易制度，但并未取得完全成功。在意识形态各异的世界上，难以建立一套所有国家都认可的标准。区域经济一体化是能让各参与国获得额外收益的经济安排，在一个区域内建立自由贸易和投资制度比在全球范围内建立这种制度更容易协调，区域经济一体化有利于各国从自由贸易和投资中获利。

②区域一体化的政治依据

加强区域经济一体化有利于减少区域内各国的暴力冲突，也能加强区域内的政治合作，使各国的政治实力得到提升。欧洲在20世纪上半叶经历了两次由单一民族国家的野心引起的世界大战，许多人意识到欧洲不能再经历这样的战争。许多欧洲人也感到，在第二次世界大战之后，欧洲的各个单一民族国家已不再是一个能在世界市场和世界政治领域坚持自己独立地位的强国。也是出于战后的政治考量，人们考虑建立欧共体这样一个一体化组织来与美国和苏联抗衡。

(2)推动一体化的理由通常并不为一国内部的许多集团所接受，经济一体化确实也存在着它的弊端。

①一体化不是可以轻易实现或维持的，这有两个主要的原因：

a. 尽管经济一体化能使大多数人受益，但也须付出代价。虽然一个国家在整体上也许从区域自由贸易协定中获得巨大的利益，但某些特定的集团却可能受到损害。建立一种自由贸易制度需要作出某些痛苦的调整。

b. 高度经济一体化的实现需要各国让渡部分对宏观经济政策的掌控权。这曾经是欧盟面临的主要绊脚石。

②区域一体化的收益是由贸易创造和贸易转移共同决定的。

贸易创造是指在关税同盟内部取消成员国之间的关税后，国内生产成本高的商品被成员国中生产成本低的商品所取代，来自成员国的低价进口商品替代了昂贵的国内生产的商品，成员国之间的贸易被创造出来。区域一体化为世界创造收益的前提是贸易创造的数额超过贸易转移。从理论上讲，世贸组织能有效阻止贸易转移的发生。根据这些规则，只有在与以前的情况相比，各个成员国对非成员国征收的关税不是更高，或没有对贸易采取更严格的限制措施的条件下才能建立自由贸易区。在大多数情况下，贸易创造是大于贸易转移的。虽然区域一体化有风险，但整体收益大于成本，仍然值得支持。

7. 区域经济一体化是当前世界经济发展中的一个显著特点与趋势，我国在近年来也明显加快了构建自由贸易区(FTAs)协定的步伐。请从国际商务的视角阐述生产企业和外贸公司应该如何充分利用我国已经实施的FTAs协定来获得新的发展和机遇。[南开大学2011研]

答：经济全球化与区域经济一体化已成为当今世界经济发展的两大趋势，为适应这种形势，中国经济发展必须冲破行政区经济的束缚，深化国内外区域经济一体化，增强国家及地区的经济实力。中国的生产企业，应抓住机会，利用自由贸易区的构建来获得更好的发展。当然，在享受自由贸易区带来的好处时要规避它的风险，从而得到最大的收益。

(1)区域经济一体化对我国的正面效应

①提高谈判地位，从而使国际贸易条件改善成为可能。

经贸集团对成员国经济发展起到了一定的促进作用，其经济实力大大增强，在谈判中的话语权也加重，从而能使有利于我国企业发展的制度建立起来。以欧盟为例，在GATT和WTO的多边贸易谈判中，欧盟以集团身份与其他缔约方和成员方谈判，敢于同任何一个大国或贸易集团抗衡，维护集团成员的贸易利益。

②由于较好地开发出规模经济的优势，使生产水平得以提高，进而使市场规模进一步扩大成为可能。

自由贸易区建立以后，在排斥非成员国进口的同时，为成员国之间的产品的相互出口创造了良好的条件。所有成员国的国内市场组成一个统一的区域性市场，这种市场范围的扩大促进了企业生产的发展以及规模经济的实现，使贸易区内的企业可以进一步增强对外特别是对非成员国同类企业的竞争能力。

③强化的竞争带来了经济效益的调整，提升了企业竞争力。

一般来说，区域经济集团的建立加强了市场竞争，摧毁了原来各国备受保护的市场，提高了市场的透明度，从而导致资源配置效率改善，增强了比较价格作为相对稀缺性指标的可靠性。即使在寡头垄断的市场结构下，在产品差异和规模经济存在的条件下，市场竞争也将闲置或削减寻租、合谋等滥用非市场力量所带来的社会成本，并将刺激公司改组和产业合理化，推动先进技术的广泛使用，从而提高经济效率和增进社会利益。

④生产率的提升使按照比较优势提高专业化的水平成为可能，从而吸引投资。

自由贸易区的建立，将引起专业化生产企业的生产规模扩大、竞争程度增强和对技术进步的迫切追求。所有这些都成为吸收投资、刺激投资的重要因素。如果成员国因为组建自由贸易区而增加国民收入，则投资又会随着收入和储蓄的增长而增长。自由贸易区不仅刺激国内投资增长，还存在着吸引国外投资的可能性，成员国资本将会重新配置，以提高投资回报率。

⑤技术进步提高了生产要素的利用率，改进了质量。

就一个自由贸易区内部来说，其市场趋于统一，从而人尽其才，物尽其用，提高生产率，并增加就业机会，提高劳动者素质。资源的优化配置还能促使企业家精神在自由贸易区成员方之间传播和发扬，导致管理创新和制度创新。这些都将使生产要素配置更加合理，提高要素利用率，降低要素闲置的可能性，从而实现资源的最佳配置。

(2)区域经济一体化对我国的负面效应

区域经济一体化可能会带来贸易转移。贸易壁垒很高的区域经济一体化可能把来自外部国家的进口供应转移给经贸集团内的国家，如果被排斥的外部供应厂商的商品价格低于成员内部供应的商品，这样就可能导致生产成本提高，企业效率下降。

8. 解释关税同盟的动态效应。2014 年 APEC 北京峰会期间中韩两国正式宣布就中韩自由贸易协定谈判达成一致，试分析其对中国经贸发展的动态效应。[首都经济贸易大学 2015、2014 研；苏州大学 2014 研]

答：关税同盟是指成员国之间完全取消关税和非关税贸易壁垒，并对非成员国采取统一的贸易政策的经济一体化形式。关税同盟与自由贸易区最大的区别在于关税同盟以统一的贸易政策来对待非成员国。同一关税同盟内的成员国可以作为一个独立的实体与世界贸易组织等其他超国家组织进行谈判。

(1)关税同盟的动态效应

关税同盟的建立，在长期会对同盟成员国的经济结构产生较大的影响，这些长期的结构性影响称为动态影响。主要包括以下几个方面：

①优化专业化分工和生产配置。关税同盟的建立使成员国间的市场竞争加剧，专业化分工向广度和深度拓展，使生产要素和资源得以优化配置。

②获取规模经济利益。关税同盟成立后，成员国国内市场向统一的大市场转换，自由市场扩大，从而使成员国在适当生产规模条件下，获取专业与规模经济利益。

③刺激投资。关税同盟的建立，市场的扩大，投资环境的大大改善，会吸引成员国厂商扩大投资，也能吸引非成员国的资本向同盟成员国转移。对同盟成员国而言，为提高商品竞争能力、改进产品品质、降低生产成本则需增加投资。对非成员国，为了获得关税消除的好

处、突破同盟成员国的歧视性贸易措施，会以扩大投资方式提高自己厂商的竞争能力。

④促进技术进步。关税同盟建立后，市场扩大、竞争加强、投资增加、生产规模扩大等因素，均可使厂商增加研究与开发投资，导致技术不断革新。

⑤提高要素的流动性。关税同盟成立后，市场趋于统一，生产要素可在成员国间自由移动，提高了要素的流动性，促进要素的合理配置。

⑥加速经济发展。关税同盟建立后，由于生产要素可在成员国间自由移动，市场趋于统一并且竞争加剧，投资规模扩大，促进了研究与开发的扩大，技术进步提高，加速了各成员国经济的发展。

(2)中韩自由贸易协定对中国经贸发展的动态效应

①中韩自由贸易协定能够显著地刺激贸易和投资。自由贸易协定建立后，将放宽投资市场准入限制、减少投资壁垒、完善贸易和投资便利化等，这一系列措施都会促进相互投资。韩国对中国投资可能出现的变化有：a. 对中国制造业的投资不会出现太大增长。韩国对中国投资多集中于纺织、服装等劳动密集型产业，建立自由贸易协定后制造业在区内市场尤其是在中国市场的增长空间不会太大。b. 以扩大市场为目的的投资会增加。由于韩国在华企业多采用进口半成品或原材料后再加工出口到第三国的加工贸易模式，因此，垂直一体化生产成本的降低将会诱使企业扩大投资，占领市场。c. 以规避关税为目的的投资将会减少。

②中韩自由贸易协定能够优化专业化分工和生产配置。中韩两国在资源、劳动力、资金、技术、企业管理、商品市场及产业结构等方面有很强的互补性。中国自然资源和劳动力资源丰富，同时可以为韩国提供一个巨大的潜在市场，而韩国既是中国一个重要的初级产品及原材料市场需求者，同时也是中国资本和技术的重要供给者，中国可以借鉴韩国的成功经验，向资本和技术密集型产业转化和发展，促进产业结构的升级。

③中韩自由贸易协定能够加大双方在服务贸易和投资领域的合作，促进两国更紧密的经贸往来，促进市场融合，发挥竞争效应，促进规模经济效应的发挥。

④中韩自由贸易协定将提高要素的流动性。在中韩形成的“高水平、全面”的新型自由贸易协定中，包括电子商务等新规则，这些新规则有利于消除那些专属于国家管辖、制约跨境贸易和服务转移的法律和管制政策的行动，通过协调与合作来降低国内管制政策所导致的市场分割。新规则有利于货物贸易、投资、服务贸易规则相整合，推进全球价值链生产模式的发展，促进生产过程的国际化，商品、投资、服务、知识及人员在区域生产网络中跨境流动。

第10章　外汇市场

10.1　复习笔记

考点一：外汇市场

1. 外汇市场和汇率的定义

(1)外汇市场是指在国际间从事外汇买卖，调剂外汇供求的交易场所。

(2)汇率是一种货币转换成另一种货币的比率。

2. 外汇市场的作用

外汇市场主要有两个作用：一是货币转换；二是外汇风险的管理。

(1)货币转换

①定义

货币转换是指将一个国家的货币转换成另一个国家的货币。

②国际企业利用外汇市场进行货币转换的四种情形

a. 一家企业从事出口贸易、对外投资和技术转让等国际活动获得的报酬可能是外币。公司在本国使用这些款项，就必须利用外汇市场将它们转换成本国货币。

b. 国际企业需要利用外汇市场从事进口贸易。

c. 国际企业也需要利用外汇市场来从事对外投资。

d. 外汇投机要利用外汇市场。外汇投机是以赚取利润为目的的短期外汇交易，投机者利用汇率差异，贱买贵卖，从中赚取差价。

(2)外汇风险的管理

外汇风险的管理是指针对外汇风险提供一定的保障，外汇风险是指不可预见的未来汇率变化对企业产生不利影响的可能性。公司规避外汇风险的行为称作套期保值。

①即期汇率

a. 定义

即期汇率是外汇买卖成交后，买卖双方在当天或在两个营业日内进行交割所使用的汇率。

b. 性质

即期汇率会不断变化。货币的汇率是由外汇市场上这种货币的供求和另一转换货币的供求共同决定的。

②远期汇率

▼a. 定义

远期汇率，又称期汇汇率，是买卖双方事先约定在未来日期进行外汇交割的汇率。即期汇率与远期汇率的差价称为升水或贴水。远期汇率适用于远期外汇交易。

b. 远期外汇交易的作用

从事国际贸易的企业可以通过远期外汇交易来对冲外汇风险，避免出现未来汇率变动使一笔业务在到期执行的时候变得无利可图的可能。

③掉期(货币互换)

掉期(货币互换)是在外汇市场上买进即期外汇的同时又卖出同种货币的远期外汇，在同一笔交易中将一笔即期和一笔远期业务合在一起做来避免外汇风险。通常的一种掉期(货币互换)是即期对远期的交易。

3. 外汇市场的特性

(1)不固定性。由于全球金融中心的地理位置不同，全球各大外汇市场因时间差的关系，成为昼夜不停，全天24小时连续运作的巨大市场，仅凭电子通信系统即可联结全球的各大外汇市场和外汇交易者。外汇市场是世界上最大的金融交易市场，其规模已远远超过股票、期货等其他金融商品市场，财富转移的规模愈来愈大，速度也愈来愈快。

(2)时间连续性。外汇市场永不休眠。

(3)交易中心一体化。全球交易中心之间的高速计算机的联网有效地创建了一个统一市场。金融中心的一体化意味着各交易中心的汇率报价一般差异不大。

(4)美元发挥了重要作用。美元成为许多货币进行外汇交易的中间货币。

考点二：汇率决定的经济理论

在最基本的层面上，汇率是由外汇市场上的供求关系决定。然而，决定汇率的因素是复杂的，不存在理论上的一致观点。大多汇率决定理论都公认一国的价格水平、利率水平和市场动态是影响一国货币汇率的三大重要因素。

1. 价格和汇率

(1)一价定律

一价定律是指在没有运输费用和贸易壁垒的完全竞争市场中，同种商品在不同国家以同种货币表示的价格相同。

(2)购买力平价

如果市场有效，所有商品和服务都适用一价定律，那么通过比较同一商品不同货币的价格，就能确定符合购买力平价的汇率。购买力平价的表达方式有两种：绝对购买力平价与相对购买力平价。

▼①绝对购买力平价

绝对购买力平价是指在某一时点上，两国货币之间的兑换比率取决于两国货币之间的购买力之比。用公式表示就是：

$$E_{A/B} = P_A^T / P_B^T$$

式中，$E_{A/B}$表示直接标价法下的A国汇率，P_A^T表示A国可贸易商品的价格(水平)，P_B^T表示B国可贸易商品的价格(水平)。

▼②相对购买力平价

相对购买力平价是指当两国价格水平发生变化时，汇率的变动与同一时期内两国价格水平(购买力)的相对变动成比例。用公式表示就是：

$$E_{A/B}/E_{A/B}^0 = (P_A/P_B)/(P_A^0/P_B^0) = (P_A/P_A^0)/(P_B/P_B^0) = P_{AT}/P_{BT}$$

式中，$E_{A/B}$、$E_{A/B}^0$分别表示直接标价法下当期、基期的汇率，P_A、P_A^0分别表示A国可贸易商品当期、基期的价格(水平)，P_B、P_B^0分别表示B国可贸易商品当期、基期的价格

（水平），P_{AT}、P_{BT}分别表示 A、B 两国的价格指数（等于 1 + 通货膨胀率）。

通过取对数，汇率变化率等于两国通胀率之差。如果本国通胀率高于外国通胀率，那么本币就相对于外币贬值。这就是相对购买力平价的含义。

（3）货币供应和通货膨胀

一个国家的货币供应增长率可能决定了其未来的通货膨胀率。按照购买力平价理论，一个高通胀率的国家会出现货币贬值。根据购买力平价理论，可以根据货币供给量的变化来预测汇率变动的方向。

通货膨胀是一种当货币供应量增长超过产出增长时产生的货币现象。一个国家货币供应量增加可能会改变外汇市场上货币的相对供求状况。政府的货币政策决定了通货膨胀的程度。

（4）购买力平价理论的实证检验

“购买力平价谜团”指的是相对通货膨胀率和汇率变动之间未明确的影响关系。购买力平价谜团可由以下因素进行解释：

①购买力平价理论没有考虑运输成本和贸易壁垒的问题。运输成本对许多商品而言都是非常重要的，此外，政府通常会干预国际贸易，对跨国贸易设置关税和非关税壁垒，使得一价定律不能成立。

②政府对跨国贸易的干预破坏了有效市场假说。这削弱了购买力平价理论认定的相对价格变动和汇率变动之间的联系。

③若存在一些大型跨国公司可以在各国国内市场形成一定程度的垄断，并在不同的国家采取不同的销售模式，会导致购买力平价的不成立。

④政府会干预外汇市场，以期影响本国货币的汇率。

⑤投资者的心理活动，以及其他有关外汇购买决策和汇率变动的因素的影响。

2. 利率和汇率

（1）费雪效应

费雪效应揭示了通货膨胀率和利率之间的关系，它指出当通货膨胀率预期上升时，利率也将上升，其公式为：

$$i = r + I$$

根据费雪效应，假如世界各国的实际利率（r）是相同的，那么各国间任何名义利率上的差异均反映了对通货膨胀率（I）不同的预期，预期通胀率高的国家其名义利率也高。

（2）国际费雪效应

利率与汇率之间的联系被称为国际费雪效应，国际费雪效应表明，任何两国的即期汇率应随两国间名义利率的不同，按相反的方向做等量的变化。可用公式表述为（在直接标价法下）：

$$(S_2 - S_1)/S_1 = i_A - i_B$$

式中，i_A 和 i_B 分别为 A 国和 B 国的名义利率，S_1 为期初的即期汇率，S_2 为期末的即期汇率。

该公式表明，汇率的远期升贴水率等于两国利率之差。若 B 国利率高于 A 国，则 B 国汇率远期贴水；若 B 国利率低于 A 国，则 B 国汇率远期升水。

利率间的差异在长期与即期汇率的变化有关。但由于大量短期偏差的发生，国际费雪效应并不适合作为预测即期汇率短期变动的指标。

3. 投资者心理与跟风效应

汇率的短期波动不能有效地被购买力平价理论和国际费雪效应解释。一些研究表明，投资者心理和跟风效应（即交易商像羊群一样在同样的时间往同样的方向前进）在决定短期汇率波动上起主要作用。但是这些效应很难预测，投资者心理可能还会受到政治因素及微观经济事件的影响，而且，跟风效应会由政界人物的特异行为而引发甚至强化。

4. 小结

相对货币供给的增长速度、相对通胀率以及名义利率差异可以较好地预测汇率在长期的变化趋势。然而，在预测汇率的短期变化时，可能是由于投资者心理、投资者的预期以及跟风效应等因素的影响，它们就成了不精确的预测指标。

考点三：汇率预测

1. 有效市场学派

(1)有效市场的定义

有效市场是一个价格能反映所有可得公开信息的市场。

(2)有效市场学派的基本观点

①有效市场学派认为，在一个正常有效率的外汇市场上，靠投机是很难发意外之财的，所以花时间预测汇率是不明智的。

②如果外汇市场是有效率的，远期汇率应是未来即期汇率的无偏预测指标。这并不能说明在任何特定情况下的预测都很精确，而只是表明这些不精确指标的变动是随机的。

2. 无效市场学派

无效市场学派认为外汇市场是无效率的。在一个无效市场中，价格并不反映所有可得信息，远期汇率并非未来即期汇率的最佳预测指标。

3. 预测方法

(1)基本分析

基本分析根据经济理论建立复杂的经济模型来预测汇率变动。这些模型中通常包含诸如相对货币供应增长率、通货膨胀率以及利率等变量，也可能包括有关国际收支的变量。

一国国际收支的经常项目出现逆差，就会对外汇市场上的该国货币汇率产生下跌的压力。该论点是否成立取决于其他国家的居民是否愿意持有该国货币，这又取决于该国货币利率、持有该国其他货币资产的收益以及通货膨胀。因此从某种意义上说，国际收支状况并非预测汇率变化的根本因素，决定汇率的基本因素仍是货币增长率、通货膨胀率和利率。

(2)技术分析

技术分析是通过过往的汇率和交易数量来确定汇率变化的趋势，并认为这种趋势可以持续下去。这种方法并不依赖对经济基本面的考虑。技术分析的前提是存在过往的市场趋势，并以此来预测未来的趋势。

考点四：货币的可兑换性

1. 基本定义

(1)货币的可兑换性是指一国货币持有者可以为任何目的而将所持有的货币按市场汇率兑换成另一国货币的权利。

(2)当只有非居民可以无限制地使用本币兑换外币时，该国货币是对外可兑换的。

(3)若本国居民和非居民都不允许用本币兑换外币，该国货币就是不可兑换的。

2. 政府限制货币自由兑换

货币的自由兑换不是一种普遍的现象。

(1)政府限制货币自由兑换的原因

①可以遏制国内企业对外投资，为国内提供就业机会；

②保留外汇储备，防止外汇储备大量流失，一个国家需要足够的外汇储备来准备偿付外债及进口商品；

③防止出现资本外逃，进而引发通货膨胀、本币贬值等现象。

(2)政府限制货币自由兑换的影响

限制自由兑换，如对外可兑换政策，可以遏制国内企业对外投资，但是对于外国公司在国内的商务活动影响有限。

(3)企业应对货币不可兑换的途径

企业可以通过对等贸易来应对货币不可兑换的问题。对等贸易是指一系列类似以物易物的协议，即用商品和服务来交换其他商品和服务。

考点五：外汇风险

1. 外汇风险的分类

外汇风险通常可以分为三种：交易风险、折算风险和经济风险。

(1)交易风险

交易风险是指外汇汇率变动对单笔交易收入的影响。这种风险有以即期或延期付款为支付条件的进出口、以外币计价的国际信贷活动等。

(2)折算风险

折算风险是汇率变动对公司发布的财务报告的影响。折算风险涉及以当前汇率计算以往的事项。它是一种账面的损失和收益，并不是实际交割时的实际损益，但却会影响企业资产负债的报告结果。

(3)经济风险

经济风险是公司未来的国际盈利能力因汇率变动而受到的影响。经济风险涉及汇率变动对未来价格、销售和成本的长期影响。交易风险主要涉及的汇率变动对单笔交易的影响，大部分是在几周或几个月内就须完成的短期事项。

2. 降低外汇风险的方法

(1)降低折算风险和交易风险的方法

折算风险和交易风险主要是通过避免汇率的不利变动对短期现金流量的影响来降低，其主要方法包括：

①进行远期外汇交易和掉期(货币互换)；

②提前策略和错后策略，即根据汇率变动的预期对供应商的付款和客户的收款在时间上提前或错后，使外汇风险降至最低。提前策略是预期外币将贬值时提前完成应收款项和预期外币将升值时提前支付应付款项，而错后策略则反之。提前和错后是加快弱势货币国家向强势货币国家的支付，推迟强势货币国家向弱势货币国家的货币流动。然而提前与错后策略很难实施。

(2)降低经济风险的方法

降低经济风险的关键是将企业的资产布局在不同的国家，降低汇率风险。

(3)其他管理外汇风险的方法

①外汇风险应从高层抓起，实现对企业资源的有效把控，从上至下再确保各个下属机构的策略正确性。

②企业应区分交易风险、折算风险和经济风险，依据对企业的重要程度不同区别对待。

③不能过于依赖对未来汇率变动的预测，因为汇率预测十分困难，没有一种模型能够比较完美地预测外汇汇率的未来变动。短期中，远期汇率能有效预测汇率变动趋势，但在长期，则应该更关注经济基本面。

④公司需要建立良好的信息沟通机制，使得高层能够有效监控企业的外汇风险。这种报告系统应该能够帮助企业发现任何具有风险的账户以及任何账户的外汇风险头寸和期限。

⑤企业基于汇率预测和常规报告所得信息，编制月度外汇风险报告，并在报告中具体说明汇率变动预测会对现金流量和资产负债表造成的影响。然后，管理层就能够以这些报告为基础采取适当的方法和策略对冲未到期的外汇风险。

10.2 课后习题详解

1. 一年期韩国政府债券利率为4%，而下一年的预期通货膨胀率为2%。一年期美国政府债券的利率为7%，而预期通货膨胀率为5%。目前韩元的即期汇率为1美元＝1200韩元。试预测自今日起一年后的即期汇率。同时说明你的答案的逻辑合理性。

答：国际费雪效应表明，任何两国的即期汇率应随两国间名义利率的不同，按相反的方向做等量的变化。因此，既然名义利率美国比韩国高3%，美元相对于韩元一年后的即期汇率应当贬值3%，套用公式：

$$(S_2-S_1)/S_1=i_{韩}-i_{美}$$

得：

$$(S_2-1200)/1200=4\%-7\%$$

求得：$S_2=1164$，即预测一年后的韩元即期汇率为1美元＝1164韩元。

2. 英国和美国都生产同一种产品——牛肉。假定美国牛肉的价格为每磅2.8美元，英国牛肉的价格为每磅3.7英镑。

(1)按照购买力平价理论，美元和英镑的即期汇率应该是多少？

(2)假定美国牛肉的价格会上涨到每磅3.1美元，英国牛肉的价格上涨到每磅4.65英镑。美元兑英镑的一年期远期汇率应该是多少？

(3)按照你对(1)和(2)的回答，假定目前美国的利率是10%，你估计英国的利率会是多少？

解：(1)根据购买力平价理论，其公式为：$E_{美/英}=P^{T}_{美}/P^{T}_{英}$，则美元兑英镑的即期汇率应该是3.7/2.8≈1.32£/$。

(2)根据购买力平价理论，美元兑英镑的一年期的远期汇率应该是4.65/3.1＝1.5£/$。

(3)由于美元相对于英镑是升值的，根据国际费雪效应表明的汇率与利率之间的关系，英国一定比美国有更高的利率。在直接标价法下，设S_1为英镑的期初汇率，S_2为英镑的一年期的远期汇率，$i_{\$}$和$i_{£}$分别为在美国和英国的利率，则运用国际费雪效应的公式有：

$$(S_2-S_1)/S_1=i_{£}-i_{\$}$$

由$S_1=1.32$，$S_2=1.5$，$i_{\$}=10\%$，得出英国利率约为23.6%。

3. 回顾本章关于大众公司的“管理聚焦”专栏，然后回答下列问题：

(1)为什么大众公司的管理层决定只对公司在2003年的外汇风险的30%进行套期保值？

如果他们对外汇风险的70%进行套期保值会发生什么情况?

(2)美元兑欧元的汇率为什么会在2003年下跌?

(3)除了在外汇市场进行套期保值以外,大众公司还可以通过什么方法减少未来美元对欧元贬值的风险?

答:(1)因为套期保值是有成本的。首先,如果欧元兑美元的汇率没有上升而是下跌,那么大众不做套期保值的话每辆汽车的利润换成欧元就会更高;其次,套期保值费用很高,因为外汇交易商在买卖远期外汇合约时会收取很高的费用。因此,大众决定只对2003年在美国的销售额的30%通过购买远期合约进行套期保值。

若他们对外汇风险的70%进行套期保值,虽然还是会亏损,但亏损的比例大大缩小了。

(2)美元兑欧元的汇率在2003年出现下跌有以下几个可能的原因:

①美国的通货膨胀水平高于欧洲国家的通货膨胀水平;

②美国的名义利率高于欧洲国家的名义利率;

③由于欧元区一些政策的刺激,促使投资者对欧元的期望升高,大量买入欧元,导致在外汇市场上对欧元的需求增加,从而使欧元对美元升值。

(3)除了签订远期外汇合约和掉期,企业还可以通过提前和错后策略调整付款或收款的时间来降低外汇风险。提前策略是在预期美元贬值时提早收取美元应收款项或预期美元升值时提前支付美元应付款项,错后策略是在预期美元升值时推迟收取美元应收款项或预期美元贬值时推迟美元应付款项。

提前和错后策略涉及到加快弱势货币国家向强势货币国家的支付,推迟强势货币国家向弱势货币国家的支付。

4. 假定你是玻璃高脚酒杯制造商。6月中旬,你接到来自日本的10000只玻璃高脚酒杯的订单。40万日元的付款将在12月中旬到期。你估计到12月日元的汇率将会从目前的1美元=130日元上升到1美元=100日元。你可以按6%的年利率借到日元。你应该怎么做?

答:(1)最简单的方案是等到12月中旬,收到货款后将40万日元即期兑换成美元,若1美元=100日元,在这种情况下,将在12月中旬得到400000/100=4000美元。

(2)利用远期合同。如果180天的远期汇率低于1美元=100美元,那么远期合同可能更有利,因为它提前将利润锁定并减少了风险。

(3)从一家银行先贷款。以6%的年利率,也就是3%的半年期利率借入400000/1.03≈¥388350,再换算成美元,按目前1美元=130日元的汇率换算可以借到388350/130≈$2987,然后把这些钱投资在美国的账户。12月中旬收到货款¥400000,换算后得到$4000。这样可以得到4000-2987=$1013的利息,实际年利率为(1013/4000)×2≈51%。比第一种方式更有利。

5. 假定你是一家美国公司的财务总监,其在墨西哥的全资子公司为美国的装配线生产配件。该子公司的资金来自美国的银行借款。你的一个分析师告诉你外汇市场上墨西哥比索兑美元的汇率可能在下一年下跌30%。你将采取什么行动?

答:公司的金融和营运资本是美元,但子公司的成本一定是本国的货币比索。像子公司的固定资产都是以比索计量,他们的价值将会下降。另一方面,如果比索贬值,美元将会走高,那么一美元可兑换的比索将会更多,这对公司来说能够降低营运资本,所以什么都不做是很好的方式。但是如果能够确定比索将贬值,那么公司可能会想要提前支付子公司进货的外币款项,推后收回子公司销售的应收外币款项。

10.3　考研真题详解

1. 购买力平价[暨南大学2019研；南京大学2018研；中国海洋大学2018研；浙江工商大学2017、2016、2012、2011研；宁波大学2015研；河北大学2014研；对外经济贸易大学2011研；厦门大学2011研；南开大学2011研]

答：购买力平价是一种根据各国不同的价格水平计算出来的货币之间的等值系数。它认为货币如果在各国国内具有相等的购买力，那么这时的汇率就是均衡汇率。如果2美元和1英镑在各自的国内可以购买等量的货物，则2美元兑换1英镑便存在购买力平价。

购买力平价的理论基础是一价定律，即在没有运输费用和贸易壁垒的竞争性市场中，同样的商品当其价格以同样的货币表示时，在不同的国家必须以同样的价格出售，否则就会出现套利行为。根据购买力平价理论，一国的价格水平上升，该国的货币就会贬值，反之则升值，或者说，通货膨胀率高的国家的货币会贬值，通货膨胀率低的国家的货币会升值。

从历史上看，对20世纪20年代实行浮动汇率制时期的许多实证研究结果都表明，购买力平价理论运行良好；但对20世纪70年代以后的浮动汇率制时期的验证却显示出对购买力平价理论不利的结果。事实上，购买力平价理论在短期内是失效的，从长期来看，购买力平价比较合理。

2. 一价定律[东南大学2019研；中央财经大学2018研；浙江工商大学2015研]

答：一价定律理论认为，在自由贸易条件下，贸易者的套利行为会使得同一种商品无论在什么地方出售，扣除运输费用外，其价格都是相同的。从微观经济的角度来理解，绝对购买力就是开放经济条件下的一价定律，即在不考虑交易成本的条件下，以同一货币衡量的不同国家的某种可贸易商品的价格应是一致的。当所有商品均满足一价定律时，绝对购买力平价成立。在某一时点上两国货币之间的兑换比例就取决于两国物价总水平之比，即 $E=P_A/P_B$，其中 E 表示汇率，即1单位B国货币以A国货币表示的相对价格。P_A 为A国的一般物价水平，P_B 为B国的一般物价水平。

3. 简述利率平价理论的基本内容。[中央财经大学2016研；南开大学2015研]

相似真题：分析利率平价理论的前提假设及基本观点。[浙江工商大学2012研]

答：(1)利率平价理论的前提

利率平价理论以一价定律为基础，即在完全竞争市场上，同一产品(包括资产、货币等)的价格或成本，在世界范围内用同一货币表示时，应该一致或趋于相同。利率平价理论的原理是通过在不同国家市场上的套利活动实现的，套利资本的跨国流动保证了一价定律适用于国际金融市场。

(2)利率平价理论的基本内容

利率平价理论的基本内容为：远期汇率差价是由两国利率差异决定的，并且高利率国家货币在期汇市场上必定贴水(贬值)，低利率国家货币在期汇市场上必定升水(升值)。利率平价条件的表达式为(此式子为直接标价法)：

$$Y(1+I_A)=Y\times E_T(1+I_B)/E_0$$

式中，Y 为投入资产，I_A、I_B 分别表示A、B两国的利率，E_0、E_T 分别表示即期、远期汇率。

将表达式整理可得：$(E_T-E_0)/E_0=(I_A-I_B)/(1+I_B)$。

若 I_B 很小，可认为 $1+I_B\approx 1$，令 ρ 为远期汇率的升(贴)水率，则 $\rho=(E_T-E_0)/E_0\approx$

$I_A - I_B$。

由此可得，当 $I_A > I_B$ 时，$E_T > E_0$，说明 A 国的利率高于 B 国的利率，则会出现 A 国货币对 B 国货币的汇率上升，即 A 国货币要贬值，而 B 国货币则会升值。由此证明：低利率货币在期汇市场上趋于汇率升水或升值，而高利率货币在期汇市场上则出现汇率贴水或贬值。

在外汇市场上，始终存在着一种交易者——投机者，他们的投机活动对远期汇率的形成起到了决定性的作用。投机者总是试图从汇率变动中牟利，当预期的未来汇率与相应的远期汇率不一致时，市场上就出现了套利机会，投机者就会立即购买或出售远期外汇，这样就将获得这一差价所形成的利润，同时使得远期汇率与未来即期汇率水平之间的偏差很小而且接近于零。投机者的投机活动使得预期的远期汇率变动率等于远期汇率升(贴)水率。

(3)利率平价理论的图形表示

利率平价理论可用图 10－1 来说明，图 10－1 中 *A*、*B* 点都在利率平价线上，反映的正是上面所述的符合利率平价条件的点，如果不在 *A*、*B* 点或利率平价线上的其他任何一点，投机者就会通过套利活动使之恢复均衡，即回到利率平价线上。

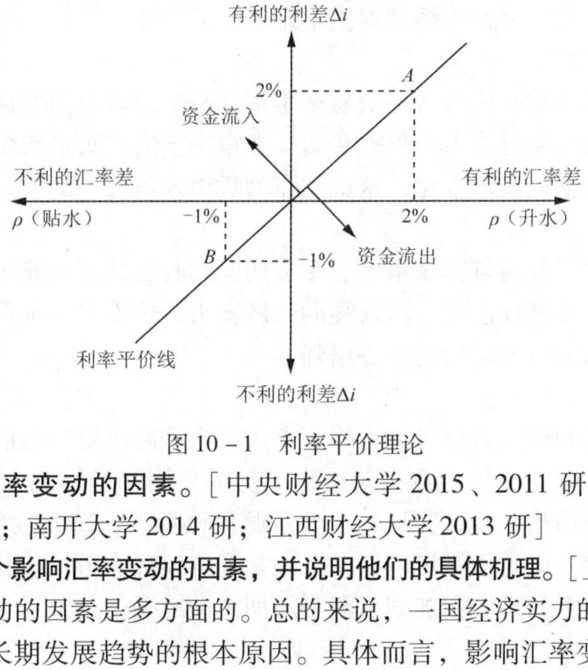

图 10－1　利率平价理论

4. 请简述影响汇率变动的因素。［中央财经大学 2015、2011 研；浙江工商大学 2015 研；中山大学 2014 研；南开大学 2014 研；江西财经大学 2013 研］

相关真题：举三个影响汇率变动的因素，并说明他们的具体机理。［上海财经大学 2011 研］

答：影响汇率变动的因素是多方面的。总的来说，一国经济实力的变化与宏观经济政策的选择，是决定汇率长期发展趋势的根本原因。具体而言，影响汇率变动的因素主要有以下几个方面：

(1)国际收支差额

一国国际收支差额既受汇率变化的影响，又会影响到外汇供求关系和汇率变化，其中，贸易收支差额是影响汇率变化最重要的因素。当一国存在较大的国际收支逆差或贸易逆差时，说明本国外汇收入比外汇支出少，对外汇的需求大于外汇供给，本币对外贬值。

(2)利率水平

利率也是货币资产的一种“特殊价格”，是借贷资本的成本和利润。利率对汇率的影响是通过不同国家的利率差异引起资金特别是短期资金的流动而起作用的。在开放经济和市场经济条件下，利率水平变化与汇率变化息息相关，主要表现在当一国提高利率水平或本国利率高于外国利率时，会引起资本流入，由此对本国货币需求增大，使本币升值，外汇贬值。

(3)通货膨胀因素

通货膨胀率是影响汇率变化的基础。通货膨胀率的变动，将改变人们对货币的交易需求量以及对债券收益、外币价值的预期。通货膨胀造成国内物价上涨，在汇率不变的情况下，出口亏损，进口有利。在外汇市场上，外国货币需求增加，本国货币需求减少，从而引起外汇汇率上升，本国货币对外贬值。相反，如果一国通货膨胀率降低，外汇汇率一般会下跌。

(4)财政、货币政策

一国政府的财政、货币政策对汇率变化的影响虽然是间接的，但也非常重要。一般来说，扩张性的财政、货币政策造成的巨额财政赤字和通货膨胀，会使本国货币对外贬值；紧缩性的财政、货币政策会减少财政支出，稳定通货，而使本国货币对外升值。

(5)投机资本

随着浮动汇率制度的出现，以及西方各国对外汇管制和国际资本流动管制的放松，外汇市场各种投机活动已十分普遍。投机者往往拥有雄厚的实力，可以在外汇市场上推波助澜，使汇率的变动远远偏离其均衡水平。过度的投机活动加剧了外汇市场的动荡，阻碍正常的外汇交易，歪曲外汇供求关系。投机资本对市场供求关系和外汇市场的影响也就不容忽略。但投机资本对汇率的作用又是复杂多样且捉摸不定的。

(6)政府的市场干预

当外汇市场汇率波动对一国经济、贸易产生不良影响或政府需要通过汇率调节来达到一定政策目标时，货币当局便可以参与外汇买卖，在市场上大量买进或抛出本币或外汇，以改变外汇供求关系，促使汇率发生变化，这就是作为货币政策之一的“公开市场业务”。

(7)一国经济实力

稳定的经济增长率、低通货膨胀水平、平衡的国际收支状况、充足的外汇储备以及合理的经济结构、贸易结构等都标志着一国较强的经济实力，这不仅是本币币值稳定和坚挺的物质基础，也会使外汇市场对该货币的信心增强。

(8)市场心理预期

外汇市场的参与者和研究者每天致力于汇率市场走势的研究，他们对市场的判断及对市场交易人员心理的影响以及交易者自身对市场走势的预测都是影响汇率短期波动的重要因素。当市场预计某种货币趋跌时，交易者会大量抛售该货币，造成该货币汇率下浮的事实；反之，当人们预计某种货币趋于坚挺时，又会大量买进该种货币，使其汇率上扬。由于公众预期具有投机性和分散性的特点，加剧了汇率短期波动的振荡。

(9)国民收入

通常，国民收入增加，促使消费水平提高，对本币的需求也相应增加。如果货币供给不变，对本币的额外需求将使本币升值。但国民收入的变动也可能引起本币直接标价法下的汇率上涨，如果国民收入因扩大政府开支或扩大总需求而提高，在供给不变的情况下，超额的需求必然要通过扩大进口来满足，这就使外汇需求增加，外汇汇率上涨。

(10)其他因素

一些非经济因素、非市场因素的变化往往也会波及外汇市场。由于资本具有追求安全的特性，一国政局不稳定、有关国家领导人的更替、战争爆发等等，都会导致汇率的暂时性或长期性变动。无论是政治因素、战争因素或其他因素，一旦发生变化，都会不同程度地影响有关国家的经济政策、经济秩序和经济前景。

影响汇率的因素是多种多样的，这些因素的关系错综复杂，作用方式变化多端。但是从长期来观察，决定汇率变化的基本因素是国际收支的状况和通货膨胀，利率因素和汇率政策只能起从属作用。

5. 请用相关理论分析美国退出量化宽松政策对人民币汇率的影响。［河南财经政法大学 2015 研］

答：量化宽松政策（QE）是指在中央银行利率为零或者接近零的条件下通过进一步的购买证券增加货币供应量的货币政策。美联储退出量化宽松政策标志着全球金融市场迎来了一个新的转折点。

（1）购买力平价理论

购买力平价理论的基本观点是：在某一段时期内，两国货币的汇率是由两国货币的购买力的对比关系决定的，而两国货币的购买力，又可以用两国各自的物价水平来表示。即一国货币对外汇率主要是由两国货币在其本国所具有的购买力所决定的，两种货币购买力之比决定了两国货币的兑换比率。

购买力平价理论有两种形式，即绝对购买力平价和相对购买力平价。前者说明在某一时点上汇率的决定，后者说明在一段时间内汇率的变动规律。

①绝对购买力平价表明两国货币的汇率取决于两国一般物价水平之比，用公式表示为 $S=P/P^*$，其中，S 为直接标价法下的汇率值；P 和 P^* 分别表示反映本国和外国所有商品物价变动的综合物价水平。

②相对购买力平价是绝对购买力平价的一种动态（长期化）扩展，用公式表示为：$(S_t-S_{t-1})/S_{t-1}=\pi-\pi^*$，其中 π 和 π^* 分别表示 t 时期本国和外国的通货膨胀率。相对购买力平价公式表明：汇率变化率等于同期本国与外国的通货膨胀率之差，若本国的通货膨胀率低于外国，则本币趋于升值。

（2）美国退出量化宽松政策对人民币汇率的影响

美联储退出量化宽松政策，将会降低美国国内货币供给，提升美国债券收益率，国际资本将重新流入美国，导致美元升值。退出 *QE* 后，对美国的通货膨胀预期将降低，按照购买力平价理论，美元升值，以美元标价的大宗商品价格下降。

退出 *QE* 后，我国“热钱”有所流出，可以舒缓人民币升值压力，甚至出现某种程度贬值。但由于人民币钉住的一篮子货币中美元比重较大，人民币在美元强势复苏的情况下对于其他货币被动升值，对美元略有贬值，但贬值幅度不大。

人民币汇率受美国退出 *QE* 影响较小，其原因包括：①我国资本账户尚未完全开放；②高额的外汇储备对冲了汇率波动风险；③我国宏观经济的内生增长动力对跨境资金仍有较强的吸引力。

6. 请说明外汇市场的四项基本职能。［厦门大学 2011 研］

答：外汇市场为企业金融活动和国际交易提供便利。外汇市场具有以下四项基本职能：

（1）实现购买力的国际转移

国际贸易和国际资金融通至少涉及到两种货币，这就要求将本国货币兑换成外币来清理国际债权债务关系，而这种兑换就是在外汇市场上进行的。外汇市场提供了一种购买力国际转移机制，使这种购买力转移交易得以顺利进行，它的存在将各种潜在的外汇售出者和外汇购买者联系起来。当外汇市场汇率变动使外汇供应量正好等于外汇需求量时，所有潜在的出售和购买愿望都得到了满足，外汇市场处于平衡状态之中。同时，由于发达的通讯工具已将外汇市场在世界范围内联成一个整体，使得货币兑换和资金汇付能够在极短时间内完成，购买力的这种转移变得迅速和方便。

(2)提供资金融通

外汇市场向国际间的交易者提供了资金融通的便利。外汇的存贷款业务集中了各国的社会闲置资金，从而能够调剂余缺，加快资本周转。外汇市场为国际贸易的顺利进行提供了保证，当进口商没有足够的现款提货时，出口商可以向进口商开出汇票，允许延期付款，同时以贴现票据的方式将汇票出售，拿回货款。外汇市场便利的资金融通功能也促进了国际借贷和国际投资活动的顺利进行。

(3)提供套期保值的机制

进出口商从签订进出口合同到实际支付或收款，通常都要经过一段时间。由于外汇市场中汇率波动频繁，外币债权人和债务人都要承担一定的风险，例如计价货币汇率贬值会使收款人遭受损失，而计价货币汇率升值则会使付款人蒙受损失。他们若不愿投机，只想免受损失，那么就需要对这些货币资产进行套期保值，以确保该项资产价值不受损失。具体地说，套期保值就是通过卖出或买入等值远期外汇，轧平外汇头寸来保值的一种外汇业务。例如，收款人可以卖出远期外汇，而付款人则可以买入远期外汇来进行套期保值。

(4)提供投机交易的机制

外汇投机是指根据对汇率变动的预期，有意保持某种外汇的多头或空头，希望从汇率变动中赚取利润的行为。它的主要特征是，投机者进行外汇交易，并没有商业或金融交易与之相对应。外汇投机利润具有不确定性，当投机者预期准确时，可以赚取利润，但如预期失误则要蒙受损失。例如，若某投机商预期两个月以后某种货币汇率会下跌，就在期货市场上卖出该种货币的两个月期汇。两个月后，该货币汇率若果真下跌，则投机商可以利用低价补进现汇以交割期汇，获得利润；但如果该货币汇率不降反升，则要蒙受损失。

7. 简述外汇市场的特征。［河北大学 2014、2011 研］

答：外汇市场是专门从事外汇交易的市场，它包括金融机构之间的同业外汇市场(或称批发市场)和金融机构与客户之间的外汇零售市场。外汇市场的主要特点有：

(1)有市无场

外汇买卖是通过没有统一操作市场的行商网络进行的，它不像股票交易有集中统一的地点。但是，外汇交易的网络却是全球性的，并且形成了没有组织的组织，市场是由大家认同的方式和先进的信息系统所联系的，交易商也不具有任何组织的会员资格，但必须获得同行业的信任和认可。这种没有统一场地的外汇交易市场被称之为“有市无场”。

(2)循环作业

由于全球各金融中心的地理位置不同，亚洲市场、欧洲市场、美洲市场因时间差的关系，连成了一个全天 24 小时连续作业的全球外汇市场。这种连续作业，为投资者提供了没有时间和空间障碍的理想投资场所，投资者可以寻找最佳时机进行交易。不管投资者本人在哪里，他都可以参与任何市场、任何时间的买卖。因此，外汇市场可以说是一个跨越时间和空间障碍的市场。

(3)零和游戏

在股票市场上，某种股票价格的上升并不意味其他股票价格的下降。然而，在外汇市场上，汇价的波动所表示的价值量的变化和股票价值量的变化完全不一样，这是由于汇率是指两国货币的交换比率，汇率的变化也就是一种货币价值的减少与另一种货币价值的增加。因此，有人形容外汇交易是“零和游戏”，更确切地说是财富的转移。尽管外汇汇价变化很大，但即使某种货币币值不断下跌，它依旧会代表一定的价值，除非宣布废除该种货币。

（4）成交量巨大

外汇市场是世界上最大的金融交易市场，每天成交额超过1.2万亿美元，高峰期甚至能超过3万亿美元。其规模已经远远超过股票、期货等其他金融商品市场，财富转移的规模越来越大，速度也越来越快。

（5）交易成本低

外汇交易不收取佣金或手续费，而只设定点差作为交易成本，相对而言，成本比较低廉。

（6）政策干预低

虽然一国中央银行会从宏观经济运行的整体要求出发，对外汇市场进行相应的干预活动。不过中央银行进行干预的能力在这个容量巨大的外汇市场上并不突出，况且在买卖双方阵营中随时都有大型金融机构及为数众多的普通交易者存在并不断地参与交易活动，所以没有机构或个人能够完全操纵外汇市场。国际外汇市场与期货或股票市场相比，是最公平的市场。

8．简述外汇风险的类型并回答规避外汇风险的方式。［上海大学2017研；西南财经大学2017研］

相关真题：

（1）简述外汇风险的主要种类。［中央财经大学2017研；上海大学2012研；江西财经大学2011研］

（2）企业如何规避或降低外汇风险。［中央财经大学2015研］

（3）什么是外汇风险？分为几类？外汇市场针对哪类外汇风险提供了怎样的解决方案？［对外经济贸易大学2012研］

答：（1）外汇风险的类型

外汇风险是指经济实体以外币定值或衡量的资产与负债、收入与支出，以及未来经营活动可望产生的现金流量的本币价值因货币汇率的变动而产生损失的可能性。

①从企业的角度分析，外汇风险有三个主要类型，即交易风险、折算风险和经济风险。

a．交易风险

交易风险是指在以外币计价的交易中，由于外币和本币之间汇率的波动使交易者蒙受损失的可能性。交易风险又可分为外汇买卖风险和交易结算风险。

b．折算风险

折算风险又称会计风险，是指企业在会计处理和外币债权、债务决算时，将必须转换成本币的各种外币计价项目加以折算时所产生的风险。由此造成的收益或损失是“账面”收益或损失。

c．经济风险

经济风险是公司未来的国际盈利能力因汇率变动而受到的影响。经济风险涉及汇率变动对未来价格、销售和成本的长期影响。这与交易风险有明显的差异，交易风险涉及汇率变动对单笔交易的影响，其中大部分是在几周或几个月内就须完成的短期事项。

②从国家的角度分析，外汇风险主要包括国家外汇库存风险和国家外汇储备投资风险。

（2）规避外汇风险的方式

①交易风险的管理

a. 可供签订合同时选择的防范措施

选择好合同货币。在选择合同货币时可以遵循以下基本原则：第一，争取使用本国货币作为合同货币。第二，出口、借贷资本输出争取使用硬币，即在外汇市场上汇率呈现升值趋势的货币。

在合同中加列货币保值条款。目前各国所使用的货币保值条款主要是“一篮子”货币保值条款，就是选择多种货币对合同货币保值，即在签订合同时，确定好所选择多种货币与合同货币之间的汇率，并规定每种所选货币的权数，如果汇率发生变动，则在结算或清偿时，根据当时汇率变动幅度和每种所选货币的权数，对收付的合同货币金额作相应调整。

调整价格或利率。要求适当提高以软币计价结算的出口价格，或以软币计值清偿的贷款利率；要求适当降低以硬币计价结算的进口价格，或以硬币计值清偿的借款利率。

b. 金融市场操作

在交易合同签订后，涉外经济实体可以利用外汇市场和货币市场来消除外汇风险。如现汇交易、期汇交易、期货交易、期权交易、借款与投资、外币票据贴现、利率和货币互换等等。

现汇交易。主要是指外汇银行在外汇市场上利用即期交易对自己每日的外汇头寸进行平衡性外汇买卖。

借款与投资。这是指通过创造与未来外汇收入或支出相同币种、相同金额、相同期限的债务或债权，以达到消除外汇风险的目的。

外币票据贴现。这种方法既有利于加速出口商的资金周转，又能达到消除外汇风险的目的。出口商在向进口商提供资金融通，而拥有远期外汇票据的情形下，可以拿远期外汇票据到银行要求贴现，提前获取外汇，并将其出售，取得本币现款。

c. 其他管理方法

提前或错后收付外汇。提前策略是指收款时为了避免外币贬值或是付款时避免外币升值而提前收取或给付款项的策略。错后策略是指收款时为了避免外币升值或是付款时避免外币贬值而推后收取或给付款项的策略。

配对。这是指涉外主体在一笔交易发生时或发生后，再进行一笔与该笔交易在币种、金额、收付日上完全相同，但资金流向正好相反的交易，使两笔交易所面临汇率变动的影响相互抵消的一种做法。

保险。这是指涉外主体向有关保险公司投保汇率变动险，一旦因汇率变动而蒙受损失，便由保险公司给予合理的赔偿。

②折算风险的管理

国际商务企业对折算风险的管理，通常是实行资产负债表保值。实行资产负债表保值，一般要做到以下几点：

a. 弄清资产负债表中各账户、各科目上各种外币的规模，并明确综合折算风险头寸的大小。

b. 根据风险头寸的性质确定受险资产或受险负债的调整方向，如果以某种外币表示的受险资产大于受险负债，就需要减少受险资产，或增加受险负债，或者双管齐下。

c. 在明确调整方向和规模后，要进一步确定对哪些账户、哪些科目进行调整。然而有些账户或科目的调整可能会带来相对于其他账户、科目调整更大的收益性、流动性损失，或造成新的其他性质的风险。

③经济风险的管理

经济风险的管理，是预测汇率变动对未来现金流量的影响，并采取必要措施的过程。主要方法有：

a. 经营多样化

经营多样化指在国际范围内分散其销售、生产地址以及原材料来源地。

b. 财务多样化

财务多样化指在多个金融市场、以多种货币寻求资金来源和资金去向，即实行筹资多样化。

9. 下表显示了美国、英国和日本在2010和2015年的CPI指数，这三国的相应货币分别采用美元($)、英镑(£)和日元(¥)表示，假设2010年名义汇率为：$/£ =1.25，¥/$=120：

	美国	英国	日本
货币：	$	£	¥
CPI 2010：	120	100	80
CPI 2015：	132	125	84

(1)请计算2010年£/$、$/¥、¥/£ 的名义汇率分别为多少？

(2)假设“相对购买力平价理论”成立，请根据“相对购买力平价理论”公式计算2015年$/£ 、¥/$、¥/£ 的名义汇率分别为多少？

(3)同样假设“相对购买力平价理论”成立，请分别从“实际汇率”和“名义汇率”两个角度回答2010年至2015年日元(¥)相对美元($)是“升值”“贬值”还是“不变”，并写出简要计算结果。[暨南大学2018研]

答：(1)£/$是指英镑兑美元的汇率，即一单位美元所对应的英镑价格，£/$ =1÷1.25 =0.8。

$/¥是指美元兑日元的汇率，即一单位日元所对应的美元价格，$/¥ =1÷120 =0.0083。

¥/£ 是指日元兑英镑的汇率，即一单位英镑所对应的日元价格，¥/£ = ¥/$ × $/£ = 120×1.25 =150。

(2)根据相对购买力平价理论，新汇率应当等于原有汇率与两国价格变动之比的乘积。

2015年$/£ 名义汇率为：1.25×(132÷120)÷(125÷100)=1.1。

2015年¥/$名义汇率为：120×(84÷80)÷(132÷120)≈114.5。

2015年¥/£ 名义汇率为：150×(84÷80)÷(125÷100)=126。

(3)实际汇率是将名义汇率经过相对物价指数调整的汇率，在直接标价法下表示为：$S_{实}=S_{名}\times(P_{外国}/P_{本国})$。

①从名义汇率来看，¥/$汇率分别为120和114.5。即一美元能兑换120日元(2010)和114.5日元(2015)，因此日元相对美元升值。

②从实际汇率来看，2010年¥/$实际汇率为120×120÷80=180，2015年¥/$实际汇率为114.5×132÷84=180，因此日元相对美元价值不变。

10. 假定美元对日元的即期汇率USD/JPY = 153.30/40，美元3个月定期利率为8.3125%，日元同期利率为7.25%，计算美元兑日元的远期汇水和三个月远期汇率。[中央财经大学2015研]

解：根据利率平价理论公式$(F-S)/S=i-i^{*}$，结合题中已知条件可得美元兑日元的远期汇水($F-S$)为：

$$153.30\times(8.3125\%-7.25\%)\times 90/360\approx 0.41$$

$$153.40\times(8.3125\%-7.25\%)\times 90/360\approx 0.41$$

因为美元利率高于日元利率，所以美元远期汇率贴水，3 个月美元兑日元的汇率为：

$$153.30-0.41=152.89$$

$$153.40-0.41=152.99$$

三个月远期汇率 USD/JPY = 152.89/99。

第 11 章　国际货币体系

11.1　复习笔记

考点一：国际货币体系的相关定义

1. 国际货币体系

国际货币体系是指管理汇率的制度安排。

2. 浮动汇率

浮动汇率是指一种货币的相对价值由外汇市场决定。

3. 钉住汇率

钉住汇率指一国将本国货币钉住另一种货币或货币篮子，是一种汇率相对固定的汇率制度。

4. 管理浮动

管理浮动将货币与某种重要的相关货币之间的比价控制在某个范围。这是一种浮动汇率，因为在理论上其货币的价值取决于市场力量。但(相对于自由浮动)这是管理浮动，因为如果本国货币对某种重要的相关货币的汇率出现过快下跌，该国中央银行会干预外汇市场，试图维持其货币的价值。

5. 固定汇率

固定汇率是指一组货币的价值相互之间按某种共同认可的汇率固定下来。

考点二：国际货币体系的演变

1. 金本位制度

(1)产生背景

①金块作为交换媒介的意义逐渐降低，其作为价值尺度的意义逐渐提高；

②工业革命促进国家贸易发展，需要更多更便利的资金；

③原来作为交换媒介的黄金或白银不便运输，需要纸币支付，这种纸币在政府的承诺下可以按比例兑换为黄金。

(2)运作机理

金本位制度就是货币钉住黄金，以保证货币与黄金的兑换性。购买一盎司黄金所需要的一种货币的数量就被称作黄金平价。

(3)优势

金本位制度下，一方面，可以限制政府或银行滥发纸币的权力，减少通货膨胀风险，另一方面，各国汇率基本固定，有利于国际贸易和国际投资。

在金本位制度下，当 A 国有贸易顺差时，黄金就从 B 国流向 A 国，自动减少了 B 国的货币供应量，增加了 A 国的货币供应量。货币供应量增长和通货膨胀有密切的联系。货币供应量的增加会提高 A 国的价格，而货币供应量的减少将降低 B 国的价格。这使 B 国商品在国际市场上比 A 国商品更具吸引力。因此，A 国将开始从 B 国购买更多的商品，而 B 国对 A 国商品的购买则减少，直至达到贸易收支平衡。

(4)两次世界大战期间金本位制度的变化

①从19世纪70年代起，金本位制度的运作相当出色；

②1914年第一次世界大战爆发，金本位制度被放弃；

③第一次世界大战结束后，美国、英国和法国相继重新采用金本位制度；

④1939年第二次世界大战爆发，金本位制度终于消亡。

2. 布雷顿森林体系

(1)产生背景

由于金本位制度的崩溃和20世纪30年代的大萧条，国际社会迫切希望建立一种持久的经济秩序，以促进战后的经济增长。1944年，44个国家在布雷顿森林召开会议，商定建立以美元为中心的国际货币制度。

(2)内容

①在布雷顿森林召开的会议通过了《国际货币基金组织协定》和《国际复兴开发银行协定》，从而确立了新的国际货币制度的基本内容。

②成立国际货币基金组织(IMF)及世界银行；

③实行双挂钩制度以及可调整的固定汇率制；

④布雷顿森林协议承诺不以货币贬值作为贸易竞争政策的工具。

(3)国际货币基金组织

国际货币基金组织作为主要的监管机构，其主要任务是通过约束和灵活性这两方面的结合来努力避免战后国际货币体系混乱局面的重现。

①约束

a. 实行固定汇率制度，为国际贸易提供了稳定的环境；

b. 向各个国家施加货币约束，从而抑制了通货膨胀。

②灵活性

为避免高失业率，布雷顿森林体系中加入了一些有限的灵活性。基金组织贷款机制和可调整的平价为这种灵活性提供了可能性。

a. 当一国迅速的紧缩性货币政策或财政政策损害到该国的就业时，国际货币基金组织将向其成员国出借外币，帮助这些国家克服短期国际收支逆差。各国不需要提前与IMF签订协定就能借到一定数量的资金，若大量提款，则国际货币基金组织就会对其实行严厉的监管。

b. 可调整的平价制度允许一国国际收支出现“根本性不平衡”时，可以实施本国货币贬值，贬值幅度可以超过10%。

(4)世界银行

世界银行又称国际复兴开发银行，其任务是促进世界整体经济的发展，并向第三世界国家提供贷款。世界银行根据两种安排来提供贷款：

①通过国际复兴开发银行在国际资本市场上发行债券筹集资金。世界银行据此安排可向信用等级较差的有风险的客户提供低息贷款。

②由国际开发协会(IDA)管理贷款安排。国际开发协会贷款资金的来源是经济较发达的成员国的认缴款项。国际开发协会的贷款只面向最贫穷的国家。最贫穷国家可以获得补贴和无息贷款。

3. 固定汇率制度的崩溃

(1)固定汇率制度的发展过程

20世纪60年代末以前，布雷顿森林体系建立的固定汇率制度运行良好，但后续其问题不断暴露，并在1973年这种制度最终崩溃，由管理浮动的体系所取代。

(2)布雷顿森林体系的缺陷

布雷顿森林体系自身存在不可解脱的矛盾：一方面，美元作为国际支付手段与国际储备手段，要想被各国普遍接受就需保持美元币值稳定。而美元币值稳定，不仅要求美国有足够的黄金储备，而且要求美国的国际收支必须保持顺差，从而使黄金不断流入美国而增加其黄金储备。否则，人们在国际支付中就不愿接受美元。这就导致整个体系容易受到美元被冲击的影响。

4. 浮动汇率制度

1976年1月，国际货币基金组织正式承认浮动汇率制度。1978年4月，基金组织理事会通过"关于第二次修改协定条例"，正式废止以美元为中心的国际货币体系。至此，浮动汇率制度在世界范围取得了合法的地位。

(1)《牙买加协议》的主要内容

①宣布接受浮动汇率制度；

②黄金不再作为储备资产；

③成员国向基金组织认缴的基金数额增加到410亿美元。

牙买加会议之后，尽管汇率制度的背景已经截然不同，但国际货币基金组织继续发挥着协助各国解决宏观经济问题和汇率问题的作用。

(2)1973年之后的汇率

1973年3月之后的汇率变动比1945～1973年间的汇率变动更为剧烈和难以预测。这种波动的部分原因是一些对世界货币体系的意外冲击，包括：

①1971年的石油危机，石油价格大幅上涨，使得美国通货膨胀率上升，贸易地位受到极大挑战，美元汇率进一步下跌。

②1977～1978年，美国通货膨胀率持续上升，人们丧失对美元的信心。

③1979年的石油危机，欧佩克又一次将石油价格提高了一倍。

④1980～1985年间，尽管美国国际收支仍处于恶化状态，但其美元汇率出现意外的上升。

⑤1985～1987年间美元相对于日元和德国马克的汇率下降，1993～1995年间美元兑日元的汇率迅速下跌。

⑥1992年欧洲货币体系出现部分崩溃。

⑦1997年的亚洲货币危机，包括韩国、印度尼西亚、马来西亚和泰国在内的一些亚洲国家的货币在几个月之内对美元贬值了50%～80%。

⑧2008～2010年间发生的全球金融危机和2010～2011年间发生的欧盟主权债务危机。

考点三：固定汇率与浮动汇率

1. 实行浮动汇率制度的理由

(1)货币政策自主权

浮动汇率制度的倡导者认为，在固定汇率制度下，一国货币政策自主权受限。而浮动汇率制消除了维持汇率平价的义务，将恢复政府对货币的控制。面对高失业的一国政府无需考虑汇率影响而可以通过增加货币供应量以刺激国内需求和减少失业，在购买力平价理论下，货币扩张导致的通货膨胀和其汇率下跌的效应可以相抵。

(2)贸易收支的自动调节

在布雷顿森林体系中，如果一国贸易收支出现无法通过国内政策来纠正的长久的逆差，就只能要求国际货币基金组织同意其货币贬值。布雷顿森林体系的批评者认为浮动汇率制相较固定汇率制会提供更加平稳的调节机制。他们认为，如果一国出现贸易逆差，该国货币在外汇市场上的供求不平衡(供应超过需求)会引起其汇率的下跌，进而引起该国出口商品国际价格下降而进口商品价格上升，最终纠正了贸易逆差。

(3)走出危机

浮动汇率的支持者认为，汇率调整有助于一国应对经济危机。因为当一国面临严重的经济危机时，其货币在外汇市场通常会贬值，从而促进该国的出口、刺激经济复苏，帮助该国走出经济危机。

2. 主张固定汇率制度的理由

(1)货币约束

浮动汇率制下，政府常常屈服于政治压力和过快地增加货币供应，导致不可接受的高通胀。而在固定汇率制下，政府为了防止引发通货膨胀则不能轻易增加货币供应量。

(2)限制投机

不稳定性的投机会加大汇率的波动幅度，这可能导致一国进出口价格的扭曲，损害该国的经济，而固定汇率制度可限制投机对汇率稳定的破坏。

(3)不确定性规避

浮动汇率制度加大了未来货币汇率变化的不确定性，这种不确定性阻碍了国际贸易和投资的增长。固定汇率可以消除这种不确定性，促进国际贸易和投资的增长。

(4)贸易收支调节和经济复苏

浮动汇率制的批评者认为贸易逆差由一国储蓄和投资之间的差额决定，贸易收支并不由汇率决定。同时一种货币贬值(由于进口商品价格的上升)将导致通货膨胀。通货膨胀将抵消由于货币贬值带来的成本竞争方面的任何明显好处。汇率下跌会导致价格上升，而不会起到促进出口减少进口的作用。

考点四：实际实施的汇率制度

1. 钉住汇率

(1)主要内容

一国将本国货币钉住在另一种货币或货币篮子上，货币价值随其钉住的货币价值或是货币篮子价值而变动。钉住汇率制度在世界上许多小国中比较盛行。

(2)优点

向一国施加了货币约束，导致较低的通货膨胀率。

(3)缺点

①不利于调节钉住国与被钉住国的经济关系。钉住国与被钉住国的经济增长率不同，通货膨胀率不同，国际收支的差额不同，因而两国货币汇率需要不断变化才能调节两国的经济关系。

②不利于调节钉住国与其他国家的经济关系。钉住国相对于其他国家而言的经济和贸易情况与被钉住国相对于其他国家而言的经济和贸易情况不可能是相同的，因而钉住国与被钉

住国货币汇率需要不断变化，才能调节钉住国与其他国家的经济关系。

③不利于调节钉住国的国内经济。钉住国的货币随着被钉住国的货币浮动，可能会加剧国内存在的经济问题，还会使钉住国无法利用货币政策解决国内经济问题。

2. 货币局制度

(1)主要内容

货币局制度指政府承诺本币与某一确定的外币之间可以通过无限制的固定汇率进行兑换，并且由货币当局确保这一兑换义务的实现，一定程度上具备固定汇率制度的特征。

(2)优点

①若本国通货膨胀率高于货币钉住国的通货膨胀率，则会导致本国货币竞争力弱，汇率高估。

②在严格的货币局制度下，利率是自动调整的。

(3)缺点

①如果本国的通货膨胀率比货币钉住国的通货膨胀率高，采用货币局制度的各国货币就会缺乏竞争力，并且出现汇率高估。

②在货币局制度下，政府缺乏确定利率的能力。

考点五：国际货币基金组织的危机管理

1. 后布雷顿森林体系时代的金融危机

(1)货币危机、银行危机和外债危机

①货币危机是指由于货币过多，汇率剧烈变化而造成的一国货币无法按现行汇率兑换成其他货币的状态，集中表现是货币大幅度贬值。

②银行危机是指个人、公司对银行体系丧失信心而要求大量提取现金的挤兑现象。

③外债危机是指一国大量负债超过其自身的清偿能力，而无力还债或必须延期还债的现象。

有时，货币危机、银行危机和外债危机会同时爆发。

(2)金融危机的根源

货币危机、银行危机和外债危机有共同的宏观经济根源：

①相对较高的通货膨胀率；

②不断增大的经常项目逆差；

③国内借款的过度增长以及资产价格的猛涨；

④政府的巨额赤字。

2. 对国际货币基金组织政策的评价

基金组织要求这些在金融危机中接受基金组织贷款的国家实施一系列紧缩性的宏观经济政策，包括削减公共开支，提高利率和实施紧缩性的货币政策。它也常常督促这些国家解除对某些部门的保护措施，实行国有资产的私有化，提高银行的财务透明度。这些政策的目的都是通过控制通货膨胀和减少政府支出与债务来冷却过热的经济，但最近，这种政策组合受到了许多观察家的严厉批评，基金组织也开始做出了相应的改变：

(1)政策不当

一种批评意见认为基金组织的宏观经济政策并不是适用于所有国家的。

基金组织驳斥了这些批评，认为最关键的任务是重塑对金融危机国家货币的信心。

(2)道德风险

基金组织的拯救行为可能会导致道德风险，即如果人们得知即使事情搞砸仍能获救，则可能会做一些草率的行为。

这种论点忽视了两个关键的问题：①如果那些因亚洲经济陷入困境而受到严重牵连的日本银行或西方银行由于大量的债务违约问题被迫注销坏账，其冲击将是难以容忍的。②有些银行需要为其轻率的贷款政策付出代价。

(3)缺乏责任心

还有一种批评意见认为，国际货币基金组织拥有太多的权力而缺乏实际的责任机制。国际货币基金组织决定着一些国家的宏观经济政策，然而它却缺乏做好这一工作的专业力量。

解决这一问题的方案是改革基金组织，使该组织能够更加充分利用外界的专家，并且其运作应受到更多的外部公开监督。

(4)实际观察

近年来，国际货币基金组织开始在政策应对方面表现出相当的灵活性，针对各国危机出现的不同原因采取不同的对策。

考点六：对管理者的启示

1. 外币管理

(1)在现有的混合的外汇管理制度下，外汇市场变化受政府干预和投机行为的共同影响，涉及大量外汇活动的公司需要据此调整其外汇交易行为。

(2)在目前的制度下，一方面，投机性的外汇买卖会造成汇率的急剧波动，增加外汇风险，不利于商务活动。另一方面，一系列的金融工具，例如远期市场和掉期(货币互换)交易，都有助于规避外汇风险。

2. 商务战略

当汇率变动不可预测时，公司应采取能有效降低企业经济风险且灵活性较高的策略。

(1)将生产的地点分散到全球的不同地区来规避汇率波动风险。

(2)将产品的生产外包出去。为适应汇率引起相对成本的变化，公司可将供应商转移到另一国。然而，这种策略只适合于低附加值的产品，不适合高附加值的产品。

(3)在现行的国际货币体系中，基金组织和世界银行的作用也会对商务战略产生影响。在那些申请基金组织的巨额贷款的国家销售或生产的国际企业需要了解这一点——那些国家必须采用基金组织规定的宏观经济政策，而这种经济政策在短期内会削减需求。因此国际企业需要作出相应的应对计划。在长期内，基金组织施加的约束能够促进贷款国经济增长和需求的扩张，从而为国际商务创造机会。

3. 公司与政府关系

工商企业是国际贸易和投资环境的重要参与者，政府制定关于国际货币体系的政策受其影响。因此，工商企业能够而且应该利用自己的影响来改进国际货币体系，使汇率变动幅度，尤其是那些与长期的经济基本面因素无关的汇率变动的幅度降到最低限度，以促进国际贸易和投资的增长。

11.2 课后习题详解

1. 金本位制度为什么会崩溃？是否有理由恢复某种形式的金本位制度？理由是什么？

答：(1)由于各国竞相用汇率作为贸易政策的工具，随意对其货币实行贬值，试图以此来降低出口商品的价格、提高进口商品的价格，从而促进生产，增加就业。如此恶性循环，没有一个国家能从中受益。最后的结果只能是击碎了大家对这个体系尚存的一点信心。人们对货币丧失信心，而将货币兑换成黄金以避免外币贬值，导致各国黄金储备压力增大，无法继续维持金本位制度。到1939年第二次世界大战爆发时，金本位制度最终消亡。

(2)有理由恢复经改良的金本位制度。2010年，当时的世界银行行长佐利克向全球主要经济体大胆呼吁，考虑重新采用经改良的金本位制来引导汇市走势。佐利克可能想推动一种制度，让世界银行自己的货币——特别提款权(SDR)来反映美元、欧元、英镑、日元和人民币价值，并以某种方式体现黄金价值。

(3)恢复金本位制度的理由有：①历史经验表明，实施金本位制可以长期保持较低的通胀率，维持国内价格水平稳定；②实施金本位制有效限制了政府滥发纸币以收取“铸币税”的权利；③由于国内实施金本位制带来各国货币币值的相对稳定，使金本位制的国际货币体系成为可能；④金本位制能够有效遏制政府的长期财政赤字，政府无法通过制造通胀来逃避或减轻偿债责任。

2. 现行的国际货币基金组织对发展中国家的贷款政策可能为国际商务创造什么机遇？这些政策又会形成哪些挑战？

答：(1)当一国迅速的紧缩性货币政策或财政政策伤害到该国的就业时，国际货币基金组织将向其成员国出借外币，帮助这些国家克服短期国际收支逆差。此时，发展中国家希望运用这些资金，发展生产，扩大出口来改善逆差，这对企业从事国际商务活动将是一个很好的机遇。某些行业的企业可能会受到政策的扶持，从而在全球市场上占据优势地位，获取利润。基金组织采取的政策在长时间内有利于经济增长，促进需求增长，为国际商务发展创造条件。

(2)大量借款的国家通常需要接受国际货币基金组织对该国宏观经济政策日趋严厉的监管，包括国内货币供应量的增长速度、汇率政策、税收政策和政府支出等。在短期，这种政策要求常会导致需求的迅速萎缩。在这些国家从事国际商务的国际企业需要了解这一点并据此作出计划。

3. 你认为国际货币基金组织对遭受货币危机的发展中国家开出的实施紧缩性货币政策和削减政府支出的标准药方是否总是恰当的？国际货币基金组织会怎样改变其做法？这对国际商务有什么启示？

答：(1)基金组织对遭受货币危机的发展中国家开出的紧缩性货币政策和削减政府支出的“标准药方”并不总是恰当的，这张药方并不适合那些并没有经受政府过度支出和通货膨胀，而是在通货紧缩背景下出现私人部门债务危机的国家。

(2)基金组织可以进行改革，更加充分地利用外界的专家，对每个国家进行深入了解，针对每个国家不同的情况制定适宜的实施方案。

(3)对国际商务的启示有以下几点：

①涉及大量外汇活动的公司必须认识到现有的制度是一种混合的制度，政府和国际组织的干预以及大量投机行为对短期汇率的决定有很大影响，因此公司需要根据基金组织实施的具体方案调整其外汇交易行为。

②当一国接受基金组织贷款后，通常会被要求实行紧缩性的宏观经济政策，这很可能会导致短期内其国内需求萎缩，因此在这类国家从事国际商务活动的企业需提前开拓新的市场，以转移过剩的产能。

③对于从事国际商务的企业来说，由于基金组织实施方案的不确定性增大，那么由此给

国际商务活动带来的不确定性和风险也会增大。

4. 试对固定汇率制度和浮动汇率制度各自的优点展开辩论。从国际商务的角度来看，在这二者之间进行选择的最重要的标准是什么？哪种制度对国际商务更有利？

答：(1)固定汇率制度的优点有：①固定汇率制度维持固定汇率平价的要求，使政府不能以可能引发通货膨胀的速度增加货币供应量；②固定汇率制度可限制投机对汇率稳定的破坏作用；③固定汇率制度可以消除投机给未来货币汇率变化带来的不确定性，促进国际贸易和投资的增长。

浮动汇率制度的优点有：①浮动汇率制度消除了维持汇率平价的义务，这将恢复政府对货币的控制；②浮动汇率制度下，贸易收支调节机制的运行更加平稳。若一国处于贸易逆差，则外汇市场上的本国货币增多，导致本国汇率下降，反过来，汇率下降导致本国商品降价，出口增多、进口减少，汇率下跌会缓和贸易逆差。

(2)从国际商务的角度看固定汇率和浮动汇率制度，主要是基于汇率风险来考虑的。由于在浮动汇率制度中，汇率是变化的，而从事国际商务的企业很难准确地判断汇率的变动趋势，这将加剧进口、出口和国际投资的风险，可能使本来有利可图的商务行为变得无利可图。而在固定汇率制度下，各国之间的汇率比例是不变的，而且，固定汇率制度能限制投机对汇率稳定的破坏作用。因此，固定汇率制度对国际商务更有利。

5. 假设加拿大、美国和墨西哥决定采取一种固定汇率制度。这种制度对国际商务以及这三国之间的贸易和投资往来可能产生什么影响？

答：若加拿大、美国和墨西哥决定采取固定汇率制度，这将推动三国之间国际贸易和投资的更快增长。在现行的汇率制度下，一些风险厌恶型企业可能出于汇率风险的考虑，对跨国贸易和投资踌躇不前，而在固定汇率制度下，从事国际商务的成本和未来的收益都是可以预测到的，之前徘徊的企业很有可能会改变战略，到国外进行投资活动。

6. 重读关于美元、石油价格和石油美元回流的“国家聚焦”专栏，然后回答以下问题：如果石油生产国决定将大部分石油出口收入投资于本国的基础设施项目，美元汇率会发生什么样的变化？

答：美国大量进口石油，导致其经常项目逆差不断扩大，而由于石油美元回流的发生，美国的资本与金融项目能得到一定的改善，有助于其国际收支的调整。如果石油生产国决定将大部分石油出口收入资本用于本国的基础设施项目，则该部分数额巨大的资本由流向美国转而流向产油国国内，美国就很难依托石油美元回流来改善其资本与金融项目，从而美国的经常项目逆差会进一步加大，使美元贬值压力加大。

7. 对持有大量石油美元的石油出口国而言，什么因素决定了以美元、欧元和日元计价的资产的相对吸引力？什么因素会促使它们将更多的资金转向以非美元计价的资产？

答：对于持有大量石油美元的产油国而言，资产的流动性、安全性与盈利性是其在资金配置中考虑的首要问题。若非美元资产的流动性、盈利性与安全性更高，则会促使石油出口国将更多石油美元投向非美元资产，实现巨额资金的保值增值。

8. 如果OPEC成员国决定将更多的石油美元投资于非美元资产，如以欧元计价的股票和债券，美元汇率会发生什么样的变化？

答：若OPEC成员国将更多的石油美元投向非美元资产，在经常项目赤字加剧与外汇市场美元抛售增多的双重压力下，美元将进一步贬值。

9. 除了石油生产国以外，中国也积累了大量美元，目前估计总量为1.4万亿美元。如果中国和石油生产国同时将以美元计价的资产转换为以其他货币计价的资产，美元汇率会发生什么样的变化？这对美国经济会产生什么影响？

答：若中国和石油产出国都将以美元计价的资产转换为以其他货币计价的资产，则会引起国际外汇市场上抛美元买入非美元货币，美元供大于求，美元贬值压力增大。

美元贬值会使美国商品出口价格的竞争优势上升，出口增加，但同时其进口成本增高，进口减少，因此在一定程度上会对其当下的经常项目巨额赤字有所改善；同时美元作为美国本身的货币，美元增多会导致美国通胀加剧。

11.3 考研真题详解

1. 金本位制度[南开大学2015研；中央财经大学2013研；江西财经大学2012研；云南大学2012研；浙江工商大学2011研]

相关真题：国际金本位制[大连海事大学2019研]

答：金本位制度是以一定重量和成色的黄金作为法定价格标准，规定流通中的货币或价值符号按其面额与所代表的黄金保持等值关系的一种货币制度。其特点是各国货币之间的汇率由各自的含金量比例决定，黄金可以在各国间自由输入输出，国际收支具有自动调节机制。英国于1816年率先实行金本位制度，19世纪70年代以后欧美各国和日本等国相继效仿，金本位制度由国内制度演变为国际制度。国际金本位制按其货币与黄金的联系程度，可以分为：金币本位制、金块本位制和金汇兑本位制。

2. "特里芬"难题[中央财经大学2015研]

答："特里芬"难题是由美国经济学家罗伯特·特里芬提出的著名论断：任何一个国家的货币作为国际储备资产都不会适应国际清偿能力的客观需要，最终导致国际货币体系崩溃。特里芬难题是布雷顿森林体系难以克服的局限。布雷顿森林体系以美元作为主要储备资产，具有内在的不稳定性，因为只有靠美国的长期贸易逆差，才能使美元流散到世界各地，使其他国家获得美元供应，但这样一来必然会影响人们对美元的信心，引起美元危机；而美国如果保持国际收支平衡，就会断绝国际储备的供应，引起国际清偿能力的不足，这是一个不可克服的矛盾。20世纪60~70年代初的多次美元危机及布雷顿森林体系的最终崩溃，证实了特里芬论断的正确性。

3. 汇率制度[上海财经大学2014研；湖南大学2014研；河北大学2012研]

相关真题：汇率体制[上海财经大学2019研]

答：汇率制度又称"汇率安排"，指一国货币当局对本国汇率变动的基本方式所做的一系列安排或规定。汇率制度的具体内容包括：本国货币的对外价值，外汇的波动幅度，本国货币与其他货币的汇率关系以及影响和干预汇率变动的方式等等。按照汇率变动的幅度，汇率制度被分为两大类型：固定汇率制和浮动汇率制。

4. 管理浮动汇率制[南开大学2017研；中央财经大学2011研]

答：管理浮动汇率制是指一国货币当局按照本国经济利益的需要，不时地干预外汇市场，以使本国货币汇率升降朝有利于本国的方向发展的汇率制度。在有管理的浮动汇率制下，汇率在货币当局确定的区间内波动。这使得汇率既具有一定的灵活性，又具有一定的稳定性，有利于一国对外投资和贸易的发展。

5. 特别提款权与普通提款权[四川大学2016研；南京理工大学2011研]

相关真题：特别提款权[南开大学2019研；上海财经大学2016研；中央财经大学2015研]

答：特别提款权，也称"纸黄金"，是国际货币基金组织创设的一种储备资产和记账单位，代表会员国在普通提款权之外一种使用资金的权利。特别提款权按照成员国上年底对基金组织缴纳的份额比例分配。会员国在发生国际收支逆差时，可用特别提款权向基金组织指定的其它会员国换取外汇，以偿付国际收支逆差或偿还基金组织的贷款，还可与黄金、自由兑换货币一样充作国际储备。但是，由于特别提款权只是一种记账单位，不是真正的货币，因此使用时必须先换成其他货币，不能直接用于贸易或非贸易的支付。

普通提款权指国际货币基金组织向其成员国提供的普通贷款。普通提款权的最高额度为该成员国股金的125%，并分为五档：第一档（即第一个25%）称为"储备贷款"，成员国可以不经过批准即可使用；第二档到第五档（即第二个25%到第五个25%）称为"信贷部分"，使用时必须经过批准。普通提款权的借用期限一般为3～5年。成员国借款时以本国货币向国际货币基金组织购买自由外汇或特别提款权（SDRs），还款时以外汇换回本国货币。

6. 最优货币区[南京大学2015、2012研]

答：最优货币区是指一种"最优"的地理区域，在此区域内，支付手段或是单一的共同货币，或是几种货币，这几种货币之间具有无限的可兑换性，其汇率在进行经常交易和资本交易时互相钉住，保持不变；但是区域内的国家与区域以外的国家之间的汇率保持浮动。最优意味着内部平衡与外部平衡同时得以实现。最优货币区理论最早由罗伯特·蒙代尔于1961年提出，其后麦金农、德拉姆、哈伯勒和弗莱明等经济学家对其理论从不同侧面修正补充和完善，但在关于最优货币区的标准上仍缺乏一个强有力的解释，主要的衡量标准有要素流动性标准、经济开放性标准、产品多样化标准、国际金融一体化标准、通货膨胀相似性标准等。

7. 简述固定汇率制和浮动汇率制的优缺点。[中央财经大学2015研；南开大学2013研；湖南大学2012研]

相关真题：浮动汇率制的优缺点。[山东大学2019研]

答：固定汇率制是指一国货币与另一国家货币的兑换比率保持不变的汇率制度。浮动汇率是指一国汇率根据市场供求关系而自由涨跌，货币当局不进行干涉的汇率制度。

（1）固定汇率制的优缺点

①优点

a. 固定汇率的最大优点就是消除了个人和厂商从事对外经济交往时可能面对的汇率风险。

b. 微观经济主体不必投入大量资金进行套期保值活动，可获得数目可观的资金节约，以及更多的收益机会。

c. 以汇率固定承诺作为政府政策行为的一种外部约束机制，可以有效地防止各国通过汇率战、货币战等恶性竞争破坏正常的国际经济秩序。

②缺点

a. 固定汇率制下的汇率往往要在问题积累到相当程度时才进行一次性的大幅度调整，而这种汇率调整对经济的震动与伤害通常也比较剧烈。

b. 僵化的汇率安排可能被认为是暗含的汇率担保，从而鼓励短期资本流入和没有套期保值的对外借债，损害本地金融体系的健康。在固定汇率制度下，一国必须要么牺牲本国货币政策的独立性，要么限制资本的自由流动，否则易引发货币和金融危机。

（2）浮动汇率制的优缺点

①优点

a. 防止外汇储备大量流失，节省国际储备。

在浮动汇率制度下，各国货币当局没有义务维持货币的固定比价。当本币汇率下跌时，不必动用外汇储备去购进被抛售的本币，这样可以避免国家外汇储备的大量流失。而且，在浮动汇率制度下，汇率随着外汇供求的涨落而自动达到平衡，政府在很大程度上听任汇率由外汇市场支配，减少干预行动，国家对外汇储备的需求量自然可以减少。这就有助于节省国际储备，使更多的外汇能用于本国的经济建设。

b. 自动调节国际收支。

在浮动汇率制下，当一国国际收支逆差，本币就会开始贬值，这样就会促进本国产品的出口，从而改善国际收支。

c. 有利于国内经济政策的独立性。

浮动汇率制度使各国可以独立地实行货币政策、财政政策和汇率政策。在固定汇率制度下，各国政府为了维持汇率的上下限，必须尽力保持其外部的平衡，有时国内经济还要服从于国外的平衡。在浮动汇率制度下，通过汇率杠杆对国际收支进行自动调节，在一国发生暂时性或周期性失衡时，一定时期内的汇率波动不会立即影响国内的货币流通，一国政府不必急于使用破坏国内经济平衡的货币政策和财政政策来调节国际收支。

d. 使经济周期和通货膨胀的国际传递减少到最小限度。

在贸易上有密切联系的国家间容易通过固定汇率传播经济周期或通货膨胀。在浮动汇率制度下，若一国国内物价普遍上升，通货膨胀严重，则会造成该国货币对外币汇率贬值，该国出口商品的本币价格上涨便会被汇率抵消，出口商品折成外币的价格因而变化不大，从而贸易伙伴国就少受国外物价的上涨压力。

e. 可缓解国际游资的冲击。

在固定汇率制度下，由于要维持货币的固定比价，会使汇率与货币币值严重背离，各种国际游资竞相追逐可以用来保值或用来谋求汇率变动利润的硬货币，这会导致国际游资的大规模单方面转移。在浮动汇率制下，汇率因国际收支、币值的变动等频繁调整，不会使币值与汇率严重背离，某些硬通货受到巨大冲击的可能性减少。

②缺点

a. 浮动汇率制的内在不稳定性将会阻碍国际贸易和国际投资的发展。

汇率波动导致国际市场价格波动，使人们普遍产生不安全感。外贸成本和对外投资损益的不确定性加大，风险加大，使人们不愿意缔结长期贸易契约和进行长期国际投资，使国际商品流通和资金借贷受到严重影响。

b. 助长投机，加剧外汇市场的动荡。

在浮动汇率制度下，汇率变动频繁且幅度大，为低买高抛的外汇投机提供了可乘之机。不仅一般投机者参与投机活动，连银行和企业也加入了这一行列。为牟取投机暴利而进行的巨额的、频繁的投机活动，加剧了国际金融市场的动荡。

c. 易引发货币战，增加国际协调难度。

浮动汇率可能导致竞争性贬值，各国都以货币贬值为手段，输出本国失业，或以他国经济利益为代价扩大本国就业和产出，即采取以邻为壑的政策。一般情况下，实行汇率贬值政策的主要目的是为了刺激出口，减少进口，改善贸易收支，进而扩张国内经济，增加生产和就业。而实行汇率升值政策，则主要是为了减少国际收支顺差，减少国内通货膨胀压力。当然，高汇率也不利于一国的出口，这又迫使该国加强贸易保护措施，使其与其他国家的矛盾和摩擦加剧，引发贸易战、货币战。浮动汇率制度助长各国在汇率上的利己主义，削弱金融领域的国际合作，加剧国际经济关系的矛盾。

d. 具有通货膨胀倾向。

浮动汇率有其内在的通货膨胀倾向，可使一国长期推行通货膨胀政策，而不必担心国际收支问题，因为其汇率的贬值可一定程度上自动调节国际收支。

e. 对发展中国家不利。

当外汇汇率上升时，广大发展中国家进口工业制成品的价格上涨，而这些产品又是发展中国家经济建设所必需的，故进口成本上升。当外汇汇率下跌时，出口初级产品的价格下跌，而初级产品需求弹性小，不会在价格下跌时使外贸收入增加，贸易收支得不到改善。浮动汇率还加剧了外债管理的难度，增大了风险。

8. 布雷顿森林体系与金汇兑本位制的异同。［上海财经大学 2015 研；中南财经政法大学 2012 研］

答：（1）布雷顿森林体系与金汇兑本位制的含义

金本位制度是以黄金为基础，对货币的含金量、货币的单位、货币的发行和货币的支付等一系列事务所作出的法律规范，从而形成法定的货币制度。根据货币与黄金的联系程度，金本位制度可细分为金币本位制度、金块本位制度和金汇兑本位制度三种类型。其中，金汇兑本位制度是一种虚金本位制度，其特点是：国内不能流通金币，而只能流通有法定含金量的纸币；纸币不能直接兑换黄金，只能兑换外汇。实行这种制度国家的货币同另一个实行金块本位制国家的货币保持固定比价，并在该国存放外汇和黄金作为准备金，体现了小国对大国（“中心国”）的依附关系。通过无限制买卖外汇维持与金块本位国家货币的联系，即“钉住”后者的货币。国家禁止黄金自由输出，黄金的输出输入由中央银行负责办理。

布雷顿森林体系是指二战后以美元为中心的国际货币体系。1944 年 7 月，西方主要国家的代表在联合国国际货币金融会议上确立了该体系，因为此次会议是在美国新罕布什尔州布雷顿森林举行的，所以称之为“布雷顿森林体系”。

（2）布雷顿森林体系与金汇兑本位制的区别

①金汇兑本位制下，国际准备金只有黄金，而布雷顿森林体系下，国际准备金是黄金与美元并重；

②金汇兑本位制下，处于统治地位的储备货币，除英镑外，还有美元和法郎，而布雷顿森林体系下，美元是唯一的主要储备货币；

③金汇兑本位制下，英、美、法三国都允许居民兑换黄金，而布雷顿森林体系下，美国只同意外国政府向美国兑换黄金；

④金汇兑本位制下没有一个国际机构维持着国际货币秩序，而布雷顿森林体系下，国际货币基金组织作为国际货币体系正常运转的中心，维持着国际货币秩序。

（3）布雷顿森林体系与金汇兑本位制的相似之处

①布雷顿森林体系下，会员国的货币平价与金汇兑本位制下的黄金平价相似；

②布雷顿森林体系下，会员国货币汇率的变动不超过平价上下 1% 的范围，与金汇兑本位制下的黄金输送点相似；

③布雷顿森林体系下，对经常项目在原则上不实施外汇管制，与金汇兑本位制下的自由贸易和自由兑换类似。

9. 请评论：欧洲主权债务危机的本质原因是欧元区有单一的货币政策，而没有单一的财政政策。［南京大学 2015 研］

答：“欧洲主权债务危机的本质原因是欧元区有单一的货币政策而没有单一的财政政策”，这句话是正确的。

欧元区的货币政策是统一的，掌握在欧洲中央银行手中；而财政政策却是分散的，取决于各成员国政府。统一的货币政策与分散的财政政策，成为欧元区区域货币制度内在的矛盾。尽管欧元区为解决此矛盾已经做出了诸多努力，但依然无法改变其不断加剧的经济不平衡的现实。这在相当程度上，成为主权债务危机的深层次原因。

（1）欧元区成员国没有独立的货币政策，宏观调控主要依赖于单一的财政政策工具。财政一旦出现赤字，成员国只能依靠发行国债筹措资金。加入欧元区后，成员国货币政策制定权统一上交欧洲中央银行，对国内经济进行宏观调控的回旋余地大大缩小。

（2）欧元区成员国存在“道德风险”，不必担忧积极的财政政策所带来的通胀以及汇率上涨对出口的影响，可转嫁给邻国。

（3）欧元区缺乏统一的财政政策协调机构，财政纪律松散，政府普遍倾向于宽松的财政政策。债务长期不断积累，当融资成本上升而无法处置公共债务时，各个主权国家相继爆发债务危机也就不足为奇了。

根据有效市场分配原则，货币政策应当服务于外部目标，而财政政策则应服务于内部目标，如此一来，才能够实现内外均衡。对于欧元区经济调节而言，统一的货币政策，离不开统一的财政政策的配合。一方面，欧元区统一货币政策本身需要各成员国协调立场，从而达成一致。另一方面，协调统一各国的财政政策，存在较大难度。欧洲中央银行作为欧元区货币政策制定者，在具体制定和实施货币政策的时候，不能不考虑平衡各成员国的利益矛盾，从而导致货币政策的调整总是难以到位。

10. 什么是布雷顿森林体系？请描述该体系产生的背景是什么？达成的协议主要内容是什么？［中山大学 2015 研］

答：（1）布雷顿森林体系的定义

布雷顿森林体系是指二战后以美元为中心的国际货币体系。1944 年 7 月，44 个国家的经济特使聚集在美国新罕布什尔州的布雷顿森林，举行了“联合国货币金融会议”，商讨战后的国际货币制度和世界经济秩序等问题。会议通过了《国际货币基金组织协定》和《国际复兴开发银行协定》，建立起布雷顿森林体系。

（2）布雷顿森林体系产生的背景

在布雷顿森林体系以前，两次世界大战之间的 20 年中，国际货币体系分裂成几个相互竞争的货币集团，每个集团都想通过货币贬值，以牺牲他人利益为代价，解决自身的国际收支和就业问题。

20 世纪 30 年代世界经济危机和第二次世界大战后，各国的经济政治实力发生了重大变化，美国登上了资本主义世界盟主地位，美元的国际地位因美国巨额的黄金储备（占资本主义世界的 3/4）而空前稳固。这就使建立一个以美元为支柱的有利于美国经济对外扩张的国际货币体系成为可能。

（3）布雷顿森林体系的主要内容

布雷顿森林体系的实质是建立一种以美元为中心的国际货币体系。其基本内容是美元与黄金挂钩，其他国家的货币与美元挂钩，实行固定汇率制度。

①本位制度与固定汇率制度

a. 美元与黄金挂钩。各国政府或中央银行可按35美元一盎司的黄金官价用美元向美国兑换黄金。为使黄金官价不受自由市场金价冲击，各国政府需协同美国政府在国际金融市场上维持这一黄金官价。

b. 其他国家货币与美元挂钩。其他国家政府规定各自货币的含金量，通过含金量的比例确定同美元的汇率。

c. 实行可调整的固定汇率。《国际货币基金组织协定》规定，各国货币对美元的汇率，一般只能在法定汇率上下各1%的幅度内波动。各国政府有义务在外汇市场上进行干预，以维持汇率的稳定。若会员国法定汇率的变动超过10%，就必须得到国际货币基金组织的批准。1971年12月，这种即期汇率变动的幅度扩大为上下2.25%的范围，而决定"平价"的标准，也由黄金改为特别提款权。布雷顿森林体系的这种汇率制度被称为"可调整的钉住汇率制度"。

②国际储备资产

《国际货币基金组织协定》中关于货币平价的规定，使美元处于"等同"黄金的地位，成为各国外汇储备中最主要的国际储备货币。

③国际收支的调节

国际货币基金组织会员国份额的25%以黄金或可兑换成黄金的货币缴纳，其余则以本国货币缴纳。会员国发生国际收支逆差时，可用本国货币向国际货币基金组织按规定程序购买(即借贷)一定数额的外汇，并在规定时间内以购回本国货币的方式偿还借款。会员国所认缴的份额越大，得到的贷款也越多。贷款只限于会员国用于弥补国际收支赤字，即用于经常项目的支付。《国际货币基金组织协定》还规定，会员国未经国际货币基金组织同意，不得对国际收支经常项目的支付或清算加以限制。

④组织保障——成立国际货币基金组织和世界银行

国际货币基金组织和世界银行是布雷顿森林体系的一大特色。

国际货币基金组织的宗旨：

a. 建立国际货币基金组织机构，促进国际货币合作；

b. 促进国际贸易和投资的均衡发展，提高会员国的就业和实际收入水平，扩大生产能力；

c. 促进汇率稳定，维护正常汇兑关系，避免竞争性货币贬值；

d. 建立多边支付体系，设法消除外汇管制；

e. 为会员国提供资金融通，纠正国际收支失衡；

f. 缩小或减少国际收支赤字或盈余的扩大。

世界银行1945年12月建立，旨在对广大发展中国家用于生产目的的投资提供长期贷款和融资，并鼓励发展中国家生产与开发资源，通过保证或参与私人贷款和私人投资的方式，促进私人对外投资以开发会员国生产资源，促进国际贸易的长期平衡发展，维持国际收支平衡。这都不同程度地解决了会员国和广大发展中国家战后恢复和发展经济的资金需要。

11. 当前国际货币体系存在着哪些问题？您认为应该如何改革现行国际货币体系？［云南大学2012研］

答：（1）当前国际货币体系存在的问题

①国际储备多元化，国际货币格局不稳定、管理调节复杂性强、难度高。

②浮动汇率制加剧了国际金融市场和体系的动荡和混乱，套汇、套利等短线投机活动大量泛滥，先后引发多次金融危机。汇率变化难以预测也不利于国际贸易和投资。

③调解机制多样化不能从根本上解决国际收支失衡的矛盾。在开放经济条件下，任何一个国家的宏观经济政策都具有溢出效应，由于国际协调不充分，各国的宏观经济政策经常互相抵触，不仅对彼此实体经济造成负面冲击，也影响了汇率的稳定。

④国际经济组织缺乏独立性和权威性。IMF 作为现行国际货币体系的重要载体之一，未发挥出其应有的作用。

（2）改革现行国际货币体系的措施

①建立稳定的汇率体系。新金本位制度并不依赖于实际存在的黄金储备，而是以中央银行保证本国货币按固定比率购回黄金的远期合约为基础。这样一来，根据对未来的预期，金融市场力量便可被用来扩张或收缩一国的货币供应量。新金本位制不再像布雷顿森林体系那样，美元与黄金挂钩、其他货币与美元挂钩，而是主要国际货币如美元、欧元、日元与黄金挂钩。

②建立坚固的国际支付体系。当前世界实体经济格局正在呈现多极化趋势，包括中国、巴西、印度、俄罗斯、南非组成的“金砖五国”在内的新兴国家迅速发展，欧盟、日本强势竞争，美国一方独霸的地位逐渐下降。可以考虑一下美联储、欧洲央行、日本银行和中国中央银行形成一个货币联盟即四方货币联盟的可能性。这四个地区从经济方面的现实情况来看，其相似程度远胜于现在组成欧洲货币联盟的那些国家。

③加强国际货币金融的合作和协调。新的国际金融秩序在很大程度上是用于协调各方关系的。从国别上看，首先是发达国家与发展中国家的关系，要在支持发达国家经济增长的同时，更多地考虑如何保护和支持发展中国家和地区；其次是发达国家之间的协调；三是加强地区间的国际金融合作和协调，包括国际金融经营环境、国际金融内部控制、国际金融市场约束以及国际金融监管等方面的合作和协调。

④进一步改革 IMF 体制功能。IMF 作为现行货币体系重要的载体，理应发挥更重要的作用，但随着现行国际货币体系的演变，IMF 的职能被弱化和异化。因此有必要对 IMF 进行广泛的改革：一是改革不合理的份额制，更多地考虑根据一国国际收支状态而不是经济规模来调整份额，降低美国对 IMF 的绝对控制；二是增加 IMF 的基金份额，扩大其资金实力，以便在某国家或地区爆发危机时，增大 IMF 可动用资金的规模；三是扩大 IMF 提供援助的范围，增强其应付国际货币危机的职能。

12. 人民币国际化对我国企业的影响。［南开大学 2015 研］

答：人民币国际化是指人民币能够跨越国界，在境外流通，成为国际上普遍认可的计价、结算及储备货币的过程。具体来说，人民币国际化就是随着中国商品贸易和服务贸易在国外市场逐步扩展，人民币跨越国界，在境外市场履行流通手段、支付手段、储藏手段和价值尺度的职能，从而由主权国家货币走向区域货币，再走向世界货币的过程。人民币国际化对我国企业有着积极和消极两方面的影响，具体如下：

（1）积极影响

①有利于减少汇率风险。我国是世界经贸大国，但在现有贸易结算体制下，外贸企业的进出口业务都采用外币进行结算，无论汇率升降，风险都集中在中国贸易企业，而自次贷危

机发生后，企业的风险也大大增加了。跨境贸易使用人民币结算，有利于中国出口企业在贸易中规避汇率风险。

②有利于减少交易成本。外贸企业在用美元结算时不仅手续比较繁琐，还要向银行支付一定的手续费，这些成本对于量小利微的企业是很大的负担。用人民币结算则可以减少汇率变化带来的定价成本，在贸易谈判中一次性锁定价格，还可以简化手续，降低交易成本，有利于企业的快速发展。

③有利于推动我国企业与周边国家的贸易往来。与中国有经贸合作关系的周边国家，特别是对中国的贸易为顺差的国家，普遍存在着国际贸易清偿力不足和外汇短缺的现象，这在一定程度上限制了这些国家的贸易发展，而人民币国际化有助于缓解双边交往中清偿力的不足，推动和扩大双边经贸往来，尤其是边境贸易的发展。

(2)消极影响

人民币国际化进程中人民币汇率有长期升值的压力。在人民币国际化进程中，对人民币的需求不仅有境内需求，还有境外需求。而境外需求在人民币国际化进程中是不断增加的，这种不断增加的需求会促使人民币升值。人民币升值将给出口企业带来消极影响。

①人民币升值将导致出口企业的产品竞争力下降。人民币升值导致出口价格相对提高，降低中国产品在国外的价格竞争力，而价格优势正是中国制造的真正生命力，因而出口企业将遭受出口收入转化为人民币时的汇兑损失，以及由于出口量减少造成的总额损失。

②人民币升值将增加出口导向型企业的成本。人民币升值会导致人工费用等生产成本增长，故对出口贸易依存度大的行业的短期内的冲击将难以避免，尤其将严重影响那些以低价取胜，科技含量较低的产品的出口。

③人民币国际化削弱了中国经济金融的稳定性，使中国企业面临更多的风险。在享有人民币国际化带来的好处的同时，中国的外贸也会不可避免地受到外部的冲击，国际金融市场的任何风吹草动都会对中国经济金融产生一定的影响。

总体来说，人民币国际化对企业的影响是利大于弊的。人民币顺应经济发展而升值，有利于改善我国的贸易条件，推动企业加快技术进步，体现了转变外贸增长方式的要求，并非难以承受之重。相关企业最重要的是要提高产品的技术含量和附加值，增强产业竞争力，找到最适合自身的应对策略。

第12章　全球资本市场

12.1　复习笔记

考点一：全球资本市场

1. 一般资本市场的功能

资本市场将希望投资的群体和希望借款的群体连接在了一起。

(1)一般资本市场的主要参与者(如图12－1)

①希望投资的群体包括拥有盈余现金的公司、个人以及非银行金融机构；

②希望借款的群体则包括个人、公司和政府；

③做市商是直接或间接地连接投资者和借款者的金融服务公司，包括商业银行和投资银行。

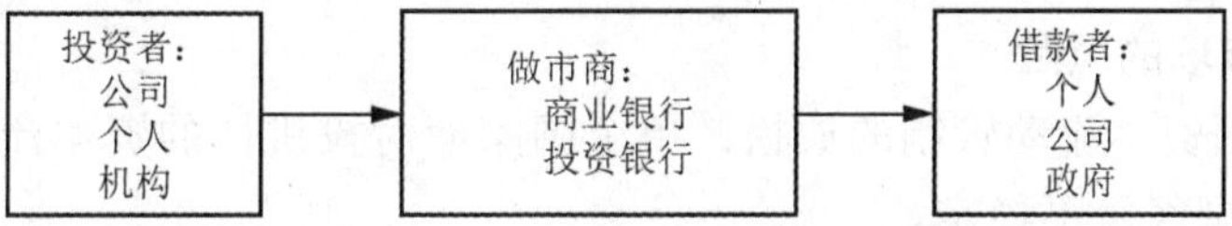

图12－1　一般资本市场的主要参与者

(2)资本市场提供资金的方式

资本市场向公司提供资金的方式有股权融资和债权融资两种。

①当一家公司向投资者出售股票时，就形成了股权融资。每一股股份实际上给予了持有者对企业利润的一份要求权。公司通过向股东支付股息承认这种权利。

②债权融资包括从银行的现金贷款以及向投资者出售公司债券筹集的资金，实行债权融资的借款公司须按固定的时间间隔偿还事先确定的一部分贷款数额(本金加上规定的利息之和)。投资者购买公司债券相当于购买了在规定年份内获得相应收入的权利。

2. 全球资本市场的吸引力

(1)借款者的视角：较低的资金成本

国内资本市场的流动性不足，而在全球市场中，更广泛的投资者群体意味着借款者可以付出较低的代价来获得资金。资金成本是为取得资金使用权所支付的费用，即借款者为取得资金必须向投资者支付的收益率，债权融资中的利率，以及股权融资中的股息收入与预期股票差价。

(2)投资者的视角：分散投资组合

投资者可以在国际范围内分散投资组合，与纯粹的国内资本市场相比，可降低投资风险，因为各国之间股票市场价格的变动不是完全相关的。国家间股票市场变动相关性较低的原因主要有两点：①国家采取的宏观经济政策以及面对的经济问题不同，使得股票市场的影响因素不同，并不一定向同一方向变动；②资本管制分割了国家间的股票市场，有利于切断风险传递。由此可得到的启示是，投资者采取分散化的国际投资组合有利于降低风险水平，起码分散投资时的风险水平会低于仅持有国内股票时的风险。

3. 全球资本市场的发展

信息技术的发展和政府管制的放松导致了全球资本市场在 20 世纪 80 年代开始蓬勃发展。

(1)信息技术的发展

国际通信技术的发展促进了世界上任意两个地方之间的即时联系。除此外，数据处理能力的发展为处理大量来自世界各地的繁杂信息提供可能。这促进了一体化的、不间断的全球资本市场的形成，但同时也使得一个金融中心出现的震荡能够很快蔓延到全世界。然而，全球资本市场一体化的利远大于弊。

(2)放松管制

20 世纪 80 年代初以来，许多金融服务业的限制被取消，其原因主要有：

①欧洲货币市场的发展，该市场从一开始就处于国家管制之外；

②金融服务公司希望拥有一个管制轻松的经营环境；

③社会日益接受与个人主义政治哲学相关的自由市场理念。

20 世纪 70 年代初，许多国家开始解除资本管制，放宽了外国投资者对内投资以及本国居民、公司对外投资的限制。全球化的发展也促进了资本市场逐步放宽。

4. 全球资本市场的风险

(1)由于对跨国资本流动管制的放松，单个国家面对投机性的资本流动的冲击变得更加脆弱，这将导致一国经济不稳定。

(2)经济学家马丁·费尔德斯坦指出大多数国际性的资本流动是在追求短期收益，一旦情况发生变化，资本将迅速流入或流出。

(3)有关国际直接投资基本状况的信息不足，导致缺乏支持长期跨国资本的“耐心货币”，可能会促进全球资本市场中投机性资金的流动，影响全球资本市场的运作效率。

考点二：欧洲货币市场

1. 欧洲货币

欧洲货币是指存放在发行国境外银行的任何一种货币。在国际商务中，欧洲货币市场是一个低成本的资金来源，具有重要地位。

2. 欧洲货币市场的吸引力

欧洲货币市场因其缺乏政府管制对存款人和借款人具备吸引力，体现在：

(1)对于存款人来说，欧洲货币存款有比国内货币存款更高的利率，使得欧洲货币存款更有吸引力。

(2)对于借款人来说，缺乏管制使欧洲货币市场的借款利率更低，使得欧洲货币贷款更有吸引力。

总的来说，欧洲货币存贷之间的利差比国内的存贷利差要小。

3. 欧洲货币市场的缺陷

(1)欧洲货币市场缺乏监管，银行倒闭导致存款者存款损失的可能性就较大。但是在受监管的银行业体系内银行倒闭从而导致其存款损失的可能性是很小的。因此，本国存款的较低利率体现了本国存款的安全性。

(2)借入国际贷款会使一家公司暴露于外汇风险之下。这就使得许多公司在借入资金时更愿意以本币借入，以避免外汇风险。

考点三：全球债券市场

1. 国际债券的形式

国际债券有两种形式：外国债券和欧洲债券。

(1)外国债券

外国债券指外国借款人(政府、私人公司或国际金融机构)所在国与发行市场所在国具有不同的国籍并以发行市场所在国的货币为面值货币发行的债券。主要的外国债券有扬基债券、武士债券、斗牛犬债券等。

(2)欧洲债券

欧洲债券是指在某货币发行国家以外，以该国货币为面值发行的债券。欧洲债券的发行人、发行地以及面值货币分别属于三个不同的国家。

在能够降低资金成本的情况下，公司就会发行国际债券。

2. 欧洲债券市场的吸引力(见表12－1)

表12－1 欧洲债券市场的吸引力

优势	具体内容
没有法规的限制	欧洲债券处于任何单一国家监管领域的范围之外，政府管制较为宽松，避免了因管制导致债券发行成本过高
信息披露要求宽松	欧洲债券市场对信息披露的要求相对更加宽松。发行欧洲债券(包括以美元标价的欧洲债券)的成本比在其本土境内发行以本币标价的债券更低
税收优惠	各国纷纷免除外国投资者对持有本国公司发行债券的税负，有效的避免资金外流

考点四：全球股票市场

股票市场的国际化发展：

(1)由于投资者正大力投资于外国股票市场以分散其投资组合，世界上的股票市场正在朝着国际化的方向发展。国际股票投资的趋势导致了公司所有权的国际化。

(2)许多公司通过在其他国家的股票市场上市，以拓宽股票所有者的范围。这主要有三个原因：

①在国外股票市场上市，可以利用外国市场的流动性，增加投资资金来源，降低企业的资金成本；

②在国外股票市场上市便于将来收购外国公司；

③当地管理人员和雇员获得公司的股票和股票期权作为收入补贴，一方面，使得当地人有了参与满足感；另一方面，增加了当地员工、顾客、供应商和银行对公司的了解。

考点五：外汇风险和资金成本

1. 外汇风险对资金成本的影响

企业在全球资本市场上筹集资金，比在国内资本市场上筹资的成本要低，然而，在浮动汇率制度下，外汇风险可能会大大提高外币债务的成本。

2. 外汇风险的规避

借款人可以通过签订一个远期合约规避外汇风险，即事先签订合约确定贷款到期时的汇率。尽管这会增加借款者的资金成本，但可限制这类交易中的外汇风险。

3. 风险和收益之间的权衡

企业从全球资本市场中筹资时，需要考虑低利率带来的收益与汇率变动导致实际资金成本增加的矛盾，需要对两者进行权衡。并且远期外汇市场上存在的外汇风险持续存在，不会消失。更重要的是，远期外汇市场不能为长期借款提供足够的保障。

考点六：对管理者的启示

全球资本市场的发展为国际商务活动中的借款和投资创造了机会，也带来了风险。

1. 在全球资本市场上借款

(1)优点

企业通过利用全球资本市场筹措资金通常比纯粹利用国内资本市场成本更低。

(2)缺点

全球资本市场较好的流动性和总体上宽松的政府管制使得资金成本较低。然而，与之相伴的，是借入外币所带来的外汇风险。

2. 在全球资本市场上投资

(1)优点

投资者在全球资本市场上采取分散化的股票和债券组合，有利于降低风险。

(2)缺点

外汇风险使投资收益变得不确定。

12.2 课后习题详解

1. 在最近几十年中，为什么全球资本市场发展如此迅速？你认为在未来的十年里这一发展能否持续？为什么？

答：(1)全球资本市场在近几十年中蓬勃发展的原因主要有两点：

①信息技术的发展

金融服务业是信息密集型产业，它吸收了关于市场、风险、汇率、利率、资信等大量的信息。因此，20 世纪 70 年代以来信息技术的发展使金融服务业受到的影响程度要超过其他任何行业。国际通信技术的发展促进了世界上任何两个地方之间的即时联系。除此外，数据处理能力的发展为处理大量来自世界各地的繁杂信息提供可能。这种发展促进了一体化的国际资本市场的形成。由于通信和数据处理技术的发展，全球资本市场已经无眠。金融服务公司已经能够对股票、债券、外汇等多种金融资产实行全天不间断的交易。

②放松管制

世界各国的金融服务业都曾经是受到最严格管制的行业，但 20 世纪 80 年代初以来，许多限制被取消。金融服务公司希望拥有一个管制轻松的经营环境；社会日益接受与个人主义政治哲学相关的自由市场理念。20 世纪 70 年代初，许多国家开始解除资本管制，放宽了外国投资者对内投资以及本国居民、公司对外投资的限制。

(2)全球资本市场给借款者提供了更低成本的融资平台，给投资者提供了更能分散风险的投资平台。全球化的发展也促进了资本市场逐步放宽。

2. 2008—2009 年间，世界经济在全球危机的冲击下出现收缩。资本市场的国际化是否强化了危机？如果是这样，未来如何做才能遏制金融危机在全球的蔓延？

答：(1)资本市场的国际化在一定程度上的确强化了危机。全球资本市场，由于其较低的资本成本与分散化的投资渠道，从而比一般的国内资本市场具有更大的吸引力。然而，这种全球化和自由化，在一定程度上得益于国际资本市场的监管不足和金融产品的不断创新。当金融危机席卷全球，这种监管不足和过度创新则会强化风险，具体而言可以分为以下几个方面：

①监管宽松。跨国资本流动的监管放松会使得单个国家对投机性资本冲击的防御能力变弱。当经济危机发生，一国经济基本面承受巨大打击，内部经济失衡，此时往往需要加大投资来刺激经济，而国际游资却由于避险需要大量撤离，这无疑会进一步加重该国的危机，使其面临外汇储备短缺，国内经济萧条的巨大冲击。

②道德风险。在危机传播的过程中，有些投机资本家会铤而走险，利用国际资本市场中的信息不对称，承受更大的风险来进行投机活动，甚至发起对经济危机国家的恶意投机攻击。这种过激的甚至是恶意的投机活动会加剧国际资本市场的波动，使国际资本市场的不稳定性大大增加，进而强化危机的负面影响。

③过度创新。国际资本市场将世界范围内的借款者与投资者联系起来，通过不断创新的金融工具与不断虚拟化的金融产品，形成了复杂的投资关系网络。由于金融产品的层层虚拟，不同市场主体之间的债务关系也越发复杂。因此，一旦危机发生，从最初波及的资本市场开始，通过债务关系的复杂网络，危机将会迅速扩大。事实上，2008～2009 年由美国次贷危机引发的全球经济危机，在很大程度上就是通过层层虚拟化的金融产品网络而迅速波及全球的。

(2)要遏制金融危机在全球的蔓延，从全球资本市场的角度而言，就要从以下三个方面加以完善：

①由国际金融监管机构完善现有的资本市场监管文件，加强对国际资本市场参与主体的资本结构、资信审核等方面的监管；

②各国协同采取相关经济政策来遏制恶意资本的投机活动，防止游资加剧经济危机的发生；

③加强全球资本产品特别是金融衍生产品的监管，防止全球资本金融产品的过度创新。

3. 一家在墨西哥的企业发现，由于墨西哥资本市场的流动性不足，企业的发展受到限制。请列举该企业在全球资本市场筹集资金的可行选择。讨论每种选择的优劣并提出建议。如果墨西哥比索在接下来两年里在外汇市场上的汇率大幅下跌，你推荐的这些选择会受什么影响?

答：(1)这家企业可在全球资本市场通过三种方式筹集资金：股票、债券和现金贷款。

①这家墨西哥企业可以在全球股票市场中寻找某个国家的股票市场上市，通过发行股票来筹集资金，此方式带来的好处是：降低企业的资金成本；为将来收购外国公司做铺垫；满足了股票发行国当地人对所有权的要求；增加了公司在股票发行国当地员工、顾客、供应商和银行中露面的机会。缺点是公司所有权的国际化和汇率波动的风险。

②这家墨西哥企业在全球债券市场中发行债券来筹集资金，可以发行外国债券，也可以发行欧洲债券。这样既可以降低发行债券的成本，又可以通过在不同的国家发行债券来规避外汇风险。缺点是难以对外汇汇率进行准确的预测，到时还本付息的压力也比较大。

③这家墨西哥企业还可以在全球货币市场上通过贷款筹集资金。此方式的优势是贷款利率比国内低。缺点是汇率的波动可能最终使贷款成本更高。

(2)若墨西哥比索两年后贬值，则对于发行债券和现金贷款两种方式来说，会增加还本付息的资金；而对于发行股票筹集资金的方式来说，可能不会给公司带来损失，反而还能将外币兑换成更多的本币。

4. 喜乐(Happy)公司想通过债权融资筹集200万美元，以用作营运资金。该企业将在一年之内还本付息。喜乐公司的财务总监考虑以下三个选择：

(1)以8%的利率从安太银行(Security Pacific Bank)借入美元；

(2)以14%的利率从米德兰银行(Midland Bank)借入英镑；

(3)以5%的利率从三和银行(Sanwa Bank)借入日元。

如果喜乐公司借入外币，它将不采取降低外汇风险的措施；也就是说，它只是按今天的即期汇率将外币兑换成美元，一年之后再以届时实际的即期汇率购入外币。喜乐公司预测下一年英镑兑美元的汇率将下跌5%，而日元兑美元的汇率将上升3%。喜乐公司应该从哪家银行借款？

答：(1)以8%的利率从安太银行借入美元

一年后还本付息总额为：$200\times(1+8\%)=216$(万美元)。

(2)以14%的利率从米德兰银行借入英镑

设现在英镑对美元的汇率为E_1，则一年后英镑对美元的汇率为：$E_1-E_1\times5\%=0.95E_1$；

公司现在需要借入的英镑为：$2000000/E_1$；

一年后将要归还的英镑为：$(1+14\%)\times2000000/E_1$；

兑换成美元，即$0.95E_1\times(1+14\%)\times2000000/E_1=0.95\times(1+14\%)\times2000000=216.6$(万美元)。

(3)以5%的利率从三和银行借入日元

设现在日元对美元的汇率为E_2，则一年后日元对美元的汇率为：$E_2+E_2\times3\%=1.03E_2$；

公司现在需要借入的日元为：$2000000/E_2$；

一年后将要归还的日元为：$(1+5\%)\times2000000/E_2$；

兑换成美元，即$1.03E_2\times(1+5\%)\times2000000/E_2=1.03\times(1+5\%)\times2000000=216.3$(万美元)。

因此，喜乐公司应该从安太银行借款。

12.3 考研真题详解

1. 欧洲债券[上海大学2019研；南京大学2017研；南京农业大学2017研；厦门大学2011研；浙江工商大学2018、2011研]

相关真题：何为欧洲债券？[复旦大学2014、2012研]

答：欧洲债券通常由跨国公司、大型的国内公司、享有主权的政府以及国际机构在标价货币国之外的其他国家发行，由国际银团承销，通常在几个国家的资本市场上同时发售。欧洲债券的发行人、发行地以及面值货币分别属于三个不同的国家。历史上，欧洲债券发行量在国际债券市场上占比最大，但这种地位正在被外国债券所取代。

2. 国际企业在考虑使用债务融资还是权益融资的问题时，需要考虑哪些因素？[中央财经大学2015研]

答：债务融资是指企业通过向个人或机构投资者出售债券、票据筹集营运资金或资本开支；而权益融资是通过扩大企业的所有者权益，如吸引新的投资者，发行新股，追加投资等来实现，而不是出让所有者权益或出卖股票。权益融资的后果是稀释了原有投资者对企业的控制权。国际企业在决定使用何种方式融资时需要考虑以下因素：

(1)企业当前的偿债能力与运营状况。债务融资筹集的资金需到期偿还，且需还本付息，所以需要企业具有相应的偿债能力；而股权融资筹措的资金具有永久性，无到期日，不需归还。

(2)企业能够承担的融资风险。股权融资方式预期收益较高，需要承担较高的融资成本，经营风险较大；而债务融资方式经营风险比较小，预期收益也较小。

(3)企业的融资规模与期限。若企业拟融资规模较大、期限较长，则可选择股权融资。

(4)股东的意愿。若股东不愿稀释自己的股权，则可通过债务融资。

3. 国际资本流动的原因是什么？［宁波大学2015研］

相关真题：

(1)简述国际资本流动的因素。［西南财经大学2015研］

(2)试述资本国际流动的动因。［东北财经大学2013研］

答： 国际资本流动是指资本在一个国家或地区转移到另一个国家或地区。资本在国际间进行流动主要有以下几方面的原因：

(1)追逐高额利润

追逐高额利润是国际资本流动的内在动力和根本原因。追逐高额利润，包括追逐高的资本预期收益率和降低成本：①追逐高的资本预期收益率。资本的预期收益作为资本追逐的目标，成为影响资本流动的最基本的因素之一，资本的本性是追求利润最大化，它驱使着资本从收益率低的国家流向收益率高的国家。②降低成本。由于各国所得税率不同，企业可以在低税率的国家投资设立子公司，与在高税率的国家设立的子公司或母公司以转移价格进行交易，减少在高税率国家的所得，达到减轻税负增加利润的目的。

(2)规避风险

国际资本流动在可以获得较高的资本预期收益率的情况下，一般要考虑与每项具体投资相联系的经济风险和政治风险的大小。在风险一定的情况下，资本将流向收益率高的地方；在收益既定的情况下，资本则会流向风险较小的地方。另外，任何一国的经济活动都是在一定的资源限制下进行的，而自然资源的短缺与不均衡的地理分布，将是制约一国经济发展的重要因素。对于那些来源渠道单一、供应量不足、需求量大、价格波动大的商品，可以通过对外投资的方式，在东道国创办资源开发型企业，建立稳定的进口货源，降低生产中的风险。

(3)争夺国际市场

一国企业的产品进入另一国市场时，往往会与进口国该行业已经存在的企业进行竞争。为了避免竞争和可能导致的损失，该企业可以通过对外投资的方式兼并主要的竞争对手。

(4)获取先进的技术和广泛的信息

各国为保持本国产业的竞争力和保护国家安全，往往限制甚至禁止某些先进技术的输出，但不禁止技术在国内的传播。通过向先进国家进行直接投资设立企业，该企业可以比较便利地获得先进技术，有利于推动本国经济的发展。

当今社会已进入信息时代，及时获得信息，意味着获得优势、机遇或财富。通过对外投资设立分支机构，企业可以更及时、准确地了解有关经济信息。

4. 短期资本流动对经济的影响。［南京大学2014研］

答： 短期资本流动是指期限为1年或1年以内的资本流动。大多表现为国际间的短期资金融通和信用活动。由于流动期限短、变化速度快，它对经济所产生的影响是多方面的，而且比较复杂。短期资本流动对经济的影响主要有：

(1)对国际贸易的影响

国际间的短期资本流动，如预付货款、延期付款、票据贴现和短期信贷等，有利于贸易双方获得必要资金和进行债权债务的结算，从而保证国际贸易的顺利进行。但是，资本在短期内大规模的转移，很可能使利率和汇率出现频繁变动，从而增加国际贸易中的风险。

(2)对国际收支的影响

当一国的国际收支出现暂时性逆差时，该国货币的汇率会下跌，如果投机者认为这种下跌只是暂时的，他们买进该国货币，等待汇率上升后再卖出该国货币，这样就形成了短期资本内流，从而有利于减少国际收支逆差；反之亦如此。由此可见，短期资本流动能够调节暂时性国际收支不平衡。

但是，当一国出现持续性国际收支不平衡时，短期资本流动则会加剧这种国际收支不平衡。例如，一国出现持续性逆差，该国货币的汇率便会持续下跌，如果投机者预期汇率还将继续下跌，他们就卖出该国货币，从而造成资本外流，进一步扩大该国的国际收支逆差；同理，一国出现持续性顺差，投机者的买卖货币行为将扩大该国的国际收支顺差。

(3)对货币政策的影响

短期资本的流动性强，而且对货币政策的变化十分敏感。当一国政府企图实行紧缩性货币政策时，从其他国家抽调而来的短期资本就会削弱政策效果；当一国政府企图实行扩张货币政策时，从本国抽逃出去的短期资本也会削弱政策效果。一般说来，短期资本的频繁流动不利于维护各国货币政策的独立性和有效性。

(4)对国际金融市场的影响

短期资本流动有利于资金融通，同时还可以转化为长期资本流动，它对国际金融市场的发育和成长有积极的作用。但是，短期资本特别是投机资本在国际间迅速和大规模地流动，会使利率与汇率大起大落，造成国际金融市场的动荡局面。目前，在国际金融市场上存在着数万亿美元的游资，它脱离生产领域，在国际间游来游去，有可能对资金市场、证券市场、外汇市场和黄金市场形成强大的冲击。

5. 简述进入21世纪后全球资本市场发展的新特点。［南开大学2011研］

答：进入21世纪后，全球资本市场发展取得了突破性进展，并显示出以下几个特征：

(1)国际资本市场的参与者和产品种类日益扩大，从组成模式来看当前的国际资本市场呈现出一种相互之间联系紧密的格局，即网络化格局。在这种日益凸现的网络化趋势中，一个重要的现象引起人们的高度警惕，这就是一些传统的风险监测和管理手段受到严峻的挑战。

(2)资本流量增大。进入21世纪后，随着东西方冷战的结束，各国之间的竞争转变为以经济实力为核心的综合国力的竞争。各国为适应新的形势不断调整对外政策，国家之间的相互依赖日益加深，国际资本市场全面复兴。

(3)资本结构改变。虽然各种形式的资本流量在21世纪都有所增加，但由于直接投资的增长速度明显慢于其它形式的资本流动，所以直接投资在国际资本流动中的地位相对下降。

(4)资本流向仍以发达国家为主，但发展中国家地位有显著上升。在国际融资中发达国家仍处于绝对垄断地位。对发展中国家投资掀起新高潮的原因在于世界经济的复苏和部分发展中国家经济持续增长、经济自由化和私营化继续发展。但是，流向发展中国家的资本地域分布很不平衡且起伏较大。

(5)跨国公司成为国际资本流动的重要载体。跨国公司是19世纪六、七十年代产生的一种以全球市场为投资和经营目标的集团企业形态，是资本主义高度发展及其进行海外投资的产物。跨国公司已成为集贸易、投资、金融和技术于一身的“无国籍”巨型经营主体，成为进行国际贸易和技术转让、扩大国际直接投资的主要力量，在国际经济生活中发挥着重要的作用。可以预料，跨国公司凭借雄厚的实力，在进入跨世纪发展的世界经济中，必将成为国际资本尤其是生产资本在全球范围运动的主要载体和主导力量。

(6)资本行业分布变化。资本投向产业结构的转变是世界产业结构和国际分工深化等内力合成的必然趋势。近年来，各国第三产业发展迅速，其产值在国民生产总值中所占比重不断上升。与此相适应，国际投资也逐渐向该产业倾斜。当然，这种倾向主要发生在发达国家之间的相互投资及发达国家对新兴工业化国家的投资，对于大多数发展中国家而言，外资流向仍偏重于劳动密集型产业。

(7)投资主体多元化。从国际经济关系来考察，国际资本的投资主体是指把各种资本投向海外的国家和地区。21 世纪后，各国经济得到不同程度的发展，国际市场竞争不断加剧，对外投资在涉外经济中的地位逐步提高，国际投资的主体明显地呈现出多元化趋势。越来越多的国家和地区参与对外投资活动，打破了战后由少数几个发达国家垄断对外投资领域的局面。

6. 欧洲债券和外国债券的区别与联系。［上海大学 2016 研］

答：(1)外国债券、欧洲债券的内涵

①外国债券是指借款人(政府、私人公司或国际金融机构)在国外发行的以发行市场所在国的货币为面值货币的债券。发行方式有两种，公募和私募。公募指向社会上不特别指定的广大投资者募集资金。

②欧洲债券通常由跨国公司、大型的国内公司、享有主权的政府以及国际机构在标价货币国之外的其他国家发行，由国际银团承销，通常在几个国家的资本市场上同时发售。欧洲债券的发行人、发行地以及面值货币分别属于三个不同的国家。欧洲债券不受任何国家资本市场的限制，免扣缴税。对多国公司集团及第三世界政府而言，欧洲债券是他们筹措资金的重要渠道。欧洲债券并不是指在欧洲发行的债券，它并非局限于地理概念上的欧洲范围。

(2)外国债券和欧洲债券的区别

①计价货币不同

外国债券以发行市场所在国的货币为面值货币；欧洲债券的发行人、发行地以及面值货币分别属于三个不同的国家。

②承销机构不同

外国债券一般由市场所在地国家的金融机构为主承销商组成承销辛迪加来承销；欧洲债券由来自多个国家金融机构组成的国际性承销辛迪加承销。

③监管程度不同

外国债券受市场所在地国家证券主管机构的监管，公募发行管理比较严格，需要向证券主管机构注册登记，发行后可申请在证券交易所上市；私募发行无须注册登记，但不能上市挂牌交易；欧洲债券发行时不必向债券面值货币国或发行市场所在地的证券主管机构登记，不受任何一国的管制，通常采用公募发行方式，发行后可申请在某一证券交易所上市。

④管制和约束不同

外国债券的发行和交易必须受当地市场有关金融法律法规的管制和约束；欧洲债券不受面值货币国或发行市场所在地的法律的限制，因此债券发行协议中须注明一旦发生纠纷应依

据的法律标准。

⑤税金缴纳不同

外国债券投资者必须根据市场所在地的法规缴纳税金；欧洲债券采取不记名方式发行，投资者的利息收入是免税的。

⑥付息方式不同

外国债券付息方式一般与当地国内债券相同，如扬基债券一般每半年付息一次；而欧洲债券通常都是每年付息一次，以减少投资者国际分散化给付息带来的不便。

（3）外国债券和欧洲债券的联系

①外国债券和欧洲债券都属于国际债券。

②外国债券和欧洲债券的面值货币都与发行人所在国的货币不同。

③外国债券和欧洲债券的流动性都很强。

7. 试从利弊两方面简要分析欧洲货币市场对国际金融市场的影响。［中央财经大学 2017 研］

答：欧洲货币市场是对离岸金融市场的概括和总称，是当今国际金融市场的核心。欧洲货币又称境外货币、离岸货币，是在货币发行国境外被存储和借贷的各种货币的总称。之所以称为欧洲货币市场，是因为它是由欧洲美元市场发展而来的。欧洲货币市场对国际金融市场的影响如下。

（1）积极影响

①推动了国际金融市场的一体化，促进了国际资本的流动。欧洲货币市场的产生和发展，打破了传统国际金融市场因国界限制而形成的相互隔绝状态，全球的离岸金融市场通过现代化通讯设备与网络相互联系起来，促进了国际间资金的流动和国际金融市场的一体化。

②欧洲货币市场推动了金融创新的发展。欧洲货币市场本身就是 20 世纪最重要的金融市场创新，同时欧洲货币市场由于管制较少，交易自由，为金融工具创新提供了良好的外部环境。如欧洲定期存单、欧洲债券、浮动利率票据、远期利率协议等都出现在欧洲货币市场。

（2）消极影响

①加大了国际金融市场的信贷风险，使国际金融体系变得更加脆弱。欧洲货币市场上国际信贷的主要方式是借短贷长，作为欧洲银行业的主要资金来源，欧洲货币存款绝大部分是一年以下的短期资金。然而 20 世纪 70 年代以来，欧洲货币贷款多半是中长期的，金融市场一旦有任何不利消息传出，储户就有可能提存，银行就会面临流动性危机。同时，欧洲货币通过欧洲银行的多次转存，形成复杂的连锁借贷关系，若个别银行发生清偿困难或倒闭时，就会引起连锁反应。因为欧洲货币市场没有一个中央银行作为最后贷款人，所以这给国际金融体系的安全埋下了隐患。

②欧洲货币市场的外汇投机活动加剧了汇率波动。由于欧洲货币市场资金流动不受限制，有大量短期资金用于套汇、套利活动，导致大规模资金在几种货币之间频繁移动，从而加剧了有关汇率的波动，影响了国际金融市场和各国金融环境的稳定。

第13章　国际企业的战略

13.1　复习笔记

考点一：战略与企业

1. 概述

(1)战略

战略是指管理人员为达成企业的目标所采取的行动。对于多数企业而言，首要的目标是最大化企业价值，这表现为追求企业长期盈利能力最大化及利润率的增长。

(2)盈利能力

①定义

盈利能力可定义为公司投资资本收益率(ROIC)，即净利润与公司总投资资本的比值。利润增长率可以通过不同时期净利润增长的百分比加以衡量。公司价值的增加值与公司盈利能力成正比，利润增长率越高会带来公司所有者和股东收益的增多。

②提高盈利能力的战略方式

a. 降低成本；

b. 增加产品价值以提高产品的价格；

c. 扩大现有市场的销量，或者开发新市场。

2. 价值创造

(1)价值创造的衡量

一般用消费者对产品的感知价值与产品的生产成本之差衡量企业创造的价值，即可用V(V为某一产品对消费者的价值)和C(C为生产该产品的单位成本)之间的差($V-C$)来衡量。

(2)公司创造更多的价值的方法

①降低成本C；

②利用更好的设计、功能、特色和质量等增加产品吸引力，以提高消费者对产品的感知价值。

(3)价值创造的战略

①低成本战略是指重点强调降低生产成本的战略；

②差异化战略是指重点强调增加产品吸引力的战略。

迈克尔·波特认为在竞争优势中，低成本和差异化是两个基本战略。

3. 战略定位

(1)战略定位的重要性

波特强调企业需明确其战略选择，并构造出它的内部营运机制和管理模式来支持其战略重点，以确保公司处于效率边界上。但是，并非所有处在效率边界上的位置都是可达到的。

(2)战略管理的核心原则

最大盈利能力是战略管理中的核心原则。作为一个企业，必须做到以下三点：

①在效率边界上选择一个可能实现的点，并确保在该点上拥有足够的顾客需求；

②在生产、市场、物流、信息系统以及人力资源等方面进行内部运营调整，以实现先前的战略选择；

③确保企业的战略、营运以及组织结构保持一致，以促使企业获得竞争优势及最大可能的盈利能力。

4. 营运：企业作为一条价值链

企业的营运由一系列性质不同的价值创造活动构成，组成部分可以包括生产、营销和销售、原材料管理、研发、人力资源、信息系统以及企业基础结构等。这些价值创造活动或营运可分为基本的活动和支持性活动。

(1)基本的活动

基本的活动一定会涉及产品的设计、生产和交货、营销以及辅助和售后服务。价值链把基本的活动分为四个部分：研发、生产、营销和销售以及顾客服务(见表 13－1)。

表 13－1　基本的活动的四个职能

职能	具体内容
研发(R&D)	①对产品进行设计创新，提高对消费者的吸引力； ②R&D 可导致更高效的生产流程，从而削减了生产成本(降低 C)。 通过这两种方式，R&D 职能都能创造价值
生产	企业通过提高生产水平降低成本或是创造更高价值的产品
营销和销售	①通过品牌定位和广告来增加消费者对产品的感知价值(V)； ②搜集消费者的需求有关信息，并与研发部门沟通，有利于生产有针对性的产品
服务活动	为消费者提供售后服务和相关问题咨询，提高企业公信力

(2)支持性活动

价值链的支持性活动为基本活动的发生提供了投入。对于企业而言，为了获得竞争优势，支持性活动至少与基本的活动同样重要，支持性活动的具体分类如表 13－2 所示。

表 13－2　支持性活动的具体分类

支持性活动	内容与作用
信息系统	①信息系统指对库存信息、销售信息、产品定价以及服务信息等信息流进行处理的电子系统； ②使用互联网通信特征及信息系统能提高企业运营效率和效果
物流系统	控制价值链上物质材料的传递，从采购经生产并进入分销，其实施的效率能极大地降低成本(较低的 C)
人力资源职能	①确保公司正确组合有技能的人来从事有效的价值创造活动； ②保证人们受到适当的培训、激励和报偿来完成他们的价值创造任务
基础结构	①基础结构包括组织结构、控制系统和企业文化，但这些均受高层管理部门的影响，因此高层管理部门可被视为企业基础结构的一部分； ②基础结构有利于提高企业价值创造活动的绩效

考点二：全球扩张、盈利能力以及利润增长

1. 市场扩张：充分利用产品和能力

公司可以依靠其核心竞争力，在海外市场进行产品或服务销售，生产环节可以在国内或国外进行，从而提高利润增长率，实现市场扩张。

(1)核心竞争力的定义

核心竞争力指企业具有的不能轻易被竞争者模仿超越的独特技能。

(2)核心竞争力的作用

①核心竞争力是企业竞争优势的基础；

②核心竞争力有利于降低企业运营成本，提高产品价值。

如果一家企业想要在全球范围内成功扩张，那么该企业除了利用产品并将其在海外市场进行销售，还需要将它们的核心能力传播到缺乏该能力的海外市场中。该观点同样适用于服务行业。

2. 区位经济

(1)定义

区位经济是指在运输成本和贸易壁垒允许的前提下，把一项价值创造活动置于从事该活动的最佳区位，不管该区位位于世界何处。

(2)影响

①能降低价值创造的成本以及帮助企业取得低成本地位；

②能让企业提供那些竞争对手没有的差异化产品。

(3)现实意义

利用区位经济有利于利用全球各地的区位优势，收集各地需求信息，降低生产成本。然而，由于运输成本与贸易壁垒的存在，实现区位经济十分复杂。

3. 经验曲线

(1)定义

经验曲线是指一个企业或一个行业随着生产产品数量的增加，将逐渐积累"经验"，而经验每增加一倍，其产品的成本和价格也会可预测地下降，对应下降的比例通常是15% ~ 25%，如图13 - 1所示。

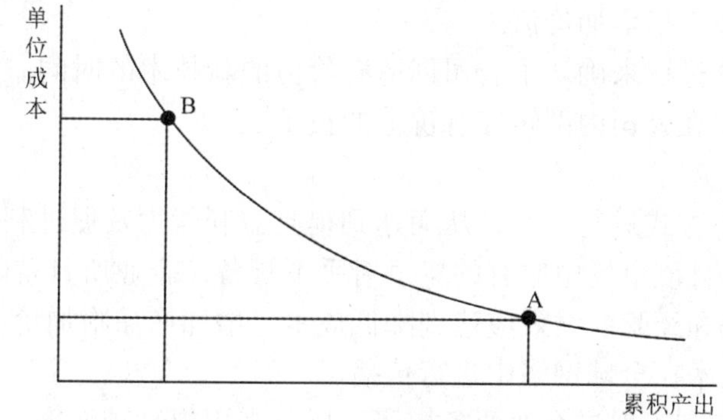

图13 - 1　经验曲线

(2)解释

解释经验曲线的要点是学习效应与规模经济。

①学习效应

a. 学习效应是指成本的节省源于在实践中学习。劳动生产率和管理效率提高导致生产成本降低，公司的盈利能力提高。

b. 学习效应在技术复杂的任务多次重复时更为显著。但是，学习效应在一段时间后会典型地消失，此后，经验曲线的任何下倾都是由规模经济引起的。

②规模经济

a. 规模经济是指通过大量生产以实现产品单位成本的下降，从而提高其盈利能力。

b. 规模经济产生的原因有：

第一，能将固定成本分摊到更大的数量之上；

第二，全球化市场的存在使企业能达到有效率的规模产量；

第三，企业规模的扩大增强了其与原料供应商之间的谈判能力，从而达到采购的规模经济，压低关键投入的采购成本。

(3)战略意义

随着经验曲线的下移，企业运营成本降低，利润率提高。经验曲线下降最快的企业相对其竞争对手而言将具有成本优势。而经验效应的实现需要做到以下几点：

①尽快扩大一个工厂的产量是降低在经验曲线上的位置的关键；

②必须在定价与营销上努力进取以迅速扩大其需求；

③企业需要创造足够的生产能力以便服务于一个全球市场。

企业在实现经验效应的同时如果还能利用区位经济，则成本优势将更大。企业一旦建立起一个低的成本地位，它就能以此设置新的竞争壁垒。

4. 充分利用子公司的技能

(1)子公司的技术创新

技术创新有助于降低生产成本或增加可感知价值并支持较高的产品定价，鼓励子公司内部的创新技术并将它们应用到公司全球网络中的其他营运点可以创造价值。

(2)子公司技术创新带来的挑战

①管理者必须承认，有价值技术的研发不一定必须在公司中心进行，在公司全球网络上的其他节点也可以。

②管理者必须建立一个激励机制以鼓励当地雇员获取新技术。开发新技术有一定的风险，并不是所有的新技术都增加价值。

③管理者需要一个过程来确认子公司创造有价值的新技术的时间。

④管理者需要支持在公司内部转移有价值的技术。

5. 小结

企业可以通过以下方式进行扩张，从而达到提高盈利能力及促进利润增长的目的。

(1)进入新市场，且该市场中原有的竞争对手不具备该企业所具备的能力；

(2)利用区位经济和经验曲线效应达到降低成本、增加产品附加价值的目的；

(3)将有价值的技术在全球网络中进行传播。

企业利润率提高有利于促进企业业务扩张，反过来再提高利润率。

考点三：降低成本压力与地区调适压力

在全球市场上竞争的企业面临着降低成本和地区调适的压力，这些竞争压力对企业提出了相冲突的要求。

1. 降低成本的压力

在竞争激烈的全球市场，国际企业常常面临降低成本的压力。应对这一压力要求一个公司努力去降低其价值创造的成本。企业可以利用区位优势集中生产一种标准化的产品，以实现规模经济、学习效应和区位经济。另外，也可将一些业务外包给低成本的国外供应商。

2. 地区调适的压力

(1)地区调适压力的来源(见表 13－3)

表 13－3　地区调适压力的来源

来源	解释
消费者在兴趣与偏好上的差异	当历史的或文化的诸多原因造成不同国家消费者在兴趣与偏好上有重大差异时，多国公司的产品与营销信息就必须专门制作，使之迎合当地消费者的兴趣与偏好。这就必然要求将生产与营销职能授权给当地的子公司
基础设施与传统实践差异	当各国间在基础设施或传统实践上存有差异时，就可能需要授予国外子公司在制造与生产职能上的权限，以便针对不同国家差异化的基础设施和实践定制特殊的产品
分销渠道的差异	一个公司的营销策略可能要根据各国分销渠道的差异而作出调整，这就需要向各国的子公司授予营销职能的权限
东道国政府要求	东道国政府出于保护本土企业、民族主义等多种目的，可能会作出要求，企业需要对此进行一定程度的地区调适

(2)地区调适的压力要求企业对不同的国家提供差异化的产品和营销策略，以满足这些地区差异化的需求，改善企业的成本结构。

考点四：战略选择

根据地区调适的压力和降低成本的压力之间的强度差异，企业的战略选择可分成四种：全球标准化战略、跨国战略、国际战略和本土化战略。图 13－2 说明了每种战略的适用情形。

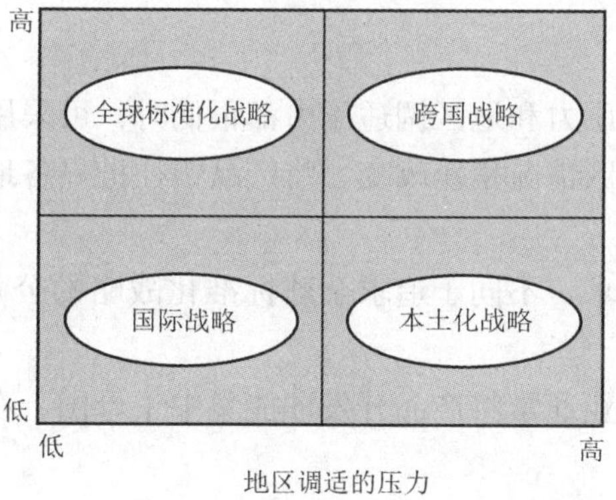

图 13－2　四种基本战略

1. 全球标准化战略

(1)战略目标

采取全球标准化战略的企业，目的是通过规模经济、学习效应以及区位经济实现成本的降低，即低成本战略。

(2)适用情形

当成本降低的压力强烈而地区调适的压力很低时最为有效。

(3)实施企业的特征

①采用全球标准化战略的企业在若干有利区位上进行集中的生产、营销和研发活动；

②全球企业往往不随地区条件而改变其供应的产品和营销策略，而是在全世界销售标准化的产品，以便基于规模经济和学习效应获取最大的效益；

③企业利用其成本优势在世界市场上使用进攻性的定价策略。

2. 本土化战略

(1)战略目标

本土化战略强调企业需要针对不同国家市场的消费者提供对应的产品或服务，从而满足当地消费者偏好，提高利润。

(2)适用情形

当各国消费者的消费习惯和偏好存在较大差异，而且降低成本的压力较小时，适合采取本土化战略。

3. 跨国战略

(1)战略目标

①通过区位经济、规模经济和学习效应获得低成本；

②通过区域市场解决地方差异问题以实现产品差异化；

③通过在公司全球营运网络的子公司间实行技术流动促进技术的扩大效应。

这一战略听起来很有吸引力，具体实施却并非易事。因为实现产品差异化和降低成本的目标通常是相悖的。

(2)适用情形

当企业同时面临强烈的降低成本的压力和很高的地区调适要求时，应当采用跨国战略。

4. 国际战略

(1)适用情形

当跨国公司降低成本压力和地区调适压力都很低时，可采用国际战略，即先为国内市场生产产品，再根据其他地区情况稍作改变，将产品销往世界各地。

(2)实施企业的特征

①其产品满足普遍需求，不同于追求全球标准化战略的公司，它们没有强大的竞争者，没有降低成本的压力。

②追求国际战略的企业通常将产品开发职能集中于母国，在各个主要业务国家设立制造与营销职能。

5. 战略演化

(1)国际战略的演化

国际战略的致命缺陷是会出现大量的竞争者，管理者需要及时采取积极措施降低公司成本，从而避免被竞争者超越。因此，国际战略在长期来看未必可行。企业需要先竞争者一步行动，采取全球标准化战略或是跨国战略，如图 13－3 所示。

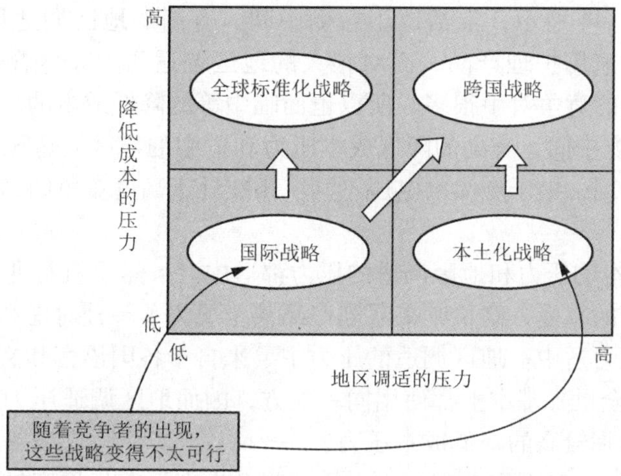

图 13－3　随时间推移的战略改变

（2）本土化战略的演化

本土化可能给企业带来竞争优势，但其面对强大的竞争者时需要降低成本，需要向跨国战略转变。

因此，随着竞争加剧，全球标准化战略或者跨国战略比国际战略和本土化战略更为适用。

13.2　课后习题详解

1．在一个不计运输成本，没有贸易壁垒，以及各国有关的要素条件不存在任何差异的世界上，企业要求得生存，就必须进行国际扩张。试讨论之。

答：我认为这种说法是正确的。当不计运输成本，没有贸易壁垒时，全球市场将变成一个统一的市场，企业将面临更激烈的竞争，若要求得生存，就必须不断提高自身的竞争力。从企业自身的角度来看，提高产品竞争力的途径无外乎两种：提高质量和降低成本。在各国有关的要素条件不存在任何差异的条件下，企业无法利用区位优势获得较低成本的要素从而降低成本，只能进行国际扩张。企业通过国际扩张，一方面，可以将其在研发、生产以及销售过程中的核心竞争力传播到海外市场从而提高盈利能力；另一方面，可以通过规模经济实现成本的降低。

2．请在教材图 13－6（即下图 13－4）中对下列企业做出定位：宝洁、IBM、苹果、可口可乐、陶氏化学公司、英特尔、麦当劳。试论证你的答案。

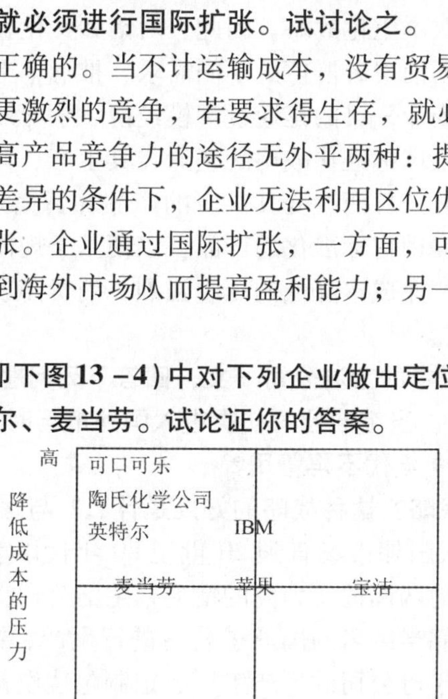

图 13－4　各个企业的压力定位

答：(1)如图13－4所示，宝洁位于右侧中间，有高的地区调适压力和中等的成本压力。宝洁生产个人和家用护理产品，面对很大的地区调适压力。尽管这些产品大都价值较小，但是与宝洁同行的竞争对手很多，所以也面临中等的降低成本的压力。

(2)IBM位于上方中间，有高的降低成本压力和适中的地区调适压力。有适中的地区调适压力是因为语言不同，电子产品的电压不同。IBM处于高度竞争的信息技术行业，所以降低成本的压力很大。

(3)苹果降低成本的压力和地区调适的压力都适中。虽然手机行业竞争激烈，但苹果的产品深受世界消费者的喜爱，高价苹果系列产品甚至成为了一种时尚和身份的象征，因此苹果公司成本降低的压力适中。地区调适的压力主要来自于各国语言和文化的不同。

(4)可口可乐在全世界基本上都使用同一配方，因而地区调适压力较低，但众多可乐厂商之间的竞争使其面临较高的降低成本压力。

(5)陶氏化学公司位于上方左侧。它主要研制及生产标准化程度较高的化工产品、塑料及农化产品，而且行业竞争强度大，所以面对较低的地区调适压力和较高的降低成本压力。

(6)英特尔是世界上最大的半导体公司，成本降低的压力强烈而地区调适的压力较小。原因在于半导体行业竞争剧烈，但半导体的生产已经基本形成了全球标准。

(7)麦当劳位于左侧中部。因为麦当劳主要出售标准化程度较高的快餐食品，如汉堡包、薯条、炸鸡、汽水等，所以其地区调适的压力低。又因为麦当劳产品的单价较低，需求价格弹性也较低，所以其降低成本的压力适中。

3. 在什么样的行业中本土化战略是有意义的？全球标准化战略适合什么样的情况？

答：本土化战略强调企业需要针对不同国家市场的消费者提供对应的产品或服务，从而满足当地消费者偏好，提高利润。当各国消费者的消费习惯和偏好存在较大差异，而且降低成本的压力较小时，适合采取本土化战略。因此，对诸如文化教育、影视娱乐等地区消费者偏好差异较大的产业，应根据消费者群体的不同需求，推行本土化战略。

采取全球标准化战略的企业，目的是通过规模经济、学习效应以及区位经济实现成本的降低，即低成本战略。运用全球标准化战略的企业，其生产、营销和研发活动都集中于若干个有利的区位，往往不随地区条件而改变其供应的产品和营销策略，因为这样会提高成本；相反，该类企业喜欢在全世界销售标准化的产品，以便基于规模经济和学习曲线获取最大的效益。因此，当企业所在的产业成本降低的压力强烈，消费需求的地区差异化很小时，采取全球标准化战略更为合适。

4. 重读“管理聚焦”专栏中的宝洁公司一文，回答下列问题：

(1)20世纪80年代以前，当宝洁公司初次进入国外市场时，它采取了什么样的战略？

(2)为什么这个战略在90年代不再管用？

(3)宝洁公司转向什么战略？这种战略的好处是什么？与之相关的风险有哪些？

答：(1)从宝洁初次进入国外市场直到20世纪80年代以前，它采取的是本土化战略。当时宝洁处于成本压力低但地区调适压力高的情形，宝洁公司将所有产品的开发设在总部俄亥俄州的辛辛那提，然后依靠半匿名的国外子公司进行生产、销售并将货物发往其他国家。大多数国外子公司都有独立于母公司的生产工厂、定制包装设备、商标名称和针对当地消费者兴趣与偏好的市场信息。

(2)虽然本土化的战略在20世纪90年代之前为宝洁公司带来了源源不断的新产品以及销量和利润的增长。但是20世纪60年代后，在不同国家子公司的生产、销售及行政设施方面存在重复，这导致了资源的重复配置，使宝洁的运营成本提高。此外，20 世纪 80 年代后，随着贸易壁垒的减少，世界市场逐渐趋于一体化，在这个过程中兴起的全球零售商要求宝洁给与价格折扣。面对成本的提高以及价格下降的压力，在 20 世纪 90 年代，宝洁不得不重新考虑更换战略。

(3) 宝洁公司面临成本压力低并且地区调适压力也低的有利条件，所以现在宝洁转向国际战略，即先为国内市场生产产品，再根据其他地区的情况稍做改变，将产品销往世界各地。国际战略的好处是可以集中管理，并节约大量的成本支出。实施国际战略的风险主要是随着时间的推移，会出现大量的竞争者，如果管理者不采取积极的行动去降低成本，将很快被高效的全球竞争者超越。

5. 实施跨国战略时最主要的组织问题有哪些?

答: 实施跨国战略最主要的组织问题有以下两方面:

(1) 集权和分权

选择集权还是分权并不是绝对的。集权和分权的选择取决于决策的类型及公司所采取的战略。实行全球标准化战略的公司须考虑各地区位因素，分散价值创造活动，降低成本。总部必须决定把研发、生产、营销等部门设在何处。除此外，为实现全球战略，公司更愿意实行集权以协调各地活动。所有这些会产生压力要求集中某些经营决策权。而采取本土化战略的公司，考虑到国外子公司需要针对地区进行调适，会采取分权，给予子公司充分的经营决策权。

实施跨国战略的公司，兼括对各地的生产活动的协调和地方充分的经营决策权，以实现区位经济和地区调适，会采取集权和分权相结合的策略。

(2) 组织结构设计

国际组织结构包括：世界范围的地区结构、世界范围的产品分部结构、矩阵结构、非正式整合机制。

①世界范围的地区结构适用于产品种类少且国内组织结构以职能为基础的公司。这种结构有助于促进地区调适。采用的分权使得各个子公司拥有经营决策权，能够针对当地情况提供特定产品，更具竞争力。但是，这种结构的缺点是容易把组织分割成一个个高度自治的实体。这会使地区间的核心竞争力和技术难以转移，也很难实现区位和经验曲线经济。

②产品多样化和原先在国内的组织结构是以产品划分部门的企业倾向于采用世界范围的产品分部结构。这种组织结构将价值创造活动集中在关键区位，有利于实现区位经济和经验曲线优势。并且这种结构有利于核心竞争力在分部之间的转移，促进新产品全球范围内的同步上市。但这种结构也会导致分部结构话语权受限，最终可能会导致缺乏地区调适。

③世界范围的地区结构和世界范围的产品分部结构各有利弊。一方面，世界范围的地区结构有利于地区调适，另一方面，区位经济和经验曲线受限，地区间核心竞争力的转移也会受到阻碍。世界范围的产品分部结构有利于实现区位经济、经验曲线以及核心竞争力的转移，但缺乏地区调适能力。因此，许多企业试着采用矩阵结构来解决跨国战略的冲突性要求。使企业同时实现区位经济、经验曲线和地区调适，以及实现内部核心竞争力的转移。遗憾的是，全球矩阵结构通常并不像理论预示的那样奏效。在实践中，矩阵往往显得笨拙而官僚化。这种组织结构导致会议不断，很难解决任何问题。

④整合协作要求高的跨国公司正试着采用一种非正式的整合机制——知识网络。知识网络是基于企业内各经理之间的非正式联系，以及分布式信息系统在组织内部传送信息的网

络，有利于为多国企业间的知识流动提供非官方渠道。要建立一个网络，组织中不同地区的经理至少须间接地彼此联系。

13.3 考研真题详解

1. 国际经营战略［上海财经大学2015研］

答：国际经营战略是指企业从国内经营走向跨国经营，从国内市场进入国外市场，在国外设立多种形式的组织，对国内外的生产要素进行配置，在一个或若干个经济领域进行经营活动的战略。按照战略实施的重点，企业国际经营战略可以分为四种类型，即国际战略、本土化战略、全球标准化战略与跨国战略。

2. 全球战略［中山大学2018、2016、2014研；厦门大学2011研］

答：全球战略指跨国公司从全球角度出发，利用不同国家和地区的区位比较优势，把价值链的各个环节和职能加以分散和配置，有机地结合，实现综合一体化的经营，努力降低成本，获得长期利益。全球战略的核心是确定什么样的产品是全球产品；怎样在全球范围内合理配置有限的生产资源，实现全球产品的大规模生产经营；如何通过集权管理和决策，有效协调和控制全球范围内的生产活动，从而提高企业的经营效率。

3. 企业可以采用4种基本战略在国际环境中参与竞争：国际战略、多国战略、全球战略、跨国战略。请阐述这四种基本战略的含义，比较它们之间的异同，并说明每一种战略的利弊。［中山大学2015研］

相关真题：

(1)试比较说明跨国公司的不同全球化战略以及其优缺点。［南开大学2012研］

(2)国际经营战略有哪些？［上海财经大学2016研］

答：全球化背景下的战略可以分为国际战略、多国战略、全球战略和跨国战略4种模式。每种战略各有其优缺点，各种战略的适用性取决于降低成本和地区调适压力的大小。图13－5为这四种基本战略的对比。

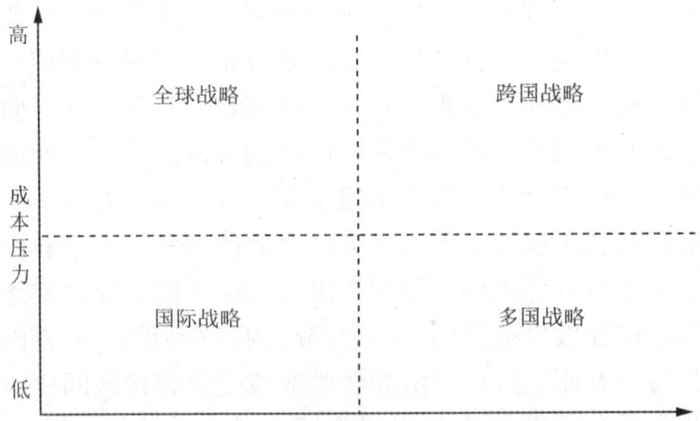

图13－5　跨国经营的4种基本战略

(1)国际战略

①含义

国际战略指向国外市场转让当地竞争者缺少的技能和产品，利用母国的创新来提高海外子公司的竞争地位。国际化进程主要依靠母国开发的新产品、程序和战略转移到海外欠发达市场，其核心内容是确定母公司在技术创新和开发能力上有怎样的竞争优势以及在产品生命周期的哪个阶段通过跨国经营方式转移到国外。

②利弊

国际战略的优点是集中管理，可以节约大量的成本支出；缺点是产品对东道国当地市场的需求适应能力差。所以如果一个跨国公司选择国际战略，需要具备核心竞争力，并且对手不具备这种能力，同时企业面临的本土化和降低成本压力都相对较弱。

(2)多国战略

①含义

多国战略是根据不同国家的不同市场，提供能满足当地市场需要的产品和服务。采用多国战略的企业寻求的是地区调适最大化。多国战略把重点放在最大限度地顾及东道国的差异上，以广泛地改造其提供的产品和营销策略以适应不同国别条件。多国战略的核心内容是确定各个东道国市场的需求特征，生产什么样的产品才能满足东道国市场的需求，这样就能从组织结构、决策机构、人力资源、经营方式等方面提高子公司对东道国经营环境的适应能力。

②利弊

多国战略的优点在于跨国公司对东道国的市场需求适应能力强，市场反应速度快，可以弹性地适应当地消费者需求和竞争等方面的要求，容易被当地社会所接纳。

其缺点表现在：首先，资源分散造成的成本上升，跨国公司需要在各主要市场建立不同的营销和生产方式，增加管理成本；其次，子公司的自主性强，可能会影响各子公司在价值活动方面的协同，影响它们之间的知识共享，还可能会损害形象的统一性。此战略的适用情境是本地化反应压力较大。

(3)全球战略

①含义

全球战略指跨国公司从全球角度出发，利用不同国家和地区的区位比较优势，把价值链的各个环节和职能加以分散和配置，有机地结合，实现综合一体化的经营，努力降低成本，获得长期利益。全球战略的核心是确定什么样的产品是全球产品；怎样在全球范围内合理配置有限的生产资源，实现全球产品的大规模生产经营；如何通过集权管理和决策，有效协调和控制全球范围内的生产活动，从而提高企业的经营效率。

②利弊

全球战略的优点在于能够集中力量建立规模经济优势，将制造活动转移至低成本国家、增强灵活性，可以有效地降低成本。

全球战略的弊端在于：a. 全球化需要增强协调、加强报告甚至增加员工，这将会明显提高管理成本；b. 过度集中化会损害当地公司的动力和士气；c. 产品标准化可能会导致一个产品不能满足任何客户的结果；d. 活动集中化可能会降低反应速度和灵活性。

(4)跨国战略

①含义

跨国战略有利于利用各国区位优势，降低成本，实现区位经济，并针对各地不同的需求，生产差异化的产品；通过构建全球营运网络促进技术在子公司间的流动，实现技术的扩大效应。

②利弊

跨国战略的优势在于通过建立内部依赖能够使全球的资源融为一个整体，母子公司之间、子公司之间可以建立价值链条上的垂直和水平联系。但跨国战略虽然理论上是最佳的选择，实践中却难以实施。

(5)四种基本战略的异同

①相同点

四种战略都是企业在全球化背景下进入国际环境和在国际环境中参与竞争的形式，企业无论采取哪种战略形势，其最终的目标都是股东利益最大化。

②不同点(见表13－4)

表13－4　跨国经营四种基本战略的差异

	国际战略	多国战略	全球战略	跨国战略
战略的侧重点	通过全球范围的技术扩散和适应性调整利用母公司的知识和能力	依靠企业家的开拓能力，提高东道国子公司的自主经营灵活性，适应不同国家的差异	通过集权、全球规模的经营建立成本优势	同时建立全球效率，经营灵活性和世界范围的学习灵活性
资源和能力的配置	核心技能集中在母公司，其他分权给国外子公司	国外子公司分权管理，实行适当自给自足经营	全球规模的集权管理	分散的，相互依存的，专门化的能力

4. 跨国公司实施本土化战略的动机有哪些？［宁波大学2015研；南开大学2014研］

答：(1)本土化战略的含义

本土化战略强调企业需要针对不同国家市场的消费者提供对应的产品或服务，从而满足当地消费者偏好，提高利润。

(2)跨国公司实施本土化战略的动机

①本土化意味着企业高度融入了当地社会，对东道国的资金、技术、原材料、人力资源的应用更加得心应手。这样跨国公司就可以凭借其内部化优势在全球范围内对各类资源进行调配，通过优化资源配置以提高企业竞争力，从而实现物尽其用和利润最大化的目标。

②跨国公司本土化的过程就是企业营销创新的过程。营销创新是指企业根据不同的市场环境状况而采取相应的市场营销策略的过程，持续的创新能力是企业长期发展的原动力。而实施本土化战略有助于提升企业持续的营销创新能力。

③按当地的需求改变其供应的产品，企业可以在当地市场上增加其产品的价值，一旦地区客户定制服务实现的价值增加有助于更高的定价，就能够让企业收回其高成本。同时，本土化战略有助于带来当地需求的持续增加，能够让企业通过在当地市场上获得一定程度的规模经济来减少成本。

5. 国际企业的战略类型及其演进规律是什么？［对外经济贸易大学2012研］

答：(1)根据地区调适的压力和降低成本的压力之间的强度差异，企业的战略选择可分成四种：全球标准化战略、跨国战略、国际战略和本土化战略。

①全球标准化战略

采取全球标准化战略的企业看重的是增加盈利能力，通过规模经济、学习效应及区位经济以实现成本的降低，即这些企业会采用低成本战略。运用全球标准化战略的企业，其生产、营销和研发活动都集中于若干个有利的区位，往往不会随地区条件而改变其供应的产品和营销策略，因为这种做法会增加成本；相反，该类企业喜欢在全世界销售标准化的产品，以便基于规模经济和学习曲线获取最大的效益。它们也往往利用其成本优势在世界市场上使用其进攻性的定价策略。这一战略适用于迫切需要降低成本而对地区调适要求不高时。

②本土化战略

本土化战略强调企业需要针对不同国家市场的消费者提供对应的产品或服务，从而满足当地消费者偏好，提高利润。当各国消费者的消费习惯和偏好存在较大差异，而且降低成本的压力较小时，适合采取本土化战略。但是另一方面，可能会因为职能上的重复和缩小生产批量导致价值下滑，而且针对不同客户提供特别定制的服务会削弱降低成本的能力。尽管如此，这一战略还是比较有意义的。若进行地区调适后，产品或服务的价值能够超过其投入的高成本，或者是在当地市场上形成了一定程度的规模经济，就会对企业有益。

③跨国战略

跨国战略试图同时取得低成本优势、产品差异化优势和技术的扩大效应。跨国战略有利于利用各国区位优势，降低成本，实现区位经济，并针对各地不同的需求，生产差异化的产品；通过构建全球营运网络促进技术在子公司间的流动，实现技术的扩大效应。这一理论听起来很有吸引力，实际上采取这一战略并非易事。但实现产品差异化势必会提高成本，会与降低成本的目标相悖。

④国际战略

当跨国公司处于成本压力低并且地区调适压力也低的有利情形时，大多数追求的是国际战略，先为国内市场生产产品，再根据其他地区情况稍作改变，将产品销往世界各地。采取国际战略的企业产品满足普遍需求，没有强大的竞争者，没有降低成本的压力。追求国际战略的企业往往把产品开发职能集中于母国。然而，它们往往又会在各个有业务的主要国家设立制造与营销职能。

(2)国际企业的战略演变

随着大量竞争者的出现，竞争的加剧使企业降低成本的压力增大，最初实行国际战略和本土化战略的企业很可能会被更高效的全球竞争者超越。因此，在长期来看，随着竞争加剧，国际战略和本土化战略的适用性大大降低。所以企业为了生存，必须比竞争者提前向全球标准化战略或跨国战略转移。

第 14 章　国际企业的组织

14.1　复习笔记

考点一：组织构架概述

组织构架是指企业的流程运转、部门设置及职能规划等最基本的结构依据，组成部分包括正式组织结构、控制系统和奖励、组织文化、流程以及人员等，常见的组织架构形式包括中央集权制、分权制、直线式以及矩阵式等。组织构架中的各组成部分并非是互相独立的，它们相互影响。

考点二：组织结构

1. 概述

组织结构意味着：

(1)在组织结构中决策职责的定位(如集权和分权)，即垂直差异化；

(2)把组织正式划分为各子单位，即水平差异化；

(3)建立整合机制，以协调分支单位。

2. 垂直差异化：集权与分权

(1)赞成集权的论点

①集权有助于协调各地的生产经营活动；

②集权能保证决策与组织目标相一致；

③权力的集中能使高层管理者采取措施作出必要的重大组织变革；

④集权能避免组织中各子单位重复进行类似的活动。

(2)赞成分权的论点

①集权可能会使高层管理者不堪重负，从而导致决策失误。分权将一些日常事项下放给中低层管理者，而使高层管理者得以将时间集中在解决主要问题上。

②分权能激励员工的工作积极性，作出更好的决策。

③分权具有更大的灵活性，能对环境变化作出更迅速的反应。

④分权能加强控制。

(3)国际企业的战略和集权

集权还是分权取决于公司的战略及决策的类型。

①全球标准化战略

实施全球标准化战略的公司必须抉择如何在全球分布和协调各种创造价值的活动，以实现区位和经验曲线经济，对应采取的措施会要求集中某些经营决策权。

②本土化战略

采取本土化战略的公司将经营决策权下放给子公司，有利于实现地区调适。

③国际战略

实施国际战略的公司采取集权和分权相结合的方式，把控核心竞争力，将其他部分下放给海外子公司。大多数情况下，母国总公司负责研发和营销，子公司负责运营决策。

④跨国战略

实施跨国战略集中控制全球生产中心，将许多经营决策权特别是营销决策权下放给海外子公司。

3. 水平差异化：组织结构的设计

(1)水平差异化的定义

水平差异化指有关公司以职能、业务类型或地理区域等为基础，把自身分成多个子单位。

(2)国内公司的结构

①典型的职能结构

组织通常被分成各个职能部门，来反映公司的价值创造活动(如生产、营销、研发、销售)。这些职能部门通常由一个高级管理层协调和控制(见图14－1)。在这种职能结构中，营运决策权趋于集中。

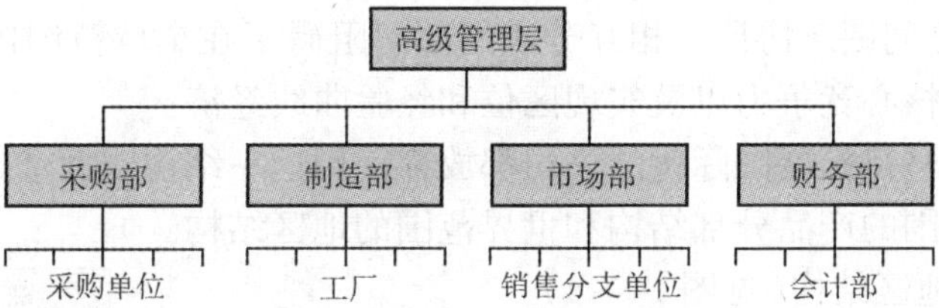

图14－1　典型的职能结构

②典型的产品分部结构

如果公司尝试提高产品多样化程度从而进入不同的商业领域，则须进一步实行水平差异化。此时，职能结构框架中不同的业务领域的管理就会产生协调和控制的麻烦。为此，多数企业在该阶段改用产品分部结构(见图14－2)。在产品分部结构中，不同的分部对应不同的产品系列或是业务领域，一一对应负责。

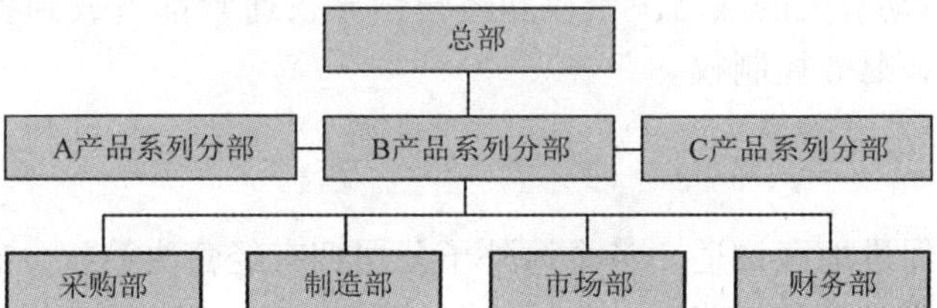

图14－2　典型的产品分部结构

(3)国际分部

①概述

公司进行海外扩张初期，往往建立一个国际分部，负责所有的国际活动，这个国际分部通常按地理区域进行划分组织。如图14－3所示，这家公司的国内组织是以产品分部为基础的。

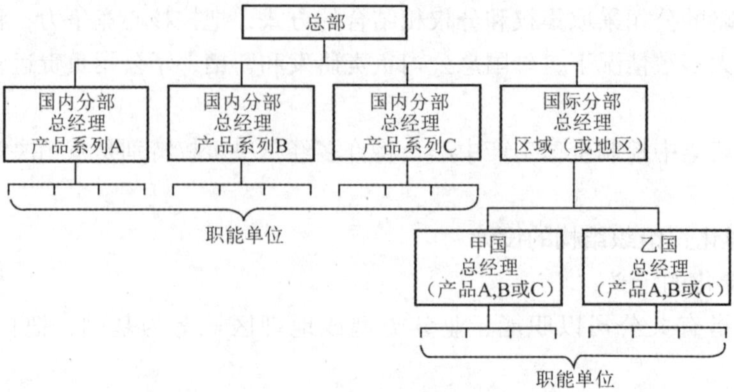

图 14－3　某公司的国际分部结构

②问题

这种双重结构存在着国内与国外经营间潜在的冲突与协调问题，包括：

a. 国外子公司的负责人的话语权较少，会受到国内相关职能部门负责人的阻碍。这不符合公司发展国际化和建立一个真正的多国组织的战略目标。

b. 国内外运营之间缺乏协调。相互分割的部门阻碍了在全球范围内引入新产品、转移国内外营运点之间的核心竞争力以及实现区位和经验曲线经济。

鉴于此，大多数坚持扩展国际化的公司都放弃使用这一结构，而选择采用世界范围的组织结构，包括世界范围的产品分部结构和世界范围的地区结构。

(4)世界范围的地区结构(见图 14－4)

①适用情形

世界范围的地区结构适用于产品种类少且国内组织结构以职能为基础的公司。

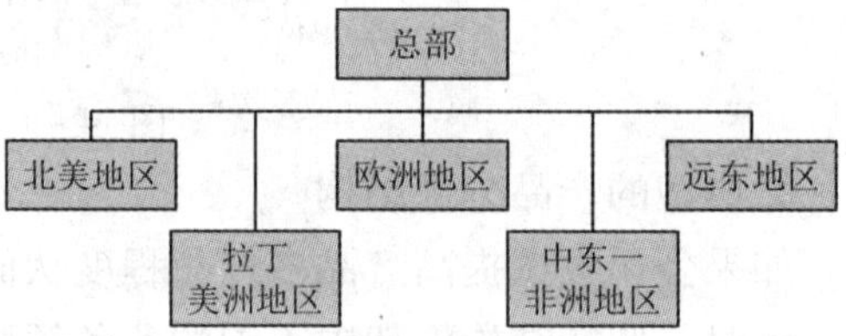

图 14－4　世界范围的地区结构

②特点

a. 这一结构把整个世界分为若干区域。每个区域往往都小而全，并在很大程度上是独立自治的实体，有自己的一套价值创造活动。

b. 与价值创造活动有关的战略决策权和经营领导权通常都下放到各个地区，总部只掌握公司总的战略方向和财务控制权。

③评价

a. 优点

这种结构有助于促进地区调适。各个海外子公司拥有经营决策权，有利于生产提供特定产品，实行差异化营销和业务战略。

b. 不足

这种结构容易把组织分割成一个个高度自治的实体，这使地区间的核心竞争力和技术转移发生困难，也很难实现区位和经验曲线经济。

(5)世界范围的产品分部结构(见图 14－5)

①适用情形

世界范围的产品分部结构适用于产品种类丰富以及原先在国内的组织结构是以产品划分部门的企业采用。

②特点

a. 每个产品分部相互独立、自给自足，对其价值创造活动负全部责任。

b. 总部负责公司的整体发展战略和财务控制。

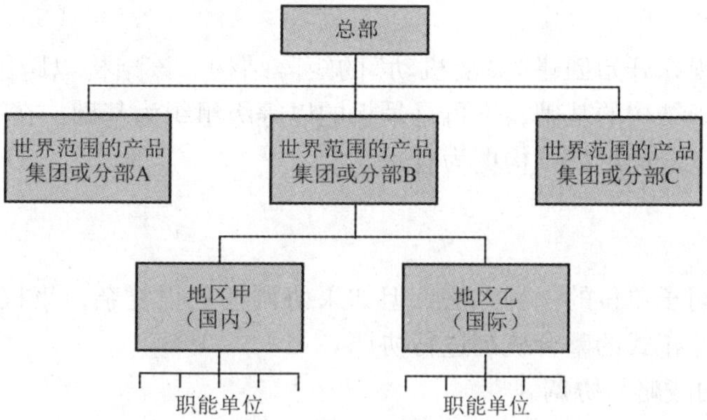

图 14－5　世界范围的产品分部结构

③评价

a. 优点

第一，这种组织结构将价值创造活动集中在关键区位，有利于实现区位经济和经验曲线优势；

第二，有利于核心竞争力在分部之间的转移，促进新产品全球范围内的同步上市。

b. 不足

这种结构也会导致分部结构话语权受限，最终可能会导致缺乏地区调适。

(6)全球矩阵结构

①产生背景

世界范围的地区结构和世界范围的产品分部结构各有利弊。许多企业试着采用矩阵结构来解决跨国战略的矛盾冲突。

②概述

在经典的全球矩阵结构中(见图 14－6)，水平差异化沿二维方向(产品和地理区域)发展。其基本原理是：某特定产品分部与各区域部门共享有关产品在某区域的经营决策权。

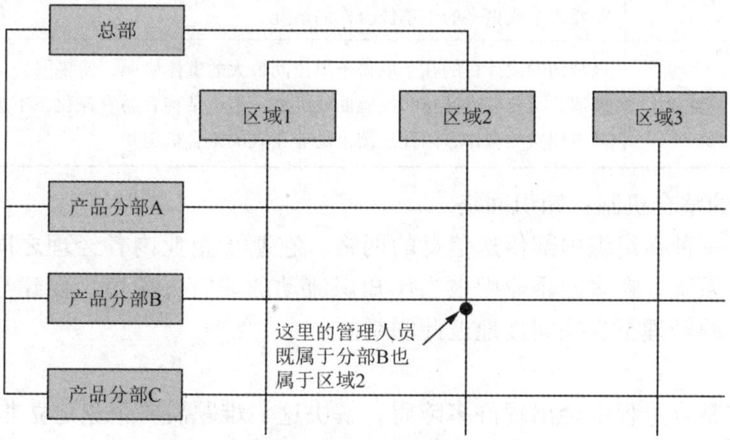

图 14－6　全球矩阵结构

③不足

在实践中，这种双重组织结构通常表现得笨拙而官僚化，不仅会在区域和产品部门间产生冲突和不断的权力斗争，干扰许多中层管理者，而且组织中责任很难明确。

④升级

许多跨国公司现在开始创建“灵活机动”的矩阵结构。该结构以跨国公司网络、共享的文化和愿景作为组织结构的基础，不再是呆板的以等级组织为基础。在这些跨国公司里，非正式的组织结构比正式的组织结构更为有用。

4. 整合机制

(1)产生背景

集权是协调公司子单位的一种方法，但如果协调任务很复杂，集权效果将较差。此时，公司可以以正式和非正式的整合机制进行协调。

(2)国际企业的战略与协调

采用不同战略的公司对协调程度要求按从高到低的顺序排列为：跨国公司、全球公司、国际公司、采用本土化战略的公司。

(3)协调中的障碍

公司普遍存在协调上的障碍，因为各子单位经理的任务不同或者目标上的差异都会导致行动方向不同。

(4)正式的整合机制

正式的子单位整合机制按照其复杂程度而不同，依次划分为简单的直接联系、设置联络员角色、组建一个团队、构建一个矩阵结构。总之，协调的需求越大，正式整合机制复杂程度就越高。正式整合机制的分类如表 14 – 1 所示。

表 14 – 1　正式整合机制的分类

整合方式	整合程度	具体内容
子单位经理间的直接联系	最简单	各子单位的经理能在产生共同关心的问题时相互联系，但如果经理们有着不同的行动方向阻碍协作，直接联系的有效性会降低
设置联络员	较简单	每个子单位设置一名联络员以和别的子单位进行协调，有利于子单位间的合作
组建临时或永久性的团队	较复杂	主要针对更高的协作要求，团队成员选自需互相协作的子单位，极其适用于经营决策需要两个或更多的子单位合作的情况
建立矩阵结构	复杂	该结构的设计目的在于取得子单位间最大的整体协调，使多国公司既能密切关注地区调适，又能取得区位和经验曲线经济。但该结构容易官僚化，不灵活，而且冲突特性多于期望的合作，因此还需借助非正式的整合机制

(5)非正式的整合机制：知识网络

知识网络是一种在组织内部传送信息的网络。它基于企业内各经理之间的非正式联系，以及分布式信息系统，在多国企业中被当作知识流动的非官方渠道。要建立一个知识网络，组织中不同地区的经理至少须间接地彼此联系。

(6)小结

多国企业在整合过程中会出现许多障碍，解决这一难题需要企业建立非正式的知识网络和共同的文化，但这两项都并非易事。

考点三：控制系统和奖励

1. 控制系统

(1)概述

控制系统是用以衡量分支单位绩效的尺度，同时也是判断管理人员对那些分支单位经营得如何的标准。

(2)类型(见表 14－2)

四种主要的控制系统包括个人控制、行政组织控制、产出控制和文化控制。大多数企业同时使用这四种控制，但侧重点随公司的战略而不同。

表 14－2　控制系统的类型

类型	具体内容
个人控制	个人控制通过与下属个别接触而进行，即上级直接监控下属。小公司大多使用个人控制
行政组织控制	行政组织控制通过一系列规则和章程来指引子单位的行动。最重要的行政组织控制是预算和资金使用规则。预算规定了一个子单位可花费资金的相对准确数字；资金使用规则是指当子单位的花费超过一定金额时要得到总部的批准
产出控制	产出控制指对企业战略活动结果的控制，如对质量、成本和性能等指标的控制
文化控制	文化控制指企业的价值观与准则“深入”雇员人心后，雇员能自行控制其行为。自我控制能减少其他控制的需要

2. 奖励机制

(1)概述

奖励是用以鼓励员工良好表现的手段，通常与用于产出控制的绩效衡量标准紧密相关。

(2)要点

①奖励的类型因员工以及他们的任务而不同。基本原则是保证员工的奖励机制与其产出目标相协调关联。

②把奖励机制与组织内部更高层次的业绩表现相结合，鼓励经理们之间的密切配合，有助于多国公司战略的成功实施。

③多国公司所用的奖励机制，通常必须适应不同国家的制度与文化差异。

④奖励机制可能产生意料之外的结果，因此经理们必须考虑到一些奖励会鼓励怎样的行为。

3. 国际企业中的控制系统、奖励与战略

(1)绩效模糊

绩效模糊指导致子单位业绩不尽如人意的原因模糊不清。这种情况常出现在分部业绩与子单位成果紧密联系，即二者相互依赖度较高时。

(2)战略、相互依赖性和模糊性

①实施本土化战略的公司，各国中的经营点相互独立，评判指标是其自身业绩。因此，绩效模糊的程度较低。

②实施国际战略的公司，母国转移的竞争力的质量决定了国外公司的成功部分，可能会发生绩效模糊。

③实施全球标准化战略的公司为利用各地区位优势，构建了全球的价值创造活动网。各子公司的许多活动都彼此依赖，绩效模糊性很高。

④实施跨国战略的公司，不仅存在全球公司的绩效模糊问题，而且存在奉行国际战略的公司遇到的问题。跨国公司中的高度一体化意味着共同决策的程度高，因此绩效模糊性最高。

(3)绩效模糊对控制和奖励的影响

①控制成本的定义

控制成本指高层管理者用于监控和评估子部门业绩表现的时间量。

②绩效模糊对控制成本的影响

当绩效模糊程度很高时，控制成本也很高，管理者就不能实施产出控制和例外管理。

③不同国际经营战略的相互依赖性、绩效模糊和控制成本比较(见表 14－3)

表 14－3　不同国际经营战略的相互依赖性、绩效模糊和控制成本比较

战略	相互依赖性	绩效模糊	控制成本
本土化战略	低	低	低
国际战略	中等	中等	中等
全球标准化战略	高	高	高
跨国战略	很高	很高	很高

④控制系统和奖励

a. 在实行全球标准化或跨国战略的公司中，大量的模糊业绩限制了产出控制的作用。因此，这些公司更强调文化控制。

b. 如果把奖励机制和层级组织中较高层次的某些方面联系起来，不同子单位的冲突就能减少，并大大加强了其合作的可能。例如，当子单位出现绩效模糊时，将各子单位负责人的奖励和他们共同上级部门的绩效联系在一起就能减少矛盾的发生。

考点四：流程

1. 流程的定义

流程是组织内部进行决策和工作的方式。公司的核心竞争力或者宝贵技术经验通常都体现在流程中。

2. 流程的作用

高效率的流程可以降低价值创造成本，增加产品的额外价值。

3. 流程管理

(1)在多国企业中，许多流程不仅跨越组织界限，而且还跨越国界。若企业倡导子单位和国家文化合作的多元文化，并且加以奖励，利用正式和非正式的整合机制来推动子单位之间的合作，将大大提高成功的几率。

(2)多国企业应意识到，组织内部全球经营网络的任何地方都可以建立起能够带来竞争优势的有价值的新流程。

考点五：组织文化

1. 组织文化的定义

组织文化是指组织成员共同分享的一个价值观和规范准则体系。组织文化对一个企业如何表现能产生深刻的影响。一个组织的文化总是在慢慢地改变。

2. 创建和保持组织文化

(1)组织文化的来源

①创始人或重要的领导人可以对组织文化产生深刻影响；
②企业所在国的社会文化，这个文化内涵更广；
③企业的历史可以左右企业的价值观；
④成果卓越的决策也可以成为一种制度融入企业的价值观。
(2)组织文化的维持机制
①聘用和晋升制度；
②奖励策略；
③社会化过程；
④沟通策略。

3. 国际商务中的组织文化和绩效

一个强势的组织文化使大部分管理人员保持相对一致的价值观和准则，并且对日常工作的模式有重大影响。然而，强势可能在某一时期有益，而在另一时期变得不合时宜。

因此，能够长期保持高绩效的公司的文化必须具有很强的灵活性，能和企业整个的组织构架、战略以及当时的竞争环境相符。

考点六：综合：战略与组织构架

1. 战略、结构和控制系统的综合(见表14－4)

表14－4 战略、结构和控制系统的综合

组织结构与控制	战略			
	本土化	国际	全球标准化	跨国
垂直差异化	分权	核心竞争力集中；其他分散	某种程度的集权	集权与分权相结合
水平差异化	世界范围的地区结构	世界范围的产品分部	世界范围的产品分部	非正式矩阵
协调需求	低	中等	高	很高
整合机制	无	少	多	很多
绩效模糊	低	中等	高	很高
文化控制的需要	低	中等	高	很高

2. 环境、战略、构架与绩效

公司要获得成功，必须满足两个条件：
(1)公司的战略必须与公司的经营环境相一致；
(2)公司的组织构架必须与其战略相一致。

考点七：组织变革

1. 组织惰性

(1)影响
组织惰性的存在使得组织变革很难实现。
(2)来源
①组织内部现有权力和影响力的分配；
②现有的文化；
③高级经理们对恰当的企业模式或范式先入为主的看法；
④制度限制。

2．实施组织变革

(1)组织变革成功的基本原则

①通过休克疗法来为组织解冻；

②通过组织构架的积极能动变革，使组织进入一个新的状态；

③把组织重新冻结在新的状态中。

(2)为组织解冻

大手笔理论提倡及早采取大胆行动实行有效的变革，改变组织已成型的文化，改变权力与影响力的分配。要实现变革，高级经理必须身体力行，采取必要的大胆行动。同时必须清楚阐明变革的必要性，让员工理解变革的原因及好处。

(3)迈向新状态

组织一旦被解冻，就必须迈向一个新的状态。迈向新状态要求多国企业改变组织构架，以提高新战略高度。要使这种跃进获得成功，就必须让员工投身于变革，使员工体会并慢慢认识到变革的必要性，从而加快前进的步伐。

(4)重新冻结组织

重新冻结组织要求：

①员工逐渐习惯新的处事方法；

②企业的招聘政策必须改变，以反映新的现状；

③控制和奖励机制必须与组织的新现状相符。

高级经理必须意识到组织文化的改变是一个长期而任重道远的事情，以坚持不懈、不屈不挠的态度推动变革进行，不容松懈。变革的松懈会导致旧文化重新抬头，员工倒退为采用原先熟悉的方法做事。

14.2 课后习题详解

1．“多国企业在选择战略时必须比较战略的效益(以价值创造来衡量)和实施这种战略所需的成本(由实施战略所需的组织构架来界定)。基于此，有些公司适合实行本土化战略，有些适合全球标准化战略或国际战略，还有些则适合跨国战略。”这种说法是否正确?

答：这种说法是正确的。

利润最大化是每个企业追求的首要目标。当战略的效益与实施这种战略所需的成本之间的差额最大时，则是最符合企业的战略。一般来说，地区调适压力大，而降低成本压力小的企业适合实行本土化战略；地区调适压力小，而降低成本压力大的企业适合实行全球标准化战略；地区调适压力和降低成本压力都小的企业适合实行国际战略；地区调适压力和降低成本压力都大的企业适合实行跨国战略。通过选择合适的战略，企业能将效益和成本之间的差额最大化，实现最大盈利。

2．讨论下面这种说法：“了解绩效模糊的起因和后果是多国企业组织设计的关键问题。”

答：这种说法是正确的。

当造成子单位业绩不尽如人意的原因模糊不清时，就存在绩效模糊问题，这将会增加企业控制的成本。绩效模糊通常出现在相互依赖程度很高的组织分部间，因为这些分部业绩一定程度上取决于其他子单位的成果。若绩效模糊的后果很严重，多国企业可以采用世界范围的地区结构，给予子公司充分的自主权；若绩效模糊的后果能够承受，多国企业则可以采用世界范围的产品分部结构。

3. 描述跨国公司可能采取的用来减少控制成本的组织构架。

答：跨国公司在实施所选择的战略时，需由实施该战略所需的组织构架来界定实施成本。组织构架是指企业的流程运转、部门设置及职能规划等最基本的结构依据，组成部分包括正式组织结构、控制系统和奖励、组织文化、流程以及人员等，常见的组织架构形式包括中央集权制、分权制、直线式以及矩阵式等。其中，跨国公司可能采取世界范围的地区结构的组织结构来减少控制成本。控制成本指高层管理者用于监控和评估子部门业绩表现的时间量。

世界范围的地区结构适用于产品种类少且国内组织结构以职能为基础的公司。这一结构把整个世界分为若干区域。每一区域可以是一个国家(如果该市场足够大)或一组国家，并在很大程度上是独立自治的实体。它们的价值创造活动与总部独立。与价值创造活动有关的战略决策权和经营领导权通常都下放到各个地区，总部则掌握公司总的战略方向和财务控制权。

这种结构与本土化战略相一致，有助于促进地区调适。采用分权使得各个子公司拥有经营决策权，能够针对当地情况提供特定产品，更具竞争力。但是，这种结构的缺点是容易把组织分割成一个个高度自治的实体，阻碍地区间核心竞争力和技术的转移，难以实现区位和经验曲线经济。因此，在此结构基础上建立起来的公司，如果其地区调适不是特别重要，那么将会遇到严重的问题。

4. 对于在最适合全球标准化战略的行业中竞争的公司而言，采取怎样的组织构架最为合适?

答：公司要取得高绩效就必须使其战略和组织构架相“适应”。公司要获得成功，必须满足两个条件：公司的战略必须与公司的经营环境相一致；公司的组织构架必须与其战略相一致。组织构架是指企业的流程运转、部门设置及职能规划等最基本的结构依据，组成部分包括正式组织结构、控制系统以及奖励、流程、组织文化和人员。

(1)组织结构

对于在最适合全球标准化战略的行业中竞争的公司而言，采取世界范围的产品分部结构最为合适。因为实行全球标准化战略的公司力求实现区位和经验曲线经济。这种组织结构适用于产品多样化的公司，总部具有大多数经营决策的最终控制权以对全球范围内的价值创造活动进行协调。所以这些公司的集权程度比多数其他类型的公司要强，对整合的要求也更高。通过采用世界范围的产品分部结构，每个产品分部的各项价值创造活动都由该分部在全球范围内协调，可以克服由国际分部和世界地区结构所产生的协调问题。这种组织结构将价值创造活动集中在关键区位，有利于实现区位经济和经验曲线优势。并且这种结构有利于核心竞争力在分部之间的转移，促进新产品全球范围内的同步上市。但这种结构也会导致分部结构话语权受限，最终可能会导致缺乏地区调适。

(2)控制系统和奖励

对于在最适合全球标准化战略的行业中竞争的公司而言，其子单位间的相互依赖性较高，绩效模糊较高，所以控制成本也较高。因此该类公司在使用产出和行政组织控制的同时，更需要强调文化控制，进行文化控制是全球标准化战略取得成功的先决条件。文化控制鼓励经理们主动融入组织的价值体系，奖励在相互依赖的部门中设法解决问题的经理，从而减少矛盾，降低控制成本。至于奖励，如果把奖励机制和组织的更高层次联系起来，能够减少不同子单位之间的冲突，大大提高其合作的可能。当因绩效模糊而无法将子单位作为独立的实体来判断其绩效时，将各子单位负责人的奖励和他们共同上级部门的绩效联系在一起就能减少问题的发生。

（3）流程

流程是组织内部进行决策和工作的方式。在组织内部许多不同层次都有流程，如战略制定流程、资源分配流程等。公司的核心竞争力或者宝贵的技术经验通常都体现在流程中。高效率且有效果的流程有利于降低价值创造成本，提高产品的附加值。对于在最适合全球标准化战略的行业中竞争的公司而言，有关流程管理有两点很重要：①许多流程不仅跨组织边界，而且还跨越国界。②可以带来竞争优势的有价值的新流程能在组织全球经营网络的任何地方建立起来，企业不仅需要具备创造有价值流程的能力，运用那些流程也很重要。

（4）组织文化

对于在最适合全球标准化战略的行业中竞争的公司而言，企业需要倡导一种不同子单位和国家之间相互合作的企业文化。并且，若要长期保持高绩效，不仅需要拥有强势文化，而且其文化必须具有很强的灵活性，能与公司的整体组织构架、战略以及当时的竞争环境相符。

（5）人员

对于在最适合全球标准化战略的行业中竞争的公司而言，最合适的人员配备政策是以全球为中心，即在整个组织内为关键岗位寻找最佳人选而不考虑国籍因素。这种人员配备政策的优点在于：能有效利用人力资源；有助于建立浓厚的企业文化和非正式的管理网络；更易于实现全球战略协调；避免文化短视。此外，在培训与管理发展、业绩评估、薪酬政策、劳工关系管理等方面，企业也需要根据自身的组织构架、战略以及当时的竞争环境，选择合适的方式方法。

5．假如一家公司从国际战略改为跨国战略，在贯彻这一变革时，公司面临的最重大的挑战是什么？公司怎样才能战胜这些挑战？

答：（1）当一个公司打算改变其战略和组织构架时，会面临组织中强大的惰性力量。这些力量有许多来源：①组织内部现有权力和影响力的分配；②现有的文化；③高级经理们对恰当的企业模式或范式先入为主的看法；④制度限制。

（2）由于惰性力量，渐进的变革通常就等于没有变革。这便引入了变革的大手笔理论，它提倡有效的变革需要及早采取大胆行动，公司可以宣布大幅度结构重组。其次，要让高级经理投身其中。高级经理必须清楚阐明变革的必要性，让员工理解变革的原因及好处。高级经理同时必须身体力行，采取必要的大胆行动。

组织变革成功的基本原则可以归纳为：①采用休克疗法，为组织解冻；②积极主动地变革组织构架，推动组织进入新状态；③重新在新的状态中冻结组织结构。

6．重读“管理聚焦”专栏中“沃尔玛的国际分部”一文，回答如下问题：

（1）设在总部的沃尔玛国际分部实行集中决策，这为各个国家子公司的运营带来问题，这是为什么？沃尔玛对此做出的反应能有效解决问题吗？

（2）你认为设立一个国际分部对管理沃尔玛国外公司来说是最好的选择吗？这种结构可能会引起哪些问题？还有哪些其他结构可以采用？

答：（1）由于实行集中决策，灵活性不强，各个国家的管理负责人在改变策略和运作方式前需要从公司总部的上司那边得到批准，这样会贻误决策时机。此外，总部的高管难以针对各国的具体情况做出最适宜的决策，而过多的工作也会让高层管理者不堪重负，甚至做出错误的决策。

现在沃尔玛国际分部已经实行了分权决策，这能有效解决之前集权所带来的问题。采用分权使得各个子公司拥有经营决策权，能够针对当地情况提供特定产品，更具竞争力，高层管理者也能集中时间和精力解决关键问题，灵活性也更强。更重要的是，在分权组织结构中，决策者更接近问题所在地，更了解情况，从而能作出更好的决策。

(2)设立一个国际分部对管理沃尔玛国外公司并不是最好的结构。

这种双重结构存在着国内与国外经营间潜在的冲突与协调问题：

①国际分部的负责人被认为要向总公司负责在各国的所有利益，这样就把各国分公司经理降为公司组织结构中的第二层级，而且在组织中的话语权没有国内职能部门负责人或国内产品部门负责人多。这与发展国际化和建立一个真正的多国组织的战略不符。

②国内运营与国外运营之间缺乏协调。组织结构中的各部门相互分隔，阻碍了全球范围内新产品的引入，国内和国外营运点之间核心竞争力的转移，以及区位和经验曲线经济的实现。

鉴于上述这些问题，沃尔玛可以采用世界范围的组织结构，其中世界范围的地区结构将会是很好的选择。

7. 重读“管理聚焦”专栏中“陶氏化学公司的矩阵结构兴衰记”一文，回答如下问题：

(1)为什么陶氏化学公司最初采用矩阵结构？这种结构会产生哪些问题？你认为这些问题是矩阵结构的典型问题吗？

(2)是什么促使陶氏化学公司和 ABB 公司变革其矩阵结构？结合陶氏公司所处的竞争环境和化学行业的性质，陶氏公司原有的结构还能适应发展吗？

答：(1)陶氏公司最初采用矩阵结构的目的在于使陶氏营运部门既能对地区市场需求作出反应，又能对公司目标作出反应。这样，业务部负责使陶氏公司该业务的全球生产成本最小化，而地区分部则负责决策在该地区市场上销售产品的最佳方案。

这种结构的多条汇报渠道导致混乱与冲突。一大批主管组成了一个笨拙的官僚机构，相互重叠的职责造成权力之争和责任推诿。地区经理与监管业务的经理无法对建哪个工厂以及把它建在哪里的问题形成统一意见。

这些问题正是矩阵结构的典型问题。矩阵结构容易官僚化，不灵活，而且冲突特性多于希望的合作。

(2)由于公司战略上的变化——重新聚焦化工商品，陶氏化学公司放弃了矩阵结构，而采取更为精干的基于全球业务分部的结构。

在 90 年代激烈竞争的环境中，矩阵结构的管理过于复杂，花费也太高，特别是考虑到公司重新聚焦化工商品，在化学行业，低成本的生产厂商才具有竞争优势，因此，矩阵结构被放弃，而改用更适用于当时的环境和行业的基于全球业务分部的结构。

8. 重读“管理聚焦”专栏中“林肯电气公司和文化”一文，回答如下问题：

(1)林肯电气的组织文化与其公司战略在多大程度上是相符的？

(2)林肯电气的组织文化是如何随着时间的推移而创建和保持的？

(3)为什么林肯电气的组织文化和奖励机制在美国很好地运作，而在其他国家却做不到？

答：(1)林肯公司处在一个竞争性很强的行业，成本最小化是取得竞争胜利的一个关键因素。公司的文化和奖励机制鼓励员工提高生产率，以进一步降低成本。这和林肯公司的战略是相符的，对林肯公司的成功至关重要。

(2)创建和保持林肯电气的组织文化的方法包括：

①建立新的分公司，而不是并购并试图改变一个既有的企业文化。毕竟，建立新的企业文化比改变一个既有的企业文化更为容易。

②花大量的时间和精力向其外国分公司灌输总部的组织文化。

③将公司的组织文化稍加改变以使分公司能够更好地融入东道国的文化。

(3)林肯公司的组织文化帮助公司在美国市场取得很高的绩效，但这种文化在形式上具有鲜明的美国特色而很难适用于其他国家。甚至一些林肯公司欧洲分部的经理和员工的价值观与这种美国式文化产生了极大的冲突。另外，林肯公司还并购了一些原本已经具有自己企业文化的公司，而改变那些既有企业的文化和说服当地有着不同价值观的员工接受自己的企业文化是一件很难的事。因此，林肯公司在美国市场取得的成功很难被复制在其他外国市场上。

14.3 考研真题详解

1. 绩效模糊[上海大学2019研]

答：绩效模糊是指组织的各分部间相互依赖程度很高，导致各分部业绩好坏的原因模糊不清，使组织难以对各分部的业绩做出准确的评价。实施不同战略的公司绩效模糊的程度也不同，从低到高依次为实施本土化战略的公司、实施国际战略的公司、实施全球标准化战略的公司和实施跨国战略的公司。

2. 跨国战略的内涵是什么？对于组织设计意味着什么？[对外经济与贸易大学2015研]

答：(1)跨国战略的内涵

企业采取跨国战略的内涵是试图取得低成本优势、产品差异化优势和转移核心能力。通过区位经济、规模经济和学习效应获得低成本；通过为不同市场提供差异化产品来应对当地差异；在公司的全球营运网络中，通过子公司之间创新流动来实现核心能力的转移。跨国战略强调相互作用的全球学习。当企业在全球范围内任何一个营运网点开发出了有价值的创新，并因此提升了核心能力时，企业就会把这个创新运用到全球其他的营运网点中去。

(2)跨国战略对组织设计的意义

企业的跨国战略与组织设计之间存在着相互作用的关系，企业的跨国战略通过组织设计来实现，组织设计服务于企业跨国战略。具体而言，跨国战略对于组织设计的意义主要体现在以下两方面：

①跨国战略决定组织结构的设计

企业的跨国战略在不同发展阶段，必有不同的组织结构与之相适应。不同的跨国战略指导不同的业务活动，导致企业各部门和岗位的变化；跨国战略决定组织结构，跨国战略重点的转移必将引起组织结构的改变，各部门和岗位在企业组织中的重要程度随之做出相应的调整。

②跨国战略决定组织运行的设计

结构设计和运行设计有效结合才能满足企业跨国经营战略对组织设计的基本要求。组织结构设计需要与相应的跨国战略和组织运行设计相匹配，采用职能制结构和采用横向型结构的组织，在流程、职权、绩效评估和激励方面的设计有明显的不同；反过来，组织结构也受到组织运行设计和跨国战略的影响。仅仅组织结构与跨国战略匹配，是无法保证战略的顺利实现，必须有组织运行设计予以支持。

综上所述，跨国战略决定了组织设计，跨国战略和组织设计应该相互协调，共同作用推动企业的发展。组织结构是为了实现跨国经营目标而确定的一种内部权力、责任、控制和协调关系的形式。如何设计组织结构的关键就是跨国战略采用了什么样的形式，如果组织设计与跨国战略相匹配，那么将起到推动企业发展的作用。如果组织设计的形式违背跨国战略，那么将阻碍企业的发展。

3. 组织文化的作用是什么？［对外经济贸易大学 2013 研］

答：组织文化是指一套关于组织的基本假设和公司成员分享的目标和实践。

组织文化的作用是指组织文化对组织的生产、经营、管理等活动产生的影响和发挥的作用。组织文化的作用具有两面性。其正面作用可以提高组织承诺，增强组织成员行为的一致性，引导组织的成长、进步，进而提升组织的效能。而在某些特定背景下，组织文化对组织的发展也会产生束缚和限制等负面作用。

(1)组织文化的正面作用

①导向功能。组织文化对组织整体和组织成员的价值取向与行为取向有导向作用。组织文化可以使组织成员的思想、价值观、行为和组织目标相一致，从而确保组织目标的实现。

②凝聚功能。组织文化使成员的个人目标与组织目标一致，通过共享的价值观、行为准则和道德规范使成员固守在组织之内，并紧密地结合在一起。当组织成员对组织产生了强烈的认同感，组织就成为一个具有共同的价值观念、精神状态和理想追求的统一体，此时成员会更加忠诚，组织将具有较强的凝聚力和向心力。

③约束功能。组织文化通过组织的文化氛围、群体行为准则和道德规范等软约束，对组织成员的心理和行为产生约束和规范作用，从而减少起消极作用的成员，保持组织的良好秩序。

④激励功能。组织文化能够满足组织成员的多重需要，并对不合理的需要予以约束，使组织成员产生高昂的情绪和奋发进取的精神。同时，积极向上的价值观念和行为准则会产生强烈的使命感和持久的驱动力，引导成员进行自我激励，最终保持组织的活力。

⑤树立组织形象。不同的组织拥有不同的组织文化，组织文化具有鲜明的特征，可以将组织与其他组织区分开来。一个在组织文化上有鲜明个性的组织容易在社会公众中树立自己的形象，提高组织的知名度。

(2)组织文化的负面作用

①变革创新的障碍。组织文化通常是经过多年的建设和沉淀才形成的，具有相对长期的稳定性。当组织面对的环境比较稳定时，组织文化就成为一种资本；而当组织面对的是动态环境时，组织共享的价值观就可能与进一步提高组织效率的要求产生冲突，从而成为组织变革创新的障碍。

②多样化的障碍。组织的强文化对成员具有明显的遵从压力，它限定了组织可以接受的价值观和行为准则。组织通过聘用各具特色、多样化的员工来获得多样化的优势，但一旦新员工融入组织的强文化中时，多元化的优势就随即丧失。因此组织文化，特别是强文化，将大大削弱组织的多样化，从而阻碍组织的发展。

③兼并和收购的障碍。在组织进行兼并和收购时，管理者不仅要考虑融资优势、产品的协同性等因素，还要考虑收购对象的文化与本公司的文化是否相容。不同组织的个性鲜明的组织文化，可能使得本可以整合的利益关系变得不可能。

4. 请比较全球地区分部结构和全球产品分部结构，并结合组织结构阶段模型说明它们各自适合于具有什么特点的跨国公司。[复旦大学 2011 研]

答：(1)全球地区分部结构

全球地区分部结构，又称为区域事业部制，是指跨国公司根据全球不同地区划分分部，地区分部在很大程度上是独立自治的实体，并拥有各自的价值创造活动。地区分部拥有经营领导权和与各项价值创造活动有关的战略决策权，而总部掌握公司总的组织战略方向和财务控制权。

①优点：全球地区分部结构采取分权的管理方式，决策权的下放有助于促进各分部对地区的适应。

②缺陷：全球地区分部结构将组织分割成一个个高度自治的实体，阻碍地区间核心竞争力和技术的转移。

③适用性：产品多样化程度低而且国内组织结构以职能为基础的企业适合采用全球地区分部结构。

(2)全球产品分部结构

全球产品分部结构是指以公司主要产品的种类及相关服务的特点为基础，在全球范围内设立若干产品分部。每一个分部都是一个自给自足、大体上自治的实体，并对其价值创造活动负全部责任。总部负责公司的整体组织战略发展和财务控制。

①优点：全球产品分部结构使得同一产品部门内有关的职能活动协调比较容易，并且每一个产品部都是一个独立的利润中心，有利于评价各部门的业绩，同时这容易适应企业的扩展与业务多元化要求。

②缺陷：全球产品分部结构下的地区或各国经理被视为产品分部经理的下属，发言权受到了限制，这可能导致缺乏地区的调适；企业由于产品种类的不同而在相同的地区设立相同职能的多个机构，造成机构设置的重叠；每一个产品分部都有一定的独立权力，高层管理人员有时会难以控制；对总部的各职能部门，产品分部往往利用不充分，导致总部资源的浪费。

③适用性：产品相当多样化和原先在国内的组织结构是以产品划分部门的企业倾向于采用全球产品分部结构。

5. Diebold 公司是总部位于美国俄亥俄州的具有 150 多年历史的金融设备制造商。主要产品之一为自动柜员机(ATM 机)。该公司 20 世纪 80 年代开始走出国门，与荷兰公司 Philips 达成协议，运用后者的全球分销渠道进行销售。1990 年该合作无疾而终，Diebold 转而与 IBM 公司成立合资公司 Interbold，该合资公司充分整合了 Diebold 的研发优势和 IBM 全球销售网络优势。随后，Diebold 海外销售稳步上升。与此同时，美国 ATM 机行业日益饱和，新兴发展中国家市场蓬勃发展。

1997 年，由于 IBM 公司对 ATM 机销售长期不重视，Diebold 回购了 Interbold 中 IBM 公司的股份，从而完全掌握了 Interbold 的全球销售渠道。同时，Diebold 意识到本土化生产的重要性：比如亚洲消费者喜欢在 ATM 机上支付水电费；消费者希望能用 ATM 机存现金等。1999 年，Diebold 并购了巴西的 Procomp Amazenla 公司，该公司销售额为 40 亿美元，且在 ATM 机市场上实力雄厚。紧接着还收购了法国的 Groupe Bull 和荷兰的 Getronics，这两个巨头的欧洲市场销售额达 10 亿美元。在中国，没有现成的公司可收购，Diebold 于是在上海建立了一家由其控股的公司，负责生产和销售 ATM 机、金库门、保险柜、和警械柜等

产品，其中 ATM 机中国市场占有率 50%，中国 ATM 机市场目前仍由舶来品主导，但是市场重心正向国产品牌倾斜。2006 年，国产品牌仅占据二成份额，到 2009 年，已经占据近四成份额。而 Diebold 在一些重点城市如天津和重庆的销售业绩并不佳。根据案例内容回答下列问题：

(1) Diebold 在国际化过程中，采取了哪些市场进入模式，为何采取不同模式?

(2) 该公司主要采取了哪两类国际化经营战略，简要评价之。

(3) 用波特五力模型对该公司所处中国市场的竞争情况进行分析。

(4) 结合中国市场和外资政策近几年的变化，从营销 4P 角度制定营销战略。[中国人民大学 2011 研]

答：(1) 在国际化过程中，进入模式一共有以下六种：出口、交钥匙工程、技术授权、特许经营、与东道国企业成立合资企业以及在东道国成立全资子公司。本例中，Diebold 在国际化过程中，采取了出口、成立合资企业以及全资子公司三种市场进入模式。出口可以节约成本，利用合作伙伴的销售渠道进行销售，进入市场快，风险小。建立合资企业可以从当地企业获得文化、语言、政治体制等知识而受益，从而避免进入外国市场的高成本或风险，但当一个国家没有现成企业可以收购时，则选择建立全资子公司的方式。这种方式可以使企业建立一家符合自己期望的公司，从而能够更好地控制国外市场，实行企业的全球战略。

由于刚走出国门，该公司选择了风险较小的出口方式。这样可以避免因不清楚东道国环境而产生的成本和风险。之后，由于出口不能培养企业自身的国外销售能力，该公司进而选择了建立合资公司的方式，这样既能发展自身的海外销售能力，又能与合资伙伴分摊风险和费用。当合资伙伴与自身的战略目标不符合时，该公司选择了全资子公司的方式，这样，公司能够进行全球战略合作，实现区位和经验曲线经济，更好地朝着自身的战略目标前进。

(2) 概括起来，国际化经营战略可分为全球标准化战略、跨国战略、国际战略和本土化战略四种类型。本例中，Diebold 公司主要采取了本土化战略和跨国战略。

本土化战略对应于较低成本压力和较高的地区调适压力；跨国战略对应于较高的成本压力和较高的地区调适压力。本土化战略强调通过改变企业的产品或服务来增加利润，注重每个国家内的竞争，将每个国家作为一个战略业务单元制定战略以满足当地消费者需求。Diebold 公司意识到本土化生产的重要性，针对不同国家进行相应的调整，正是本土化战略的体现。跨国战略寻求成本降低和差异化的统一。Diebold 公司充分利用产品差异化优势和技术的扩大效应，并关注地区调适的压力，合理配置资源以及各种生产、管理和经营能力，同时在适应能力、全球性经营效率和创新能力三方面建立竞争优势。

(3) 波特五力模型是哈佛大学商学院的迈克尔·波特于 1979 年创立的用于行业分析和商业战略研究的理论模型。五力分别是：供应商的讨价还价能力、购买者的讨价还价能力、潜在竞争者进入的能力、替代品的替代能力、行业内竞争者现在的竞争能力。用波特五力模型对该公司所处中国市场的竞争情况进行如下分析：①就供应商的讨价还价能力而言，相对来说，不构成潜在的威胁，因为 ATM 机零部件、配件的供应较为充足；②就购买者的讨价还价能力而言，购买者具有较强的讨价还价力量(现阶段，ATM 机及保险柜等购买者主要是银行等大客户，每个购买者的购买量较大)；③就潜在竞争者进入的能力而言，这一行业进入门槛不高，特别是针对家庭使用的小型保险柜等产品，新厂商进入门槛不高；④就替代品的替代能力而言，虽然 Diebold 公司市场占有率高，但国产品价格低且用户转换成本低，Diebold 公司面临的竞争压力大；⑤就行业内竞争者现在的竞争能力来说，结合本例可以看出，国产品牌从仅占据二成份额到已经占据近四成份额，且份额有不断增加的倾向，因此行业现有竞争激烈。综合上述五力可以看出，Diebold 公司所处中国市场的竞争情况较为激烈，且竞争激烈程度会不断的加深。

(4)4P 理论是一种营销理论，4P 指的是产品、促销、分销以及定价战略四种要素。结合中国市场和外资政策近几年的变化，从营销 4P 角度制定营销战略如下：①产品方面，Diebold 公司可对其产品做出调整以更好的满足中国市场的需求，特别是随着家庭对小型保险柜等产品需求不断增加，Diebold 公司可考虑增加这一类型产品的生产，获得商机；②促销方面，Diebold 公司可更多的采用广告宣传、公共关系等手段，进行产品的销售，特别是处理好跟银行等大客户之间的关系，进行关系营销；③分销方面，随着中国电子商务的发展，线上消费者规模越来越大，因此 Diebold 公司在进一步优化精简其线下分销渠道的同时，应加快线上渠道的建设，甚至可以越过分销商，自己开设零售网店以降低分销成本和产品价格；④定价战略方面，Diebold 公司可以制定较高的价格，因为购买者看中的是产品的独特性和安全性，对价格相对来说，不是非常敏感。当然，为配合本土化战略的实施，Diebold 公司可采用歧视定价法，灵活定价。

第 15 章　进入战略和战略联盟

15.1　复习笔记

考点一：基本进入决策

1. 进入哪个外国市场

外国市场对企业的吸引力受该国家从事经营活动时的利润、成本和风险的平衡的影响。潜在市场吸引力的来源包括：

(1)在一个国家从事经营活动的长期经济利润。这取决于市场规模(从人口统计数据看)、该市场消费者的现有财富(购买力)以及未来可能财富(取决于经济增长率)等因素。其他条件不变时，实行自由市场体制、通货膨胀温和以及私营部门债务较少的发达国家与发展中国家更有利于平衡利润-成本-风险。

(2)国际企业在外国市场所能创造的价值。创造的价值由企业能为外国市场提供的产品的适用性以及当地竞争的性质所决定。

企业可以根据吸引力来为各个国家评级，级别高的市场可考虑作为进入的首选。

2. 进入时机

一旦企业找到了具有吸引力的市场，它必须考虑进入时机的问题。早进入一个市场通常可能获得第一进入者(先入者)优势，也可能面临第一进入者(先入者)劣势。

(1)先入者优势

①定义

先入者优势是指国际企业先于其他外国企业竞争者进入一国市场而取得的优势。

②来源

a. 通过建立一个强大的品牌形象抢先阻止竞争对手和赢得需求；

b. 在目标国扩大销售量，并在经验曲线上领先于竞争对手，使先入者相对后来者拥有成本优势，这种优势能使先入者把价格降低到后入者之下，从而把后入者驱逐出市场；

c. 先入者通过把消费者牢牢地捆绑在它们所提供的产品和服务上来创造出转换成本，这样的转换成本使后来者很难赢得顾客。

(2)先入者劣势

①定义

在其他国际企业之前进入一个外国市场的做法也有其劣势，这通常称为第一进入者(先入者)劣势。

②开拓成本

开拓成本是先入者必须承担而后来者可以避免的成本。当东道国的经营体制与母国市场有很大不同时，企业必须花费巨大的努力、时间和开支以学习这些游戏规则，由此产生了开拓成本。开拓成本包括以下两点：

a. 由于不了解外国环境而犯一些大的错误导致经营失败的成本。后来者可以从先入者所犯的错误中吸取教训而受益。

b. 促销和建立产品供给的成本，其中包括对消费者的培训费用，如当东道国消费者对产品不熟悉时需要进行很大的促销活动。相反，后入者可以开发先入者顾客培训所创造的市场潜力。

3. 进入规模和战略承诺

(1)进入规模的分类

①大规模进入

a. 大规模进入一个市场会涉及大量的资源投入，它同时意味着快速进入。大规模进入的结果与战略承诺的价值有关。

b. 大规模进入更容易获得需求、规模经济和转换成本等先入者优势。

②小规模进入

小规模进入给予企业一定的时间去收集信息，学习有关外国市场的知识，减少了大规模进入所固有的风险。小规模进入虽然可以帮助企业进行风险规避，降低损失，但也容易失去获得先入者优势的机会。

(2)战略承诺

战略承诺是指一项有着长期影响而又很难逆转的决策，例如决定大规模地进入一个外国市场。战略承诺可以改变竞争领域并引起一系列的变化，对市场的竞争性质产生重要的影响。巨大的战略承诺的好坏不是绝对的。

考点二：进入模式

企业进入外国市场的六种模式包括：出口、交钥匙工程、技术授权、特许经营、与东道国企业成立合资企业以及在东道国成立全资子公司。每一种模式各有其优缺点。

1. 出口

(1)优点

①避免了在东道国进行制造及经营活动所需的巨大成本。

②可以帮助企业从它的全球销量中获得经验曲线以及区位经济。

(2)缺点

①未能充分利用国外更佳的生产区位。

②运输费用高，尤其是价值低质量大的商品，出口很不经济。

③面临各种贸易壁垒的阻碍。

④当地营销机构往往同时经销竞争对手企业的产品，不可能有完全的忠诚。在当地建立能够处理市场营销、推销和服务工作的全资子公司有利于解决此问题。

2. 交钥匙工程

(1)定义

交钥匙工程指跨国公司为东道国建立工厂或是其他项目，一旦包括设备安装、初步运作、人员培训等在内的设计和建造完成，即将该工厂或项目所有权和管理权的钥匙依合同完整地交给对方。

(2)优点

①装配和运行技术性的复杂流程的专有技术是一项重要的资产，通过交钥匙工程可从这些资产中获得巨大经济回报。

②在对外直接投资受东道国政府的管制时这个战略尤为有用。

③交钥匙工程通常比传统的对外直接投资的风险低。

(3)缺点

①采用交钥匙工程的企业往往对外国市场缺乏长期的兴趣。一旦所出口的工艺过程所生产的产品在外国有巨大的市场潜力，企业将错失巨大的盈利机会。解决方法之一就是对此项目拥有小部分的股权。

②交钥匙工程项目可能会在无形中树立一个竞争对手。

③如果企业的生产技术是一种竞争优势来源，则通过交钥匙工程出售技术时会变相的丧失竞争优势。

3. 技术授权

(1)定义

技术授权指技术许可企业通过签订合同的方式，向技术受许可企业提供所必需的专利、商标或专有技术的使用权以及产品的制造权和销售权。

(2)优点

①企业不必承担开发一个外国市场的费用和风险，因此技术授权非常吸引那些缺乏资金去发展海外经营的企业。

②适用于企业试图在不熟悉或政局动荡的外国市场进行少量财务投资时。

③技术授权可使企业绕开投资壁垒参与一个外国市场。

④当一家企业拥有一些有商业应用价值的无形资产，而它自身又不想开发这些应用价值时，技术授权就常常被采用。

(3)缺点

①企业不能对制造、营销以及为实现经验曲线和区位经济所必需的战略给予严密的控制。

②限制了企业进行全球战略合作的能力。

③企业缺乏对技术诀窍的控制。

(4)降低技术授权风险的方法

①与一家外国企业签订交叉技术授权协议。在交叉技术授权协议下，一家企业可能把一些有价值的无形资产授权给一家外国合伙者，但是除了使用费，企业还可能要求这个外国合伙者也把它的有价值的技术诀窍授权给这家企业。在这种情况下，接受方意识到如果它破坏技术授权协议(利用所得到的知识直接与许可方相竞争)，许可方也同样可以这么做。

②把技术授权协议与建立许可方和接受方都拥有重要股权的合资企业联系在一起。

4. 特许经营

(1)定义

特许经营指特许人以合同经营的方式向被特许人出售无形资产(通常为商标)，要求被特许人同意严格遵守经营企业的规则，而特许人在被特许人经营业务过程中会提供经常性的帮助。特许经营本质上属于技术授权，但期限更长。特许人收取特许使用费的数额等于被特许人收入的一定百分比。技术授权主要用于制造企业，而特许经营却主要被服务企业所采用。

(2)优点

企业可以免除许多自己开发外国市场所必须承担的成本和风险，激励被特许人尽快建立起盈利性的经营活动。得到特许经营的服务企业可以迅速地以低成本和低风险建立起全球形象。

(3)缺点

特许经营的缺点不如技术授权那么明显。

①特许经营可能会束缚企业进行全球战略合作的能力。

②特许经营的一个更主要的缺点是缺乏对质量的控制。在企业扩张的每一个国家或地区建立分支机构进行管理有利于克服这种缺点。

5. 合资企业

(1)定义

合资企业是指由两家公司共同投入资本成立，分别拥有部分股权，并共同分享利润、支出、风险及对该公司的控制权的企业。

(2)优点

①通过当地合资者，企业能够获得有关东道国竞争状况、文化、语言、政治体制和经营体制等信息。

②企业可以与当地的合资伙伴分摊进入新市场的开发成本和风险。

③受政治因素的影响，合资企业或是某企业进入一国市场的唯一方法。

(3)缺点

①缺乏对技术的控制。可以通过订立合资企业合同使这种风险最小化。

②企业难以严密控制其分支机构，以实现经验曲线和区位经济以及对竞争对手进行协调性的全球进攻。

③当投资企业的目标和目的以及战略想法冲突时，合资企业的控制权会产生较大冲突。

6. 全资子公司

(1)定义

全资子公司即企业拥有100%的股权的子公司。在一个外国市场中建立一家全资子公司有两种方式：创办新企业和并购现有的企业。

(2)优点

①适用于企业以技术能力作为竞争优势的情形。

②设立全资子公司有助于企业实现区位和经验曲线经济。

③建立一个全资子公司还使企业享受外国市场100%的利润。

(3)缺点

设立全资子公司的企业必须承担进行海外经营的全部成本和风险。直接并购东道国的现有企业一定程度上可以降低经营风险，但会存在文化冲突等问题。

考点三：进入模式的选择

表15－1总结了几种进入模式的优缺点。

表15－1　进入模式的优点和缺点

进入模式	优点	缺点
出口	①能够实现区位和经验曲线经济； ②提高进入目标市场的速度和灵活性	①高交通费用； ②贸易壁垒； ③与当地营销机构之间的问题

续表

进入模式	优点	缺点
交钥匙工程	①经济回报大； ②在对外直接投资受东道国政府的管制时这个战略尤为有用； ③风险低于传统的对外直接投资	①制造有效率的竞争对手； ②缺乏长期的市场形象
技术授权	①低开发成本和风险； ②中度的参与和承诺	①缺乏对技术的控制； ②不能实现区位和经验曲线经济； ③不能进行全球战略合作
特许经营	①低开发成本和风险； ②可能绕过进口壁垒，具有强大的销售潜力	①缺乏对质量的控制； ②不能进行全球战略合作
合资经营	①可以利用当地合伙者的知识； ②共同承担开发成本和风险； ③政治上的可接受性； ④一般没有股权限制	①缺乏对技术的控制； ②不能进行全球战略合作； ③不能实现区位和经验曲线经济
全资子公司	①保护技术； ②能够进行全球战略合作； ③能够实现区位和经验曲线经济	①高成本和风险； ②需要更多的人力和非人力资源，需要与本土员工的互动和整合

1．核心竞争力和进入模式

(1)技术诀窍

如果企业的竞争优势(核心竞争力)建立在对特有的技术诀窍的控制基础之上，可采取的进入模式有：

①设立全资子公司。这种模式尽可能地避免了技术授权与合资经营安排对技术的失控。

②技术授权或合资经营。一方面这种模式降低授权接受方或合资者盗用企业的技术诀窍的风险；另一方面，若企业的技术优势只是暂时的，预计竞争对手会很快模仿其核心技术时，企业可以通过尽快地把其技术转让给外国企业，以赶在模仿发生之前获得对其技术的全球认同。

(2)管理诀窍

对于竞争优势建立在管理诀窍基础之上的企业，失去对管理技能控制的风险并不大。此时适合采取特许经营和建立子公司结合的方法实行特许经营控制。子公司可以是全资或合资，但与当地合伙者合资经营通常能更好地控制子公司，并且在政治上也更能被接受。

2．成本降低的压力与进入模式

成本降低的压力越大，企业越有可能希望把出口与全资子公司相结合。

(1)企业选取最佳区位因素进行制造活动并出口，有利于实行区位经济和经验曲线经济。

(2)在国外建立全资销售子公司能对营销工作实行严密控制和监督。既有助于提高营销活动的质量，还有助于进行全球战略合作。

考点四：新创企业还是并购

1．并购

(1)并购的优点

①便于实施。通过并购一家现有的企业，跨国企业可很快在海外目标市场建立起自己的形象。

②抢占市场先机。在快速全球化的市场中，抢占市场先机极其必要。

③并购的风险比新创企业更小。并购获得了有价值的无形资产，能降低由于忽略东道国国家文化而导致犯错误的风险。

(2)并购失败的原因

①并购企业的管理层经常对通过并购所能创造的价值过于乐观，因此经常为被并购企业的资产支付过高的价格。

②并购企业与被并购企业之间的文化碰撞。

③通过整合并购企业与被并购企业的运营来实现协同效应的企图经常遇到障碍，导致该过程漫长。

④并购前缺乏严密的审查。

(3)降低失败的风险

①仔细审查将要被并购的外国企业的经营、财务地位和管理文化等方面，这将有助于企业确定并购即将花费的费用是否过高、并购后是否会冲突过大、文化是否与本企业组织文化对立。

②通过减少被并购企业的管理层的担心，减少并购后不希望出现的管理摩擦。

③管理层必须在并购后快速地制定并实施一项整合计划。

2. 新创企业的优点和缺点

(1)优点

①企业可以尽其所能地建立一家期望类型的子公司。

②创办新企业得到令人不愉快的意外的可能性更小。

(2)缺点

①创办一家新企业进程缓慢，这可能导致更具进取心的全球竞争对手通过并购和建立强有力的市场地位而抢占先机，从而制约了新创企业的市场潜力。

②新创企业更具风险。作为一家新企业，总是伴随着未来收入和利润前景的某种不确定性。

3. 对新创还是并购的选择

两种模式各有优缺点，必须根据企业面临的环境作出选择。

(1)并购适用于企业试图进入的市场已经存在运营良好的企业或是竞争对手较强的情形。但是，相比较一项不良的并购，新创企业虽然缓慢但可能更好。

(2)新创企业适用于企业本身具有较好的技能、规程、文化优势，或是试图进入的市场不存在可被并购的企业。

考点五：战略联盟

1. 战略联盟的定义

战略联盟是指潜在的或实际的竞争对手之间的合作性协议。战略联盟包括正式的合资企业(即企业股权归两个及两个以上企业所有)和短期的合同式合约(即两家企业的合作关系是暂时的)。

2. 战略联盟的优点

(1)有利于企业进入一个外国市场；

(2)有利于降低成本和风险，开发新产品或工艺的成本(及其风险)分散在了合作企业中；

(3)有利于企业开发单靠自己很难开发出来的互补技能和资产；

(4)组建战略联盟有助于企业建立有益的行业技术标准。

3. 战略联盟的缺点

战略联盟为竞争对手获得新技术和市场提供了一条低成本的路径，因此参与联盟的企业需要特别谨慎。

4. 联盟的运作

联盟运作受合作伙伴的选择、联盟的构建以及联盟的管理方式三个主要因素的影响。

(1)合作伙伴的选择

①一个合适的同盟者或合作伙伴拥有三个主要特征：

a. 一个好的伙伴必须能够弥补企业在能力方面的弱势，或者获得市场准入，能够分担成本和风险，或者拥有关键性的核心竞争力。

b. 一个好的伙伴共享企业所创建的愿景。

c. 一个好的伙伴联盟不是为了实现自己的目的，即愿意得到低回报而获得其他企业的技术诀窍。

②要选出一个好搭档，企业应该在结盟前，尽可能地了解可能的合作伙伴，了解方法包括：

a. 尽可能地收集有关可能的同盟者的相关信息，这些信息的来源包括与这些可能的合作伙伴已经结盟的企业、与它们打过交道的投资银行以及以前的雇员。

b. 通过高层管理人员之间的面对面的洽谈(有可能也包括中层管理人员)进行了解。

(2)联盟的构建

联盟的构建应使企业向合作方暴露的风险降低到一个可接受的水平。

①尽可能对不想转移的技术增加转移难度，如产品设计、开发、制造和服务等环节。

②将合约式防范措施添加到联盟条约中以防范机会主义风险。

③联盟的双方可以事先约定双方可以交换的技能与技术以保证平等获益。交叉技术授权合同是实现这个目标的唯一途径。

④若联盟中合作者能够作出可靠承诺，则会降低机会主义风险。

(3)联盟的管理

①面临的任务

联盟确定后，企业面临的任务就是使其从联盟中的获益最大化。

②需要考虑的问题

a. 在所有的国际企业协议中，管理人员在与他们的合作伙伴共事时必须考虑文化差异。

b. 企业需要建立与合作伙伴间的信任并向其学习，从而达到联盟中的获益最大化。

③正确管理联盟的方式

a. 成功的管理联盟需要发展关系资本，即在企业的管理人员之间建立个人关系。

b. 企业向合作伙伴学习并将所学到的知识应用扩散在企业内部，有利于实现获益最大化。

15.2 课后习题详解

1. 重读“管理聚焦”专栏中乐购的案例，然后回答以下问题：

(1)为什么乐购最初的国际扩张战略集中在发展中国家?

(2)乐购如何在其国际经营中创造价值?

(3)在亚洲，乐购有着与当地合作伙伴建立合资企业的历史。这对乐购有什么好处？有什么样的风险？如何降低这些风险?

(4)2006年3月，乐购宣布它将进入美国市场。这意味着它将告别关注发展中国家的战略。乐购为什么做出这样的决定？美国市场如何有别于乐购进入的其他市场?

答：(1)外国市场对企业的吸引力受该国家从事经营活动时的利润、成本和风险的平衡的影响。乐购之所以最初选择在发展中国家扩张，主要原因有以下几点：

①由于发展中国家的市场发展尚未成熟，拥有巨大的潜在需求与利润增长空间，发展前景更为广阔；

②国际企业在外国市场所能创造的价值，取决于它能为那个市场提供的产品的适用性以及当地竞争的性质。发展中国家的经济发展水平较低，竞争激烈程度低于发达国家的成熟市场，因此，乐购作为跨国企业进入发展中国家市场更具竞争力，从而能利用其技术优势与定价优势创造更多的利益。

(2)迈克尔·波特认为低成本和差异化是创造价值以及在一个产业中获得竞争优势的两个基本战略。乐购可以通过降低成本或生产差异化产品以提高消费者的感知价值来创造更多的价值。

①通过采用适宜的公司战略，如通过集中生产，使公司获得规模经济效应，从而不断降低生产的平均成本；

②借助于更佳的设计、功能、特色和质量等使产品更具吸引力，如通过本土化战略针对目标国进行特定的优化设计，提高消费者对该产品的感知价值。

(3)通过建立合资企业，乐购可以获得以下好处：

①通过当地合资者，企业能够获得有关东道国竞争状况、文化、语言、政治体制和经营体制等信息。

②可以与当地的合资伙伴分摊开发新市场的费用或风险。

同时，建立合资企业又存在以下风险：

①合资经营存在把技术控制权拱手让给合伙人的风险。

②合资企业不能使企业为实现经验曲线和区位经济而给予其分支机构可能需要的严密控制，它也不能使企业为对竞争对手进行协调性的全球进攻而给予外国的分支机构可能需要的严密控制。

③当投资企业的目标和目的以及战略想法冲突时，合资企业的控制权会产生较大冲突。

为了降低这些风险，乐购可以采取的措施有：

①通过订立合资企业合同使这种将技术控制权拱手让给合伙人的风险最小化。只要在合资企业中拥有多数股权，就可对技术行使更大的控制力。

②与合伙企业分享除涉及核心竞争力外的技术。

③给予合资企业管理层相当大的自由度以决定自己的战略。

(4)乐购之所以做这样的决定，因为它之前所在的发展中国家经济逐步发展，本土企业由于成本低等优势，逐步削弱了乐购最初的竞争优势，因此，乐购决定转而进入美国市场。

美国市场相对于发展中国家市场，更为自由成熟。因此尽管美国市场竞争更为激烈，为乐购带来更大的风险，但是产品差异化设计也能为乐购带来更多的机遇。乐购在注重进一步提升技术降低成本的同时，还应该注重更佳的设计、功能、特色和质量等使产品更具吸引力，为公司创造更多的价值。

2. "向外国竞争对手转让专利技术是丢失企业竞争优势的最可能方式"。讨论这一说法。

答： 这句话基本上是正确的，向外国竞争对手许可转让专利技术确实极大地增加技术损失的风险。因此技术授权有时应该被避免。然而技术授权在某些情况下可能仍然是一个不错的选择。当通过技术授权来减少授权接受方盗用企业技术诀窍的风险时，那么技术授权可能是恰当的。另外，若企业感到其技术优势只是暂时的，它预计到竞争对手会很快模仿其核心技术时，企业可能希望尽快地把其技术转让给外国企业，以赶在模仿发生之前就获得对其技术的全球认同。企业把技术转让给竞争对手可能会使其丧失开发出更好技术以及自己技术的机会。而且，通过转让技术，企业可以把其技术塑造成行业的主导设计。但是，如果企业不能持续快速的开发出更优的新技术，向外国竞争对手转让专利技术可能会丧失企业竞争优势。

3. 讨论对外国经营活动控制的需要如何随企业战略和核心竞争力的不同而不同。进入模式选择的启示是什么？

答： 企业的核心竞争力的性质一定程度上决定了其最佳进入模式。

（1）技术诀窍

若企业的核心竞争力是专有技术诀窍，那么应尽可能地避免技术授权与合资经营以最大限度地降低技术失控的风险。因此，如果一家高科技企业极有可能通过建立全资子公司的方式在外国经营，以期从它的技术诀窍中获利。但是，这条规则并不是一成不变的。有时候，为了减少授权接受方或合资者盗用技术诀窍的风险，可以采用技术授权和合资企业的方式。或者在企业感到其技术优势只是暂时的，预计竞争对手会很快模仿其核心技术时，企业可能希望尽快把技术转让给外国企业，以赶在模仿发生之前获得各国消费者对其技术的认同。这样的战略有一定的优点。首先，企业把技术转让给竞争对手可能会使其丧失开发出自己技术的机会。其次，通过转让技术，企业可以把其技术塑造成行业的主导设计。这可确保长期稳定的技术转让费。但是，技术授权要注意避免技术失去控制的风险超过技术授权的吸引力。

（2）管理诀窍

对于核心竞争力是建立在管理诀窍基础之上的企业，失去对管理技能控制的风险并不大。故而，该类企业愿意选择特许经营与子公司混合的方法来控制特定国家或地区内的特许经营。子公司可以是全资或合资的，但是大多数情况下与当地合伙者合资经营能最好地控制子公司。

4. 一家利用其独特的生物技术开发了一些有价值的新药品的加拿大小企业，正试图决定如何最好地服务欧盟市场。对生产设施的投资成本将是该企业的主要费用，但是并未超出它的能力范围。如果下面是企业的所有选择，你建议它选择哪一种？为什么？

（1）在国内制造产品，让外国销售代理商处理营销问题。

（2）在国内制造产品，并在欧洲设立一家全资子公司来处理营销问题。

（3）与欧洲大型医药企业建立战略联盟。产品将通过股权比例为50/50的合资企业在欧洲制造，并由欧洲的企业来营销。

答：如果没有明显的出口壁垒，那么选择(3)似乎存在着不必要的风险和成本。毕竟，药品的运输成本与产品的价值比很小。而且，选择(1)和选择(2)不仅可以降低公司技术损失的风险，还能使公司对药品的质量和成本持有更严密的控制。只在一种情况下可能考虑选择(3)，那就是如果一家欧洲大型医药企业能够帮助本企业更快地进入外国市场，或者联盟能使本企业获得单靠自己很难开发出的互补技能，那么这家企业将通过50/50的合资企业来制造并营销，而不是同意让外国销售代理商来处理。面对(1)和(2)之间的选择，主要考虑的就是哪种方式能够最有效地占领市场份额。如果能够找到一家对欧洲市场很熟悉的外国销售代理商，并且该代理商有很高的忠诚度，同意积极地营销本公司的产品，那么让这家代理商处理营销问题将能够比设立全资子公司更快地增加市场份额，因为全资子公司的设立需要花费大量的时间。但从长远来看，如果公司设立自己的全资子公司来处理营销问题，它将能学到更多的营销知识，为欧盟消费者提供更好的服务，也有望赚得更多的利润。

15.3　考研真题详解

1. 战略联盟[对外经贸大学2016研；浙江工商大学2015研；武汉大学2014、2012研；江西财经大学2013研]

相关真题：

(1)跨国企业的战略联盟[中央财经大学2018研]

(2)跨国公司战略联盟[中南财经政法大学2017研]

(3)国际战略联盟[苏州大学2014研]

答：战略联盟就是两上或两个以上潜在的或实际的竞争对手之间为了达到共同的战略目标而采取的相互合作、共担风险、共享利益的联合行动。由于产品的特点、行业的性质、竞争的程度、企业的目标和自身优势等因素的差异，企业间采取的战略联盟形式自然也呈现出多样性。跨国公司战略联盟可以创造规模经济，实现企业优势互补，形成综合优势，有效地占领新市场，有利于处理专业化和多样化的生产关系。

2. 特许经营[浙江工商大学2018、2016、2014研；南开大学2013、2012研；江西财经大学2012研；厦门大学2011研；河北工业大学2011研]

答：特许经营指特许者将自己所拥有的商标(包括服务商标)、商号、产品、专利和专有技术、经营模式等以特许经营合同的形式授予被特许者使用，被特许者按合同规定，在特许者统一的业务模式下从事经营活动，并向特许者支付相应的费用。按我国法律规定，特许经营是一种销售商品和服务的方法。

作为一种商业经营模式，在特许经营的经营过程和方法中有以下四个共同特点：①个人(法人)对商标、服务标志、独特概念、专利、经营诀窍等拥有所有权；②权利所有者授权其他人使用上述权利；③在授权合同中包含一些调整和控制条款，以指导受许人的经营活动；④受许人需要支付权利使用费和其他费用。

3. 跨国并购[宁波大学2017研；中央财经大学2016研；山东大学2015研；中南财经政法大学2014研]

相关真题：跨国购并[河北工业大学2011研]

答：跨国并购(或称跨国购并)是跨国兼并和跨国收购的总称，是指一国企业(又称并购企业)为了达到某种目标，通过一定的渠道和支付手段，将另一国企业(又称被并购企业)的所有资产或足以行使运营活动的股份收买下来，从而对另一国企业的经营管理实施实际的或完全的控制行为。

跨国公司的国际并购涉及两个或两个以上国家的企业、市场和法律制度。并购的跨国性企业可直接向目标企业投资，或通过目标国所在地的子公司进行并购。并购企业可使用的支付手段包括现金支付、从金融机构贷款、以股换股和发行债券等。而跨国公司的国内并购是指某一跨国性企业在其国内以某种形式并购本国企业。

4. 请利用所学知识回答并分析以下问题：

(1)企业国际扩张的动机有哪些基本类型？制造业企业、工程承包企业进行国际扩张的动机是否会有区别？

(2)全球战略有哪些类型？对于寻求市场类型的制造业企业国际化而言，你认为追求不同类型全球战略的企业会选择哪些可能的进入模式？［对外经济与贸易大学2015研］

答：(1)企业国际扩张的动机

①企业进行国际扩张离不开四种动机：

a. 寻求市场

企业倾向进入那些对自己的产品和服务有强烈需求的国家。基于这一动机的前提是产品在海外市场上有需求。此外，企业必须考虑产品的优势可以维持的时间、竞争者的创新能力以及当地法律对专利保护程度的强弱。

b. 寻求效率

寻求效率型企业通常愿意选择具有规模经济与低成本要素相结合特征的效率最高的区域。一些名义上高成本的国家(如美国)能持续地吸引相当数量外资就是因为其效率达到了最优。

c. 寻求自然资源

企业进入国外富含某些自然资源的区域，通过投资于铁矿、油田、煤矿等领域，开采国外资源，弥补国内资源劣势。其目的不仅在于获得稳定和低价的自然资源，而且在于发挥本国的比较优势，进而增强企业国际竞争力。

企业进入外国市场既要利用现有的优势，又要通过对外直接投资形成新的竞争优势。资源开发是对外直接投资最密集的领域之一，行业竞争激烈。企业凭借其在资金、管理、技术、产品、市场营销、服务上的优势，进入外国市场，利用国内外两种市场资源，凭借自身的比较优势参与国际经营合作与竞争，吸取国外先进的技术和经验，不断提升企业国际竞争力。

d. 寻求战略性资产

战略性资产是指能够为企业带来长期竞争优势的资产，它是一种难以被模仿或难以被替代的、非交易性的、积累过程缓慢且符合市场需求的资产。寻求战略性资产，是对包括顾客资产(如品牌认知、顾客忠诚)、渠道资产(如已建立的渠道入口、分销商忠诚)、投入要素资产(如完全要素市场的知识、供应商忠诚和融资能力)、过程资产(如技术产权、产品或市场确定性生产机制和组织体制)、市场信息资产(如竞争者的信息、需求价格弹性或市场对商业周期的反应)等资产的寻求。

②制造业企业、工程承包企业在国际扩张的动机上具有不同的倾向。制造业企业在国际化的不同发展阶段，其对外扩张的动机显现出一定的差异性。在国际化的初级阶段，制造业企业倾向于寻求国外丰富的自然资源和廉价的劳动力资源来降低成本，或是寻求市场，以此打开国际化的大门。当制造业企业国际化到一定程度时，会倾向于寻求效率和战略性资产，

以巩固其国际化成果。

工程承包企业进行国际扩张更多的是为了寻求资源和战略性资产。例如，中国与非洲许多国家合作的工程承包项目，是为了利用当地丰富的石油、矿产等自然资源。工程承包企业主要集中在建筑、交通、能源、电子通信等领域，因此获得战略性资产，如先进的技术、管理经验和人才也是其国际扩张的一大动机。

(2)根据全球整合压力与当地响应压力之间的强度差异，可供选择的全球战略有：国际战略、全球标准化战略、本土化战略、跨国战略四种类型。全球战略选择如图 15－1 所示。

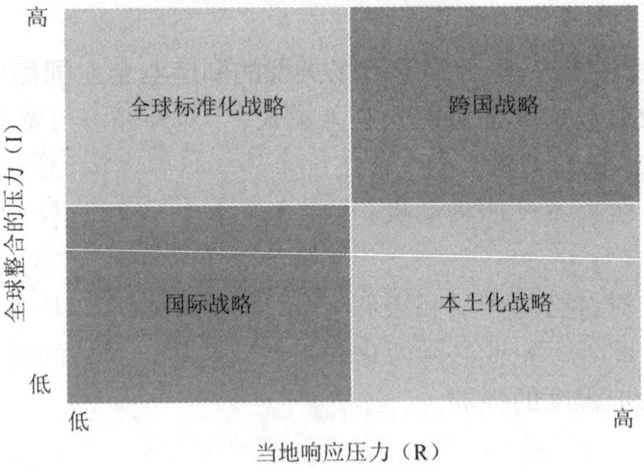

图 15－1　全球战略选择

①国际战略

a. 含义

采取国际战略的企业往往面临着较低的全球整合压力和较低的当地响应压力，它们先为国内市场生产产品，再根据其他地区情况稍作改变，将产品销往世界各地。这些企业往往提供满足普遍需求的产品，却没有强大的竞争者，因此没有较大的降低成本压力。

b. 进入模式

采用国际战略的企业可以选择出口等进入模式。

许多制造企业最初都是以出口者的身份开始其全球扩张的，在打开销售市场之后，再调整为其他的模式。这种模式一般是以在国外设立出口机构或国际部的形式向外国的中间商出口商品，或与国外的零售商合作，甚至直接向用户推销，从而获得第一手的市场信息和国际化经营的经验，及时地适应国外市场的变化，调整经营策略和经营方法。

②全球标准化战略

a. 含义

采取全球标准化战略的企业强调通过规模经济、学习效应以及区位经济实现成本的降低，以提高赢利能力和赢利的增长，其实质是全球范围的低成本战略。这种战略适合全球整合压力很大，而当地响应压力不大的企业。

b. 进入模式

采用全球化标准战略的企业可以选择绿地投资等进入模式。

绿地投资是指企业以“一揽子”生产要素投入的方式在东道国兴建全新的企业，形成新的生产能力，是一种传统的对外直接投资方式。绿地投资方式有利于选择符合企业全球战略目标的生产规模和投资区位，保持对子公司的控制权，有利于实现规模经济和降低成本的目标。

③本土化战略

a. 含义

本土化战略强调的是产品与当地市场的适配性，即改变产品或服务以满足消费者偏好。当各国市场的消费者偏好差异很大，而降低成本压力不大时，企业可以考虑采取这种战略。

b. 进入模式

采用本土化战略的企业可以选择特许经营、合资经营等进入模式。

特许经营是指许可人把“无形资产的权利”授予给被许可人，供后者有偿使用特定一段时期。无形资产包括专利权、发明、配方、工艺、设计、版权以及商标等。许可方不必承担国外扩张的风险，并迅速地以低成本和低风险进入全球市场，被许可方将负担用于建造海外营业设施的大部分资本，对于那些想扩张企业规模但缺乏资金和管理资源的企业来说，许可协议是一个非常有吸引力的选择。许可证(特许经营)进入模式的缺点在于：第一，控制程度低。许可方无法控制所销售产品的质量，有可能使许可方的声誉因被许可方经营不当而受到影响。第二，可能培养潜在竞争对手。第三，产品质量和促销策略在各个市场之间很难统一。

合资企业是为了实现某个共同的商业目标而由两个或两个以上的独立企业共同创立和拥有的公司。合资企业进入模式的优点是：第一，企业可以利用当地伙伴的资源。第二，进入外国市场过程中可以与当地伙伴共担成本和风险并共享利润。特别是需要大规模投资，或目标市场上存在重大政治或社会波动时，更适合采用合资进入模式。第三，政府会减少对企业活动的干预。合资企业进入模式的缺点是：第一，技术的控制权可能会落到合作伙伴手中。第二，由于合资双方背景、动机等不同，对合资企业的经营目标选择也会不同。此外，文化、习惯等方面的差异，也会造成管理方法上的分歧。

④跨国战略

a. 含义

企业采取跨国战略是试图取得低成本优势、产品差异化优势和转移核心能力。通过区位经济、规模经济和学习效应获得低成本；通过为不同市场提供差异化产品来应对当地差异；在公司的全球营运网络中，通过子公司之间创新流动来实现核心能力的转移。

b. 进入模式

采用跨国战略的企业可以选择收购、联合营销等进入模式。

收购是一家企业购买另一家企业的股票或者资产，以获得对该企业的全部资产或者某项资产的所有权，或对该企业的控制权。收购的优点体现在：第一，不需要提供新的产能，可以利用东道国企业现有的生产设备和技术人员组织生产活动。第二，速度快，可以利用东道国企业原有的技术和专利(包括商标、特有资产等)，利用东道国企业现有销售渠道，迅速进入东道国市场。第三，可以把企业其他产品引入该市场，扩大产品种类，实现产品多样化，取得规模经济的效果。收购的缺点体现在：第一，由于不同国家的企业差异较大，会造成并购后整合困难。第二，由于双方对企业资产，尤其是无形资产的实际价值、市场行情判断不同，使双方难以很快就企业的收购价格达成一致，从而使谈判费用较高。

联合营销是指多家企业在市场上合作销售他们的产品和服务。联合营销的优势在于能接触到更多消费者；劣势在于有限的控制和协调能力。

5. 技术贸易的许可证交易方式主要包括哪些类型？各类型的内容是什么？［中央财经大学2014研］

答：许可贸易有时称为许可证贸易。它是指知识产权或专有技术的所有人作为许可方，通过与被许可方(引进方)签订许可合同，将其所拥有的技术授予被许可方，允许被许可方按照合同约定的条件使用该项技术，制造或销售合同产品，并由被许可方支付一定数额的技术使用费的技术交易行为。

许可证合同按照授权程度和方式可分为独占许可、排他许可、普通许可、分许可、交叉许可五种类型。

(1)独占许可证协议。即在规定的地区内，接受方在协议的有效期内对许可证协议项下的技术享有独占的使用权，许可方不得在该地区内使用该项技术制造和销售商品，也不得把同样的技术授予该地区内的任何第三方。

(2)排他性许可证协议又称全权或独家许可证协议。即在规定的地区内，许可方和接受方在协议有效期内对许可证协议项下的技术都享有使用权。但许可方不得将此种权利给予第三方，即不得与第三方签订同一内容的许可协议。

(3)普通许可证协议。即许可方允许接受方在规定的地区和时间内享有使用协议中所规定的技术制造和销售相关产品的权利。但这种权利不是独占的，对许可方(或出让方)没有限制，技术使用权转让给接受方后，技术许可方仍可在该地区内使用该项技术或将这项技术的使用权授予任何第三方。

(4)分许可证协议，又称“从属许可证协议”。即在协议的有效期内，接受方有权以自己的名义把协议项下的技术向第三方转让。

(5)交叉许可证协议，又称“互换许可证协议”。即双方以价值相等的技术，在互惠的基础上，交换技术的使用权和产品的销售权，一般都是不收费的。这种方式常在合作生产、合作设计时使用。

6. 论述战略联盟的优缺点。[上海大学2014研；厦门大学2011研]

相关真题：战略联盟的内涵及优势。[大连海事大学2019研]

答：(1)战略联盟的定义

战略联盟是指两个或两个以上的跨国公司，出于对整个世界市场的预期目标和企业各自总体经营目标的需要，以签订长期或短期契约为形式而建立的局部性相互协作、彼此互补的合伙、合作企业的一种联合经营方式。

(2)战略联盟的优点

①战略联盟有利于企业进入一个外国市场。当与一家了解业务状况的当地合作伙伴建立战略联盟后，能更快更高效的进入当地市场。

②战略联盟还使企业开发新产品或工艺的固定成本(及其风险)被分担了。

③战略联盟是把企业单靠自己很难开发出来的互补技能和资产结合起来的途径。

④组建战略联盟有助于企业建立有益的行业技术标准。

(3)战略联盟的缺点

①战略联盟存在的固有风险。组建联盟可以分摊风险但不可能完全规避风险。无论协议制定得多么详细，技术上的失败仍然是联盟失败的主要原因之一。

②战略转换。有的联盟是为了克服双方固有的弱点，取长补短而建立的。然而随着时间的推移和战略环境的变换，当其中一家企业的弱点不再存在时，它的战略也应随之发生转换，这样联盟存在的基础发生了变化，另一家企业也不得不改变它的合作战略。

③经营运作的有效性。战略联盟的运作要求管理者具有创新的管理方法和技能，这对于

初涉此道的企业和管理者来说是有些困难的。

④竞争。保护联盟双方所拥有的技术是敏感问题，如果一方将属于联盟双方的技术用于私自目的，甚至用来与主要竞争对手成立另一个联盟，将同原联盟构成竞争关系。

7. 请解释各种海外市场的进入模式以及进入模式选择时应考虑的各种因素。［厦门大学 2011 研］

相关真题：

(1) 一旦企业决定进入外国市场，就需要选择合适的进入模式。请简述常见的 6 种国外市场进入模式。［中山大学 2015 研］

(2) 请简述企业进入国外市场的六种模式。［中央财经大学 2012 研］

(3) 论述企业进入国际市场的方式及利弊。［南京理工大学 2011 研］

答：(1) 海外市场的进入模式

企业进入海外市场的六种模式包括：出口、交钥匙工程、技术授权、特许经营、与东道国企业成立合资企业以及在东道国成立全资子公司。

①出口

出口作为进入模式多用于制造企业全球扩张的初期。出口有两个显著的优点：a. 它避免了在东道国进行制造经营活动通常所需的巨大成本。b. 出口可以帮助企业获得经验曲线以及区位经济。

②交钥匙工程

交钥匙工程，指跨国公司为东道国建立工厂或是其他项目，一旦包括设备安装、初步运作、人员培训等在内的设计和建造完成，即将该工厂或项目所有权和管理权的钥匙依合同完整地交给对方。这是向其他国家出口连续性技术的手段，常用于化工、医药、炼油和金属加工行业这些生产技术复杂、昂贵的行业。这个战略在对外直接投资受东道国政府的管制时尤为有用。

③技术授权

技术授权指技术许可企业通过签订合同的方式，向技术受许可企业提供所必需的专利、商标或专有技术的使用权以及产品的制造权和销售权。因此技术授权使企业不必承担开发一个外国市场所需的开发费用和风险，对那些缺乏资金去发展海外经营的企业十分有吸引力。此外，当企业不愿对一个不熟悉的或政局动荡的外国市场投入巨大的财务资源时，或者当企业由于投资壁垒而不能参与到一个外国市场中时，通常也采用技术授权。

④特许经营

特许经营指特许人以合同经营的方式向被特许人出售无形资产（通常为商标），坚持要求被特许人同意遵守严格的有关如何经营企业的规则，特许人在被特许人经营业务过程中提供经常性的帮助，本质上属于技术授权，但期限更长。特许人还将经常帮助被特许人经营业务以求得不断的发展。特许人收取被特许人收入的一定百分比作为特许使用费。技术授权主要用于制造企业，而特许经营却主要被服务企业所采用。企业可以免除许多自己开发外国市场所必须承担的成本和风险。相反，由被特许人承担了这些费用和风险，有利于激励它尽快建立起盈利性的经营活动。服务企业可以通过特许经营迅速地以低成本和低风险树立起全球形象。

⑤合资企业

合资企业是指由两家公司共同投入资本成立，分别拥有部分股权，并共同分享利润、支出、风险及对该公司的控制权的企业。企业可以从通过当地合资者，企业能够处获得有关东道国竞争状况、文化、语言、政治体制和经营体制等信息。企业可以与当地的合资伙伴分摊进入新市场的开发成本和风险。受政治因素的影响，合资企业或是某企业进入一国市场的唯一方法。

⑥全资子公司

在一家全资子公司中，企业拥有100%的股权。企业可以通过新建企业以及并购在外国市场中建立一家全资子公司。当一家企业的竞争优势以技术能力为主，适合采用全资子公司的进入模式以降低能力失控的风险。并且，如果企业想要实现区位和经验曲线经济时，就必须设立全资子公司。

(2)进入模式选择时应考虑的因素

①核心竞争力

a. 技术诀窍

若企业的核心竞争力是专有技术诀窍，那么应尽可能地避免技术授权与合资经营，以最大限度地降低技术失控的风险。因此，它极有可能采用全资子公司的安排。但是，这条规则也不是一成不变的。有时候，可以通过技术授权或构建合资安排来减少授权接受方或合资合伙者盗用企业的技术诀窍的风险。但当企业感到其技术优势只是暂时的并预计核心技术会迅速被竞争对手模仿时，企业可能希望尽快地把其技术转让给外国企业，以迅速使技术得到全球认同。企业把技术转让给竞争对手可能使竞争对手丧失开发新技术甚至是更好技术的机会。其次，通过转让技术，企业可以把其技术塑造成行业的主导设计。但是，技术授权应该注意避免失去控制的风险超过技术授权的吸引力的情况。

b. 管理诀窍

对于竞争优势是建立在管理诀窍基础之上的企业，失去对管理技能控制的风险并不大。故而，许多服务企业愿意选择特许经营与子公司混合的方法来控制特定的国家或地区内的特许经营。子公司可以是全资或合资的，但是大多数情况下子公司最好能处于企业与当地合伙者合资经营下。而合资企业更容易被当地接受，也能向子公司传递一系列知识。

②成本降低的压力

成本降低的压力越大，企业越有可能采用出口与全资子公司结合的进入模式。企业选取最佳区位因素进行制造活动并出口，有利于实行区位经济和经验曲线经济。在国外建立全资销售子公司能对营销工作实行严密控制和监督，比合资安排和利用外国销售代理更受欢迎，既有助于提高营销活动的质量，还有助于进行全球战略合作。换句话说，追逐全球标准化战略或跨国战略的企业往往选择建立全资子公司。

8. 简述进入海外市场要考虑的因素。[西南财经大学2014研]

答：企业进入海外市场需要考虑以下四个因素：

(1)进入外国市场的动机

进入外国市场通常有以下几种四种动机：

①寻求市场。基于这一动机的前提是产品在海外市场上有需求。此外，企业必须考虑产品的优势可以维持的时间、竞争者的创新能力以及当地法律对专利保护程度的强弱。

②寻求效率。寻求效率型企业通常愿意选择具有规模经济与低成本要素相结合特征的效率最高的区域。

③寻求自然资源。企业进入国外富含某些自然资源的区域，开采国外资源，弥补国内资

源劣势。不仅可获得稳定和低价的自然资源，而且可发挥本国的比较优势，增强企业国际竞争力。

④寻求战略性资产。战略性资产是指能够为企业带来长期竞争优势的资产，是一种难以被模仿或难以被替代的、非交易性的、积累过程缓慢且符合市场需求的资产。寻求战略性资产是对包括顾客资产、渠道资产、投入要素资产、过程资产、市场信息资产等资产的寻求。许多外国投资企业进入国外市场是学习当地企业先进的技术和管理经验等战略性资产。

(2)进入外国市场的区位选择

进入外国市场进行区位选择时需要考虑以下几个因素：

①国家风险。政治、经济和法律因素决定企业在一个国家从事商务活动的风险。国家风险会影响在该国从事商务活动的成本，从而会影响企业在全球市场上的竞争优势。

②东道国政策。由于东道国担心被外国资本控制干预，丧失经济自主权，东道国政府可能使用多种控制手段从各个方面来限制外国企业进入，最常用的两种方式是所有权限制和运作限制。

③文化差异。文化差异对商务活动具有重要影响。文化越相近，进入越容易，从事商务活动的结果就越确定。

(3)进入外国市场的方式

如何进入反映了企业将产品、技术工艺、管理以及其他资源输入外国市场的一种规范化部署。由于每种进入模式具有各自优缺点及适用条件，企业不可避免地要进行权衡。主要需要考虑：

①进入规模。大规模进入的好处是体现了公司在市场上的战略承诺，也可对其他进入者进行威慑；大规模进入的不利之处是需要占用大量资源。小规模进入费用较低，风险较低；但是小规模进入很难扩大市场份额。

②进入模式。企业需要在股权模式和非股权模式之间做出选择，然后再确定具体模式。具体模式分为出口、许可证(特许经营)、交钥匙工程、研发合同、联合营销、合资企业、全资子公司等。

(4)进入外国市场的时机

先进入者一旦进入市场，便可以通过产品差异化、绝对成本、经济规模建立进入壁垒，使得先进入市场的企业比后进入市场的企业更具有竞争优势。后进入者可能会在产品和工艺研究与开发、营销战略、技术经验、基础投资等很多方面比先进入者节省大量的投资，并从中获益。

9. 请举例说明跨国并购的优势，并说明我国进行跨国并购的发展趋势。[河北大学2015研]

答：跨国并购是指跨国兼并和跨国收购的总称，是指一国企业(又称并购企业)为了达到某种目标，通过一定的渠道和支付手段，将另一国企业(又称被并购企业、目标企业)的所有资产或足以行使运营活动的股份收买下来，从而对另一国企业的经营管理实施实际的或完全的控制行为。

(1)跨国并购的优势

①快速扩大市场份额。一国企业进入他国市场，通常采用两种方式：出口和“绿地投资”。前者由于跨国运输的高昂运费和他国关税壁垒的阻碍，使得企业产品的价格变得非常高，从而在他国市场丧失了价格竞争力；后者耗费的时间比较长，当新厂建设完成时，原来

建厂所依据的市场情况已经发生了很大的变化。但是，并购可以使一国企业以最快的速度进入他国市场并扩大市场份额。当德国汽车公司戴姆勒－奔驰决定在美国的汽车市场占据更重要的地位时，它并不是通过在美国建立新工厂来强化自己的地位——这样的过程往往需要很多年。相反，它并购了美国第三大汽车公司克莱斯勒，把两家企业合并成戴姆勒－克莱斯勒（戴姆勒在2007年从克莱斯勒中剥离出来，成为一家私人股权公司）。

②获得多种现有资源。被并购企业在东道国一般都有比较成熟和丰富的资源，具体说来包括以下内容：a. 成熟完善的销售网络；b. 既有的专利权、专有技术、商标权、商誉等无形资产；c. 稳定的原材料供应保障体系；d. 成型的管理制度和既有的人力资源；e. 成熟的客户关系网。这些资源的存在可以使并购方绕开初入他国市场的困难，迅速投入生产，完善和开拓销售渠道，扩大市场份额，减少竞争压力。这些都是其他跨国投资方式难以获得的。

③融资便利。一国企业向他国投资常常需要融资。与“绿地投资”相比，并购可以比较容易地获得融资。具体说来，跨国并购完成后，并购方可以通过以下途径获得资金：a. 用目标企业的实有资产和未来收益作抵押，通过发行债券获得融资；b. 用目标企业的实有资产和未来收益作抵押，直接从金融机构获得贷款；c. 并购方通过与被并购方互相交换股票的方式控制目标企业，从而避免现金支付的压力。

④以较低的价格获得资产或股权。跨国并购常常能够用比较低的价格获得他国企业的资产或股权，主要有三种情况：a. 目标企业低估了自己某项资产的价值，而并购方对该项资产却有真实的认识，这样，并购方就能以较低的价格获得他国企业的资产；b. 并购方利用对方的困境，低价收购亏损或不景气的企业；c. 利用目标企业股票暴跌的时候收购其股票。

⑤其他优势。跨国并购还可以有效降低进入新行业的壁垒，大幅度降低企业发展的风险和成本，充分利用经验曲线效应，获得技术上的竞争优势等等。

（2）我国跨国并购的发展趋势

由于跨国并购存在诸多优势，所以在我国国内经济繁荣发展的现实状况下，跨国并购规模必然不断扩大。具体而言，我国企业跨国并购的发展趋势如下：

①跨国并购将持续快速增加。从最近几年我国企业海外并购来看，规模不断增大、交易金额屡创新高，范围越来越广。随着我国经济的快速发展，国际竞争压力的增强，我国企业的跨国并购也将保持快速增长的势头。

②并购主体趋向多元化，民营企业逐渐成为主体。一方面国企在重组和股权分置改革基本完成后，内部机制活力不断增强，政府在支持国企走出去方面也积累了更多的经验；另一方面，民营企业的整体实力不断提升，加之其所有权清晰，规模相对较小，海外并购所涉及的经济政策和法律制度更为灵活，有助于民营企业国际化经营的发展。海外并购主体的多元化不仅充分体现了中国改革开放后市场主体的多元化趋势，而且也显示出中国各类企业“走出去”的内在要求。

③并购行业将从制造业向服务业和高科技产业转移。随着我国工业化阶段的深入进行和经济增长方式的转变，我国必然向以服务业为核心的后工业化阶段过渡。第三产业以及高科技产业的发展将消耗更少的资源、提供更多的就业、创造更多的附加值，因而会成为对外投资的重要行业。

④跨国并购将更多地依托国际资本市场进行。随着改革开放的进一步深化，政府对企业走出去的支持力度也越来越大，开始给予企业必要的海外融资权，使企业开拓国际融资渠

道。通过在国外资本市场收购上市公司的方式进行融资，可以充分利用当地的资金，降低资本成本，为企业的扩张奠定基础。

⑤并购将更加追求专业化和规模经济效应。一般并购都与扩大生产规模有关，并购能够产生规模经济效应，规模经济效应反过来又驱动着企业的并购活动。随着科技的发展，生产工艺的不断革新，企业规模也不断增大。与此同时，市场竞争的加剧也使企业在多个行业“大而全”的分散经营越来越困难，跨国公司只能不断地调整其结构，追求专业化经营，以抵御来自各方面的挑战。

⑥跨国公司平行型并购增多，垂直型并购保持稳定，集团型并购减少，恶意并购将呈上升趋势。

第16章 出口、进口和对等贸易

16.1 复习笔记

考点一：出口的前景和困难

1. 出口的前景

对大多数行业的大多数企业来说，出口的最大前景就在于能在外国市场上发现巨大的赚钱和获利机会。一个企业的国际市场通常要比其国内市场大得多。因此，通过扩大市场规模，出口能使企业达到规模经济，从而降低它的单位成本，进而使得企业增加其收入和利润。

2. 出口的困难

许多中小企业对出口机会的反应十分被动，这由以下原因造成：

(1)对国外市场的规模和分布不熟悉，难以抓住出口机会。

(2)与国外商务活动的习惯做法、语言、文化、法律制度以及货币大不相同，出口及出口机制复杂。

(3)首次出口遇到的大麻烦使企业对以后的出口业务望而生畏。

考点二：提高出口业绩

1. 收集信息

(1)概述

出口的一大障碍是对可以得到的机会缺乏认识，要提高出口业绩首先就要收集信息。

(2)信息来源

①在美国，商务部是最具综合性的信息来源。在商务部内有两个机构——国际贸易管理局与美国和外国商业服务处，专门致力于为商业机构提供情报和援助。此外，小企业管理局、贸易委员会、商业银行以及大的会计师事务所也可以帮助潜在的出口商。

②其他国家的机构如中国国际贸易促进委员会、德国的贸易协会和日本的综合商社等也都为出口商寻求出口机会。

2. 利用出口管理公司

(1)出口管理公司的概述

出口管理公司由一些出口专家组成，为首次出口的商家提供全方位的服务，处理出口过程中所有的问题，它的作用相当于其客户企业的出口营销部或国际业务部。

(2)出口管理公司的作用

对于首次出口的商家来说，聘请出口管理公司可以帮助商家发现出口机会并避免出口过程中出现太多的失误。

(3)出口委托的形式

①出口管理公司帮助一个企业建立出口业务，当业务运转正常时，便完全移交给该公司，并由该公司独立经营。

②出口管理公司以承担销售产品的连带责任为条件接受委托。

3. 出口战略

恰当地选择出口战略，可以降低企业的出口风险。企业可采取以下步骤增加出口成功率：

(1)聘请出口管理公司或出口顾问。

(2)在出口的初始阶段，专注于一个或少数几个市场。

(3)以较小的规模进入一个外国市场，可减少失败所导致的损失。

(4)应该认识到建立出口业务需要大量的时间及管理投入，并且应雇用额外的人员监督这项活动。

(5)建立并维持当地的经销商或消费者的稳固关系。

(6)雇用当地员工使其立足于国外市场也非常重要。

(7)企业必须积极主动地寻找出口机会。

(8)选择就地生产也是很重要的。当出口增长到一定程度，就地生产最有效时，出口企业应转向在国外市场兴建生产设施。

考点三：进出口融资

1. 产生原因

在国际贸易中，为了更好地解决国际贸易双方缺乏信任的问题，可以通过双方都信任的第三方(通常是信誉好的银行)作为中介来解决。于是产生了信用证、汇票和提单这三种基础的进出口融资机制。

2. 信用证

信用证在国际商业交易中居于中心地位。它是银行在进口商的请求下开立的。信用证规定，银行在出口商提交特定的符合条件的单据后，向受益人(通常是出口商)支付一定金额的资金。

3. 汇票

(1)定义

汇票是出票人签发的，委托付款人在见票时，或者在指定日期无条件支付确定的金额给收款人或者持票人的票据。签发汇票的企业或个人称作出票人，汇票所提示的一方称为受票人。

(2)分类

汇票分为两类：即期汇票和远期汇票。

①即期汇票向受票人提示时就必须付款。

②远期汇票允许延迟一段时间付款——通常是30天、60天、90天或120天。

(3)承兑

承兑指执票人在汇票到期之前，要求付款人在该汇票上作到期付款的记载。远期汇票一旦承兑就成了承兑方的付款承诺。银行承兑汇票指银行开具并承兑的远期汇票，商业承兑汇票指商业企业开具并承兑的汇票。承兑后的汇票，持票人可继续持有，也可以按汇票面额以一定的贴现率卖给投资者。

4. 提单

提单是运输公司签发给出口商的。它有三个作用：

(1)货物收据。提单表明运输公司已按提单所列内容收到货物。

(2)运输合同。提单规定了承运人在收取一定费用后有义务提供运输方面的服务。

(3)所有权凭证。在货物交付给进口商之前，它可以用来获取付款或是付款的书面承诺。在装运前或装运时以及在进口商最终付款前，出口商也可将提单作为附属担保品，要求当地银行垫付货款。

5. 一笔典型的国际贸易交易

以美国出口商和法国进口商的交易为例，典型的国际贸易交易包括14个步骤(见图16－1)，具体说明如下：

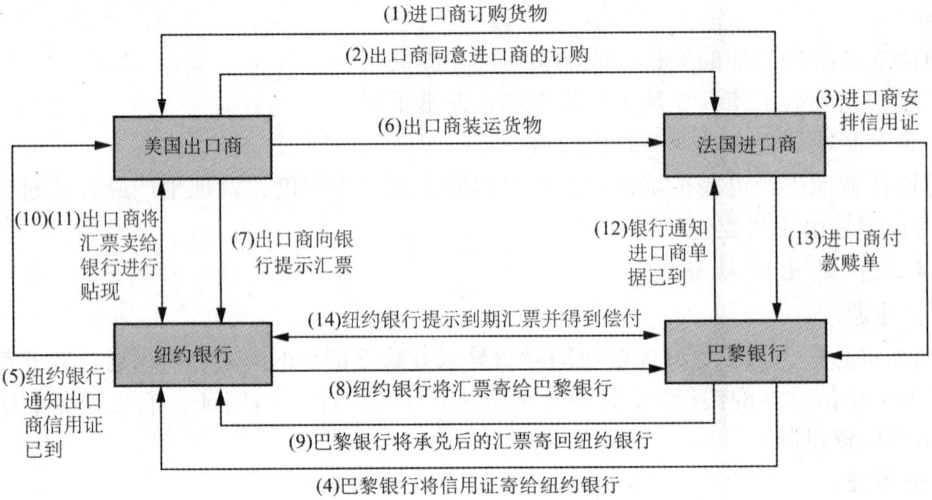

图16－1　一笔典型的国际贸易交易

(1)法国进口商向美国出口商求购货物并询问美国出口商是否愿意以信用证方式支付。

(2)美国出口商同意以信用证方式支付并提供了价格、运输等有关信息。

(3)法国进口商为想要进口的货物向巴黎银行申请开立以美国出口商为受益人的信用证。

(4)巴黎银行根据法国进口商的申请内容开出信用证，并将其寄交美国出口商的银行，即纽约银行。

(5)纽约银行通知美国出口商信用证已经到达，且受益人为美国出口商。

(6)美国出口商通过运输公司向法国进口商发运货物。运输公司向美国出口商签发提单。

(7)美国出口商向纽约银行提示根据信用证条款开出的以巴黎银行为付款人的见票后90天付款的远期汇票以及提单。美国出口商在提单上背书，货物所有权转移到纽约银行。

(8)纽约银行将汇票和提单寄往巴黎银行，巴黎银行承兑汇票，持有票据并承诺90天内支付现已承兑的汇票。

(9)巴黎银行将已承兑的汇票寄回纽约银行。

(10)纽约银行通知美国出口商已收到经承兑的90天内付款的银行汇票。

(11)出口商按汇票金额以一定的贴现率将汇票卖给纽约银行，得到现金。

(12)巴黎银行通知法国进口商单据已到，法国进口商承诺90天内向巴黎银行支付货款，巴黎银行将提单交给进口商，进口商领取货物。

(13)90 天后，巴黎银行收到进口商支付的货款，于是它就可以有资金支付到期的汇票。

(14)90 天后，到期的已承兑汇票的持有者(本例中是纽约银行)向巴黎银行提示要求付款。巴黎银行付款。

考点四：出口支持

1. 进出口银行

(1)任务

进出口银行的任务是提供信贷支持，以促进本国的进出口贸易。

(2)作用

①为了扩大本国的出口，进出口银行给本国商业银行向国外买家提供的中长期贷款提供担保，使商业银行更愿意向国外企业提供贷款。

②进出口银行有时也直接向国外买家提供贷款用于采购本国的出口商品。

2. 出口信贷保险

(1)概述

出口信贷保险多指出口信用保险，是涵盖了国内出口商海外投资风险的保险。对外信贷保险协会提供商业险和政治险业务。商业险的损失是由买方破产或付款违约引起的。政治险的损失是由买方或卖方无法控制的政府行为而产生的。

(2)作用

在未使用信用证的交易中，出口商可以购买出口信贷保险，若买方违约，保险公司将弥补出口商损失的主要部分。

考点五：对等贸易

1. 对等贸易产生的背景

对等贸易适用于常规的支付方式难以实现、成本过高或根本不存在时。

2. 对等贸易的原则

对等贸易的原则是以货易货。

3. 对等贸易的类型

对等贸易包括易货贸易、互购、抵销、转手贸易、补偿贸易或回购贸易五种贸易形式。许多对等贸易同时使用两种或两种以上贸易形式。

(1)易货贸易

①定义

易货贸易是不涉及现金交换的双方直接的商品或服务交换。它是最简单的贸易方式，但使用并不普遍，主要用于交易双方资信不佳的一锤子买卖。

②使用不普遍的原因

a. 货物交割若存在时间差，则相当于一方给了另一方一定时期的融资。

b. 从事易货贸易的公司不得不承担货物非它所需、不能使用、难以以合理价位出售的风险。

(2)互购

互购指出口方向进口方承诺购买相当于出口货值一定比例的产品，是一种相互购买的协议。

(3)抵销

①定义

一方同意将初始销售所得的一定比例用于购买另一方的商品和服务。在这一点上，抵销贸易与互购是相似的。

②抵销与互购的区别

抵销可以向另一方所在国的任何一家公司购买商品或服务来履行义务。与直接的互购协议相比，抵销赋予出口商在回购商品的选择上以更大的灵活性。

(4)转手贸易

转手贸易是指在对等贸易中利用了专业的第三方即贸易中介。当一个公司与某国达成了互购或抵销贸易协议时，就意味着该公司得到了可以用来向该国购买产品的信用。在转手贸易中，贸易中介买下该公司的互购信用并将其出售给另一个可以更有效地使用该信用的企业，以谋取一定的利润。

(5)补偿贸易或回购贸易

一个公司在某国承建一家工厂，或向该国提供技术、设备、培训以及其他服务，合同规定该公司可得到一定百分比的该厂产品作为合同项下的部分支付，这就是回购。

4. 对等贸易的利弊

(1)优点

①在没有其他方式可选择时，它可为出口交易提供一种融资方式。

②采用对等贸易的公司将拥有更多的出口机会，对等贸易可以作为一种战略营销武器。

(2)不足

可能会在对等交易中出现以无法使用或劣质商品进行交换的情况，从而导致企业无法处置这些商品，难以获利。

5. 对等贸易在国际贸易中的运用

(1)由于大型多元化经营的跨国公司可以利用遍布全球的联系网络处理在对等贸易中接受的货物，因此对等贸易对该类公司比较有吸引力。

(2)中小出口商缺乏有效的全球业务网络以处理对等贸易中的货物，应尽量避免采取对等贸易形式。

16.2 课后习题详解

1. 加利福尼亚州的一家企业欲出口一批木材制成品到菲律宾。想要进口的商家却不能在国内获得足够的资金支付货款，但确信货物在菲律宾可以马上出售并且盈利。简述出口商为了实现出口应采取的步骤。

答：进出口银行能为购买美国货物的外国商人直接提供贷款，因此出口商应当建议菲律宾进口商向美国进出口银行贷款，然后进口木材制成品，待货物出售后再偿付进出口银行的贷款本息。

2. 假设你是一家小型纺织品公司首席执行官的助理，该公司生产物美价廉的流行服装。首席执行官想了解一下出口机会如何，并就公司应采取的步骤向你征询意见，你有何建议？

答：首先可以尝试获取政府或相关机构提供的免费的信息资源，大致确定公司产品在国际市场上定位，并寻找一些可能的市场机遇。其次是委托出口管理公司。尽管这种方法会花费一些资金，但这可能是能够最快地“跑起来”的出口方式，可以避免出口过程中出现太多的失误。

3. 替代信用证的一种方式是出口信贷保险。在以下两种情况下，利用出口信贷保险而不采用信用证的利弊如何？(1) 加利福尼亚州向加拿大出口豪华快艇；(2) 纽约州向乌克兰共和国出口机械工具。

答：在美国，出口信贷保险协会由私人商业机构组成，在进出口银行的指导下运营，提供出口信贷保险。出口信贷保险协会提供商业险和政治险业务。商业险的损失是由买方破产或付款违约引起的。政治险的损失是由买方或卖方无法控制的政府行为产生的。

(1) 加利福尼亚州向加拿大出口豪华快艇，利用出口信贷保险而不采用信用证的好处在于可以减少企业的支付费用，并且可以鼓励出口。豪华快艇属于交易金额较大、使用期限较长的商品。因此利用出口信贷保险，首先企业不再需要开具信用证，这可为企业节省一笔开证费用，而出口信贷保险的费用很低，几乎不到产品售价的半个百分点；其次通过向进口商提供信贷，可以激发进口商的购买欲望，扩大本国豪华快艇的出口。而利用出口信贷保险的弊端在于增加了双方违约的风险。利用信用证支付时，卖方只有在所有的票据都齐全且符合信用证所列条款时才能收到货款，买方只有支付货款后才能提取货物。因此，相较于出口信贷保险，信用证支付使双方违约的风险都降低了，能保证交易更顺利地进行。但考虑到现实中，美国和加拿大两国贸易往来频繁，并且两国的法律条文都比较完善，因此，两国企业违约的可能性相对较小。所以，加利福尼亚州利用出口信贷保险向加拿大出口豪华快艇总体上利大于弊。

(2) 纽约州向乌克兰共和国出口机械工具，利用出口信贷保险的好处在于可以扩大机械工具的出口。首先，乌克兰的工农业很发达，对机械工具的需求很大，但机械工具行业的国际竞争十分激烈。机械工具大都是标准化的产品，因此提高其出口竞争力的关键在于降低出口价格，而降低出口价格的关键又在于降低成本。利用出口信贷保险能使出口商节省开证费用，并且使进口商获得了资金融通，这无疑能提高纽约州机械工具的出口竞争力。其次，乌克兰最近的政治局势不稳定，这使纽约州出口企业遭遇政治风险的可能性加大，而利用出口信贷保险可以保障出口企业的利益，增强企业出口的信心和动力。利用出口信贷保险的弊端同样在于增加了双方违约的风险，并且，由于向乌克兰出口的政治风险较大，因此利用出口信贷保险还使出口信贷保险机构遭受损失的可能性增加了。

4. 你怎样解释对等贸易的流行？至 2020 年，在什么样的情况下对等贸易会更流行？在什么样的情况下对等贸易会下滑？

答：(1) 对等贸易适用于常规的支付方式难以实现、成本过高或根本不存在时。对等贸易意味着许多以货易货那样的协议，当货物不能用货币支付时，就采取商品和服务与其他商品和服务交换的形式。对等贸易起源于简单的商品相换，如今已经演化成多种不同的交易形式，如易货贸易、互购、抵销、转手贸易、补偿贸易或回购贸易。

对等贸易产生于 20 世纪 60 年代，产生的背景是苏联和东欧国家的货币不可兑换。对等贸易在全世界被广泛采用并得到迅速发展是在二次大战以后，这是因为战后贸易保护主义盛行，某些国家国际收支恶化，进口苦于无外汇，出口又少渠道，所以不得不求助于进口与出口相结合的对等贸易。我国自 1949 年以来，对前苏联、东欧等国家的贸易，长期在政府间签订贸易协定的基础上，以记账方式进行。20 世纪 80 年代，这种贸易方式在缺乏外汇购买进口必需品的发展中国家中流行起来。

(2) 对等贸易是一种不动用或者少动用外汇就可以进行国际贸易的手段，因此在一国外汇短缺、国际收支逆差过大导致外汇紧张的情况下，对等贸易将更受欢迎。同时在贸易保护主义盛行的情况下，通过对等贸易可以打破贸易壁垒，尤其有利于发展中国家在发达国家打开市场。而从发达国家角度看，通过对等贸易，承诺一定的回购以及提供信贷或投资，不仅可以增强其产品技术的市场竞争能力，有助于推销一些用现汇难以销售的产品、技术，而且可以争取到一些廉价的原材料或零部件供应。并且，使用对等贸易可避开国际价格协议，如石油输出国组织的价格协议(OPEC)。

对等贸易存在以上诸多优势，在这些优势日益明显的情况下对等贸易会更加流行。

(3)历史上苏联和东欧共产主义集团的一些国家后来成为欧盟成员，采用完全可兑换的欧元作为他们的货币，或者开发了自己的完全可兑换的货币，在这样的情况下，对等贸易逐渐下滑。

如今在世界经济全球化的背景下，各国纷纷号召减少贸易壁垒，加大对外贸易力度，外汇储备相对充足，尤其是发展中国家经济实力进一步上升，越来越多的国家不再通过易货贸易和抵销等特殊背景下产生的对等贸易形式进行贸易，对等贸易地位逐渐下滑。

5. 企业如何策略性地利用对等贸易手段，把它作为获得出口收入的营销武器？同时产生的风险有哪些？

答：(1)对等贸易的主要优点在于在没有其他方式可选择时，对等贸易是出口交易融资的一种方式。当发展中国家筹措进口所必需的外汇存在困难时，对等贸易也许是这些国家进行对外贸易唯一可行的选择。一个不愿采用对等贸易的公司的出口机会有可能被愿意采用对等贸易的竞争对手夺去。故而，对等贸易可以成为一种战略营销武器。具体而言，企业在从事出口业务时，应通过分析进口国、进口商以及竞争对手的情况，策略性地利用对等贸易来扩大出口。当进口国缺乏进口所必须的外汇时，通过对等贸易使进口国无需筹措外汇就可以实现进口。当进口商缺乏进口所必须的资金时，对等贸易实际上为进口商提供了融资，无疑会得到进口商的青睐。当进口国的外汇和进口商的资金都很充足，但企业面临一个强有力竞争对手时，通过对等贸易能提升本企业产品的竞争力，从而战胜竞争对手，赢得出口订单。需要注意的是，虽然对等贸易扩大了出口，但企业若希望将出口的扩大转化为出口收入的扩大，还要灵活处置对等贸易中通过交换、互购得到的商品或服务。对于大型多元化经营的跨国公司而言，可以利用其遍布全球的商业网络处理在对等贸易中接受的商品或服务；对于中小型出口商而言，可以利用专业的贸易中介，将互购信用出售给另一个可以更有效地使用该信用的企业。

(2)对等贸易的不足也是存在的。从事对等贸易的企业内部必须设立一个专门安排和管理对等贸易的贸易部门，会造成时间和财力的浪费。此外，可能会导致在对等交易中出现以无法使用或劣质商品进行交换的情况，从而导致企业无法处置这些商品，难以获利。

16.3 考研真题详解

1. 信用证[浙江工商大学2018研；南开大学2015研；武汉大学2011研；北京工业大学2011研]

答：信用证是由银行开立的有条件的承诺付款的书面凭证。在进出口业务中，一般是银行依照进口商的请求和指示，向出口商开立的、承诺按期在指定地点议付一定金额的书面凭证，是国际贸易中应用最广泛的一种支付方式。信用证的特点和作用表现在三个方面：①它是一种银行信用，提供了比一般商业信用更可靠的信用保证和资金融通便利，在一定程度上解除了进出口双方在货物和货款对流条件上的矛盾；②它是一种自足的文件，是开证行与受益人之间的契约，银行只依据信用证行事，不受买卖合同的约束；③它是一种单据买卖，一切业务以单据为准，而非货物，实行的是凭单付款的原则。

2. 对等贸易(counter trade)［上海大学 2017、2015、2014 研；南开大学 2016 研；对外经济贸易大学 2013 研］

答： 对等贸易又称为对销贸易，是指在互惠的前提下，由两个或两个以上的贸易方达成协议，规定一方的进口产品可以部分或者全部以相对的出口产品来支付。

对等贸易不同于单边进出口，实质上是进口与出口相结合的方式。一方商品或劳务的出口必须以进口为条件，体现了互惠的特点，即双方相互提供出口的机会。另外，在对等贸易方式下，一方从国外进口货物，不用或不完全用现汇支付，而是用相对的出口产品来支付。这样做有利于保持国际收支的平衡，对外汇储备紧张的国家具有重要的意义。

3. 出口信贷国家担保制［东北财经大学 2014 研］

答： 出口信贷国家担保制是指各国为了扩大出口，对于本国出口厂商或商业银行向外国进口厂商或银行提供的信贷，由国家设立的专门机构出面担保的一种制度。当外国债务人不能偿还贷款时，该国家机构便按照承保的金额给予赔偿。出口信贷国家担保制是国家为了扩大出口，代替出口厂商承担风险，争夺国外市场的一项重要手段。

4. 中国对出口企业有哪些鼓励措施以及限制措施？［南开大学 2014 研］

相关真题：

(1)简述我国对出口贸易鼓励政策的措施。［西南财经大学 2017 研］

(2)各国鼓励商品出口措施主要有哪些种类？［首都经济贸易大学 2017 研］

答： (1)中国对出口企业的鼓励措施

①出口补贴和出口退税

a. 出口补贴又称出口津贴，是指一国政府在商品出口时给予出口厂商的现金补贴或财政上的优惠。其目的在于降低出口商品的价格，加强其在国外市场的竞争力。如中国政府给予农产品出口补贴。

b. 出口退税是指政府对国内产品所征的货物税或在产品加工出口前所征收的原料进口税，在制成品出口时予以退还。这是间接补贴的一种形式。中国政府通过调节出口退税适用的商品目录、出口退税率等可达到鼓励部分商品出口的目的。

②出口信贷和出口信贷国家担保制

建立资助性的出口信贷体系和运用优惠信贷支持来扶植出口产业的发展，是当今世界贸易中常用的方式。

a. 出口信贷是指国家通过银行对本国商品所提供的一种信贷资助，包括卖方信贷和买方信贷。中国进出口银行成立于 1994 年，是为了贯彻国家产业政策、外经贸政策、金融政策和外交政策，扩大中国机电产品、成套设备和高新技术产品出口，推动有比较优势的企业开展对外承包工程和境外投资而专门成立的政策性银行，其业务范围包括出口信贷、对外承包工程和境外投资类贷款、中国政府对外优惠贷款等。

b. 出口信贷国家担保制是指政府设置专门的机构或专业银行，为本国提供出口信贷的商业银行进行保险的一种方式。中国出口信用保险公司是我国承办政策性信用保险业务的金融机构，于 2001 年 12 月 18 日成立，其主要职责是通过政策性出口信用保险手段，支持货物、服务和技术等出口，为企业开拓海外市场提供收汇风险保障。

③设立经济特区

经济特区是指一个国家或地区在其关境以外划出一定的区域，在该区域内实行各种特殊的优惠政策，发展出口加工贸易、转口贸易，推动该地区和邻近地区经济贸易的发展。经济特区一般包括自由港和自由贸易区、出口加工区、保税区、边境自由区、科技工业园区及综合经济特区几种类型。

改革开放以来，中国先后建立了深圳、珠海、汕头、厦门等一批经济特区，以促进外向型经济的发展。近年来，又先后批准上海自由贸易试验区、广东自由贸易试验区、重庆自由贸易试验区等的成立，以激发中国经济的活力，推动市场经济的大发展。

④其他鼓励和促进出口的措施

a. 设立专门的官方促进出口组织和机构

政府设立为出口提供公共服务的机构，辅助本国企业走向国际市场，成为当今各国鼓励出口的重要手段。有的国家则成立半官方的机构或政府支持的民间机构，为企业出口提供多项服务。中国国际贸易促进委员会、中国商会在促进对外贸易、利用外资、引进外国先进技术及各种形式的中外经济技术合作等方面发挥了重要作用。

b. 外汇留成制度

在实行外汇管制的国家，政府为了鼓励扩大出口的积极性，允许出口厂商从其出口所得的外汇收入中，提取一定比例的外汇用于进口。中国自改革开放以后开始实行外汇留成制度，该制度在调动出口企业的积极性、促进出口贸易的发展方面发挥了重要作用。

(2)中国对出口企业的限制措施

①出口关税

出口关税限制产品出口，但同时会对本国的生产、消费和社会福利带来影响，其影响也会因各国在世界市场上地位的不同而不同。中国在部分农产品和稀有资源方面设置了出口关税，如对粮食、稀土资源等设置出口关税，以保证粮食和稀土资源在本国的供给。

②出口配额

政府限制出口的另一种政策是实行出口配额，即控制出口商品的数量。有些出口配额是本国政府主动设立的；也有的配额是应进口国政府要求而设立的，如中国输往欧美的纺织品出口配额就是在欧美政府的要求下设置的，因此也叫被动配额。中国政府在分配出口配额时既可能根据申请直接分配到中央和地方出口企业，也可能通过招标的方式分配。

5. 海运提单的作用体现在哪些方面？［对外经济贸易大学 2011 研］

答：海运提单是指由承运人或其代理签发的，用以货物已接收或装船，并保证据此交付货物的单证。提单是一种有价证券，同时代表物权和债权。提单主要有以下三个作用：

(1)货物收据。提单表明运输公司已按提单所列内容收到货物。

(2)运输合同。提单规定了承运人在收取一定费用后有义务提供运输方面的服务。

(3)所有权凭证。在货物交付给进口商之前，它可以用来获取付款或是付款的书面承诺。在装运前或装运时以及在进口商最终付款前，出口商也可将提单作为附属担保品，要求当地银行垫付货款。

6. 我国北方某化工进出口公司和美国尼克公司以 CFR 青岛条件订立了进口化肥 5000 吨的合同，依合同规定我方公司开出以美国尼克公司为受益人的不可撤销的跟单信用证，总金额为 280 万美元。双方约定如发生争议则提交中国国际经济贸易仲裁委员会上海分会仲裁。2002 年 5 月货物装船后，美国尼克公司持包括提单在内的全套单据在银行议付了货款。货到青岛后，我方公司发现化肥有严重质量问题，立即请当地商检机构进行了检验，证实该

批化肥是没有太大实用价值的饲料。于是，我方公司持商检证明要求银行追回已付款项，否则将拒绝向银行支付货款。

根据以上情况，试问：

(1)银行是否应追回已付货款，为什么？

(2)我方公司是否有权拒绝向银行付款，为什么？

(3)中国国际经济贸易仲裁委员会是否有权受理此案？依据是什么？

(4)我方公司应采取什么救济措施？［东北财经大学 2014 研］

答：(1)银行不应追回已付货款，原因在于：《UCP600》规定，在信用证业务中，有关方面处理的是单据，而不是与单据有关的商品。所以，信用证业务是一种纯粹的单据业务。银行虽有义务“合理小心地审核一切单据”，但这种审核，只是用以确定单据表面上是否符合信用证条款，开证行只根据表面上符合信用证条件的单据付款。在本案例中，美国尼克公司提交了包括提单在内的全套单据，如单证一致，银行即应无条件付款。

(2)我方公司无权拒绝向银行付款，须受开证申请书的约束，在“单单一致”、“单证一致”的情况下，必须履行付款赎单的义务。

(3)中国国际经济贸易仲裁委员会有权受理此案，因为买卖双方合同约定如发生争议则提交中国国际经济贸易仲裁委员会上海分会仲裁。

(4)我方公司应根据买卖合同要求美国尼克公司承担违约责任，赔偿我方损失。

第 17 章　全球生产与供应链管理

17.1　复习笔记

考点一：战略、生产和供应链管理

1. 生产

生产是指涉及某项产品和服务的创造过程。

2. 供应链管理

(1)定义

供应链管理是指使供应链运作达到最优化，以最少的成本，令供应链实现从采购、运营、管理市场渠道到满足最终客户的所有过程。

(2)采购和物流

①采购是指在产品和服务的生产过程中所需的原材料、零部件和中间产品的全球采购。

②物流是指供应链中计划、实施和控制制造过程中使用的原材料、零部件和产品等存货及库存的有效流动。

(3)供应链上游和供应链下游

①供应链上游是指整个产业链的开始端，包括重要资源和原材料的采掘、供应业以及零部件制造和生产的行业；

②供应链下游是指整个产业链的末端，加工原材料和零部件，制造成品和从事销售、服务的行业。

3. 生产和供应链管理的目标

(1)尽可能降低从原材料到制成品的总成本；

(2)通过设置基于流程的质量标准，避免制造过程和供应链中出现有缺陷的原材料、零部件和成品，提高产品质量。

4. 降低成本和提高质量的关系

加强质量控制，降低制造和售后服务成本，进而降低价值创造的成本，提高全球生产和供应链管理的总体可靠性。具体表现在以下三方面：

(1)不会在劣质产品上浪费时间，生产率提高，单位成本减少；

(2)降低与次品相关的返工和报废成本；

(3)降低与修理次品相关的保修成本。

5. 六西格玛理念

六西格玛理念的目的是追求“零缺陷”，大幅提高质量、大幅度降低成本，最终提升财务成效，实现企业竞争力的突破，是一种改善企业质量流程管理的技术，这种理念取代了全面质量管理体系。

6. 国际商务中另外两个重要目标

国际商务中除了降低成本和提高质量外的另外两个重要目标是：

(1)生产和物流必须符合地方调适的需要；

(2)生产和物流必须能对客户需求的转变迅速做出反应。

考点二：选择生产地

1. 概述

跨国公司面临的一个基本决策是选择进行生产活动的地点，从而最大程度达到成本最小化和产品质量提高的双重目标。国家、技术和产品因素会影响跨国公司的地点选择。

2. 国家因素

(1)政治经济、文化和相对要素成本

一家公司应将不同的生产活动置于经济(包括相对要素成本)、政治和文化条件对这些活动的绩效最有利的地方，以实现区位经济。

(2)区位外部性

外部性包括具有适当技能的劳动力资源和辅助产业的存在。

(3)贸易壁垒

正式和非正式贸易壁垒会明显影响有关生产地点的决策，运输成本和对外直接投资的规则和管制也会影响生产地点的选择。

(4)预期的汇率变动

汇率的不利变动会降低一国作为制造基地的吸引力。

3. 技术因素

企业在从事特定制造活动中所采用的技术对于生产选址的作用可能是关键性的。可从三方面来分析一项制造技术：固定成本水平、最小效率规模及技术柔性。

(1)固定成本

相对低水平的固定成本能使在不同地点同时从事一项生产活动变得经济。这样做的优势有：

①使公司能更好地适应当地的需要；

②生产地点多样化也有助于避免公司对一个产地的过度依赖；

③许多公司将它们的制造工厂分散到不同的地点以预防潜在的货币汇率不利波动。

(2)最小效率规模

①定义

规模经济达到极限的产出水平称为产出的最小效率规模。

②低水平最小效率规模的优势

允许公司适应当地需要或通过在几个地点生产相同的产品以规避汇率风险。

(3)柔性制造与大规模定制

①柔性制造的产生背景

产品的多样化导致产品生产不能实现规模经济，公司很难提高生产效率和降低单位成本。柔性制造技术的提出挑战了制造效率的观点。

②柔性制造技术的内涵

柔性制造技术也称为精益生产，包括一系列制造技术，它们旨在：

a. 减少复杂设备的安装次数；

b. 通过更好的时间安排提高各机器的使用率；

c. 加强制造工序各阶段的质量控制。

③大规模定制

大规模定制是用来描述公司使用柔性制造技术实现低成本和产品定制的能力。

④两种技术对比

a. 大批量生产系统

大批量生产系统存在许多问题：

第一，较长的生产周期产生的大量存货不得不储存在大型仓库里，这占用了资金；

第二，最初机器安装有误会导致后续较长生产周期中的许多缺陷；

第三，大批量生产系统不能满足客户对产品多样性的偏好。

b. 柔性机器单元

柔性机器单元是各种机器、一台普通材料处理机和一台中央单元控制器(计算机)的组合。其在效率上的主要收益来源于生产能力利用程度的提高和生产过程中产品(即半成品的堆积)的闲置与浪费的减少。

⑤柔性制造技术的作用

有利于促进公司以低单位成本生产多样化的最终产品，提高效率以更大程度上满足客户的不同需要。

4. 生产因素

生产因素主要包括：产品特点、生产工厂的选址、生产工厂的战略地位。

(1)影响选址决策的产品特点

①产品的价值重量比，因为它影响运输成本；

②该产品是否服务于共同的需要，即这种需要在全世界都相同。

(2)生产工厂的选址

生产工厂的选址有两个基本战略：

①在某个最佳区位集中生产并从此地服务于全世界市场；

②在邻近主要市场的不同国家或地区分散化生产。

适当的战略选择是由不同国家的具体情形、技术和产品因素决定的，如表17－1所示。

表17－1 选址战略和生产

	倾向集中生产	倾向分散生产
国家因素	/	/
政治经济差别	多	少
文化差异	多	少
要素成本差别	多	少
贸易壁垒	少	多
区位外部性	在产业中重要	在产业中不重要
汇率	稳定	不稳定
技术因素	/	/
固定成本	高	低
最小效率规模	大	小
柔性制造技术	可用	不可用
产品因素	/	/
价值重量比	高	低
满足共同需要	是	否

(3)生产工厂的战略地位

跨国公司管理者在做决策时，通常需要考虑海外工厂的战略地位。海外工厂的战略角色主要有：

①离岸工厂。离岸工厂生产零部件和成品的成本最低，应该寻求低投入的技术和管理资源以达到更大的成本效益。离岸工厂一般最好不参加任何战略决策的制定。

②源工厂。源工厂的目的也是降低全球供应链的成本，源工厂远比离岸工厂重要。源工厂要在生产成本低、基础设施发达、熟练技工易获得的地方进行选址。

③服务型工厂。服务型工厂是为特定国家或地区的市场服务的，成立的目的是克服全球市场中有形和无形的障碍。

④贡献型工厂。贡献型工厂也是服务特定国家和地区的，还负责产品和工艺流程的开发。

⑤前哨型工厂。前哨型工厂可以视为情报收集单位，也有补充生产的功能。前哨型工厂多靠近最苛刻的客户群体，或靠近独特和重要零部件的关键供应商，一般位于竞争对手的总部或其主要业务单位附近。

⑥领导型工厂。领导型工厂的选址会更多考虑新工艺流程、产品以及技术的设计，会选择高技能员工聚集或者高技能员工愿意去工作的地点。

5. 国外设厂的隐性成本

在海外设厂的突出问题包括：员工流失率高、以次充好的做工、产品质量差以及生产率低下。因此，在决定是否将生产外包到海外前，除了工资率外，还要对员工生产率做出判断。

考点三：自制还是采购决策

1. 概述

国际企业经常面临零部件的来源决策，即需要决定是由自己生产还是外包给其他企业生产后采购。外包决策不仅包括有形产品的生产还包括提供服务。可从两个层面进行决策：

(1)战略层面

从广义层面的战略决策上看，产品的重要性、专业知识和战略契合度会影响生产决策的制定。

(2)运行层面

从实践角度来看，自制还是外包采购的决策主要取决于成本和生产能力这两个核心要素。除此之外，还受到质量控制、专有技术、控制能力、过剩的产能、供应商有限、持续供应的保障以及行业驱动力的影响。

▼2. 自制的优势

(1)降低成本

如果一个公司比其他企业在生产活动上更有效率，那么自制是有利的。

(2)促进专业化投资

专业化资产是指价值依其所维持的某种特定关系而定的资产。当生产一种元件需要大量投资于专业化资产时，公司将选择自制而不是外包。

(3)保护专利产品技术

专利产品技术是一个公司竞争优势的来源。为了保持对技术的控制，公司可能宁愿选择自制。

(4)积累动态能力

企业的能力(技能)是动态的，它们能通过经验学习。从一种产品的生产中得到的经验可能创造出在生产另一种产品时很有用的能力。

(5)改进相邻工序的时间安排

自制更易于计划、协调和对相邻生产工序作出时间安排，所以可以节约生产成本。对于在世界范围内采购的跨国公司，生产进度问题会由于公司和其供应商之间的时间和距离的间隔而加剧。

(6)充分发挥生产能力

自制能使公司充分发挥生产能力，并且便于公司控制生产过程中的某些要素。

(7)更好地控制产品的质量

自制有助于公司更好地控制产品的质量，当作为公司战略核心的质量控制问题对跨国公司很重要时，跨国公司不能完全依赖于外包。

▼3. 外购的优势

(1)战略灵活性

外购的一大优势是公司可保持灵活性，即根据情况需要在各供应商之间转移订单。这在国际上尤其重要，因为汇率的变化和贸易壁垒能改变一个供应来源的吸引力。如果产品的最佳生产地受到政治风险的困扰，外购也是有利的。

(2)更低的成本

尽管自制经常被用来降低成本，但若组织复杂化可能会起反作用。其理由如下：

①一个组织的下属单位越多，协调和控制这些单位的问题就越多；

②垂直一体化从事零部件生产的公司，其内部供应者有一个稳定的客户，因而会使它们缺乏降低成本的激励；

③垂直一体化公司不得不决定公司内各部门产品转移的适当价格。对跨国公司来说，转移价格决策具有复杂性。这种复杂性增强了内部供应商操纵转移价格使其对自己有利的能力，它们将上升的成本转移给下游企业而不是设法降低成本。

向独立的供应商购买元件的公司能避免所有这些问题及相关成本。

(3)抵销贸易

向其他国家的独立供应商外包某些生产活动有助于公司从该国得到更多的订单。

(4)策略性的库存管理和品牌偏好

外购有助于降低库存管理成本，并且有时还能满足生产商的品牌偏好。

▼4. 利弊权衡

当涉及高度专业化资产时，垂直一体化对保护专利技术是必需的，或该公司从事某一特定活动比外部供应商更有效率时自制的利益似乎是最大的。当这些条件不具备时，缺乏战略灵活性的风险和组织的问题意味着外购或许更好。

相对于纯粹的国内公司来说，显然战略灵活性和组织控制的问题在跨国公司更突出，因此跨国公司更应警惕零部件生产的垂直一体化。此外，抵消贸易形式的外包也许有助于公司在将来得到更多的订单。

▼5. 与供应商的战略联盟

一些国际企业试图与关键供应商建立战略联盟来获得垂直一体化的好处，同时避免相关的组织问题。

准时生产制(JIT)、计算机辅助设计(CAD)和计算机辅助制造系统(CAM)都依赖于由大量专业设备投资和信息系统硬件支持的公司和供应商之间的紧密联系。为了使供应商接受采用这样的系统，公司必须作出可靠的承诺继续以合理的条件向供应商采购，与供应商建立信任。

但联盟并不是十全十美的。像正式的垂直一体化一样，加入长期联盟的公司对联盟伙伴的承诺会限制自己的战略灵活性。

考点四：全球供应链职能

1. 全球物流

(1)物流的定义

作为供应链的一部分，物流是指为了满足客户需要而对商品、服务消费以及相关信息从产地到消费地的高效、低成本流动和储存进行的规划、实施与控制的过程，属于供应链的一部分。

(2)全球物流的核心内容

①全球配送中心。配送中心是全球供应网络的基础，它可以将产品送到世界各地的批发商或零售商手中，也可以直接送到世界各地的消费者手中。

②全球库存管理。全球库存管理指对原材料、在制品(零部件)和成品库存的库存数量、储存形式及储存环节等问题的决策过程。

③包装。包装分为初级包装、二次包装和运输包装。包装是为了实现一系列多层次的功能：运行、保护、通知。

④运输。运输是指全球供应链中的原材料、零部件和成品的移动，运输一般是所有物流预算中占比最大的。

⑤逆向物流。逆向物流是指为了重获价值实现成本最小化，而计划、实施和控制将原材料、在制品存货、成品和相关信息从消费点运回到原产地的有效流动，以优化售后活动为最终目标，从而提高效率、节省资金和环境资源。

2. 全球采购

(1)采购的定义

采购指购买生产需要的原材料、零部件和制成品等，属于供应链的一部分。

(2)采购的核心活动

采购的核心活动包括制定适当的全球采购策略和选择最适合采购策略类型。跨国公司的采购策略包括五个战略层面：

①仅从国内采购。

②仅在必要时选择国际采购。

③开始主动制定并执行国际采购策略以有效地提高公司在市场上的竞争力。

④对全球采购点进行整合。

⑤在全球采购据点和各职能部门之间进行整合。

3. 外包术语和选择(见表 17－2)

表 17－2　外包术语和选择

外包术语	具体内容
外包	跨国公司从国内或者国际供应商那里购买产品或服务。从这个意义上说，外包是指采购策略中的外部采购
内包	跨国公司决定停止产品或服务的外包，并开始在内部生产； 内包指采购策略中的内部采购，与外包相反
离岸	跨国公司从某个进行全球化生产的供应商处购买产品和服务。因此，离岸是采购策略中的全球外部采购
离岸外包	跨国公司从某个非进行产品制造开发的国家中的供应商处购买产品或服务。因此，离岸外包也是采购策略中的全球外部采购
近岸外包	跨国公司将业务或信息技术流程转移到邻近国家的供应商。近岸外包本身不是一种采购活动，但它促进了全球外部采购
共同外包	本公司的员工和外部的供应商协调完成跨国公司的特定任务。这适用于所有四种采购策略。这意味着企业与供应商之间的关系在本质上是具有战略性的。这种情况通常涉及特定产品或组件中的顶级供应商

考点五：管理全球供应链

1. 概述

通过更有效率的供应链管理来降低成本的潜力是巨大的，因此管理全球供应链是跨国公司最重要的战略之一。

管理全球供应链包括准时生产制的作用，信息技术的作用，全球供应链的协调以及全球供应链中的组织间关系四个领域。

2. 准时生产制

(1)理念

准时生产制(JIT)的理念是在所需要的时刻，按所需要的数量生产所需要的产品(或零部件)的生产模式，其目的是加速半成品的流转，将库存的积压减少到最低的限度，从而提高企业的生产效益。

(2)优点

①公司能够减少用于存货的营运资本数量，将资金用于其他用途或降低了企业的总资本需求，提高公司以投资回报率衡量的盈利能力；

②公司只有很少的要抵扣收入或降价销售的未售出存货；

③有助于公司提高产品质量。在准时生产制系统下，零部件立即进入制造程序，有缺陷的投入品可立即被发现。问题可追溯到供应源处解决，避免生产出更多的零部件废品。

(3)缺点

缺乏可供公司应对需求突然增加而能缓冲的存货。

3. 信息技术

通过精确地定位零部件在供应链中的位置，良好的信息系统使公司能根据预计的元件到达时间制定出最佳生产进度，并可在需要时将关键元件拉出正常的供应链使之流向工厂，以便加速生产。

4. 全球供应链的协调

(1)定义

全球供应链的协调指的是关键的全球供应链决策机会的共享和运营协作。

(2)运营目标

全球供应链协调的六个运营目标是响应性、减少差异、库存减少、运输整合、质量和生命周期支持。

5. 组织间关系

(1)概述

组织间关系关键在于信任和承诺。

(2)全球供应链的上游/进厂部分

组织间相互影响的三个逻辑场景包括外包商(vendor)、供应商(supplier)和合作伙伴(partner)。其中:

①一家公司与外包商处交易原材料和零部件的关系容易改变;

②一家公司与供应商是原材料和零部件的交易关系，并基于经验和业绩与供应商保持合作关系;

③一家公司可能会通过合作伙伴获得原材料和零部件，并基于信任和承诺保持与合作伙伴的关系。

(3)全球供应链的下游/出厂部分

组织间相互影响的三个逻辑场景包括买方(buyer)、顾客(customer)和客户(client)。其中:

①一家公司与买方间关于原材料和零部件的交易关系容易改变;

②一家公司可以向顾客销售原材料和零部件，并基于经验和业绩与顾客保持合作关系;

③一家公司可能会通过向客户销售原材料和零部件，并基于信任和承诺保持与客户的关系。

17.2 课后习题详解

1. 某电子公司正考虑如何最有效地向世界市场提供用在消费品和工业电子产品中的微处理器。建造一座制造厂约需5亿美元，并且要求劳动力熟练程度很高。据估计未来10年这种产品的总市值为100亿~150亿美元。该行业现行关税一般较低。该公司应采用集中生产还是分散生产战略？为有利于生产，公司应将生产地点定在何处？

答:(1)该公司应该集中生产，原因在于:①本行业的现行关税较低，因此集中生产之后销售到其他国家成本较低;②建造一座微处理器制造厂的成本很高，而且对劳动力熟练度要求高，分散生产难度大;③微处理器的价值重量比很高，运输成本相对产品价格较低。所有的这些因素都使集中生产优于分散生产。

(2)国家、技术和产品因素影响生产地点的选择。

①考虑国家因素，公司应该将生产地点放在拥有熟练的高技能劳动力的国家。这条标准可能就将地点限制在了发达国家或者其他劳动力受教育程度较高的发展中国家。

②考虑技术因素，企业在从事特定制造活动中所采用的技术对于生产选址的作用可能是关键性的。建造一座制造厂约需5亿美元，成本很高，应选择一个最理想的地点，建造一家工厂集中生产产品。

③考虑产品因素，较高的价值重量比和对产品的普遍需求也表明这家公司可以集中在一个地点进行生产。

2. 某化工企业正计划如何最好地向世界市场供应硫酸。建造一个工厂约花费 2000 万美元，需聘用具有中等熟练程度的劳动力。未来 10 年，这种产品的总市值估计为 200 亿～300 亿美元。该产品现行关税水平中等。该公司应采取集中生产还是分散生产战略？该公司应为其工厂寻找什么样的生产地点？

答：(1)该公司应该采用有限的分散生产战略(意味着公司不需要在每一个销售产品的国家都建造一个工厂，只需在几个主要市场建造工厂)。这一战略有意义是因为：①该产品现行关税水平中等(而不是低)，集中生产然后分销到各国，关税成本可能较高；②建造一个工厂的成本也处于相对中等水平(2000 万美元)；③只需要中等熟练程度的劳动力，对劳动力要求较低，世界的许多国家都能提供；④硫酸属于价值重量比较低的产品，长途、远程运输运费成本较高。

(2)这家公司选择生产地点时应考虑国家因素、技术因素和产品因素。

①考虑国家因素时，应该综合考虑，寻找那些拥有中等熟练劳动力，同时劳动力价格不高的国家；

②考虑技术因素时，由于与产品相关的固定成本不是很高，公司不需受固定成本的限制，同时硫酸工艺也比较基础，因此技术不是一个棘手的问题，不需要对这一方面的区位有过高要求；

③考虑产品因素时，由于硫酸价值重量比低，使得在一个地方集中生产再出口到世界其他地方不具吸引力，因此该公司应该在世界的几个主要销售地分散生产。

3. 某公司必须决定某零部件是自己生产还是外包给一个独立的供应商生产。生产该零部件需要对专业化资产进行不可变现的投资。生产效率最高的供应商位于那些外汇分析家认为未来 10 年中汇率将大幅上扬的国家。请比较下列两种选择的利弊：(1)自己生产该零部件；(2)外包给独立的供应商生产。你推荐哪种选择？请说明理由。

答：(1)自己生产该零部件的优势

①自制有助于降低外国货币汇率上升所导致的从独立供应商处进货的成本提高的风险。

②自制有助于促进专业化投资，减少对特定供货商的依赖。

③自制有助于保护专利产品技术，维持公司的竞争优势。

④自制有助于改进相邻工序的时间安排，节约生产成本。

(2)外包给独立的供应商的优势

①外包有助于公司保持灵活性，即根据情况需要在各供应商之间转移订单。

②外包有助于降低公司的组织和协调成本。

③外包有助于公司通过抵消贸易获得更多的订单。

由于自制的优势反过来即是外包的劣势，外包的优势反过来即是自制的劣势，因此不再赘述。

(3)仅根据题目所给的条件，由于生产该零部件需要对专业化资产进行不可变现的投资，并且生产效率最高的供应商所在地未来 10 年汇率将大幅上扬，因此企业自己生产该零部件更具优势。但如若考虑其他因素，可能会使选择改变。

4. 阅读“管理聚焦”专栏“飞利浦在中国”一文，并回答以下问题：

(1)通过将大量全球生产活动转移到中国，飞利浦得到了哪些好处？

(2)将制造资产如此集中，飞利浦承担了哪些风险？

(3)为了使利益最大化并减少转移生产活动的风险，飞利浦应该采取什么样的战略？

答：(1)飞利浦得到的好处有：中国持续的低工资率降低了飞利浦的成本；受过教育的劳动力使飞利浦的产品质量更好；强劲增长的中国经济为飞利浦的产品提供了一个广大的市场；与美元挂钩的稳定汇率降低了从中国出口所带来的汇率波动风险以及由中国入世带来的更容易进入世界市场的机遇等。

(2)由于将制造资产集中在中国，飞利浦不得不面对中国政治、经济或者其他方面的改变所带来的问题与风险，这些问题可能会扰乱飞利浦的生产，破坏公司向全球市场提供产品的能力。

(3)飞利浦可以将部分制造设施转移到其他国家，以规避在中国可能出现重大突发问题而影响生产供应的风险。

5. 试解释全球供应链的物流和采购功能如何战略性地应用于一条生产移动电话的全球供应链。

答：(1)全球供应链的含义

供应链是指产品在到达消费者之前由所涉及的原材料供应商、制造商、批发商、零售商等组成的供需网链。具体来讲，它是围绕核心企业，通过对信息流、物流和资金流的控制，将供应商、制造商、分销商、零售商直至最终顾客连成一个整体的功能网链结构模式。供应链是一条价值增值链，可以给参与供应链的企业带来收益。

全球供应链是指在全球范围内组合供应链，它要求以全球化的视野，将供应链系统延伸至整个世界范围，根据企业的需要在世界各地选取最有竞争力的合作伙伴。全球供应链管理强调在全面、迅速地了解世界各地消费者需求的同时，对其进行计划、协调、操作、控制和优化，在供应链中的核心企业与其供应商以及供应商的供应商、核心企业与其销售商乃至最终消费者之间，依靠现代网络信息技术支撑，实现供应链的一体化和快速反应，达到商流、物流、资金流和信息流的协调通畅，以满足全球消费者需求。

(2)全球供应链与物流及采购的联系与区别

供应链与物流、采购之间既有联系，也有区别，分别来看：

①供应链与物流的联系与区别

供应链是物流、信息流和资金流三者的统一，物流管理是供应链管理体系的一个重要组成部分，也是供应链管理的起源。一般来说，物流只涉及原材料、零部件在企业之间的流动，是企业之间的价值流过程，不涉及生产制造过程的活动，强调的是单一企业内部的各物流环节的整合。而供应链则不仅是一个企业物流的整合，而且是商品流通过程中所有链条企业的物流的整合。具体指的是商品到达消费者手中的过程，中间要包括零售商、批发商、制造商、原材料零件的供应商等所有环节，物流只是流动的整个环节中的一部分。供应链管理包括物流活动和制造活动，涉及从原材料到产品交付最终用户的整个物流增值过程。

②供应链与采购的联系与区别

在供应链管理中，采购板块是关系企业生产经营能否顺利执行的关键性因素，采购管理是供应链管理模式中的基本环节，是其他生产经营活动赖以执行的基础。在供应链管理模式下，采购管理从单纯的意向性采购向企业生产经营全过程管理采购。传统意义中，采购管理体现的是一种职能，而供应链管理中，采购管理体现的是一种企业优化资源配置的战略。

(3)全球供应链的物流与采购功能战略性的运用

以生产移动电话的全球供应链为例。从采购层面来看，生产移动电话的企业需要从其经营战略出发选择能为企业提供货品和服务的供应商，和供应商建立一套定价、配送和付款流程并创造方法监控和改善管理，并把对供应商提供的货品和服务的管理流程结合起来，包括提货、核实货单、转送货物等，将这些信息整合在企业自身的供应链系统里。这种组织化操作能够使供应链管理下的采购管理具有了优化企业生产安排的功能。

从物流层面来看，生产移动电话的企业可建设其全球配送中心，配送中心是全球供应链的中心，是全球供应网络的基础，可以用来储存移动电话并提供产品定制，并根据移动电话的数量和种类选择单一仓库还是多仓库储存。除此之外，移动电话企业还需要建立全球库存管理系统，对移动电话的零部件、移动电话等库存数量进行管理，包括储存方式、储存地点等等。在产品的运输环节，移动电话企业需要选择适合移动电话的包装方式，以最低的费用和最小的风险，保质、保量、适时地将货物从某国的供方运到另一国的需方，使国际物流系统整体效益最大。

综上所述，企业可以通过对其采购和物流功能战略性地应用，优化其全球供应链，降低企业的经营成本，扩大收益。

6. 如果供应链上游的目标是为自己的生产购买以商品为导向的零部件，并且供应链下游的目标是与终端客户建立强大的伙伴关系，那么跨国公司应该考虑什么样的组织间关系？

答：(1)组织间关系理论的含义

组织间关系理论指在商业活动中，企业与其它组织之间重复性的相互作用和交易过程，以及一系列持续性社会联系的集合。任何一个组织的经营活动都离不开与周围环境的联系，它的生存与绩效通常都依赖于和其它组织的关系。认识、分析、优化企业与其它组织之间的关系，是企业获得所需知识、资源以及持续竞争优势的先决条件和关键。

(2)组织间关系的选择

对于全球供应链的上游部分，组织间相互影响的三个逻辑场景可被标记为外包商、供应商和合作伙伴，如图 17 – 1 所示。每种场景都显示了在全球供应链中，企业与其他实体合作时对协调、整合以及交易关系的要求。例如，一家公司如果从外包商处获得原材料和零部件，则这种交易关系很不稳定；如果通过供应商获得原材料和零部件，并能够保持与供应商的合作关系，则这种合作关系较难改变；如果通过合作伙伴获得原材料和零部件，并基于信任和承诺保持与合作伙伴的关系，则这样的合作伙伴关系基本不会改变。

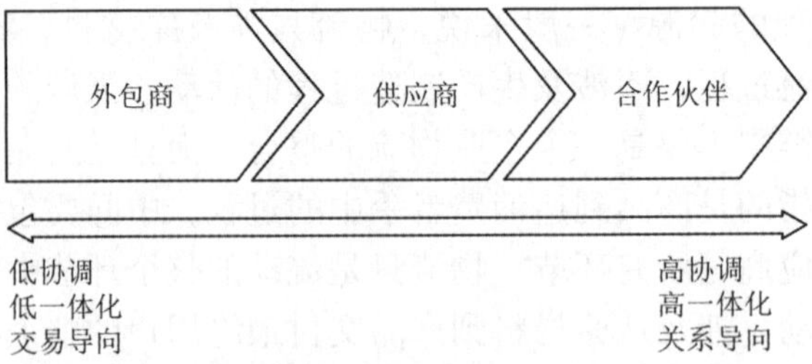

图 17 – 1　上游供应链关系

对于全球供应链的下游部分，组织间相互影响的三个逻辑场景可被标记为买方、顾客和客户，如图 17 – 2 所示。同样地，每种场景都显示了在全球供应链中，企业与其他实体合作时对协调、整合以及交易关系的要求。例如，一家公司若向买方销售原材料和零部件，则这种交易关系很不稳定；若向顾客销售原材料和零部件，并能够保持与顾客的合作关系，则这种合作关系较难改变；若向客户销售原材料和零部件，并基于信任和承诺保持与客户的关系，则这样的合作伙伴关系基本不会改变。

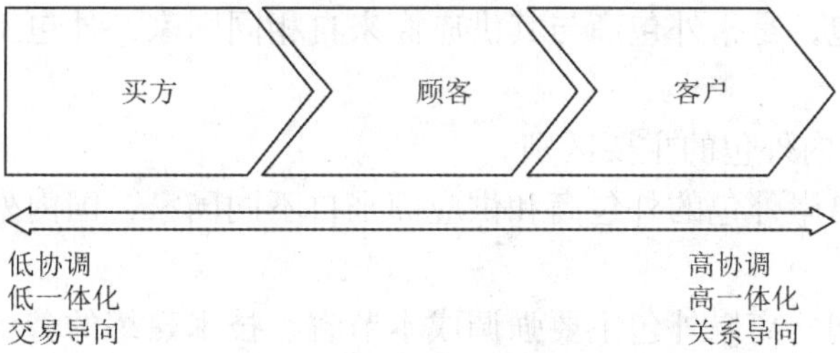

图 17－2　下游供应链关系

综上分析，如果供应链上游的目标是为自己的生产购买以商品为导向的零部件，并且供应链下游的目标是与终端客户建立强大的伙伴关系，跨国公司应该在上游选择合适的供应商为其产品提供原材料和零部件等，与供应商建立合作关系；在下游发展其产品的忠实客户，保持与客户之间长期良好的合作伙伴关系，这样的组织间关系与跨国企业的经营战略和目标是相符的。

17.3　考研真题详解

1. 服务外包［浙江工商大学 2017 研；宁波大学 2015 研；上海财经大学 2011 研；首都经济贸易大学 2011 研(复试)］

答：服务外包是指企业将价值链中原本由自身提供的具有基础性的、共性的、非核心的 IT 业务和基于 IT 的业务流程剥离出来后，外包给企业外部专业服务提供商来完成的经济活动。因此，服务外包应该是基于信息网络技术的，其服务性工作(包括业务和业务流程)通过计算机操作完成，并采用现代通信手段进行交付，使企业通过重组价值链、优化资源配置，降低了成本并增强了核心竞争力。

2. 离岸外包［中央财经大学 2016、2012 研］

答：离岸外包指外包商与其供应商来自不同国家，外包工作跨国完成。在世界经济全球化的潮流中，通过国际合作，利用国家或地区的劳动力成本差异，是企业实现降低生产成本，增强综合竞争力的有效途径。

离岸外包是企业充分利用外部资源进行产业转移的一种形式。与外商直接投资相比，由于离岸外包更具有降低成本、强化核心能力、扩大经济规模等作用，越来越多的跨国公司将离岸外包作为国际化的重要战略选择。

3. 大规模定制［上海大学 2019、2017 研］

答：大规模定制是一种集企业、客户、供应商、员工和环境于一体，在系统思想指导下，用整体优化的观点，充分利用企业已有的各种资源，在标准技术、现代设计方法、信息技术和先进制造技术的支持下，根据客户的个性化需求，以低成本、高质量和高效率提供大规模定制产品和服务的生产方式。

大规模定制的基本思路是基于产品零部件和产品结构的相似性、通用性，利用标准化模块化等方法降低产品的内部多样性，增加顾客可感知的外部多样性，通过产品拆分和过程重组将产品定制生产转化或部分转化为零部件的批量生产，从而迅速向顾客提供低成本、高质量的定制产品。

4. 离岸外包和国内外包的主要区别是什么？离岸外包与 FDI 的关系是什么？［中央财经大学 2015 研］

答：离岸外包是指外包商与其供应商来自不同国家，外包工作跨国完成的外包方式；国内外包，也称在岸外包，是指外包商与其供应商来自相同国家，外包工作在国内完成的外包方式。

(1)离岸外包与国内外包的主要区别

①供应商不同。离岸外包的外包商和供应商来自不同国家，国内外包的外包商和供应商来自相同国家。

②业务侧重点不同。离岸外包主要强调成本节省、技术熟练的劳动力的可用性，利用较低的生产成本来抵消较高的交易成本；国内外包更强调核心业务战略、技术和专门知识、从固定成本转移至可变成本、规模经济等，重价值增值甚于成本减少。

③作用不同。离岸外包能够在世界经济全球化的潮流中，通过国际合作，利用国家或地区的劳动力成本差异，是企业实现降低生产成本，增强综合竞争力的有效途径；国内外包的作用主要是从外包商的服务中获得价值增值。

④风险不同。离岸外包的外包公司可能会因为不了解客户当地的风俗习惯等特点而使产品价值降低，各国的语言文化差异以及知识产权条例的保障程度不同也增加了风险产生的可能性；国内外包的外包商在上述方面面临的风险相对较小。

(2)离岸外包与FDI的关系

二者都是全球资源获取的方式，也是国际产业转移的重要手段，推动着国际分工向更深层次发展。但离岸外包与FDI之间有一定的替代关系。

20世纪90年代之前，对外直接投资作为企业内产品分工模式一直占主导地位，而90年代后随着科技的进步，在分工日渐细化的过程中跨国公司逐渐转变发展策略，不再包揽所有生产工序，而是选择把一些重要但非核心的业务剥离出来外包到发展中国家以更好地利用全球资源。与FDI相比，离岸外包更具有降低成本、强化核心能力、提高利润的作用，灵活性与控制性较高。

5. 试分析影响跨国企业在零部件的供给决策上是自己生产还是转包给独立供应商的决定因素并分析自己生产和转包生产各自的优缺点。[上海财经大学2012研]

相关真题：请比较分析国际企业自己制造和外包生产各自的优势。[中央财经大学2011研]

答：中间品和零部件是自制还是外购，这是每一个企业都不可避免要回答的问题，这涉及到企业的纵向一体化决策。

(1)零部件供给决策的决定因素

①经济利益。在进行自制与外包决策时，成本是需要考虑的主要标准。如果一个部件外包比自制更便宜，就采取外包政策。此时进行成本分析，依据的是边际成本分析原则，即只考虑那些随自制与外包决策而变动的成本。

②供应商的可靠性。首先，外包策略中对零部件质量的控制有一定困难，因此，若供应商不可靠，则应采取自制政策；若供应有可靠的保障，采取外包策略是十分有利的。企业应精选卖主，使自身处于主动地位。

③企业的灵活性。自制往往会限制产品设计的灵活性和降低生产系统的适应能力。如果一家企业在自制上进行了很大的设备投资，就会限制企业向新产品的灵活转移。而外购较多的企业则不用担心投资过时的问题。

④生产的专业化程度。对于加工装配类的企业，生产的专业化程度越高，外包零部件的数量就越多，可以使企业节省设备投资和降低人工成本。

⑤其他因素。其他诸如企业秘密的控制，供需双方互惠和友谊关系的保持，以及政府的

某些规定等，在一定程度上也会影响企业的自制与外包决策。企业为了保持与重要供应商的良好关系或互惠关系，往往放弃自制的打算；而对于一些掌握特殊技术诀窍、工艺配方等的企业，出于保密考虑，则通常采用自制策略或部分自制策略。

因此，企业在中间品与零部件的供给决策中须在自制与外包之间进行利弊权衡，从而进行生产决策。

（2）自制的优缺点

①自制的优点

a. 降低成本。如果一个公司比其他企业在生产活动上更有效率，那么公司继续自己生产产品或零部件是有利的。

b. 促进专业化投资。专业化资产是指价值依其所维持的某种特定关系而定的资产。当一个公司必须投资于专业化资产以供应另一家公司的时候，相互依赖关系就形成了。在这种关系下，每一方都害怕对方会滥用这种关系以寻求更优惠的条件。因此，当生产一种元件需要大量投资于专业化资产时，公司将选择内部制造元件而不是对外承包给供应商。

c. 保护专利产品技术。专利产品技术是一个公司特有的技术。如果它能使公司生产出具有卓越特点的产品，专利技术就给公司带来了竞争优势。如果公司将含有专利技术的元件或产品的生产外包出去，那些供应商可能将这项技术据为己有或出卖给竞争者。因此，为了保持对该技术的控制，公司可能宁愿在其内部生产零部件或产品。

d. 积累动态能力。企业生产产品和服务的能力与效率是随着时间的推移而逐渐发展的，企业的能力是动态的，它们能通过经验学习。另外，从一种产品的生产中得到的经验可能创造出在生产另一种产品时很有用的能力。

e. 改进相邻工序的时间安排。内部生产产品或零部件更易于计划、协调和对相邻生产工序作出时间安排，所以可以节约生产成本。对于在世界范围内采购的跨国公司，生产进度问题会由于公司和其供应商之间的时间和距离的间隔而加剧。

②自制的缺点

自己生产的缺点是外包优点的反面，即使得企业战略不灵活，难以专注核心业务，企业竞争力可能遭到削弱等等。

（3）外包的优缺点

①外包的优点

a. 有效的外包行为增强了企业的竞争力。企业在管理系统实施过程中，把那些非核心的部门或业务外包给相应的专业公司，这样能大量节省成本，有利于高效管理。

b. 外包能够使企业专注核心业务。企业实施外包，可以将非核心业务转移出去，借助外部资源的优势来弥补和改善自己的弱势，从而把主要精力放在企业的核心业务上，形成自己的核心竞争力。

c. 外包使企业提高资源利用率。实施外包，企业将资源集中到核心业务上，而外包专业公司拥有比本企业更有效、更经济地完成某项业务的技术和知识，外包最大限度地发挥了企业有限资源的作用，加速了企业对外部环境的反应能力，强化了组织的柔性和敏捷性，有效增强了企业的竞争优势，提高了企业的竞争水平。

d. 外包可以简化业务运营，节约成本使组织更具灵活性。

e. 外包可能会使企业获得更多的订单。

②外包的缺点

外包的缺点即为自己生产优点的反面，即外包不一定能降低企业成本，难以保护产品技术，难以积累生产产品和服务的能力，难以协调生产进度问题等等。

6. 在经济全球化进程中，全球价值链的发展是一个显著现象。试述全球价值链对当今国际贸易的影响(包括贸易基础，贸易格局，贸易统计，贸易利益分配，贸易体制等)，以及我国贸易战略的调整。［南京大学 2015 研］

答：全球价值链是指为实现商品或服务价值而连接生产、销售、回收处理等过程的全球性跨企业网络组织，涉及从原料采购和运输，半成品和成品的生产和分销，直至最终消费和回收处理的整个过程，包括所有参与者和生产销售等活动的组织及其价值、利润分配。当前散布于全球价值链上的企业进行着从设计、产品开发、生产制造、营销、交货、消费、售后服务、最后循环利用等各种增值活动。

(1)全球价值链对国际贸易的影响

①对贸易基础的影响

全球价值链视角下，贸易基础不再是比较优势论、要素禀赋论等古典的国际贸易理论中所提到的贸易基础，更多的表现为在一种产品的各个生产环节中的某个环节的优势，贸易模式也从产业间贸易更多的转变为产业内贸易。

②对贸易格局的影响

全球价值链主导全球贸易格局深层次改变。在产品的全球化生产尚未发展前，国与国之间贸易以一般贸易为主，流出一国的商品完全由该国生产。随着全球经济一体化的深入，各国资源在世界范围内进行优化配置，国际分工的范围和领域不断扩大，逐渐由产业间分工发展为产业内分工，进而演进为产品内分工为主的国际分工体系，从而形成了“全球价值链分工”体系。“全球价值链分工”有三个显著特征：a. 最终产品经过两个或两个以上连续阶段的生产；b. 两个或两个以上的国家参与生产过程并在不同阶段实现价值增值；c. 至少有一个国家在其生产过程中使用进口投入品。

此外，发展中国家不断增长的人力与物质资本积累，为企业进入高端制造业，同时向价值链两端转型提供了必要的基础。在公平竞争的市场上，这种要素禀赋结构的变化，会推动发展中国家进行产业结构的升级，为经济发展提供持久的动力。

③对贸易统计的影响

依据原产地原则进行的传统总量贸易统计至少存在两个弊端：a. 由于大量中间品贸易的存在，统计跨境总量贸易而非净增加值会产生大量重复计算；b. 由于没有反映出产品在生产环节上的流动，所以双边贸易统计中包含了他国中间投入品价值。

一种能够真实反映全球贸易运行和贸易秩序的全新核算方法——贸易增加值(Trade in Value Added)统计正在越来越受到关注。由于基于全球价值链的附加值统计方法在统计各国价值贡献的时候，扣除了传统通关统计中折返增加值，避免了重复计算，因此能够真实地反映出各国在全球贸易中的状况。

④对贸易利益分配的影响

随着全球价值链的发展，贸易利益分配的弊端也有所显现。在国际分工过程中，贸易利益的分配格局侧重于提供知识、技术的发达国家，发展中国家在利益分配中占据较少的份额。

⑤对贸易体制的影响

随着全球价值链的发展，单一的贸易体制已经不能够适应全球化经济的发展，各个国家贸易体制向多元化转变。

（2）我国贸易战略的调整

①积极延长国内价值链，提升加工贸易参与国际分工水平

由于我国加工贸易的零部件和原材料过度依赖进口，形成了研发和营销“两头在外”的模式，再加上加工贸易国内价值链过短，对配套产业的带动作用不足。因此，需要进一步调整加工贸易的方式结构，加快搭建和延长国内价值链。

a. 尽快提高加工贸易料件的本地化率，加快提升零部件、原材料在加工贸易中从上游生产企业向下游企业的传递速度和水平，提高加工贸易与国内原有产业的结合度。

b. 参与加工贸易的企业应加强自身优势的培育，使跨国公司将更多的设计、生产、流通和服务环节放在中国，优化母子公司之间的分工关系，促使加工贸易由单纯生产向综合服务和全球运营方向转型。

c. 加强加工贸易产业分类评估，明确细化禁止、限制类产业目录，建立准入退出机制，通过财税、金融、品牌认证等手段加大引导力度，积极培育核心竞争力。

②重视培育本土跨国公司，增强对全球价值链的参与度和控制力

目前，我国很多大型企业的主要业务仍集中在国内市场。因此，建议深化和落实三中全会提出的建立“开放型经济体制”以及“走出去”发展战略，最大限度地吸收和利用全球高级生产要素，并鼓励国内企业向低产业梯度国家转移。政府除了财税、金融、贸易便利化政策支持之外，应在全球主要出口市场设立相应的贸易促进机构，为企业搭建国际贸易网络提供综合性服务平台和境外贸易合作区建设。

③着力增强零部件和装备制造业的自主研发创新能力

针对中国企业自主研发创新能力低下的现状，政府应该制定政策引导国内企业加强零部件产品的自主创新能力，一方面提升我国本土企业的零部件生产质量和工艺，走出我国核心零部件过分依赖国外的困境，突破“为出口而进口”的被动贸易模式；另一方面促进产业内分工，打造和延长国内价值链。

④加快加工贸易产业向中西部转移的步伐

针对我国出口加工区主要集中在东部地区的现状，应打破地方利益和市场壁垒，建立全国统一要素市场，保障生产要素跨区域自由流动，优化贸易链的区域布局。进一步优化利用外资的区域结构，促进中西部地区承接国际产业转移，防止东部地区对产业水平较低的中西部地区产生挤出效应。

7. 简述影响对外直接投资区位选择的因素。［厦门大学2019研；武汉大学2013研］

相关真题：影响我国企业对外直接投资区位选择的因素有哪些？［宁波大学2018研］

答：影响对外直接投资区位选择的因素主要有：市场因素、成本因素、集聚效应、政策因素、地理区位、资源禀赋、基础设施以及社会文化因素。

（1）市场因素

一个区域的市场因素是受到多方面的因素影响和决定的，包括区域的市场规模、经济发展速度、发展阶段、人口多寡、贸易壁垒等等。一般说来，一个地区的市场规模大小既包括现实的市场容量，也包括将来的市场潜力。如果外资企业把制造业工厂选择在市场规模较大的地区，将可以接近消费者和要素市场，从而减少运输成本，及时了解市场需求的变化，并获取聚集规模经济效益。

（2）成本因素

外商通常会选择最低成本的生产区位，这种成本通常是指生产成本，包括劳动力成本、土地使用成本、原料价格和交通运输成本等。其中，最重要的是劳动力工资成本。

(3)集聚效应

经济活动聚集的规模和结构都会对外商投资的区位选择产生影响。一个强大的产业基地必将是外商投资垂青的区位，因为这里有由前向、后向以及水平产业联系组成的产业联系网络，容易雇用到熟悉劳动力，同时还有城市化经济等外在经济。大量的研究表明，集聚经济对外资制造业工厂的区位选择有着重要的正的影响。这种集聚经济不仅体现在城市规模经济效益方面，而且也体现在行业规模经济效益方面。

(4)政策因素

优惠政策不仅会提升外资企业的盈利空间，更重要的是表明当地政府对外资的态度，增强政策的透明度。

(5)地理区位

地理位置区位联系是国际直接投资的直接催化剂和粘合剂，在一定程度上影响着国际直接投资的区位选择及投资的效果。

(6)资源禀赋

人力资本存量是影响对外直接投资区域性选择和投资规模的重要因素。

(7)基础设施

虽然基础设施并不直接构成外商投资的动机，但也是外商考虑的重要因素。

(8)社会文化

东道国的社会文化因素对对外直接投资区域选择决策和生产经营管理具有十分重大的意义。这些具体因素包括语言、民族、宗教、风俗、传统价值观、道德准则、教育水平、人口素质和卫生条件等方面。

8. 简述供应链管理的内容。［中国人民大学2012研；河北大学2011、2012研］

答：供应链管理就是指在满足一定的客户服务水平的条件下，为了使整个供应链系统成本达到最小而把供应商、制造商、仓库、配送中心和渠道商等有效地组织在一起来进行的产品制造、转运、分销及销售的管理方法。供应链管理包括计划、采购、制造、配送、退货五大基本内容。

(1)计划：这是供应链管理的策略性部分。企业需要有一个策略来管理所有的资源，以满足客户对公司产品的需求。好的计划是建立一系列的方法监控供应链，使它能够有效、低成本地为顾客递送高质量和高价值的产品或服务。

(2)采购：选择能为公司提供产品和服务的供应商，和供应商建立一套定价、配送和付款流程并监控和改善管理该流程。

(3)制造：安排生产、测试、打包和准备送货所需的活动，是供应链中测量内容最多的部分，包括质量水平、产品产量和工人的生产效率等的测量。

(4)配送：或称之为“物流”，是调整用户的定单收据、建立仓库网络、派递送人员提货并送货到顾客手中、建立货品计价系统、接收付款。

(5)退货：这是供应链中的问题处理部分。建立网络接收客户退回的次品和多余产品，并在客户应用产品出问题时提供支持。

现代商业环境给企业带来了巨大的压力，不仅仅是销售产品，还要为客户和消费者提供满意的服务，从而提高客户的满意度，让其产生幸福感。科特勒表示：“顾客就是上帝，没有他们，企业就不能生存。一切计划都必须围绕挽留顾客、满足顾客进行。”要在国内和国际市场上赢得客户，必然要求供应链企业能快速、敏捷、灵活和协作地响应客户的需求。面对多变的供应链环境，构建幸福供应链成为现代企业的发展趋势。

9．请简述在国际商务中物流的主要目标以及保证高效物流体系的措施。［中央财经大学2013研］

答：（1）主要目标

国际物流就是组织原材料、在制品、半成品和制成品在国与国之间进行流动和转移的活动，是从国际的视角来看待物流的一种方式。它是相对于国内物流而言的，是发生在不同国家间的物流，是国内物流的延伸和进一步扩展，是跨国界的、流通范围扩大了的物的流通。

国际物流的主要目标是为国际贸易和跨国经营服务，使各国物流系统相互“接轨”。即选择最佳的方式和路径，以最低的费用和最小的风险，保质、保量、适时地将货物从某国的供方运到另一国的需方，使国际物流系统整体效益最大。

（2）保证高效物流体系的措施

①加强物流基础设施建设

a．船舶现代化，船级及型号的选择要与实际运输量相适应；

b．在建设港口上，既要重视集装箱化，又要考虑大批量散装的能源、物资的装卸；

c．配送中心的建设，逐步实现包装规范化，装卸机械化，运输集装箱化，积极开发推广先进适用仓储、装卸等标准化专用设备以实现国际物流作业连续性、快速化的要求。

②完善物流网络，促进国际物流合理化

推进现代物流技术的发展，留有余地，以备将来的扩建。

③建立完善的物流信息管理系统

a．保证物流信息及时反映在内部局域网的数据库上，由管理信息系统对数据进行分析和调度；外部联系通过英特网，既可以在网上登记需求和网上支付，又可以对物流服务进行跟踪调查；

b．建立公共物流信息平台。通过这个平台整合行业旧有资源，对行业资源实现共享，发挥物流行业的整体优势从根本上改善物流行业的现状，真正实现物流企业之间、企业与客户之间物流信息和物流功能的共享。

④建立和完善物流技术标准化体系

a．加快制定物流基础设施、技术装备、管理流程、信息网络的技术标准，尽快形成协调统一的现代物流技术标准化体系；

b．广泛采用标准化、系列化、规范化的运输、仓储、装卸、包装机具设施和条形码、信息交换等技术。

⑤完善服务功能，强化增值服务

中国物流企业在提供基本物流服务的同时，要根据市场需求，不断细分市场，拓展业务范围，发展增值物流服务，广泛开展加工、配送、货运代理等业务，用专业化服务满足个性化需求，提高服务质量，以服务求效益；而且要通过提供全方位服务的方式，与大客户加强业务联系，增强相互依赖性，发展战略伙伴关系。

⑥加速培养复合型物流人才

随着知识经济和信息化时代的来临，物流业必然向着国际化的方向发展。中国要在日趋激烈的国际经济竞争中站稳脚跟，必须大力培养一支高素质的物流人才队伍，打造一批物流精英，从而建立一套完善的健全的物流体系，为中国参与国际经济竞争提供优质、高效的服务，促进中国经济的快速增长，增强中国的综合实力，提高中国的国际地位。

⑦政策上大力扶持物流业发展

对于运输服务、仓储服务、货运代理服务和批发配送业务的企业，允许它们根据自身业务优势，围绕市场需求，延伸物流服务范围和领域，逐渐成为部分或全程物流服务的供应者。

第 18 章　全球营销与研发

18.1　复习笔记

考点一：市场细分

1. 市场细分的定义

市场细分就是根据消费者的购买意愿、消费需求及购买行为方面的一些重要差异，将整个市场划分为若干个消费者群体。

2. 市场细分的目的

市场细分的目的是为了了解消费者的异质需求，从而制定匹配的营销计划，有针对性地服务自己的对象，从而实现销量的最大化。

3. 市场细分的标准

市场可以按照多个标准细分：地域、人口、社会文化、心理等因素。

4. 市场细分时的两个主要问题

(1)各国细分市场在结构上有差异，这限制了跨国公司在全球推行标准化营销战略的能力；

(2)存在超越国界的细分市场，这提高了跨国公司在全球推行标准化营销战略的能力。

考点二：产品特性

1. 概述

一个产品可以被看作由一组特性组成。当产品的特性满足消费者需求时就适销，不同国家由于其文化和经济发展水平不尽相同，消费者的需求也有所不同。影响产品特性的因素有：文化差异、经济发展、产品与技术标准。

2. 文化差异

在社会结构、语言、宗教、教育等方面，不同的国家有着不同的国情，这些差异会影响营销战略的制定。虽然消费者的品位和偏好正趋向于国际化，但离以标准化口味和偏好为特征的全球文化还有很长的一段距离。

3. 经济发展

消费者的消费行为会受到一国经济发展水平的影响。发达国家的消费者乐意多花钱购买那些按照他们的品位和偏好特别研发的具有附加功能的产品，因此发达国家中的公司倾向于在产品中加入许多额外的特性。相反，欠发达国家的消费者没有足够的消费能力消费具有特性的产品，他们更需要的是基本产品，拥有基本特性即可。

4. 产品与技术标准

各国政府执行不同的产品标准，这意味着某一标准下生产的产品不能实现大规模生产和销售标准化，从而阻碍市场全球化。虽然有些差异性的标准是很久之前所做的特别决定，不是政府主导的，但是这些决定带来了深远的影响。

考点三：分销策略

1. 概述

分销策略是市场营销组合策略之一，具体指将产品送至顾客的方式。它同产品策略、促销策略、定价策略一样，是企业能否成功地将产品打入市场，扩大销售，实现企业经营目标的重要手段。图18－1是一个典型的、由一个渠道组成的分销系统。

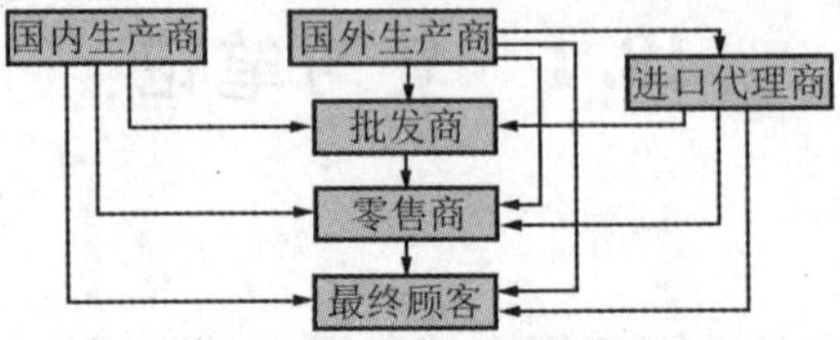

图18－1　一个典型的分销系统

这个渠道里有一个批发商和一个零售商。一个公司在本国生产的产品可以直接销售给顾客，也可以将产品出售给批发商和零售商，批发商再将产品出口给零售商，零售商最终出售给顾客。在外国生产的公司也一样。此外，公司也可以选择将产品卖给进口代理商，然后由进口代理商和批发商、零售商或消费者打交道。

2. 国家间的差异

不同国家之间分销系统的差异体现在零售集中度、渠道长度、渠道独占性和渠道质量四个方面。

(1)零售集中度

①分类

a. 集中的零售体系：少数几个零售商负责供应大部分市场。

b. 分散的零售体系：有许多零售商，但都不占据市场的多数份额。

②国家差异

a. 在发达国家零售体系有集中的趋势，这由三大原因促成：

第一，拥有汽车的人数增加；

第二，拥有冰箱和冷柜的家庭数目增加；

第三，双职工家庭的数目增多。

b. 在很多发展中国家，零售体系非常分散。

(2)渠道长度

①定义

渠道长度是指在生产商(或制造商)和消费者之间存在的中间环节的数量。

②分类

a. 如果生产商直接向顾客销售，则渠道短；

b. 如果生产商将产品出售给进口代理商，进口代理商经由批发商和零售商销售产品，则渠道长。

③决定因素

渠道长短最重要的决定因素是零售体系的分散程度。分散的零售体系对批发商的需求较高，一般会促进批发商的发展以便为零售商提供服务，从而导致渠道变长。对生产商来说，选择长渠道或短渠道是一种战略决策。

④渠道长度缩短的原因

a. 近年来互联网的迅速发展使得生产商可以通过网络将产品直接销售给消费者；

b. 大型折扣超市的介入，它们跳过批发商而直接与制造商打交道。

(3)渠道独占性

独占性的分销渠道外人是很难进入的。不同国家的分销渠道独占性是具有差异的。

(4)渠道质量

①定义

渠道质量是指商品和服务从生产者向消费者转移过程的具体通道或路径的优劣程度，具体表现为零售商的综合素质和为跨国公司产品提供服务的能力。

②对进入市场的影响

如果分销渠道不够高，会对产品进入产生限制。当渠道质量差时，跨国公司或许需要把更大的精力放在渠道升级上，极端的情况下还会建立自己的渠道。

3. 分销策略的选择

(1)作用

分销策略的选择决定了公司将产品转移给潜在消费者的方式。

(2)最佳分销策略的决定因素

最佳的策略是由每一种方式的相对成本和收益所决定的，每一种方式的成本和收益主要取决于四个因素：零售集中度、渠道长度、渠道独占性和渠道质量。

①渠道越长，产品的售价就越高。因此，如果价格是一个公司的重要竞争力，而公司又想要实现利润最大化，那么在其他条件一致的情况下，公司应该选择较短的销售渠道。

②当零售体系十分分散时，长渠道不仅可以降低销售成本，而且提升了市场准入——进入独占性渠道的能力。进口代理商和批发商、零售商或重要客户之间的合作关系长久并稳定，因此更易获得订单和进入分销体系。

③如果渠道质量不够高，那么公司应该采取措施进一步提高渠道质量，包括建立自己专属的分销渠道。

考点四：沟通策略

1. 国际沟通的障碍

文化障碍、源效应和噪声水平是可能会影响到企业国际沟通有效性的潜在关键变量。

(1)文化障碍

①影响

文化障碍使信息在不同文化之间传播变得很困难。

②克服文化障碍的方法

a. 培养跨文化的沟通交流能力；

b. 应当多使用当地的资源，如果公司采取直销而非广告手段与客户沟通，那么应该尽量开发当地的销售队伍。

(2)源效应与原产国效应

①源效应

a. 来源

源效应来源于信息接收者根据信息发送者的身份或形象来评估信息。

b. 影响

如果目标国的潜在消费者对外国公司持有偏见，那么源效应将表现为对外国公司的不信任，这将对跨国公司产生不利影响。

c. 消除负面影响的方法

许多跨国公司为了消除源效应带来的负面影响而淡化其外籍身份。

②原产国效应

a. 定义

原产国效应是源效应的一个子效应，可定义为制造地点对产品估价的影响程度。

b. 影响

当消费者对产品信息缺乏足够了解时，产品的原产国是产品估价的暗示信息。

c. 消除负面影响的方法

利用能够强调产品优质性能的促销信息。

③源效应和原产国效应的评价

源效应和原产国效应并不总是负面的，比如法国葡萄酒、德国豪华汽车都从几乎全球性的正面源效应中获益匪浅。

(3)噪声水平

噪声是指吸引潜在消费者的其他因素，不同国家之间存在差异，发达程度高的国家通常有较高的噪声水平。发达程度极高的国家拥有极高的噪声水平；而发展中国家对潜在消费者的吸引力较小，噪声水平较低。噪声通常会降低沟通的效果。

2. 推拉策略

(1)概述

与沟通策略有关的主要决策是选择推还是拉的策略。

①推策略强调促销组合中的人员推销而非公众媒体广告。人员推销是有效的销售手段，但是需要较多的人员投入，从而消耗较高成本。

②拉策略更多依靠公众媒体广告这一途径宣传促销信息，从而传递给潜在的消费者。

选择推策略还是拉策略，取决于产品类型、消费者经验、渠道长度和媒体的可得性。

(2)产品类型和消费者经验

①产品类型

a. 处于消费品行业、面对着一个很大的细分市场的企业一般喜欢采用拉策略，因为利用大众媒体做宣传可以获得成本上的优势，故该企业通常很少采用直销；

b. 销售工业品或其他复杂产品的企业就比较趋向于用推策略。

②消费者经验

a. 消费者经验丰富，有提供销售支持的高质量渠道时，推策略是不必要的；

b. 当消费者对产品特性不太熟悉时，对受教育水平高的消费者采取拉策略，对受教育水平低的消费者采取推策略。

(3)渠道长度

分销渠道越长，那么公司要说服更多的中间商来经销其产品。这会导致渠道惯性，使新公司进入渠道变得很困难，也使产品通过分销渠道中多层分销商的直销手段(推)成本很高。在这种情形下，公司可以考虑用大众媒体广告(拉)创造消费需求——一旦把需求创造出来，中间商便会竞相经销其产品。

(4)媒体的可得性

能否采用拉策略前提条件在于能否找到广告媒体。在有些情况下，媒体的可得性受到国家法律的约束。

(5)推－拉组合的决策

①在下列情况下推策略占主要地位：

a. 工业品或复杂的新产品；

b. 分销渠道短；

c. 印刷媒体或电子媒体较少。

②在下列情况下拉策略占主要地位：

a. 消费品；

b. 分销渠道长；

c. 有足够数量的印刷媒体和电子媒体可以刊登营销信息。

3. 全球性广告

(1)支持标准化广告的理由

①它具有很大的经济优势。标准化广告可实现成本分摊，通过将研发成本分摊到多个国家，可降低广告创造成本。

②制作创新型广告的人才较为稀缺，集中人才制作大广告的效果要优于制作若干个小广告。

③许多著名的品牌是全球性的。许多跨国公司想在全球营造单一的品牌形象，以避免因广告的本土化所带来的混乱。

(2)反对标准化广告的理由

①国家之间的文化差异可能会造成在一个国家成功的广告在另一个国家惨败。文化多样性导致同一个广告很难在全球各个国家都有效。

②各国不同的广告法规可能会限制标准化广告的实施。

(3)实践中的做法

公司应该既抓住全球标准化广告带来的好处，又考虑国别文化和法律环境的差异。公司可以将适合在全球推广的广告特征和需要根据本土文化进行调整的广告特征进行区分，这样既可以节省费用，在全球树立品牌形象，也可以满足不同文化体系下的广告需求。

考点五：定价策略

1. 价格歧视

(1)定义

同样的产品或者差异细微的产品面向不同的消费者收取不同的价格，这就是价格歧视。价格歧视有助于公司利润最大化。

(2)必备条件

①公司必须能将各个国家的市场分割开。若不满足该条件，个人或企业就会进行套利从而消除价格歧视。

②不同国家的需求价格弹性要有所差别。需求价格弹性用来衡量产品需求对价格变化所作出的反应程度。某种产品的需求弹性取决于消费者收入水平和该产品的竞争者数量。收入水平低的国家需求价格弹性大，另外竞争者多也会导致较高的需求弹性。

2. 策略性定价

掠夺性定价、多点定价和经验曲线定价是策略性定价的三层含义。掠夺性定价和经验曲线定价都有可能违背反倾销规则。

(1)掠夺性定价

掠夺性定价就是通过价格竞争将较弱的竞争者逐出一国市场，然后该公司的市场占比提高，就可以抬高价格以获取高额的利润。这种策略若要成功则要求公司一般必须在另一个国家的市场处于盈利地位，从而可弥补在该国市场因掠夺性定价造成的损失。

(2)多点定价

多点定价是指一家公司在一个市场上的定价策略可能对其对手在其他市场上的定价策略产生影响，一般出现在两个或以上的跨国公司在两个或以上的国家互相竞争。一个公司在某一市场上的掠夺性定价行为可能会引发对手在另外的市场上实施报复。

(3)经验曲线定价

经验曲线定价试图借助低价来尽可能快地提高在全球的销量。尽管在起步时公司将面临巨大损失，但当它们的生产移至经验曲线下方时，它们将取得巨额的利润和成本优势。

3. 法规对价格的影响

国家或国际的相关法规会限制公司的价格歧视行为或战略性定价能力。尤为重要的是，受倾销法规和竞争政策的限制，公司没有完全的定价自由。

(1)反倾销法规

当公司以低于制造成本的价格销售产品时就造成了倾销。反倾销法规给出口价格设定了下限，掠夺性定价和经验曲线定价可能会违反反倾销法规，因此反倾销法规限制了公司推行策略性定价的能力。

(2)竞争政策

绝大多数发达国家都有旨在促进竞争和限制垄断行为的立法。这些法规可用于限制企业在一国的定价行为。

考点六：设计营销组合

基于国家差异，公司要调整在各国的营销组合，从而适应当地的文化、经济环境、竞争环境、产品和技术标准、分销体系、政府法规等。然而，营销组合的一个或几个要素通常存在着标准化的机会。选择“定制”还是“标准化”取决于不同国家市场的具体情况。

考点七：国际市场调研

1. 国际市场调研的定义

国际市场调研是为了帮助跨国公司制定有效的决策，系统地搜集、记录、分析、阐述当地市场的相关数据。国际市场调研是了解和掌握国际市场的一种重要途径。

2. 国际市场调研的六大步骤

(1)界定研究目标

界定研究目标包括确定研究问题和制定国际市场调研目标。

(2)确定数据来源

确定数据来源是指提出具体的研究问题。通常，基于可用性、可比性、可靠性、有效性来评估数据。

(3)评估研究的成本与收益

研究的成本是指在能够解决问题和完成研究目标的基础下，收集原始数据消耗的成本。

(4)收集数据

收集数据就是直接或间接地收集当地的市场数据，其服务于跨国公司的研究问题和目标。

(5)分析和解释数据

分析和解释数据在国际市场调研过程中十分关键。

(6)报告研究结果

报告研究结果展示国际市场研究的整体结果。

考点八：新产品研发

1. 研发中心的选址

新产品的创意是由各种因素相互激发而产生的，具体有科学研究、需求条件和竞争环境。具备下列条件的国家，其新产品研发的速度可能更快。

(1)在基础和应用研究、研发上的投资更大

基础和应用研究、研发是要发明新技术并将其转化为商业成果。

(2)潜在需求大

旺盛的需求为新产品创造了潜在的市场。

(3)消费者富有

富裕的消费者也为新产品创造了潜在的市场。

(4)竞争激烈

公司之间的强烈竞争能够促进创新，而创新成果能够带来先行优势和巨大利益，有利于打败竞争对手。

2. 研发、营销和生产的结合

研发和营销之间应紧密配合，从而保证新产品的研发是基于消费者需求的驱动。研发和生产的结合可以保证公司在设计产品时充分考虑到加工要求，使产品制造更方便，有助于降低成本、提高质量，缩短新品上市时间。

3. 跨部门的研发小组

(1)人员构成

由研发、营销和生产部门的人员组成。

(2)小组目标

小组的目标是要完成从概念设计直到产品上市的产品研发项目。

(3)小组应具备的特征

以下特征是小组有效发挥职能并完成每个阶段研发目标的重要保证：

①必须由一位“重量级”的人物来领导；

②各核心部门至少有一名成员加入小组；

③成员应尽可能在一处工作以营造一种亲密感和便于沟通；

④目标明确，计划清晰，尤其是要有阶段性研发目标和预算；

⑤必须制定自己的沟通及冲突解决方案。

4. 建立全球研发能力

目前尚且缺乏在世界各地研发中心分配产品研发任务的最佳模式，建立一个全球的研发中心网络是许多跨国公司采取的对策之一。

在该模式中，一般在研发中心开展基础研究，中心一般设置在那些能够创造有价值的科学知识和熟练研发人才集中的地方，这些地方是公司创新的动力源泉，其任务是研发能转化为新产品的基础技术。基础技术是由全球子公司的研发部门挑选并用于研发新产品，来为全球市场服务。在这一层次上，重点放在技术的商业化及工艺的研发上。

如果需要对产品进行改造来满足特定市场消费者的需求，那么该国子公司的研发部门或者负责几个国家市场的区域研发中心将负责这种设计优化工作。

18.2 课后习题详解

1. 假设你是一家美国纸尿裤公司的营销经理。你的公司正打算进军巴西市场。你公司的首席执行官认为在美国十分成功的广告完全可以用于巴西。请列出几条可以反对她观点的理由。首席执行官还认为定价权应下放给当地的经理。请说明为什么她的想法可能是错误的。

答：（1）虽然婴儿的屁股在各个文化中都具有一样的机能，产品的技术标准可能也很相似，但拥有不同文化的人对身体机能的敏感度是不一样的。因此，广告所传达的信息可能需要根据对“什么是合适的广告”的不同态度而改变。例如，在有些国家，广告上表现一个男人正在给婴儿换尿不湿可能对产品的销售有促进作用，但在其他的一些国家，这样的广告可能不被接受或者被误解。需要考虑的因素还包括竞争者产品的广告信息所制造的噪声水平在巴西和美国是不一样的，美国和巴西在经济发展水平、政策法律对于广告的管控程度、媒体可得性方面都存在差异。这些差异可能导致在美国十分成功的广告在巴西取得适得其反的效果。

（2）反对将定价权交给当地经理的理由

如果定价权下放给当地管理者，对方可能根据巴西当地的需求状况设置价格，而导致与美国价格或者其他地区的同等产品的价格差异很大，这就形成了价格歧视。要使价格歧视有利可图必须具备两个条件：

①公司必须能将各个国家的市场分割开。如果不能做到市场分割，个人或者企业就会存在套利行为，从而打破价格歧视策略。套利是指个人或企业在低价国家买进商品，再到高价国家出售，从而赚取利润的行为。

②不同国家的需求价格弹性要有所差别。需求价格弹性用来衡量产品需求对价格变化所作出的反应程度。一国某种商品的需求弹性受多种因素影响，该国居民的收入水平和该产品的竞争者数量是最重要的影响因素。收入水平低的国家价格弹性大，竞争者多也会导致较高的需求弹性。

虽然巴西的需求价格弹性大，但定价权也不能完全交给当地的经理，由他独自做决策。跨国公司在国际市场上常常会遇到多点定价的问题，即公司在一个国家的定价可能会影响到对手在另一个市场上的定价。所以为了更好地与对手竞争，应由总公司掌握定价权。

2. 在未来20年中，我们将会目睹巨大的标准化消费品全球市场的出现。你同意这种观点吗？请说明理由。

答：我不完全同意此种观点。

（1）随着市场全球化的发展，越来越多的标准化消费品出现在人们的视线之中，比如，可口可乐会在全球推出标准化产品，但是这只是一种趋势，并不意味着会有巨大的标准化消费品在全球市场出现。很多产品由于自身特性的影响，不会以标准化的形式出现在不同国家，比如肯德基在不同的国家都会根据当地的风俗推出不同产品，在中国的油条豆浆套餐，在印度的羊肉汉堡等，都是“非标准化”产品的体现。

（2）即便在不同的国家推出完全相同的产品，受到各国文化差异、经济发展水平、技术标准不同的影响，针对同种产品，在不同的国家中，也会出现不同的分销策略、沟通策略和定价策略。因此，不会出现多数产品在全球市场采用同样战略的情况。

3. 假设你是一家正考虑进入印度市场的食品公司的营销经理。印度的零售体系一般来说是相当分散的。另外，零售商、批发商与印度的食品公司一般都有长期合作关系，这使得进入该国的分销渠道十分困难。你会建议公司采取什么分销策略？为什么？

答：这家公司应该采取长渠道策略，将产品卖给批发商或者进口代理商。因为印度的零售体系相当分散，若公司直接和零售商打交道，会使公司承担很高的分销成本，并且，印度批发商和零售商之间的长期合作关系使得公司进入该国的分销渠道十分困难。因此，将产品卖给批发商或者进口代理商，才是经济可行的策略。进口代理商和批发商、零售商或重要客户之间的合作关系长久并稳定，因此更易获得订单和进入分销体系。

4. 价格歧视与倾销是无法区分的。试讨论这种观点的正确性。

答：这种观点是错误的。

价格歧视是指消费者在不同国家为同一产品或具有微小差异的产品支付不同的价格。

倾销是指一国(地区)的生产商或者出口商以低于其国内市场定价或者低于成本价格将商品抛售到另一国(地区)市场的行为。

当一家公司在国外的定价低于国内的定价时，要区分是价格歧视还是倾销是很难的，除非公司在国外以明显低于成本的价格销售产品。然而，当成本都为大家所知，而且各个地方的价格都在成本之上，或者公司在国内的定价低于国外的定价，则很明显，这只是价格歧视，并不是倾销。另外，价格歧视和倾销的目的不同。价格歧视是为了帮助公司获取最大利润，倾销则是以消灭或赶走竞争对手，垄断整个市场为目的。

5. 假设你在一家设计和生产个人电脑的公司工作。公司的研发中心在美国密歇根州。公司的电脑是在中国台湾贴牌生产的。营销战略的制定权下放给三个区域集团：北美集团(位于芝加哥)、欧洲集团(位于巴黎)、亚洲集团(位于新加坡)。各个区域集团自行决定区域内的营销手段。依重要性排序，公司的市场依次为北美、德国、英国、中国和澳大利亚。公司正面临产品研发和商业化过程中的问题：产品上市慢，生产质量差，成本高于预算，新产品的市场认可度比预期差。这些问题产生的根源是什么？你将如何解决？

答：(1)这些问题的根源是分散化管理所带来的协调复杂问题。将研发、生产和营销活动分散化的确是有意义的——在低成本的地方生产产品，雇用对当地熟悉的工人销售产品。然而，这将使得协调任务异常复杂，并且有助于商业化成功的有用信息也不能有效地在各个部门的管理人员之间传达。

(2)在新产品的开发过程中，建立跨部门的研发小组将有助于产品的开发和商业化。小组由研发、营销和生产部门的人员组成。小组的目标是完成从概念设计到产品上市这一系列的产品研发项目。研发和营销之间应紧密配合，从而保证新产品的研发是基于消费者需求的推动。研发和生产的结合可以使公司在设计产品时充分考虑到加工要求，有助于降低成本、提高质量、缩短新品上市时间。小组要能够有效地发挥职能并达到每个阶段的研发目标，必须具备以下一些重要特征：①小组必须由一位“重量级”的人物来领导；②小组必须由各个核心部门派遣的至少一名成员组成；③小组成员应尽可能在一处工作以营造一种亲密感和便于沟通；④小组必须有明确的计划和目标，特别是要有重要的阶段性研发目标和预算；⑤小组必须制定自己的沟通及冲突解决方案。

6. 重读关于李维斯的“管理聚焦”专栏，并回答如下问题：

(1)李维斯在21世纪初之前的营销战略是什么？为什么这一战略可以在几十年中都有

效？为什么到2004年就不起作用了？

(2)你怎样归纳李维斯目前战略的特征？目前，营销组合中的哪些因素在国与国之间发生了变化？

(3)公司新营销战略的好处是什么？存在不利之处吗？

(4)李维斯告诉你一个怎样的“市场全球化”故事？

答：(1)李维斯在21世纪初之前的营销战略是全球标准化战略，即生产同一种类型的牛仔裤在不同国家销售。21世纪初之前，全球化的发展使人们在服装的选择上出现了一定的趋同，李维斯的501牛仔裤几乎在全世界风靡，这使得该公司的全球标准化战略大放异彩。随着21世纪的到来，全球经济都有较大发展，消费者随着生活水平的提高对产品的多样化有了不同的要求，再加上各个国家的文化、经济发展水平、产品及技术标准都有很大差异，因此各个国家消费者的品位和偏好也不相同，单一的产品很难满足人们的多样化需求，这时需要因地制宜地制定本土化战略，迎合当地市场的需求，全球标准化战略便不再那么适用了。

(2)李维斯目前采用的是本土化战略。其营销组合中的市场细分、产品特性、沟通策略、定价策略等因素在国与国之间发生了变化。

市场细分是指根据消费者差异将整个市场划分为若干个消费者群体，消费者差异具体表现在消费意愿、需求和购买行为等方面。由于不同的细分市场呈现出不同的购买行为模式，因此不同的细分市场可以有不同的产品设计、定价策略、分销渠道和沟通策略的选择。这样做的目的是使消费者的购买行为与营销组合之间能更好吻合，从而实现销量的最大化。

(3)公司新营销战略的好处是满足不同市场多样化的需求，使品牌形象更加深入人心，有利于占领当地市场，提高竞争力。

不利之处是无法利用规模经济效应降低产品成本。在不同国家设计不同产品，进行不同的广告投放提高了产品成本。

(4)李维斯的例子表明了跨国公司管理者考虑在国外细分市场时需要认识到两个主要问题：

①各国细分市场在结构上有差异以及存在超越国界的细分市场。前者限制了跨国公司在全球推行标准化营销战略的能力；后者大大提高了跨国公司把全球市场当作一个单一的统一体对待的能力，使它们能够实施全球标准化战略，在全球范围内销售标准化的产品。

②对于公司来说，可以选择的沟通渠道有很多，包括直销、促销活动等，这些因素在不同的国家又有不同的营销组合方案，跨国公司一定要因地制宜，灵活调节。

18.3 考研真题详解

1. 价格歧视［武汉大学2014研；宁波大学2014、2013研］

答：价格歧视是指在有些情况下，垄断厂商会对同一种或具有微小差异的产品收取不同的价格，这种做法往往会增加垄断厂商的利润。垄断厂商实行价格歧视需具备两个条件：①市场的消费者具有不同的偏好，且这些不同的偏好可以被区分开；②不同的消费者群体或不同的销售市场是相互隔离的。价格歧视可以分为一级价格歧视、二级价格歧视和三级价格歧视。一级价格歧视是指厂商对每一单位产品都按消费者所愿意支付的最高价格出售；二级价格歧视只要求对不同的消费数量段规定不同的价格；三级价格歧视是指垄断厂商对同一种产品在不同的市场上(或对不同的消费群)收取不同的价格。

2. 国际市场细分［云南大学2018研；浙江工商大学2018研；武汉大学2011研；云南大学2011研］

答：国际市场细分是指企业按照一定的细分标准，把整个国际市场细分为若干个需求不同的子市场，其中任何一个子市场中的消费者都具有相同或相似的需求特征，企业可以在这些子市场中选择一个或多个作为其国际目标市场。国际市场细分是企业确定国际目标市场和制定国际市场营销策略的必要前提。国际市场细分是在国内市场细分的基础上发展起来的，是市场细分概念在国际营销中的运用。与国内市场相比，国际市场购买者更多，分布范围更广，企业由于自身实力的限制，往往很难满足全球范围内顾客的需要。为此，就需要对国际市场按照某种标准进行划分。

3. 企业在给国际营销产品定价时要考虑哪些因素？［南开大学2015研］

答：对于国际企业而言，定价决策不仅要考虑普遍性原则，还要考虑国际市场中定价面临的新挑战和风险问题。企业产品价格的确定首先取决于公司的战略目标，即是追求利润还是追求市场份额。首要的目标一旦确立，就需要考虑五个更具体的因素：成本、竞争、客户价值与价格敏感度、分销渠道以及法规。做出最优定价需要平衡所有这些因素，这是一种艺术与科学的结合。

企业在给国际营销产品定价时应该考虑以下因素：

(1)产品成本

成本是企业定价的基本依据，主要包括固定成本和可变成本。在谈及成本时，企业通常考虑的是市场平均成本，如企业自身成本低于平均成本，则可将同行业平均成本作为定价参考，扩大利润空间。

(2)同行业竞争

很多时候为了满足竞争的需要，企业将价格作为竞争的武器，因此企业在制定和调整价格时会以竞争对手的价格为依据。针对竞争对手的降价需要做出何种回应，这常常要取决于企业产品在非价格因素方面的差别性有多强。如果产品能够给消费者提供显著的功能和心理方面的收益，而且拥有忠实的客户，那么竞争对手的降价对企业的影响不大。

(3)客户价值与价格敏感度

对价格与价值进行区分是很重要的。顾客总是希望得到最好的价值，但这并不一定意味着他们只想要最低的价格。消费者对产品价值的感知不仅涉及产品功能，而且还涉及服务水平、品牌名称、公司声誉、竞争产品以及其他一些因素。

(4)分销渠道

将产品传递给消费者的营销渠道会影响成本，从而影响价格。营销渠道主要有两类：直接渠道和间接渠道。随着电子商务和网上直销的出现，直接渠道变得越来越流行。间接渠道通常包括批发商和零售商，它们会产生额外的费用。

(5)法规

政府参与企业经营决策会对定价产生直接和间接的影响。在某些情况下，比如公用设施领域，政府往往决定着向最终用户收取的价格。还有一些情况下，政府的影响虽然是间接的，但往往是深远的，例如通过税收政策、补贴、贸易壁垒、专利以及其他形式的知识产权保护措施等手段来影响产品的价格。

除上述五个因素外，企业在给国际营销产品定价时还需考虑不同国家的需求价格弹性、通货膨胀和汇率波动造成的金融成本和风险、目标市场的需求差异性等因素。

4. 国际营销管理有哪些策略。［上海财经大学2016研］

答：企业的国际营销活动，就是针对国际市场中的各种机会和各种不利因素，更好地利用资源、发挥优势。企业的国际营销战略可以从产品和市场两个角度来描绘，如表18－1所示。

表18－1　产品、市场发展战略矩阵

		产品	
		现有产品	新产品
市场	现有市场	市场渗透战略	产品开发战略
	新市场	市场开发战略	多元化战略

（1）市场渗透战略

市场渗透战略是指实现市场逐步扩张的拓展战略，利用现有产品开辟新市场实现渗透、向现有市场提供新产品实现渗透。市场渗透战略是企业经营的最基本的发展战略。市场渗透战略主要包括以下三种：

①成本领先战略

在成本领先战略的指导下，企业决定成为所在产业中实行低成本生产的厂家。企业经营范围广泛，为多个产业部门服务甚至可能经营属于其它有关产业的生意。企业的经营面对其成本优势往往举足轻重。成本优势的来源因产业结构不同而异，包括规模经济、专利技术、原材料的优惠待遇和其它因素。

②差异化战略

差异化战略又称产品定制化战略，是将公司提供的产品或服务差异化，形成一些在全产业范围中具有独特性的东西。差异化战略的理论基础是不同国家和地区在需求和营销环节上存在巨大的差异。差异化战略并不意味着公司可以忽略成本，但此时成本不是公司的首要战略目标。

③专一化战略

专一化战略是主攻某个特殊的顾客群、某产品线的一个细分区段或某一地区市场。正如差异化战略一样，专一化战略也可以具有许多形式。虽然低成本与差异化战略都是要在全产业范围内实现其目标，但专一化战略是围绕着很好地为某一特殊目标服务这一中心而建立的，它所开发推行的每一项职能化方针都要考虑这一领域中心思想的崭新焦点。

（2）产品开发战略

产品开发战略是指在现有市场上通过改良现有产品或开发新产品来扩大销售量的战略。产品开发战略是建立在市场观念和社会观念的基础上，企业向现有市场提供新产品，以满足顾客需要，增加销量的一种战略。产品开发战略主要有以下几种类型：

①领先型开发战略

采取这种战略，企业努力追求产品技术水平和最终用途的新颖性，保持技术上的持续优势和市场竞争中的领先地位。当然它要求企业有很强的研究与开发能力和雄厚的资源。

②追随型开发战略

采取这种战略，企业并不抢先研究新产品，而是当市场上出现较好的新产品时，进行仿制并加以改进，迅速占领市场。这种战略要求企业具有较强的跟踪竞争对手的技术信息机构与人员，并具有很强的消化、吸收与创新能力，缺陷是容易受到专利的威胁。

③替代型开发战略

采取这种战略，企业有偿运用其它单位的研究与开发成果，替代自己研究与开发新产品。研究与开发力量不强、资源有限的企业宜采用这种战略。

④混合型开发战略

该种战略以提高产品市场占有率和企业经济效益为准则，依据企业实际情况，综合使用上述几种产品开发战略。

新产品开发在企业经营战略中占有重要地位。新产品是指产品的结构、物理性能、化学成分和功能用途与老产品有着本质的不同或显著的差异。它又分为全新产品、换代新产品、改进型新产品等几种情况。

(3)市场开发战略

市场开发战略是由现有产品和新市场组合而产生的战略，是发展现有产品的新顾客群，从而扩大产品销售量的战略。该战略可以使企业得到新的、可靠的、经济的和高质量的销售渠道，对于企业的生存发展具有重要的意义。市场开发战略主要有以下几类：①机会市场策略；②滚动市场开发策略；③中心市场开发策略；④等高线市场拓展策略；⑤媒介机会市场策略；⑥中心量贩市场策略；⑦行政区划市场策略；⑧全国统一市场策略；⑨综合性市场策略。

(4)多元化战略

多元化战略是指企业同时经营两种以上基本经济用途不同的产品或服务的一种发展战略。多元化战略是相对企业专业化经营而言的，其内容包括：产品的多元化、市场的多元化，投资区域的多元化和资本的多元化。企业采用多元化战略，可以更多地占领和开拓新市场，也可以避免单一经营的风险。

多元化经营主要有以下几种类型：

①横向多样化

横向多样化是以现有的产品市场为中心，向水平方向扩展经营领域，也称水平多样化或专业多样化。

②多向多样化

多向多样化是指通过开发完全异质的产品、市场来使经营领域多样化。包括三种类型：技术关系多样化；市场营销关系的多样化；资源多样化。

③复合多样化

复合多样化是指企业所开拓的新事业与原有的产品、市场毫无相关之处，所需要的技术、经营方法、销售渠道等必须重新取得。复合多样化可以划分为：资金关系多样化；人才关系多样化；信用关系多样化；联合多样化。

第 19 章　全球人力资源管理

19.1　复习笔记

考点一：国际人力资源管理的战略作用

1. 人力资源管理的定义

人力资源管理是指某一组织有效运用其人力资源的活动，包括制定人力资源战略、管理人员的配备、绩效评估、人员发展、劳工报酬及劳工关系等。

2. 人力资源管理的战略作用

(1)公司的高获利性取决于人力资源管理的实施与其战略之间的高度融合性。

(2)实行正确的人力资源管理策略有利于提高公司生产率和竞争优势。

3. 人力资源管理的任务

人力资源管理的四大任务是：人员配备政策、培训与管理发展、业绩评估和报酬政策。

考点二：人员配备政策

1. 概述

人员配备政策主要是为特定的工作岗位选择具有相应技能的员工。人员配备政策也是发展、促进企业文化的手段。浓厚的企业文化有助于公司实施其战略。

2. 人员配备政策比较(见表 19 - 1)

表 19 - 1　人员配备政策比较

要点	以一国为中心	以多国为中心	以全球为中心
含义	所有关键的管理职位都是由母国的人员担任	母国人员占据公司总部的关键职位，但子公司管理层由东道国人员担任	在整个组织内为关键岗位寻找最佳人选而不考虑国籍因素
战略适应性	国际战略	本土化战略	全球标准化战略和跨国战略
优势	①克服东道国缺少称职的管理者的缺陷； ②利于保持统一的企业文化； ③有助于转移核心竞争力以创造价值	①避免文化短视； ②节省了外派经理的费用，实施成本低	①有效利用人力资源； ②有助于建立浓厚的企业文化和非正式的管理网络； ③更易于实现全球战略协调； ④避免文化短视
劣势	①限制了东道国员工的发展机会，易导致东道国产生员工不满、生产率降低、人员变动频繁等现象； ②导致文化短视	①限制职业流动性； ②隔离总部与国外子公司，难以实现全球战略协调	①可能受到国家移民政策的限制； ②实施成本高； ③国际管理人员的高额薪酬可能导致公司其他人员的不满

3. 外派经理

(1)定义

外派经理是指由母公司任命的在东道国承担管理岗位的本国公民和第三国国民，也包括在母公司工作的外国经理。

(2)外派失败

外派失败是国际人员配置的一个突出问题。

①内涵

外派失败表明国际人员配置出现较大问题，外派人员发展与国外环境不匹配。

②结果

外派失败的结果包括提前回国和高离职率。

③主要原因

经理人员及其配偶难以适应、其他家庭问题以及经理不能担当较大的国外重任。

(3)外派人员甄选

降低外派失败率的一种途径是改善挑选程序，筛选出不合适的候选人员。门登霍尔与奥德欧认为以下四种因素会影响国外任职的成败：

①自我倾向。这一因素可强化外派人员的自尊、自信与良好心态，使外派经理人员更易于在国外成功任职。

②他人倾向。这一因素可加强外派人员与东道国人员相互交往的能力。与东道国人员相互交往越有效，外派人员就越有可能成功。

③感知能力。这一因素是指理解他国人员行为原因的能力，也就是心领神会的能力。

④文化刚性。这一因素是指所选派的国家与外派人员适应特定职位的程度之间的关系。由于有的国家文化不是大家所熟悉的，或是不为其他国家所接受的，外派人员在这样的国家任职尤其困难。

4. 全球思维

合格的国际经理人应当具备认识复杂事物的能力、拥有世界视角和全球思维。这样的经理人能够处理高度复杂和模棱两可的问题并且视野开阔。这些人可能早期生活在多文化家庭，在外国居住过或学习过第二语言。

考点三：培训与管理发展

1. 外派人员的培训

(1)文化培训

文化培训的目标是培养外派人员正确评价东道国文化。外派人员通过文化培训，有利于增强对东道国文化的了解，从而减少与东道国人员交流中的困难。文化培训中也需要考虑外派人员配偶的适应性，可以让其一起参加文化培训。

(2)语言培训

外派人员通过语言培训提高使用外国语言交流的意愿，甚至提高外语能力，有利于与当地员工建立良好关系，提高工作效率。

(3)实践培训

实践培训有助于外派人员及其家人更快地适应东道国的日常生活。日常生活的规律形成得越快，外派人员及其家人适应的成功率就可能越高。

2. 外派人员的归国

(1)外派人员归国后面临的主要问题

通常外派人员回国后会担心其职业生涯发展，不能与其他经理人员分享外派经验。

(2)解决该问题的关键

解决这一问题的核心是良好的人力资源规划。人力资源管理部门通过良好的筛选程序选定外派人员，并为其制定培训计划和归国发展计划，帮助其做好面对未来物质和专业前景的准备。除此外，也可以让外派人员做好经验分享。

3. 管理发展规划

(1)内涵

管理发展规划指为管理培训经理人员制定计划，提供在内部担任不同工作的机会，从而提高管理人员的技能水平。

(2)目的

其目的在于提高公司总的生产率和管理资源的整体质量。

(3)意义

①越来越多的跨国公司将管理发展作为一项战略工具；

②管理发展规划有利于新的经理人员融入企业的行为规范与价值系统，从而有助于建立起统一的企业文化；

③在延展期内将经理人员集中起来，让他们在几个国家轮换担任不同的工作，有利于企业建立起非正式的管理关系网，从而建立在组织内部交换提高工作业绩知识的渠道。

考点四：业绩评估

1. 业绩评估存在的问题

(1)距离遥远和自身缺乏海外工作经验导致的无意识的偏见使得客观评估外派经理人员的业绩很困难；

(2)东道国的经理很可能被他们自己参考和预期的文化框架所影响。

2. 减少偏见的方法

有一些方法可减少在业绩评估过程中的偏见：

(1)使当地经理评估的权重高于非当地经理；

(2)让以前曾在同一地方任职的外派人员参与评估；

(3)在正式评估之前，母国经理应与当地经理进行商讨。

考点五：薪酬政策

1. 薪酬政策的国别差异

不同国家同一级别的经理人员的报酬存在很大的差异：

(1)在以一国为中心的企业中，公司只需考虑如何向母国的外派人员支付报酬；

(2)在以多国为中心的企业中，公司以国别标准对各子公司的经理人员支付报酬；

(3)在以全球为中心的企业中，许多公司采用一种全球一致标准，即不考虑工作地点，而是基于相同的评级体系来评估员工，并据此给予相同的基本工资和奖金。

2. 外派人员的薪酬支付

(1)平衡表法

确定外派人员报酬最常见的方法是平衡表法。平衡表法将国外购买力视作与国内相同，依照国内标准向外派人员支付报酬，使得外派人员能够享受与在母国时同等的待遇，一定程度上以物质手段弥补其在任命地区的生活质量差别。图 19 - 1 是一张典型的平衡表。

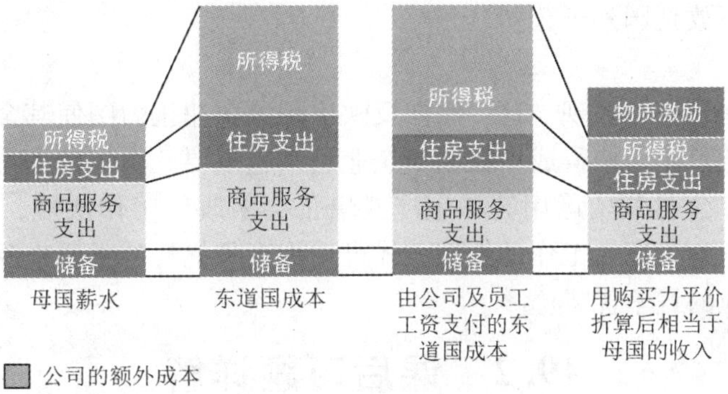

图 19－1　平衡表

(2)外派人员报酬体系

外派人员报酬体系涵盖基本工资、国外服务奖金、津贴、纳税以及福利。

①基本工资：外派人员的基本工资通常与其在母国类似职位的基本工资水平相同，以母国货币或当地货币进行支付；

②国外服务奖金：国外服务奖金是激励外派人员的一种方法，指除正常工资外，在国外工作的外派人员得到的额外报酬；

③津贴：津贴指以各种形式给予外派人员的补贴，通常包括环境(艰苦补助)、住宿(住房津贴)、生活成本(生活成本补贴)以及教育(教育补助)四方面；

④纳税：当东道国与外派人员的母国间没有互惠纳税协议时，外派人员必须向母国和东道国政府双重纳税，而外派人员在东道国的所得税一般由公司支付。若东道国的所得税税率较高，导致外派人员净收入减少，公司会补偿这部分的差额；

⑤福利：许多公司还要保证外派人员在国内外享有同等的医疗、养老等福利。

考点六：国际劳工关系

1. 劳工组织的忧虑

(1)企业可通过将生产转移到其他国家的方法来反抗工会的谈判能力；

(2)跨国企业会将高技能的工作保留在母国，而只把那些低技能的工作转移到国外工厂；

(3)跨国企业可能引入不同于东道国的母国的雇佣惯例和契约协议，这些惯例和协议可能降低工会的影响及权威。

2. 劳工组织的策略

劳工组织采取以下三种方式来应对跨国公司日益增强的谈判力：

(1)建立国际劳工组织；

(2)跨国企业向国外转移的只是低技能而非高技能工作；

(3)通过联合国等机构实现对跨国企业的国际管理。

但事实上，这些措施并不是很有效。

3. 劳工关系的处理

跨国公司因企业内劳动关系活动集散程度不同而具备不同的劳动关系处理方式。

(1)分散管理

长期以来，各国之间的劳动法规、工会力量、集体谈判性质等各不相同，大多数的跨国公司认为集中管理不能有效解决在多个不同环境中同时管理劳工关系的复杂性问题，因而将国际劳工关系职能下放到国外子公司。

(2)集中管理

集中控制的倾向已日益显现。这一倾向反映出跨国企业正力图使其全球运作合理化。各行各业日益激烈的竞争压力使得成本控制对企业越来越重要。由于劳动力成本占企业总成本的比例相当大，许多公司开始运用转移生产威慑工会来改变工作法规，限制工资增长。此外，人们越来越意识到工厂中工作的组织方式可成为竞争优势的主要来源。除此，良好的组织方式也能提高企业的竞争优势。

19.2　课后习题详解

1. 以一国为中心、以多国为中心和以全球为中心的人员配备政策各有哪些主要优缺点？它们在何时适用？

答：(1)以一国为中心的人员配备政策指母国人员担任所有的关键管理职位。其优点有：①克服东道国缺少称职的管理者的不足；②有助于维系企业统一的文化；③有助于转移核心竞争力来创造价值。缺点有：①易在东道国造成员工不满；②导致文化短视。

以一国为中心的人员配备政策适用于实施国际战略的公司。

(2)以多国为中心的人员配备政策指母国人员担任总部的关键职位，东道国人员可以担任子公司的管理职位。其优点有：①避免文化短视；②实施成本低。缺点有：①限制职业流动性；②隔离总部与国外子公司。

以多国为中心的人员配备政策适用于实施本土化战略的公司。

(3)以全球为中心的人员配备政策指不考虑国籍而只考虑能力，寻找最佳人员担任组织管理层。其优点有：①有效利用人力资源；②有助于建立浓厚的企业文化和非正式的管理网络。缺点有：①国家移民政策可能会限制该政策的实施；②实施成本高。

以全球为中心的人员配备政策适用于实施全球标准化战略或跨国战略的公司。

2. 研究显示，许多外派人员遇到了既会影响他们在国外任职的有效性，也会限制他们回国后对公司做出贡献的问题。这些问题的主要原因是什么？后果如何？企业如何减少这类问题的发生？

答：(1)这些问题的主要原因有：公司甄选外派人员的程序不合理；经理人员本人、配偶难以适应新环境；其他家庭问题；经理人员难以担当起国外重任；公司未对外派人员的归国问题制定合理的规划。

(2)这些问题的存在导致外派人员不能在国外很好地发展，结果导致他们提前回国和外派高离职率。

(3)企业可以通过有效的挑选程序、培训和管理发展规划来减少外派失败的发生率。

最易在国外任职成功的外派经理人员通常具备以下素质：拥有自尊、自信和良好的心态；能与东道国人员相互交往；愿意使用东道国的语言；能够理解他国人员行为的原因等。

外派经理的培训项目通常包括文化培训、语言培训和实践培训。外派人员通过文化培训，有利于增强对东道国文化的了解，从而减少与东道国人员交流中的困难。文化培训中也需要考虑外派人员配偶的适应性，可以让其一起参加文化培训。语言培训有助于提高外派人员的工作效率，并使他们更加容易融入外国文化，从而有助于与他人进行交往。实践培训旨在帮助外派人员及其家人适应东道国的日常生活。日常生活规律形成得越快，外派人员及其家人适应的成功率就可能越高。

人力资源管理部门通过良好的筛选程序选定外派人员，并为其制定培训计划和归国发展计划，帮助其做好面对未来物质和专业前景变换的准备。除此外，也可以让外派人员做好经验分享。

3. 请特别考虑外派人员的使用及其薪酬结构，说明国际企业战略与人力资源管理政策有什么关联。

答：在追求本土化战略的公司，通常采用的是以多国为中心的人员配备政策。在这种政策下，几乎不需要外派经理，因此报酬政策的国别差异基本不会对这些公司造成影响。由于经理人员在各国子公司之间没有流动性，因此可以按照国别标准支付报酬。

外派人员在追求国际战略的公司中要常见得多，实施这种战略的公司一般采用以一国为中心的人员配备政策。在这种情况下，报酬的支付采用平衡表法，该方法力图通过为外派人员在东道国提供与母国相同的生活标准，再加上一定的物质激励(如津贴和纳税补贴)，使其接受海外任命。

追求全球标准化战略和跨国战略的企业通常采用以全球为中心的人员配备政策，即在整个组织内不考虑国籍因素为关键岗位寻找最佳人选。在这种政策下，由于必须综合考虑母国的标准、东道国的成本、经理人员的预期和全球标准来确定津贴，因此对外派人员的报酬支付就复杂得多。

4. 劳工组织以何种方式限制跨国公司的战略选择？跨国公司如何应对这些限制？

答：(1)劳工组织主要通过三种策略来限制跨国公司的战略选择：

①建立国际劳工组织；

②游说国内立法机构对跨国公司加以限制；

③通过联合国等机构实现对跨国企业的国际管理。

(2)跨国企业可以通过以下方式应对这些限制：

①将劳工关系职能下放到子公司。为了适应各国不同的劳动法规、工会力量以及集体谈判能力，跨国公司允许国外子公司拥有处理国际劳工关系的权利，这种做法能够有效适应各国环境的复杂性，从而提高效率。

②转移生产。劳动力成本是企业成本的重要组成，公司为了控制劳动力成本会采用转移生产。

③协商调整工厂中工作的组织方式。良好的组织方式能提高企业的竞争优势。组织方式的协商调整需要对劳工关系职能进行集中控制。

5. 回顾本章“管理聚焦”专栏中麦当劳的全球薪酬支付政策。在评估各国当地经理的业绩和奖金时，麦当劳是怎样将国别差异考虑进来的？

答：麦当劳采用一种不考虑工作地点，基于相同的评级体系来评估员工，并据此给予相同的工资和奖金的全球一致标准。在此计划中，公司总部需要制定未来一年经营准则的列表以便当地经理参照。这些准则包括客户服务、市场营销以及餐厅形象更换等。每个当地经理从中选取3~5个方面在当地市场集中策划，各国每年的一部分奖金则基于该地区是否实现了该目标以及各网点的营业收入来设定。奖金的另一部分是基于员工的个人表现。麦当劳有属于自己的评级体系，通过提供指导方针而非强制的等级标准，麦当劳希望可以在允许当地灵活性的情况下，鼓励业绩差异化。通过实施在准则和方针下根据当地市场需求情况调整的薪酬支付方案，员工相信他们的报酬是公平的，反映了当地市场的情况。

19.3 考研真题详解

1. 人员配备政策的形式，外派人员应该具备哪些素质才能外派成功？［上海大学 2018 研］

相关真题：

(1)简述以一国为中心的人员安置政策、以多国为中心的人员安置政策和以全球为中心的人员安置政策，并分别说明适合什么情况。［天津财经大学 2017 研］

(2)企业的人员配备战略。外派失败的原因是什么？［上海大学 2016 研］

(3)跨国企业人员配备政策的三种基本类型是什么？分别适应哪种战略？［对外经济贸易大学 2012 研］

答：(1)在国际商务经营活动中，配备人员的方式主要有三种——以一国为中心(又称民族中心型)、以多国为中心(又称多中心型)以及以全球为中心(又称全球整合型)。

①民族中心型人员配备

在民族中心型人员配备计划中，管理国外经营活动的人员全部来自于母国。公司采取这种策略是为了牢牢控制国外分支机构的决策活动。因此，那些希望能对海外分支机构进行严格控制的公司都倾向于采取这种策略。

民族中心型人员配备的优势：

a. 克服公司不能在当地找到合格的管理者的缺陷。在发展中国家和新兴工业国非常缺乏这种合格的管理人才。

b. 公司可以利用母国的经营形象来开创当地的经营活动，尤其是当外派的管理人员在母国公司的管理层已经升到相对较高的位置时，他们就会试图向海外分支机构灌输母公司的文化。很显然，这种策略要求各地员工拥有一套强有力的共同价值体系，这对公司来说非常重要。

c. 有些公司觉得来自母国的管理者可能会比东道国人员更关心公司的利益。

民族中心型人员配备的劣势：

a. 从国内派遣管理者的成本很高，管理失败的可能性也较大。重新安置所需支付给管理者的奖金，加上随同家庭成员的安置费用，使得聘请母国管理者的成本提高了很多。并且，文化差异以及长期离开亲人朋友所带来的压力，可能会导致母国管理者管理国际业务的失败。

b. 民族中心型的策略可能会给东道国机构带来障碍。派遣母国的管理者到东道国，可能会让人产生“外商”的经营形象。较低层的雇员可能会觉得这些管理者根本就不明白他们的需求，而外派的管理人员有时也确实无法融入当地文化。如果外派人员不能克服这些障碍，他们就无法理解当地雇员的需求，也无法理解当地消费者的需求。

民族中心型人员配备政策适用于国际战略。

②多中心型人员配备

在多中心型人员配备计划中，由东道国的人员来管理海外经营机构。公司可以对中高层管理人员、低层员工和非管理类员工实行这种多中心的策略。这种方式非常适合于公司想要给予各国的分支机构一定的决策自主权的情况。但是这种方法并不意味着东道国的管理者可以随意地按照他们认为合适的方式开展经营活动。大型跨国公司经常组织大规模的培训项目，培训期间安排东道国的管理人员参观母国公司的经营活动。通过这种方法，他们可以接触到公司的文化和具体的商务惯例。虽然中小型公司可能会觉得实行这种策略的成本非常高，但是与这些完全明白自己职责的当地管理者所能创造的价值相比，这些投入显然是有意义的。

多中心型人员配备的优势：

a. 多中心型人员配备策略将管理的职责交给那些熟悉当地商务环境的人员。拥有对当地市场的文化有着深刻了解的管理者对于公司而言是一项巨大的优势。这些管理者熟悉当地的商务惯例，并且能够体会到口头语言和非口头语言中的微妙含义。他们不需要克服文化障碍，对雇员、消费者以及供应商的需求都有着更好的敏感度。

b. 公司不用支付安置外派管理者及其家庭成员的高昂成本。对于没有能力承担这些支出的中小型企业来说，这种优势尤为重要。

多中心型人员配备策略的劣势：

a. 可能会降低母公司对东道国经营活动的控制力。当公司在每个国家雇用当地人员来管理当地的经营活动时，它就必须承担整个公司可能会成为一个个分散的国际子公司的集合体的风险。

b. 当公司实施本土化战略时，这种策略可能没有问题。但是对于实施全球化战略的公司而言，它就不是一种理想的策略。如果这些子公司缺乏一体化、知识共享和统一的公司形象，那么公司总体的经营业绩必将受到损害。

多中心型人员配备政策适用于本土化战略。

③全球整合型人员配备

在全球整合型人员配备计划中，公司会选择最能胜任的管理者来管理国外经营活动，而不考虑他的国籍。当地的经营活动可能选择来自东道国的管理者，也可能选择来自母国的管理者，还可能选择来自第三国的管理者。如何选择取决于经营活动的具体要求。这一策略通常适用于选择高层管理者。

全球整合型人员配备的优势：

a. 可以帮助公司培养全球经理人，这些经理人能够轻松地适应各种商务环境的差异，尤其是文化上的差异，从而有助于消除国别障碍。

b. 这种策略下管理者的全球性视角能够帮助公司抓住那些可能被忽视的机遇。

全球整合型人员配备的劣势：

a. 实施成本特别高。那些既能融入各种不同文化又能有效工作的高层管理人员对于跨国公司来说是相当有价值的，但这种对他们技能的高需求以及人才的缺乏必然使他们的工资大大提高。此外，公司还得支付一大笔重新安置管理者及其家人的费用。

b. 东道国为了使跨国公司更多地雇用本国人员，可能制定相关的移民法律限制该政策的实施。

全球整合型人员配备政策适用于全球标准化战略和跨国战略。

(2)外派人员应具备的素质

在国际人员配置中，有一个很突出的问题——外派失败。外派失败一般是由于经理人员及其配偶难以适应国外生活环境、其他家庭问题以及经理不能担当较大的国外重任等。为了避免外派失败，可以进行外派人员筛选，筛选出不合适的候选人员。外派人员应该具备的素质包括：

①自我倾向。这一因素可强化外派人员的自尊、自信与良好心态，使外派经理人员更易于在国外任职中成功。

②他人倾向。这一因素可加强外派人员与东道国人员相互交往的能力。与东道国人员相互交往越有效，外派人员就越有可能成功。

③感知能力。这一因素是指理解他国人员行为原因的能力，也就是心领神会的能力。

④文化刚性。这一因素是指所选派的国家与外派人员适应特定职位的程度之间的关系。由于有的国家文化不是大家所熟悉的，或是不为其他国家所接受的，外派人员在这样的国家任职尤其困难。

2．在全球化时代，企业的人力资源管理工作面临哪些机会和挑战？企业应该如何开展有效的国际化人力资源管理工作？［中山大学 2016 研］

相似真题：试述国际人力资源管理的含义、目的、发展趋势以及面临的挑战。［北京工商大学 2011 研］

答：(1)国际人力资源管理的概念

国际人力资源管理是指某一跨国组织有效运用其人力资源的活动，包括制定人力资源战略、管理人员的配备、绩效评估、人员发展、劳工报酬及劳工关系等。公司的高获利性取决于人力资源管理的实施与其战略之间的高度融合性。实行正确的人力资源管理有利于提高公司生产率和竞争优势。许多跨国公司的人力资源管理职能还有提高其有效性的空间。

(2)企业的人力资源管理工作面临的机会和挑战

①战略人力资源开发与管理

人力资源管理部门已经逐渐成为能够创造价值并维持企业核心竞争能力的战略性部门，人力资源管理工作已经不再是与企业的战略计划没有任何联系而仅有一些狭窄目标的职能性工作。企业的组织重组活动从实践上证明了人力资源的变化必须与企业重组的其他领域相匹配并产生协同作用，才能保证企业在新的经营环境下维持竞争优势。

②网络化组织

组织内信息技术的发展，特别是网络技术的发展，从物质基础和信息基础两方面对传统的组织结构提出了挑战。组织结构已日益扁平化、开放化，组织层级在逐步减少，充分授权、民主管理、自我管理等网络组织的基本特征已经出现，以团队为基础的组织及其管理方式正在形成。因此，有效地管理这种新型的开放组织，培养有利于组织知识创造、整合和利用的团队是未来人力资源管理发展的方向。

③知识工作者的开发与管理

知识经济和知识管理时代的到来使企业的人力资源发生了重要的变化，知识工作者已经成为企业人力资源的一个主要组成部分，对知识工作者的开发与管理必须有别于传统的人力资源管理。如何在全球范围内获得企业所需的知识工作者并对他们进行有效的管理，是未来人力资源管理必须面对的挑战。这种挑战主要表现在：合理、有吸引力的薪资与福利；充分公开与高效的信息沟通；公正平等的全球招聘政策；深入全面的跨文化培训与管理；开放的知识分享和民主决策体系；持续有效的系统激励模式。

④组织学习与学习型组织

对于跨国公司而言，比竞争对手更快地学习的能力是赢得竞争优势的唯一持久源泉。组织学习是组织不断提高并持续保持适应能力的重要手段，而学习型组织则是通过持续有效的组织学习获得生存与发展机会的组织形态，也是 21 世纪最具竞争优势和最具适应能力的组织形态。学习型组织的组织结构和管理形式完全不同于传统的组织形态，因而其组织的人力资源管理也必须不同于传统的人力资源管理，其职能与作用势必发生变化。人力资源管理部门必须有效地组织系统学习，培养系统学习观，整合个人的持续学习，并以建立和完善学习型组织作为其工作的重要领域，同时，组织学习的有效性也将成为衡量人力资源工作绩效的重要标准。

⑤文化培训和跨文化管理

经济全球化所带来的管理上的文化差异和文化管理问题，已经成为人力资源管理领域的一个重要问题。当今和未来人力资源管理的一项重要的职责就是克服组织内由文化差异引起的文化冲突，其有效的途径是实行跨文化管理和跨文化培训。在跨文化管理中，全球观念、系统观念、多元主义是培养文化开放与包容的思想基础，而不同文化的交流与对话，特别是深度对话是实现文化整合和文化共享的重要途径。跨文化培训已成为人力资源发展的重心所在，是实现文化整合的有力工具。

⑥人力资源管理外包

人力资源管理活动的外包已经逐渐发展起来，即将组织的人力资源管理活动委托给组织外部的公司来承担。人力资源管理外包的工作主要是工资、福利、招聘和培训等方面。人力资源管理活动外包的主要原因是组织内部投资结构和工作量的经常变化。

(3)企业开展有效的国际化人力资源管理工作的方法

国际人力资源管理是处在人力资源活动、员工类型和企业经营所在国类型这三个维度之间的互动组合。区分国内人力资源管理和国际人力资源管理的关键变量是后者在若干不同国家经营并招募不同国籍的员工所涉及的复杂性。

①全球化主宰着竞争的市场，蕴涵着新市场、新产品、新观念、新的竞争力和对经营的新思考方式。人力资源管理需要创建新的模式和流程来培养全球性的灵敏嗅觉、效率和竞争力。

②未来竞争的关键是建立和运作更快地对顾客做出反应的组织。人力资源管理活动的范围将从公司内部扩大到公司外的供给者和顾客。从价值链的观点出发，通过人力资源管理的培训工作使员工、供给者和顾客形成一个价值链团队。

③通过降低成本和加速增长来创造利润，创造利润一直是组织最主要的经营课题，但取得利润增长的途径正在发生变化。人们已经认识到增加收入的关键不是用增长来替代成本，而是找到有利润的增长方式，而这种增长方式和人力资源管理密切相连。

④在新经济时代，组织的实力包括硬实力和软实力：硬实力是技术能力；软实力则是指组织能力。组织的软实力更难获取或模仿。组织要想拥有并维持这些实力，尤其是软性组织能力，就必须从培养组织能力的角度来安排人力资源管理的政策和实践。

⑤当今时代是一个不断变化的时代，它要求组织的管理者、员工和组织本身必须学会更快、更平稳地做出变化。人力资源管理人员要帮助组织做出变化，要确定组织变化的模式，在组织内传播这一模式，并引导员工持续地贯彻实施。

⑥在知识经济的时代，技术创新日新月异，通信基础设施的发展使世界变得更小、距离更近、沟通更快。个人对技术的应用同样也改变了信息的流动和使用方式。因此，人力资源管理人员有责任来重新确定组织中员工的工作，要把通信基础设施变成企业员工工作环境中的一个不断变革、创造生产力来源的组成部分，要走在信息的前面，并学会借助信息为组织服务。

⑦寻找、留住优秀人才是组织成功的关键，是组织具有竞争力的根本。而寻找、留住优秀人才是通过保证组织的智力资本来实现的。因而，当代人力资源管理的一项重要任务就是

寻找、发现和使用这样一种衡量智力资本的方法。

⑧努力进行人力资源管理转型。转型所要改变的是顾客、员工对组织的根本看法和态度。转型更注重共同的信念，而不是市场份额。如果顾客和员工对组织的看法与组织的意愿从不相符合转为基本相似，转型就发生了。在这种转型中，人力资源管理人员必须通过其管理政策与实践来引导、促进和维持这种转型。

3. 试述国际人力资源的跨文化管理的复杂性与方法。［天津商业大学2011研］

答：(1)国际人力资源的跨文化管理的复杂性产生的原因

①文化差异导致国际企业人力资源管理的复杂性

国际企业的员工未必归属于同一种文化，不同文化条件下的员工及其工作行为是互不相同的，这就要求国际企业的管理行为和领导方式必须具有跨文化的适应性和灵活性，否则就会出现问题。文化差异还影响到国际企业选择人力资源管理导向的偏好。此外，国际企业各子公司文化的混合以及这些子公司之间文化差异的程度也会对人力资源管理方式的选择起到限制性作用。随着跨国经营中子公司数量的增加以及由此引起的文化差异的增加，国际企业越来越难以在所有的业务单位中采取整齐划一的人力资源管理政策。

②国家背景差异导致国际企业人力资源管理的复杂性

a. 劳动力的教育和培训。一国的教育体系为公司提供了初始的人力资源，因为一个人需要多少培训才能成为一名合格的工人以及文凭对选拔的意义等都是由教育体系所决定的。

b. 对选拔方式的法律与文化预期。深受一国法律和国家文化影响的预期，指明了管理者寻找新雇员的“正确”方法。

c. 求职者们偏爱的工作类型。

d. 对公平报酬与晋升标准的法律和文化预期。价值观念、准则和制度预期等影响着报酬的决定以及业绩考核同报酬的关系。

e. 劳动方面的法律和传统。工会的法律地位和力量以及劳资双方的历史关系，对于人力资源管理实践有着深远的影响。

所有这些差异性，在某种程度上，都是由不同国家的不同文化与商务实践的特征所决定的。国际人力资源管理部门需要认真研究不同国家的文化特征及人力资源管理的特点，才能够为有效的跨文化人力资源管理提供基本依据。

(2)跨文化管理的方法

①忽略文化差异

这种行为的出发点是：假设各地处事惯例越来越相似是由经济、技术的发展、世界范围对现代化的渴望，以及管理学教育、管理咨询的专业化在世界上的长足发展和范围的不断扩大所带来的。为了达到理想状态，公司的管理惯例必须保持良好的一致性。一般来讲，这样做有助于维持产品、客户服务的质量水平和技术标准，并且能够保证企业文化可以被世界各地所有的员工分享。

②文化差异最小化处理

这种方法的根本出发点是：正视文化差异的存在，并认为其带来的主要影响是负面的，将威胁到公司运作过程中的效率和有效性。最小化方法意味着使各种文化均匀化、产生一致性，或是将各种文化孤立起来，相互隔绝，以减少潜在矛盾的发生。而应用的主要手段是建立全球化的企业文化，或在严格的财务控制和报告体系基础上允许海外子公司在管理方面实施自治。

③利用文化差异

利用文化差异的战略能够产生竞争优势，运用这一战略的企业会采取积极的解决文化差异的方法，使得总体共同作用产生的结果大于各部分作用的简单加总。利用文化差异的最明显的原因是对不同市场能够产生更大的敏感性。如果由来自不同文化的人组成产品开发部门，则他们更有可能改进产品以适应不同口味的消费者。文化多样性还可以提高组织系统的灵活性。

第 20 章　国际企业的会计和财务

20.1　复习笔记

考点一：会计和会计信息

1. 会计

会计通常被称为“企业的语言”。这种语言是以损益表、资产负债表、预算、投资分析和税务分析来表述的。

2. 会计信息

(1)内涵

会计信息指通过会计核算实际记录或科学预测，反映会计主体过去、现在、将来有关资金运动状况的各种可为人们接受和理解的消息、数据、资料等的总称。会计信息能够反映企业财务状况、经营状况以及资金变动信息。

(2)作用

①有利于出资者据此对投资价值及风险作出评价，从而分配未来资源；

②政府能够通过会计信息知晓企业利润，为政府向企业征税提供参考；

③有利于公司进行经营状况评价，有针对地调整内部支出及未来支出计划。

3. 国际企业的财务管理

国际企业的财务管理包括三方面的决策：

(1)投资决策，即从事何种财务活动的决策；

(2)融资决策，即如何为这些财务活动进行融资的决策；

(3)货币管理决策，即如何最有效地管理公司财务资源的决策。

考点二：各国在会计准则上的差异

1. 会计和审计准则

各种会计实务都有着各国会计和审计准则的烙印。

(1)会计准则指财务报表的编制规则，指出了何为有效会计信息。

(2)审计准则是审计人员执行审计业务，获取审计证据，形成审计结论，出具审计报告的专业标准。

2. 产生差异的原因

会计准则的差异来源于企业经营环境的不同。各国的会计体制因政治、经济及文化环境的不同而不同。

3. 差异的影响

各国在会计和审计准则上存在的差异所造成的后果之一就是各国财务报告普遍缺乏可比性。具体影响如下：

(1)跨国投资者无法获得准确的投资报告，进而无法做出准确的跨国投资选择；

(2)跨国公司须向投资者解释两种会计方法反映的财务状况不同的原因；

(3)跨国公司很难根据财务报告评估其重要的外国客户、供应商和竞争者。

考点三：国际会计准则

1. 国际会计准则的发展历史

近年来，跨国协调会计准则的实质性努力持续在进行，全球资本市场的发展使这种努力显得更为迫切。目前对国际会计准则标准化影响较大的机构有：国际会计准则理事会、美国财务会计准则委员会、欧盟。

2. 国际会计准则理事会

(1)概述

国际会计准则理事会(IASB)是会计准则标准化的主要推动者，成立于2001年3月，取代了成立于1973年的国际会计准则委员会(IASC)。

(2)发展中的障碍

①国际会计准则理事会的职能是制定国际会计报告准则，常由16位来自不同文化和法律体制的国家成员组成。每发布一个新准则，需要得到董事会75%的成员的同意。

②国际会计准则的采纳建立在非官方或自愿基础之上，国际会计准则理事会并没有权力来强制推行其准则。

随着被越来越多的国家认可，国际会计准则逐渐具备一定的全球权威性。

3. 美国财务会计准则委员会

美国财务会计准则委员会(FASB)提出的方案是国际会计准则的重要参考，大部分准则保持一致。

4. 欧盟

欧盟至少在欧洲能对会计准则协调产生实质性影响。自2005年1月1日起，欧盟对在欧盟公开上市的公司提出要求，要求其财务报告应与国际会计准则保持一致。

5. 国际会计准则的现状

(1)采纳公认的国际会计准则的趋势正在加速形成，国际会计准则理事会已经制定出适合于寻求在全球市场上市的公司的会计准则；

(2)能够有效协调美国、加拿大、墨西哥、智利的会计准则正在探索，美国证券交易委员会也不再对国际准则提出反对意见，这有助于国际准则的采用。

考点四：控制系统的会计方面

1. 概述

(1)控制过程的作用

公司总部的作用之一是控制组织内的子单位，以保证它们实现最佳的效益。

(2)控制过程的步骤

在典型的公司中，控制过程是年度化的，涉及三个主要步骤：

①总部和分部联合确定下一年分部的目标；

②在这一年中，总部为了既定的目标对分部业绩进行监控；

③如果某个分部未能实现其目标，总部督促该分部查明问题所在，在适当的时候采取改进行动。

(3)会计职能在控制过程中的作用

会计职能在控制过程中起着关键作用。通过财务术语能够制定分部的大多数目标，并将其反映在下一年预算中。会计信息系统能够反映过去相关信息，从而有利于总部对其进行评价。

2. 汇率变化和控制系统

(1)公司货币

大多数国际企业以母国货币表示公司内部预算数据及业绩数据。这便于不同国家的子公司之间进行比较，而且有利于总部的管理。但这种做法受汇率影响较大，会使业绩数据产生较大扭曲。

(2)莱萨德－洛朗热模型(Lessard－Lorange Model)

莱萨德和洛朗热认为外国货币可通过初始汇率、计划汇率及期末汇率换算为公司货币：

①初始汇率，即指编制预算时的即期汇率。

②计划汇率，即指预算期末的即期汇率(如远期汇率)。

③期末汇率，即指比较预算和业绩时的即期汇率。

这三种汇率说明了有九种可能组合，如图20－1所示。莱萨德和洛朗热剔除9种组合中的四个不合理组合，如图20－1阴影所示。余下的5种组合可用于编制预算和评价业绩。

Ⅱ、PP和EE组合将预算数据和业绩数据换算成公司货币时分别使用同一种汇率，这3种组合都避免了在该年度中汇率的变化扭曲控制过程。

在IE、PE组合中，汇率变化可能会引起扭曲。PE运用预测汇率，将未来汇率波动变化考虑在内，扭曲较小，而相较于PE，IE更容易造成扭曲。

为了与预算进行比较而用于换算实际业绩的汇率

用于换算预算的汇率	初始汇率(I)	计划汇率(P)	期末汇率(E)
初始汇率(I)	(II) 初始汇率换算预算 初始汇率换算实际	初始汇率换算预算 计划汇率换算实际	(IE) 初始汇率换算预算 期末汇率换算实际
计划汇率(P)	计划汇率换算预算 初始汇率换算实际	(PP) 计划汇率换算预算 计划汇率换算实际	(PE) 计划汇率换算预算 期末汇率换算实际
期末汇率(E)	期末汇率换算预算 初始汇率换算实际	期末汇率换算预算 计划汇率换算实际	(EE) 期末汇率换算预算 期末汇率换算实际

图20－1　控制过程所用汇率的组合方案

莱萨德和洛朗热建议公司采用PP组合，通过计划汇率将外国货币换算为公司货币。将外汇市场确定的远期汇率或公司内部预测的未来即期汇率视为计划汇率，公司内部预测的未来即期汇率也称为内部远期汇率。

3. 转移定价

(1)概念

一个跨国公司各子公司之间转移的商品和服务的定价就是转移定价，其价格即为转移价格。

(2)使用背景

全球战略和跨国战略促进了生产活动网络向全球扩张。采用全球战略和跨国战略的公司的内部交易量非常大，公司连续地在不同国家的子公司之间运输零部件和产成品，这就需要利用转移定价，使公司总体利润最大化。

(3)影响

转移价格的选择可能严重影响了两个相互交换商品和服务的子公司的状况。转移价格也会扭曲预算及子公司业绩数据，在公司总部对子公司考核时，需要考虑转移价格因素。

4. 子公司与经理业绩的背离

(1)背离的原因

国外子公司及经理的业绩评价采用相同的量化标准，这与各子公司的经济、政治、社会条件的显著不同存在冲突，使得像投资收益率等获利指标无法合理地比较和评价子公司经理，从而影响公司经营的成本及其子公司的获利性。

(2)改进方法

对子公司的评价应区别于对其经理的评价。对经理的评价应考虑企业所在国环境的优劣。以当地货币为基础评价经理，从而避免利率、税率、通货膨胀率、转移价格及汇率等不受经理控制的客观因素影响。

考点五：财务管理：投资决策

1. 资本预算

(1)定义

资本预算是建设性预算或投资预算，指企业作出的资本支出计划，目标是今后更好地发展，获取更大的报酬。

(2)作用

资本预算能够帮助管理层合理客观地比较国内外投资方案，从而进行正确投资。

(3)影响国际企业资本预算的主要因素

①项目的现金流量与母公司的现金流量。

②可能显著地改变外国投资项目价值的政治、经济以及外汇风险等。

③返回给母公司的现金流量与项目的融资来源之间的关系。

2. 项目现金流量和母公司现金流量

项目的现金流量与母公司的现金流量不一定相同。项目由于某些原因可能无法将其全部现金流量都返回给母公司。在评价一个外国的投资机会时，母公司更注重的应该是其自身将收到的现金流量，因为只有母公司收到的现金流量才能用于发放股利、进行投资和偿还债务等。

3. 针对政治风险和经济风险作出的调整

(1)政治风险

①政治风险的定义

政治风险是指东道国的政治环境或东道国与其他国家之间政治关系变化而给外国投资企业的经济利益带来的不确定性。

②政治风险的影响

政治风险可能会带来经济崩溃，造成公司资产大幅缩水。在极端状态下，政治变动甚至可能导致公司资产被没收。

(2)经济风险

①经济风险的定义

经济风险指非预期汇率变动对以本国货币表示的跨国公司未来现金流量现值的影响程度。

②经济风险的影响

由经济管理失误导致的最大问题似乎是通货膨胀。通货膨胀表现为该国货币在外汇市场上的贬值。对于在这一国家拥有资产的外国公司来说，该公司从这些资产中所获得的现金流量的价值将随着该国货币的贬值而减少。

4. 风险和资本预算

可通过以下两种方法处理投资所在地的潜在风险，分析外国的投资机会：

(1)提高贴现率，以反映外国项目所承受的较高的政治和经济风险。但提高贴现率对早期的现金流量折扣太多而对未来的现金流量却折扣太少。

(2)降低项目的未来现金流量，以反映在未来发生不利的政治或经济变化的可能性。

考点六：财务管理：融资决策

(1)融资渠道的选择

当公司选择外部筹资时，公司必须决定是从全球资本市场还是从东道国寻求资金，决定因素是资金成本。

凭借规模和流动性等优势，全球资本市场的资金成本一般要比许多国内资本市场低，因此公司正在逐渐地转向全球资本市场进行融资。

(2)东道国政府的政策对融资决策的影响

①支持性政策的影响

某些东道国政府通过实行低利率贷款等支持性政策，降低项目资金成本，从而吸引外资流入。相对应地，资本预算决策中所取的贴现率应向下调整。

②限制性政策的影响

当一国的流动性受限时，项目融资的资金成本会增加。当资金流动性较小导致成本较高时，应向上调整贴现率。

(3)预期投资所在国货币汇率对融资决策的影响

①预期投资所在国货币汇率面临贬值时

如果预期投资所在国的货币在外汇市场上有贬值迹象，公司可能会选择向当地资本市场进行融资。

②预期母国货币汇率面临贬值时

如果预测母国货币在外汇市场上有贬值趋势，在母国借款可能更为有利。

考点七：财务管理：全球货币管理

1. 概述

货币管理决策的目标是更有效地管理公司全球的现金资源——公司的营运资本，包括现金余额最小化、降低交易成本和最小化公司税负。

2. 现金余额最小化

(1)现金余额的存放

企业需要准备一定数目的现金金额以用于支付账款及防范现金流量波动的不利影响。国际企业需要解决的关键问题是子公司的现金余额是应独立拥有或是存放在集中存款中心。

(2)现金余额存放在集中存款中心的原因

①建立集中存款中心能增大存款规模，使公司获得更高的存款利率；

②若集中存款中心位于如伦敦、纽约、东京这样的主要金融中心，能够及时获得有用信息，有利于短期投资获利；

③公司将大量资金存放在集中存款中心，虽然流动性降低，但有利于获得更高利率。

(3)集中存款中心的限制

①东道国政府对资本跨国流动的限制将阻碍公司构建集中存款中心的能力；

②不同货币兑换的交易成本也限制了这一系统的优越性。

大多数公司允许子公司独立储备现金，在集中存款中心放入预防性现金。但集中存款中心随着资本市场全球化以及跨国现金自由流动得到更广泛的应用。

3. 降低交易成本

(1)交易成本

①交易成本的一种形式是外汇兑换的成本。

②转移费用是交易成本的一种，指银行收取的将现金转移到另一个地方所需的费用。

(2)多边净额

多边净额是双边净额的一种延伸。多边净额可以降低公司内部各子公司间的交易次数，从而降低了由外汇交易引起的总体汇兑成本和转移费用。

4. 管理税负

(1)管理税负的原因

当一家国外子公司同时向东道国政府和母公司国内政府缴纳税款时，就形成了双重纳税。但双重纳税的负担通过税收抵免、税收条款以及延期准则得到减轻。

(2)税收抵免、税收条款和延期准则

①税收抵免指允许某些纳税人和征税对象减少纳税或者免予纳税的特殊规定。

②两个国家间的税收条款是说明哪类利润将由利润发生所在国当局征收的协议。

③延期准则是指母公司无需提前就外国来源额利润缴税。

税收体制和税收条款较大地影响了子公司和母公司之间内部支付系统的构建。

(3)全球纳税义务最小化的方法

①公司可以利用转移价格和弗罗廷贷款使全球纳税义务最小化；

②设计从国外子公司将利润返回给母公司的形式(如以特许权使用费形式支付或以股利形式支付)；

③一些公司还借助像巴哈马和百慕大这样的避税港来使纳税义务最小化。

5. 跨国转移资金

为有效利用现金资源以及减少税负，国际企业会在全球范围内转移资金。国际企业使用股利返回、特许权使用费和费用、转移价格和弗罗廷贷款等技术来跨国转移流动资金。

(1)股利返回

股利的支付是国外子公司将资金转移到母公司的最常用方法。税收法规、外汇风险、子公司的历史和当地股东权益的参与程度等因素决定了子公司采取股利政策的不同。

(2)特许权使用费和费用

①特许权使用费的定义

特许权使用费是指使用其它经济单位所有的专利权、商标权、版权或类似的专有权利的付款。

②费用的定义

费用是指母公司因提供专业服务或技术而获得的补偿。费用一般是针对所提供的特定服务收取的。

③特许权使用费和费用与股利支付的比较

当东道国所得税税率比母国更高时，特许权使用费和费用在某些方面要优于股利支付。

国外子公司支付的特许权使用费和费用可以抵税，有利于减轻纳税负担。

(3)转移价格

①定义

在公司内部各经营实体间转移商品和服务所采用的价格被称为转移价格，转移价格可用于国际企业内部处置资金。

②操纵转移价格的好处

a. 将公司利润转移至低税率国家，有利于减轻税收负担。

b. 可以把资金从预期有严重的货币贬值危机的国家转移出来，从而减少公司承受的外汇风险。

c. 若东道国政府限制股利形式的资金转移，可以利用转移价格将子公司的资金转移给母公司。

d. 当一个国家实施从价税时，公司能够利用转移价格减少关税。在这种情况下，要求对向那个国家进口的商品和服务设置较低的转移价格，由此降低关税。

③利用转移价格的问题

a. 会受到政府的限制。

b. 扭曲了管理激励体制和对经营状况的评价。需要保证以较高转移价格时的子公司要比实际做的更好，否则会导致管理激励机制严重扭曲。

尽管存在这些问题，许多国际企业依然采用以成本为基础的系统来操纵其子公司之间的转移价格(成本与利润之和)，而非均衡价格。

(4)弗罗廷贷款

①定义

弗罗廷贷款是指母公司与其子公司之间，利用一家国际银行(通常是大的)作为金融中介进行的贷款。在一笔直接的公司间贷款中，母公司直接将现金贷给外国子公司，子公司以后偿还。

②使用弗罗廷贷款的原因

a. 可以避开东道国为限制子公司资金流回母国的障碍。

b. 也可以提供避税的优势。

20.2 课后习题详解

1. 为什么不同国家的会计体制会有差异?为什么说这些差异是重要的?

答: (1)会计是由企业经营的环境所形成的。正如不同的国家有不同的政治体制、经济体制和文化环境一样，它们同样有不同的会计体制。在每个国家，会计体制的发展需要顺应其对会计信息的需求。虽然许多因素可能会影响一个国家会计体制的发展，但以下五种最主要:①企业和出资者的关系;②与其他国家的政治和经济联系;③通货膨胀水平;④经济发展水平;⑤文化。

(2)各国在会计和审计准则上存在的差异造成了各国财务报告普遍缺乏可比性，这可能导致财务信息混淆。投资者可能无法识别公司真正的价值;公司也必须向其投资者解释为什么按两种会计方法会反映出不同的财务状况。同时，一个国际企业要评估其重要的外国客户、供应商和竞争者将十分困难。

2. 为什么基于会计的控制系统有可能向总部管理层提供对国外子公司状况有偏见的信息？这些偏见如何才能得到纠正？

答：(1)会计控制系统中的汇率变化和转移定价可能会使国际企业控制过程复杂化。并且，国外子公司并没有在统一的环境中运作。它们的环境在经济、政治和社会条件等方面有着显著的差异。所有这些都会影响公司经营的成本及其子公司的获利性。因而会计控制系统有可能向总部管理层提供对国外子公司业绩有偏见的信息。

(2)对国外子公司业绩的评价应考虑企业所在国的环境是恶劣的还是良好的。因此，应以当地货币为基础对国外子公司业绩作出评价，以避免那些人为无法控制的因素(如利率、税率、通货膨胀率、转移价格和汇率等)的影响。

3. 倘若你是一家美国公司的首席财务官，该公司全资拥有为美国母公司装配线制造零部件的墨西哥子公司。子公司一直得到美国银行的资金支持。分析师告诉你，墨西哥比索预计明年在外汇市场上相对于美元贬值30%。如果可能的话，你应采取什么行动？

答：美国公司将从墨西哥子公司进口零部件，也就是美国将要支付货款给墨西哥子公司。由于比索预计明年在外汇市场上会相对于美元贬值30%，那么美国公司应该推迟到明年再付货款，这样可使美元成本最小化。此外，可将子公司的资金支持由美国银行转移到墨西哥银行，待墨西哥比索贬值后，用美元偿还墨西哥银行的贷款。

4. 倘若你是一家加拿大公司的首席财务官，该公司正考虑在俄罗斯投资1000万美元建一座牛奶生产厂。预计该投资项目在今后10年每年产生净现金流量300万美元，10年后该投资项目将因技术过时而终止，残值为零。通过欧洲债券市场借款的资本成本为6%，你也可以从俄罗斯银行以12%的利率借到款项以资助该项目。分析师告诉你由于俄罗斯的高通货膨胀率，预期俄罗斯卢布会相对于加拿大元贬值。分析师同时指出，今后10年内在俄罗斯发生暴力革命的概率很高。你如何在对这个投资机会的评价中考虑这些因素？你将建议公司做些什么？

答：首先，应该对这项投资的收益、成本和风险进行衡量，看是否值得投资。由于俄罗斯在10年内发生暴力革命的概率很高，这就使这项投资暴露于政治风险之下。政治的不稳定可能导致经济崩溃，从而使公司的资产大幅缩水。公司应仔细分析和量化，采用比较高的贴现率，以反映俄罗斯的政治不稳定性。

若采用较高贴现率得出的净现值为正值，说明该项目值得投资，接下来就需要考虑融资来源，即是从欧洲债券市场借款还是从俄罗斯银行借款。由于预期俄罗斯卢布会相对于加拿大元贬值，公司可能倾向于采用当地负债作为融资来源，即选择从俄罗斯银行借款。这样，为偿还当地负债本金和利息所需求的卢布数量并不会受卢布贬值的影响。但是如果通过欧洲债券市场进行融资，偿还欧元债务所需的卢布会随着卢布贬值而增加，实际上提高了资金成本。因此，尽管当地借款的初始资金成本相对于欧洲债券市场借款的成本可能较高，但偿还当地负债的本金和利息所需的卢布量并不会受卢布贬值的影响，所以未来公司可用较少的加拿大元来偿还这笔借款，从俄罗斯银行借款可能更加有利。

20.3 考研真题详解

1. 转移定价[中山大学2018研；浙江工商大学2017、2014研；中央财经大学2015研；对外经济贸易大学2012、2011研]

相关真题：

(1)转移价格[南开大学2019研；中国海洋大学2018研；上海对外经贸大学2017研；上海财经大学2014研]

(2)跨国转移定价[中山大学2016研]

(3)跨国公司国际转移价格[南开大学2015研]

答：转移定价是指跨国公司内部，在母公司与子公司、子公司与子公司之间转移产品、提供劳务、转让技术和资金借贷等活动所确定的企业集团内部价格。国际转移价格不受市场一般供求关系的影响，不是独立各方在公开市场上按“独立核算”的原则确定的价格，而是以跨国公司全球战略和谋求最大限度的利润为目标，由跨国公司总部最高管理人员在综合分析评估交易双方所在国的外汇政策、税收政策、利率水平、经济环境、政治气候以及所属子公司盈利能力等因素后确定的价格。

2. 弗罗廷贷款[华南理工大学2018研]

答：弗罗廷贷款(fronting loan)指母公司与其子公司之间，利用一家国际银行(通常是大的)作为金融中介进行的贷款。在一笔直接的公司间贷款中，母公司直接将现金贷给外国子公司，子公司以后偿还。在一笔直接的公司间贷款中，母公司直接将现金贷给国外子公司。基于银行的角度，银行有母国的存款作为抵押和保障，不存在风险，只是通过存贷款间的利率差获利。

公司使用弗罗廷贷款的两个理由：①可以避开东道国为限制子公司资金流回母国的障碍；②弗罗廷贷款也能提供避税的优势。

3. 国际企业在考虑使用债务融资还是权益融资的问题时，需要考虑哪些因素？[中央财经大学2015研]

答：债务融资是指企业通过向个人或机构投资者发行债券或直接贷款来以筹集营运资金或资本开支；而权益融资是通过扩大企业的所有者权益，如吸引新的投资者，发行新股，追加投资等来实现，而不是出让所有者权益。权益融资的后果是稀释了原有投资者对企业的控制权。国际企业在考虑使用何种方式融资时需要注重以下因素：

(1)企业当前的偿债能力与运营状况。债务融资筹集的资金具有使用上的时间性，需到期偿还，且企业还具有还本付息的义务，所以需要企业具有相应的偿债能力；而股权融资筹措的资金具有永久性，无到期日，不需归还。

(2)企业能够承担的融资成本和风险。股权融资方式预期收益较高，需要承担较高的融资成本，经营风险较大；而债务融资方式经营风险比较小，预期收益也较小。

(3)企业的融资规模与期限。若企业拟融资规模较大、期限较长，则可选择权益融资或债务融资中的发行企业债券，企业债券融资的规模大、期限长而且可以锁定成本，为公司拓展出一条崭新的融资渠道，有助于改善财务结构，避免单纯依赖银行贷款所带来的财务风险。

4. 在国际会计中涉及到跨国母公司与子公司之间的财务报表合并问题，假设1家美国公司于某年年初投资1800万日元用于在日本设立一家子公司，该子公司分别在年初和年中购买了各900万日元的固定资产和存货。假设年初和年中美元兑日元的汇率分别是1美元=100日元和1美元=80日元。年终时该子公司的资产负债表(局部)包含以下内容，此时汇率为1美元=90日元。

（单位：万日元）	金额
固定资产	900
存货	900
所有者权益	1800

年终在与母公司进行报表合并时，分别根据现行汇率法和时限法对上述子公司会计表格进行调整，调整的结果填在下表中，并说明两种方法各自的缺点。［中国人民大学 2011 研］

（单位：万美元）	现行汇率法	时限法
固定资产		
存货		
所有者权益		

答：（1）①现行汇率法对所有的资产和负债项目都按编制会计报表的期末汇率折算，但所有者权益项目按投入资本时的历史汇率折算，所以：固定资产 = 900/90 = 10（万美元），存货 = 900/90 = 10（万美元），所有者权益 = 1800/100 = 18（万美元）。

②时限法对以历史成本计量的资产、负债采用历史汇率；以现行市价计量的资产、负债则采用现行汇率，折算汇率应与各项目的计量方法一致。所以：固定资产 = 900/100 = 9（万美元），存货 = 900/80 = 11.25（万美元），所有者权益 = 1800/100 = 18（万美元）。

调整的结果如下表所示：

（单位：万美元）	现行汇率法	时限法
固定资产	10	9
存货	10	11.25
所有者权益	18	18

（2）两种方法各自的缺点

现行汇率法的缺点：①假设所有的资产、负债项目都暴露在汇率风险之下，且遭受汇率风险的程度相同，这显然与事实不符。②现行汇率法把子公司当作独立自主经营的海外实体，对子公司的资产和负债项目按子公司所在国的效用来计量，因而体现的是实体理论，与编制合并报表时广泛采用的母公司理论相违背。③按此方法对资产项目的折算结果，既不代表资产的历史成本，也不代表资产的现行市价，而只是某种外币表示的资产的历史成本与编表日现行汇率这两个数字的乘积，因而这样折算后的资产价值不能说明问题。

时限法的缺点：①折算差额计入当期损益，使得跨国公司的合并利润更加多变，从而影响了跨国公司上市股票的价格。②由于对资产负债表各项目使用不同的汇率折算，势必会破坏子公司原报表中各项目之间的比率，有时甚至会造成很大的悬殊，导致给报表使用者带来很大误导。

5．跨国公司的转移定价有何作用？［上海财经大学 2018 研］

相似真题：跨国企业子公司向母公司，子公司直接运用转移价格支付的动机是什么？［上海财经大学 2012 研］

答：（1）转移定价的含义

国际转移定价，又称国际转移价格，是指国际企业管理当局为实现总体经营战略目标，谋求国际企业整体利益最大化，而在公司内部各关联企业或子公司之间互相购销产品、提供劳务、转让无形资产和借贷资金时，确定的内部“交易”价格。这种价格不同于一般的市场价格，不受市场供求关系的影响。

转移定价是国际企业实施全球化战略和跨国调度的一项重要策略，制定合理的国际转移价格是国际企业经营战略的重要组成部分。制定转移价格的基本方法有以市价为基准的定价和以成本为基准的定价。

(2)转移定价的作用

国际企业通过国际转移价格可以最大限度地获取利润和取得更为广阔的经营空间，操纵转移价格的收益主要体现在以下两个方面：

①有利于减轻税负，增加盈利

国际企业将公司利润转移至低税率国家，有利于减轻税收负担。此外，当一个国家正在实施从价的关税时，公司可以利用转移价格减少其必须支付的进口关税。在这种情况下，公司通过对进口到那个国家的商品和服务设置较低的转移价格来降低关税。

②有利于减小外汇风险

当预期某一国的货币有严重的贬值危机时，公司能利用转移价格将资金从该国转移出来以减小外汇风险。

③有利于绕开东道国政府的限制和封锁

许多国家为了改善其国际收支状况，避免外汇流失，往往实行外汇管制。对此，公司可以利用转移价格把资金从相应国家转移到母公司或避税港。